# Basiswissen Soziale Arbeit

Band 8

Die richtigen Grundlagen sind essentiell für ein erfolgreiches Studium und einen guten Einstieg in die Berufspraxis. Orientiert an den Modulen der Studiengänge im Feld ‚Soziale Arbeit' bietet die Reihe in sich abgeschlossene Themenlehrbücher, die jeweils relevantes Wissen aufbereiten. In komprimierten Einführungen, die wesentliche Grundlagen in verständlichen Erläuterungen und klaren Definitionen enthalten, vermitteln kompetente Autorinnen und Autoren gesicherte Informationen, die im Kontext von Vorlesungen oder in Seminaren herangezogen werden können. Alle Bände ‚Basiswissen Soziale Arbeit' eignen sich hervorragend zur selbsttätigen Erarbeitung von Themen und zur Vorbereitung von Prüfungen: kompakt und kompetent.

Weitere Bände in der Reihe http://www.springer.com/series/13171

Christine Meyer

# Essen und Soziale Arbeit

## Eine Einführung

 Springer VS

Christine Meyer
Soziale Arbeit, Universität Vechta
Vechta, Niedersachsen, Deutschland

ISSN 2512-0603          ISSN 2512-0611    (electronic)
Basiswissen Soziale Arbeit
ISBN 978-3-658-20290-3        ISBN 978-3-658-20291-0    (eBook)
https://doi.org/10.1007/978-3-658-20291-0

Die Deutsche Nationalbibliothek verzeichnet diese Publikation in der Deutschen National-
bibliografie; detaillierte bibliografische Daten sind im Internet über http://dnb.d-nb.de abrufbar.

Springer VS
© Springer Fachmedien Wiesbaden GmbH, ein Teil von Springer Nature 2018

Gedruckt auf säurefreiem und chlorfrei gebleichtem Papier

Springer VS ist ein Imprint der eingetragenen Gesellschaft Springer Fachmedien Wiesbaden GmbH
und ist ein Teil von Springer Nature
Die Anschrift der Gesellschaft ist: Abraham-Lincoln-Str. 46, 65189 Wiesbaden, Germany

# Inhaltsverzeichnis

# Einleitung

**Was wollen wir essen? UND: Wie wollen wir essen?**

Diese beiden Fragen stellen sich Fachkräfte jeden Tag neu – vor allem, wenn sie in stationären, teilstationären oder tagesstrukturierenden Einrichtungen arbeiten, wie z. B. in einer Wohngruppe, in der Schule oder im Kindergarten. In ambulanten Settings, in Beratungsstellen oder z. B. im Jugendzentrum als Freizeitangebot für Jugendliche gehören diese Essensfragen ebenfalls dazu. In vielen anderen Handlungsfeldern Sozialer Arbeit, wie z. B. in Aufnahmeeinrichtungen für geflüchtete Menschen, Suchtkrankenhilfeeinrichtungen, Einrichtungen der Behindertenhilfe oder Angeboten für obdachlose Menschen fallen ebenfalls täglich die Fragen nach der Essensversorgung und ihre Bewältigung und Gestaltung an. Als professionell zuständiges Fachpersonal in diesen Einrichtungen sind sie zuständig für die Ernährung und Esskultur der Kinder, Jugendlichen und Erwachsenen in allen Lebenslagen, für die sie professionelle Verantwortung übernommen haben.

In den letzten Jahrzehnten sind Kinder und Jugendliche in einer rasant anwachsenden Anzahl tagsüber zunehmend in Einrichtungen außerhalb der Familie betreut und dort auch täglich mit Nahrung versorgt worden. Dasselbe gilt auch für ältere hilfe- und pflegebedürftige Menschen. Dieser Trend wird sich in der Zukunft noch verschärfen, da der Anteil der außer Haus stattfindenden Gemeinschaftsverpflegung noch weiter zunehmen wird. Damit steigt gleichzeitig die Verantwortung für die Fachkräfte bezüglich der Ernährung und Esskultur weiter an.

Gemeinsame Mahlzeiten gelten als besondere soziale Situationen, in denen Familien, aber auch andere soziale Gruppen Zugehörigkeit über die Wiederholung im Alltag oder zu besonderen Festanlässen erfahren. Mit jeder Mahlzeit finden in sozialen, erziehenden, bildenden sowie pflegenden Einrichtungen wiederkehrend gruppenrelevante Prozesse statt, die für die Beteiligten z. B. über Akzeptanz, Gleichheit oder sogar Zugehörigkeit entscheiden. Mit der Auswahl

© Springer Fachmedien Wiesbaden GmbH, ein Teil von Springer Nature 2018
C. Meyer, *Essen und Soziale Arbeit,* Basiswissen Soziale Arbeit 8,
https://doi.org/10.1007/978-3-658-20291-0_1

des Essens und der Tischgestaltung setzen Institutionen fachliche Standards in der Ernährungs- und Esskultur, die ganz verschiedene (sozial-)pädagogische Absichten verfolgen. Gegenwärtig ist jedoch wenig darüber bekannt, welche Standards und Absichten mit dieser komplexen Aufgabe angestrebt werden. Die tägliche Versorgungsnotwendigkeit wird im folgenden Verlauf bearbeitet unter Berücksichtigung der Lebensalter und Lebenslagen in Zusammenhang mit den Bedingungen, die für ernährungs- und esskulturelle Fragen in professioneller Perspektive relevant sind. Folgende handlungsleitende Fragen vereinfachen die Komplexität der mit dem Essen verbundenen Aspekte. Sie können gleichzeitig als Inspiration für eigene professionelle Ideen und Vorstellungen verstanden werden, die mit der Gestaltung der Ernährung und Esskultur für die Adressat*innen grundsätzlich einhergehen.

**Wer kauft ein? UND: Wer bereitet es zu?**
Von der Planung über den Einkauf, die Herstellung bis zur Verzehrsituation täglich dringt kaum etwas nach außen. Je nach Einrichtungsgröße werden unterschiedliche Abteilungen und weitere Professionelle, wie z. B. Hauswirtschafterinnen oder Wirtschaftsabteilungen sowie Caterer oder Großküchen von außen daran beteiligt sein. Entweder begleiten Hauswirtschafterinnen den Prozess der Planung, des Einkaufs und der Zubereitung oder sie führen es selber durch. Je nach Einrichtungsgröße und Adressat*innen wird das Essen in der Einrichtung selber zubereitet oder vielleicht nur aufgewärmt und verteilt. Vielleicht gibt es eine gemeinsame Planung und Zubereitung, vielleicht täglich, vielleicht findet gemeinsames Herstellen und Zubereiten nur zu besonderen Gelegenheiten statt (Rose und Sturzenhecker 2009). Die Größe der sozialen Institution und die Anzahl der Adressat*innen werden vor allem handlungsleitend sein für das Selbertun und -organisieren durch die Fachkräfte oder die notwendige Delegation an andere Einheiten in der Institution bzw. außerhalb. Mit dem Ausbau der Ganztagsschulen in den letzten 10 Jahren ist überhaupt erst die Notwendigkeit entstanden, Mensen an Schulen einzuführen und somit Fragen der Essensorganisation an Fachkräfte zu stellen, deren fachliche Schwerpunkte bisher nicht in der Versorgung der Schüler*innen lagen.

**Wer isst was am liebsten? UND: Wer wählt das Essen und die Zusammenstellung der Mahlzeiten aus?**
Jeder Mensch hat Lieblingsgerichte, die er gerne und oft isst. Dieses Lieblingsgericht kann auch mit bestimmten Personen zusammenhängen, die es für ihn zubereitet haben oder mit ihm gemeinsam gegessen haben. Mit diesen Speisen sind bestimmte Erinnerungen verwoben, an die auch wiederkehrend angeknüpft

werden kann, wenn jemand in der Schule, im Jugendzentrum oder in der Sozialpädagogischen Familienhilfe die Lieblingsgerichte nachfragt und sie auf den Speiseplan setzt. In Enkulturations- und Sozialisationsprozessen werden Bedeutungen und Wertigkeiten des Essens vermittelt und geprägt, z. B. die individuelle Ausgestaltung des Essens oder der Umgang mit Lebensmitteln. Ernährungsgewohnheiten und Esskultur werden in generationenübergreifenden Beziehungen geprägt, obwohl Wechselwirkungen und Wirkungsrichtungen nicht eindeutig oder direkt verfolgbar sind, vor allem, da auch noch weitere gesellschaftliche Größen Einfluss nehmen. In unserem kulturellen Kreis wird das Ernährungsverhalten überwiegend innerhalb der Familie geformt, vor allem durch die Person, die die Kinder hauptsächlich im Alltag versorgt. Erlernte Muster aus der Kindheit in Bezug auf Ernährung und Esskultur werden über die Kindheit hinaus durch weitere soziale, gesellschaftliche, religiöse oder kulturelle Erfahrungen geprägt. Doch bei Entscheidungen für das eine oder andere Nahrungsmittel wird jeder Mensch eher auf den vertrauten Geschmack setzen oder das bereits bekannte Nahrungsmittel wählen und weniger z. B. nach gesundheitlichen Aspekten entscheiden.

**Wer ist verantwortlich für die Esskultur? UND: Wer setzt sich für welche Formen von Esskultur ein?**

Die Atmosphäre des Raums, die Ausstattung mit Stühlen und Tischen, eher bequemen Stühlen und kommunikationsfördernden Formen der Tische, Tischdecken oder keine, Servietten aus Stoff oder aus Zellstoff, Kerzen auf dem Tisch oder keine, einheitliches Geschirr mit Dekor und Besteck, Platzkärtchen oder freie Platzwahl, das Essen per Tablett am Tresen holen müssen oder sich am Tisch selber bedienen können, all diese Aspekte entscheiden über den Stellenwert, den das Essen in der Einrichtung zugesprochen bekommt. Die Esskultur beeinflusst das Wohlbefinden der Esser*innen und je einladender eine Mensa oder eine Kantine ist, desto lieber kommen die Menschen, um ihr Essen gemeinsam in Gesellschaft zu sich zu nehmen. Dahinter steckt die Idee, Essen nicht als bloße physische Reproduktionsnotwendigkeit möglichst schnell hinter sich zu bringen, vielmehr geht es um die Erhöhung der Lebensqualität, da mit dem Essen auch Gemeinschaft entstehen kann, in der jeder Mensch seinen Platz hat, Austausch und Verbindungen mit andere Menschen möglich werden. Wenn sich Esser*innen wohlfühlen, dann genießen sie ihr Essen und es findet viel mehr als nur Nahrungsaufnahme statt: Am Tisch werden Beziehungen gestaltet, Differenzen markiert, Individuen und ihre Triebe sozialisiert.

**Wieso sind Entscheidungen für bestimmte Nahrungsmittel relevant für regionale und globale Probleme rund um das Essen?! UND: Wie können soziale Einrichtungen über Erziehungs- und Bildungsfragen hinaus gesellschaftlich verantwortlich handeln?**

Mit Fragen nach dem Essen in sozialen Einrichtungen sind neben den Fragen der physisch notwendigen Versorgung Fragen der sozialpädagogischen Gestaltung verknüpft, die wiederum in größere Zusammenhänge einzubetten sind. Vom Nahrungsmitteleinkauf über die Zubereitung bis zur Verzehrsituation ist eine Vielzahl an Aspekten zunehmend zu berücksichtigen, wie z. B. regionale, nachhaltige, ökologische, globale, politische oder gesundheitsförderliche Aspekte. Jede*r Sozialarbeiter*in/jede*r Sozialpädagoge* sollte seine*ihre eigenen Ernährungsüberzeugungen und –weisen kennen, um darüber hinaus sozialpädagogisch relevante Ideen zur Gestaltung professionell bedeutender Essenssituationen entwickeln zu können. Ob ich Vegetarier*in oder Veganer*in, Allesesser*in oder Pescetarier*in, Rohköstler*in oder Frutarier*in bin, hat Auswirkungen auf meine professionelle Haltung in Bezug auf die Ernährungsweise und das Essverhalten der Adressat*innen in der sozialen Einrichtung. Ideal wäre für jede soziale, erzieherische oder pflegerische Einrichtung ein Ernährungskonzept, in dem sowohl relevante ernährungsbezogene wie auch sozialpädagogisch, erzieherisch oder pflegerisch bedeutsame Ideen eingeflossen sind, damit das Essen nicht länger nur als physische Notwendigkeit verkürzt wird. Lemke geht sogar noch weiter. Für ihn kann jede Tischgesellschaft bzw. jede gemeinsame Mahlzeit als Gesellschaft gedacht werden. Das Nahrungsgeschehen nimmt Lemke als grundlegendes und darüber hinaus facettenreiches Phänomen des kulturellen Lebens in den Blick. „Vielleicht isst der Mensch nicht ununterbrochen, aber die vielfältigen Dinge, die für die Produktion, die Vermarktung, die Besorgung, die Zubereitung und den Genuss von Essen unerlässlich sind, konstituieren ein beträchtliches Ausmaß der gesellschaftlichen Realität" (Lemke 2008, S. 7). Mit der eigenen und der für die Einrichtung ausgewählten Ernährungsweise werden bedeutende gesellschaftliche Entscheidungen getroffen z. B. für Nachhaltigkeit, Regionalität oder Ökologie und damit gleichzeitig gegen Globalisierung, Ungerechtigkeit oder Ausbeutung.

Mit diesen Fragen sind die wesentlichen Themen rund um die Ernährung und Esskultur in sozialen Einrichtungen aufgeworfen worden, die im folgenden Verlauf in den einzelnen Kapiteln im Schwerpunkt bearbeitet werden. Das Lehrbuch verfolgt im Wesentlichen zwei Ziele. Das erste Ziel dreht sich um die Sensibilisierung für das Themenfeld „Essen, Ernährung, Esskultur in der Sozialen Arbeit." Essen, Ernährung und dazugehörige esskulturelle Fragen gehören zu den alltäglichen Aufgaben jede*s/jede*r Sozialarbeiter*in und dennoch erscheinen sie nahezu unsichtbar in der professionellen und disziplinären Reflexion. Das zweite

Ziel verfolgt über die Sichtbarmachung hinaus, die Stärkung der eigenen professionellen Motivation, sich über die Auseinandersetzung mit Fragen zum Essen, zur Ernährung und Esskultur, sozialpädagogische Verantwortung für die Gestaltung übernehmen zu wollen und Lust darauf zu entwickeln. Gemeinsame Mahlzeiten gelten als besondere soziale Situationen, in denen, neben dem Zubereiten, Kochen und Essen, Raum geboten wird für Spielen, Pflegen, Trösten, Sprechen, Ordnen, Fördern, Putzen, Schimpfen, Streiten, Singen, Regeln, Ruhen, Stützen, Schützen etc. (Sturzenhecker 2009, S. 73). Die Aufzählung ließe sich wohl beliebig erweitern. Fischer betont Ende der 1970er Jahre, Kinder als aktive Partner in der Küche ernst zu nehmen und nicht nur für Hilfstätigkeiten zu engagieren, damit sie Aufgaben rund um Küche und Essen nicht als nebensächlich für ihren Lebenszusammenhang abtun. „Kochen mit Kindern heißt nicht, dass sie für die niederen Küchenarbeiten benutzt werden, wie Mülleimer leeren, Geschirr trocknen, Tisch decken und sonstige Handlangerarbeiten. In der Küche sind Kinder vollwertige Partner; sind sie's nicht, verlieren sie sehr schnell die Lust. Dann geht es ebenso weiter wie bisher: alles was mit Küche und Essen zu tun hat, ist blöde, langweilig und Weibersache" (Fischer 1978, S. 200). Verlieren Kinder die Lust, wird sich das langfristig auf ihre Ernährungsweisen auswirken und vor dem Hintergrund, dass Essen, Ernährung und Esskultur in individuellen Perspektiven gleichzeitig auch gesellschaftlich relevante Auswirkungen hat, steigt die Bedeutung für die Bewältigung und Gestaltung in Arbeits- und Handlungsfeldern Sozialer Arbeit. Aus einer täglich wiederkehrenden physiologischen Notwendigkeit sind individuell wie gesellschaftlich bedeutende, die Welt umspannende, komplexe Zusammenhänge entstanden, die im folgenden Verlauf offensichtlicher werden.

Die Auseinandersetzungen in den folgenden sechs Kapiteln verstehen sich als Grundlagen zur Beantwortung der eben gestellten Fragen. In den einzelnen Kapiteln werden Wissen, Erkenntnisse und Diskurse zur Geltung gebracht, die für theoretisches Fragen und praktisches Anwenden als notwendig angesehen werden in Ausbildung, Studium oder Praxis Sozialer Arbeit. Die Themen bauen aufeinander auf, sodass von grundlegenden Fragen um die individuelle physiologische Notwendigkeit des Essens in Kap. 2 die Verwobenheit mit gesellschaftlichen Fragen betrachtet und als Ausgangspunkt gelegt wird. Das Nahrungsbedürfnis eines jeden Einzelnen gilt als der Beginn gemeinsamen rationalen Wirtschaftens und kann damit als Vergesellschaftungsprozess eingeschätzt werden. Neben der Betrachtung des individuellen Bedürfnisses nach Nahrung und der Verbindung zu Vergesellschaftungsprozessen, findet eine weitere Grundlegung in diesem Kapitel statt: Essenssituationen, vor allem jedoch gemeinsame Mahlzeiten mit anderen Menschen, werden insbesondere berücksichtigt aufgrund der möglichen mit ihnen einhergehenden Vergemeinschaftungsprozesse. In vielen Disziplinen rückt die gemeinsame Mahlzeit in den Mittelpunkt der Betrachtung als Forschungsgegenstand, während gleichzeitig auffällt, wie wenig systematisch und im Schwerpunkt disziplinäre Auseinandersetzungen mit dem Thema Essen stattfinden. Viel wurde zum Thema Essen in den letzten Jahrzehnten geforscht, disziplinär oft jedoch nur nebenbei und wenig verbunden mit anderen Disziplinen.

In Kap. 3 werden unterschiedliche Verbindungen von Sozialer Arbeit und Essen sichtbar gemacht und Essen als alltäglich wiederkehrende Herausforderung für Soziale Arbeit reflektiert. In der Sozialen Arbeit sind Essensituationen überwiegend mit sozialpädagogischen Ideen, Zielen oder Aufgaben verbunden, die in ihrer Komplexität aufgegriffen und ausgebreitet werden. Soziale Arbeit ist historisch eng verwoben mit gesellschaftlich weit verbreiteten Armutslagen und hat in dieser Perspektive existenziell notwendige Versorgung sichergestellt. Darüber hinaus hat sie in stationären Einrichtungen für Kinder und Jugendliche Essensversorgung als Aspekt von Erziehung begriffen und gestaltet. Historische Perspektiven werden entlang bedeutender sozialpädagogischer Persönlichkeiten im Heimerziehungsbereich aufgezeigt und als Wegweiser durch die Geschichte und für die heutige Zeit eingeschätzt, wenn diese sich zu Essensfragen in ihren Einrichtungen explizit geäußert haben.

Kap. 4 zeigt in großer Fülle und Bandbreite eine Sammlung zu Beispielen, Wissen, Erkenntnissen und Diskurslinien zum Essen in Handlungsfeldern Sozialer Arbeit. Dabei zeigen sich einerseits die vielfältigen Essensituationen in der Sozialen Arbeit und andererseits die Komplexität, die mit der sozialpädagogischen Thematisierung des Essens verbunden sind. Soziale Arbeit ist nicht nur an der Bewältigung und Gestaltung von Essenssituationen, -versorgung und -gestaltung beteiligt, Soziale Arbeit ist sogar in einigen Handlungsfeldern an der Produktion von Nahrungsmitteln, überwiegend Nachhaltige, beteiligt. Über die Beispiele aus den einzelnen Handlungsfeldern zeigt sich die komplexe Verwobenheit sozialpädagogischen Handelns noch einmal neu mit Aufgaben und Zielen, die in den einzelnen Handlungsfeldern auch mit der Essensversorgung zusammenhängen. Denn Soziale Arbeit ist historisch mit den einzelnen Handlungsfeldern verbunden und darin alltäglich mit Fragen von Essen als existenzielle Versorgungsbewältigung und sozialpädagogische Gestaltungsaufgabe beschäftigt. Kap. 4 bildet mit seiner Fülle an Erkenntnissen und Beispielen aus der Praxis sowie den bisher noch wenigen (sozial-)pädagogisch empirisch gewonnenen Erfahrungen ein Kernstück des vorliegenden Lehrbuchs zur engen Verbindung von Essen und Sozialer Arbeit. Das Kapitel gewährt ebenfalls Einblicke in den jeweiligen Forschungsstand bezogen auf das jeweilige Handlungsfeld sowie Hinweise auf Forschungsmöglichkeiten.

Kap. 5 verlässt erst einmal die konkrete Ebene der Sozialen Arbeit und wendet sich der Bedeutung von Erziehung und Sozialisation im familiären Zusammenhang für die Ernährungsbiografie zu. Kinder erleben von der Geburt an die Verbindung von Ernährung und Erziehung, denn mit ihrem ersten Schluck Muttermilch oder Flaschennahrung findet Ernährungserziehung statt. In Familien, zunehmend werden auch Kindertageseinrichtungen und Schulen verantwortlich, lernen Mädchen und Jungen, welche Nahrungsmittel in ihrer Kultur bedeutend sind, wie diese zubereitet werden und in welchen Formen diese gegessen werden. Kinder lernen oft bei der gemeinsamen Mahlzeit, wie ihre Familie isst, kommuniziert und welche Regeln sie für den Zusammenhalt und die Reproduktion der Familie für notwendig hält. Familienmahlzeiten werden von Familien als Ideal gesehen für ihr Doing Family und sie tun viel dafür, trotz unterschiedlicher Lebensrhythmen, gemeinsame Mahlzeiten zu erleben. Da zunehmend andere Institutionen im Tagesverlauf auch für die Ernährungserziehung und -sozialisation der Kinder und Jugendlichen zuständig werden oder Soziale Arbeit Familienmahlzeiten im Rahmen ihrer Zuständigkeit in bestimmten Handlungsfeldern bewertet, ist es bedeutend, sich vor dem Hintergrund reflexiver Erkenntnisse Überblick verschaffen zu können.

Kap. 6 befasst sich mit der Zukunft der Ernährung in mehrfacher Hinsicht. Gemeinschaftsverpflegungen werden an Bedeutung gewinnen, da zunehmend mehr Verpflegung außerhalb der eigenen Häuslichkeit stattfinden wird. Diese Vorhersagen betreffen vor allem die Kinder- und Jugendphase sowie die Altersphase. Da Soziale Arbeit unmittelbar mit ihren Handlungsfeldern eine große Bandbreite an Angeboten in diesen Lebensphasen angesiedelt hat oder noch etablieren wird, steht sie auch stärker in der Verantwortung für deren professionelle Gestaltung. Ernährungsweisen werden derzeit dominant mit Fragen der Gesundheit verbunden und in der Zukunft wird die ernährungsbezogene Verantwortung für die Umwelt in den Vordergrund rücken. Soziale Arbeit wird intensiver in die Auseinandersetzung einsteigen müssen, um eigene Positionen im Hinblick auf nachhaltigkeits- und gesundheitsbezogene Fragen entwickeln zu können, denen sie sich in der alltäglichen Arbeit ohnehin nicht entziehen kann.

Kap. 7 fasst kurz wichtige Erkenntnisse zusammen bezogen auf die Soziale Arbeit und ihre Verantwortung für das Essen ihrer Adressat*innen. Dabei werden die unterschiedlichen Perspektiven und Ebenen explizit zusammengeführt und in ihrer Bedeutung für die Zukunft des Essens in der Sozialen Arbeit kurz und übersichtlich zur theoretischen und praktischen Weiterarbeit gebündelt vor dem Hintergrund der sozialpädagogischen Verantwortung für die Ernährungsbiografien ihrer Adressat*innen.

**Zur Anleitung**

Dieses Lehrbuch will, wie jedes andere, zunächst einmal gelesen werden, von vorne nach hinten, kreuz und quer oder von hinten nach vorne, wie es gerade Spaß macht. Schön wäre es, wenn irgendwo, vielleicht bei einem der Tipps,

Fälle, Beispielen oder Fragen größeres Interesse entsteht und sich die Möglichkeit ergibt, tiefer in den Text, in jedes Kapitel einzusteigen oder darüber hinaus in anderen, in einigen der empfohlenen Bücher oder Texten zu stöbern. Vielleicht könnte man sich das Lehrbuch auch als Kochbuch vorstellen. Fischer schlägt für den Umgang mit seinem Kochbuch für Gesellschaften vor: „Merke: Rezepte, selbst die ausführlichsten, sind im Grunde nur eine Anleitung, ein Hinweis, ein Tip (sic!), wie ein Gericht zubereitet werden kann. Denkt sich der Kollektivkoch, das könnte man auch anders machen. Dabei kommen oft Wunderdinge zum Vorschein. Der Phantasie sind keine Grenzen gesetzt. Unmögliches gibt es nicht. Schlecht ist nur, was dem Koch selber nicht schmeckt" (Fischer 1978, S. 29). Dieser Vorschlag zum Vorgehen kann selbstverständlich auch für dieses Lehrbuch gelten und sich als äußerst ergiebig zeigen für zukünftige Esspraxen in der Sozialen Arbeit.

# Essen im Wechselspiel individueller physiologischer Notwendigkeit und Vergesellschaftungsprozessen

**2**

▶ Ein Mensch nimmt jeden Tag Nahrung zu sich, weil er körperliche Signale bekommt und Hunger verspürt. Der Hunger ist der Ausgangspunkt des Essens. Essen fächert sich auf in eine komplexe, beinahe unübersichtliche Vielfalt, die die Herstellung von Nahrung und Nahrungsmitteln betreffen, aber auch Gerichte, Speisen und damit verbundene Regeln, was, wie, zu welchen Anlässen und mit wem welche Mahlzeit geteilt wird. Kinder werden über die Sozialisation in die jeweilig geltenden Regeln der vorherrschenden Esskultur eingeführt und auch jede Familie verfügt über besondere Rituale beim Essen. Das Essen als alltägliche Aufgabe des Menschen ist von gesellschaftlichen Entwicklungen sehr intensiv beeinflusst, unabhängig davon, ob es sich um technische Erfindungen oder gesellschaftliche Distinktionsprozesse handelt. In diesem Kapitel geht es darum, die tägliche Notwendigkeit der Nahrungsaufnahme eines jeden Menschen grundlegend zu bearbeiten und in Verbindung zu setzen mit den jeweiligen gesellschaftlichen Erfordernissen, die das Essen von der Herstellung über die Verteilung bis zum Verzehr mit sich bringt. Menschen folgen bei der Nahrungsaufnahme oder bei der Nahrungszubereitung, aber auch schon beim Einkauf bestimmten gesellschaftlich erlernten Regeln oder Ritualen. Was jemand isst oder wie jemand isst, sagt etwas aus über seine zeithistorische Bedingtheit, seine Herkunft, seine soziale Schicht, seine Kultur oder seine Einstellungen. Das Thema „Essen" bekommt auffällig viel Beachtung in den Natur- und Technikwissenschaften, vielleicht aufgrund der physiologischen Notwendigkeit, jeden Tag Essen zu sich nehmen zu müssen und viel weniger in den Sozial- und Bildungswissenschaften. Essen ist zu einem etablierten Randthema in

© Springer Fachmedien Wiesbaden GmbH, ein Teil von Springer Nature 2018
C. Meyer, *Essen und Soziale Arbeit,* Basiswissen Soziale Arbeit 8,
https://doi.org/10.1007/978-3-658-20291-0_2

diesen Disziplinen herangewachsen und deren Fragen und Auseinandersetzungen werden vorgestellt, um Essen für Soziale Arbeit in einen
größeren Zusammenhang einordnen zu können.

## 2.1    Das Individuum benötigt Essen zum Überleben – Das Nahrungsbedürfnis als Beginn rationalen Wirtschaftens

Essen und Trinken gehören zu den Vitalfunktionen, die weder durch vegetative
Automatismen geregelt werden, noch durch Willensfreiheit optional gestellt sind.
Menschen müssen essen und trinken, sich selbst darum kümmern und so für ihre
Reproduktion Sorge tragen. „Dieser Zwang beinhaltet durch die Kontinuität und
Frequenz – 3 bis 10mal täglich von der Wiege bis zur Bahre – zum einen Rou-
tinisierung dieses Tuns bis zur schieren Unauffälligkeit; andseits wird diese
Heteronomie, sobald man sie bewusst reflektiert, wie letztlich alle biologischen
und mittelbar auch kulturellen Konditionierungen als Unfreiheit (…) erfahren"
(Dell'Agli 2009, S. 10). Mit dem Nahrungsbedürfnis beginnt physisches und
gesellschaftliches Leben und wie es befriedigt wird, macht grundlegende soziale Strukturen sichtbar. „Gesellschaften sind so, wie sie essen" formuliert Barlösius in Abwandlung des bekannten Spruchs von Feuerbach: „Der Mensch ist,
wie er isst." Die Aussage macht darauf aufmerksam, dass Nahrung in die meisten Dimensionen menschlichen Lebens hineinwirkt. Dazu gehören körperliche,
psychische, soziale, wirtschaftliche und politische Dimensionen menschlichen
Lebens (Barlösius 2011, S. 11). Max Weber war überzeugt davon, dass „aus dem
Schoße der instinktgebundenen reaktiven Nahrungssuche die Entfaltung des rationalen Wirtschaftens" stamme und damit das rationale Handeln insgesamt (Weber
1980, S. 35 nach: Barlösius 2011, S. 11). Die Verwobenheit der physischen Notwendigkeit der Nahrungsaufnahme von Menschen mit Vergesellschaftungsprozessen wird sehr schnell sichtbar und nicht zuletzt daraus ergibt sich auch die
hohe Bedeutung für Soziale Arbeit. Jeden Tag müssen Menschen für ihre Nahrung sorgen und wenn sie noch zu jung dafür sind, verlassen sie sich darauf, von
anderen Menschen mit versorgt zu werden.

▶ **Nahrung** „Nahrung ist der Anfang von allem. Menschen müssen sich ernähren, und das Nahrungsbedürfnis haben Menschen vor allen anderen Nöten und
Wünschen zu befriedigen" (Barlösius 2011, S. 11). Nahrung gehört zu dem ersten
Bedürfnis von Menschen: Das Neugeborene wird nach der Geburt an die Brust
gelegt und gestillt. Zu den ersten sozialen Situationen, die kleine Kinder erleben,

gehört das Gefüttert werden. In der Geschichte der Menschheit zählte ausreichendes Essen zu den zentralen Aufgaben, für das Menschen zu sorgen hatten. „Der täglich wiederkehrende Zwang, sich um die Nahrung zu kümmern, ist der Anlass stetigen Arbeitens und der Ursprung allen Wirtschaftens" (Barlösius 2011, S. 11).

Darüber hinaus werden sowohl Körper wie auch Psyche über die Nahrungsaufnahme beeinflusst. Über den Körper spürt jeder Mensch täglich mehrfach wiederkehrend, dass er Nahrung braucht. Mit der Nahrungsaufnahme wird der Körper über die Befriedigung hinaus beeinflusst, denn die Nahrung materialisiert sich in seiner Physis und hat Auswirkungen auf sein Aussehen. Die psychische Befindlichkeit wird durch das Essen ebenfalls zentral beeinflusst, da die Lust- und Nahrungsbefriedigung eng miteinander verzahnt sind. Bereits die Beziehung des Säuglings zu den ihn versorgenden Personen wird als besonders bedeutend hervorgehoben für seine gesamte weitere psychische Entwicklung (Barlösius 2011, S. 11).

▶ **Essen und Hunger** Der Mensch isst, damit er nicht verhungert. Essen ist für den Menschen lebensnotwendig. Durch das Essen werden die Energiereserven des Menschen wieder aufgefüllt, die durch Bewegung, Atmen und Stoffwechsel zuvor geleert wurden. Im Gegensatz zu anderen lebenserhaltenden Tätigkeiten, wie z. B. dem Atmen oder das Schlagen des Herzens geschieht Essen nicht unbewusst. Das Hungergefühl entsteht im Gehirn im Hypothalamus. Dieser Gehirnbereich im Zwischenhirn vereinigt das Hunger- und Sättigungszentrum des Menschen. Wenn über längere Zeit nichts gegessen wird, ändern sich die Blutwerte, der Blutzuckerspiegel sinkt ab, die Zusammensetzung der Fettsäuren im Blut verändert sich, Aminosäuren zum Eiweißaufbau fehlen, Stoffwechselvorgänge werden dadurch in Mitleidenschaft gezogen und dadurch das Gehirn alarmiert. „Wahrscheinlich löst nicht nur ein Parameter Hunger aus, sondern aus einer Kombination der veränderten Werte entstehen ein oder mehrere Signale an das Hungerzentrum" (Fehrmann 2009, S. 16). Der Mangelzustand des Stoffwechsels löst das Gefühl Hunger aus und der Mensch reagiert mit dem intensiven Wunsch, Nahrung zu sich zu nehmen (Fehrmann 2009, S. 17).

Die individuellen Wirkungen des Essens stellen eine bedeutende Perspektive auf Nahrung dar, während sich noch eine weitere von hoher Bedeutung erweist: Die Zivilisierung des Essens. Sie wird oft als der Beginn menschlicher Zivilisierung insgesamt angesehen. Zivilisierung des Essens meint dabei die Überführung des natürlichen Nahrungsbedürfnisses in eine kulturelle und soziale Angelegenheit (Barlösius 2011, S. 16). Drei wesentliche Prozesse lassen sich für die gesellschaftliche Entwicklung in Verbindung mit der Nahrungsentwicklung unterscheiden: Langfristige Prozesse, wie erstens der Übergang vom Jagen, Sammeln und Fischen hin zur Landbewirtschaftung (offenbar motiviert durch einen Bevölkerungsanstieg), lassen sich zweitens von kurzfristigen, natürlich bedingten Hungerkrisen, ausgelöst z. B. durch Ernteausfälle unterscheiden von drittens Hungersnöten, die gesellschaftlich zu verantworten sind. Dabei sind in der Historie Hungerskrisen in der Mehrzahl durch soziale und ökonomische Prozesse ausgelöst worden und weniger durch natürliche Bedingungen verursacht worden oder durch Produktionsgrenzen (Sen 2000 nach: Barlösius 2011, S. 15).

> Für die meisten Hungersnöte gilt, dass sie seltener durch eine insgesamt zu geringe Versorgung mit Nahrung ausgelöst wurden als vielmehr dadurch, dass die vorhandenen, oft für die gesamte Bevölkerung ausreichenden Lebensmittel sozial ungleich verteilt wurden. Dazu gehört auch eine herrschaftlich oder ökonomisch erzwungene Art der Landbewirtschaftung, die einer optimalen Versorgung der Bevölkerung zuwiderlief und stattdessen an den Esswünschen Privilegierter und politisch Herrschender orientiert war. Dies gilt beinahe unverändert für die Gegenwart, nur dass diese Ungleichverteilung weniger innerhalb einer Gesellschaft, sondern zwischen räumlich entfernten Gesellschaften stattfindet (Barlösius 2011, S. 15).

Die jeweiligen Regeln der Nahrungsverteilung können als bedeutend für die Betrachtung der wechselseitigen Bedingtheit von individueller und gesellschaftlicher Nahrungsbefriedigung eingeschätzt werden. Der Zusammenhang vom Teilen der Nahrung gilt als Ergebnis und Ausdruck sozialer Ungleichheit. Wenn von der Annahme ausgegangen wird, dass es einen naturbedingten Nahrungsspielraum gibt, werden die Zuteilung von Nahrung und die Möglichkeit der Verfügung nicht berücksichtigt: Das Zuteilen von Nahrung und die Möglichkeit, darüber zu verfügen, basiert immer auf einem sozialen Akt. Für die Erklärung von Not und Hunger muss deshalb über die angeblich nahrungsmittelverursachende Krise hinweg auf die Verteilung von Nahrung geachtet werden (Barlösius 2011, S. 15). Selbst in größten Mangelsituationen können sich sozial bevorzugte Gruppen jeweils ausreichend versorgen und sie müssen z. T. noch nicht einmal ihre Nahrungsvorlieben aufgeben (Sen 1982 nach: Barlösius 2011).

Nahrungsverteilung in Gesellschaften hängt von der Integration und Differenzierung der Gruppenmitglieder ab und in den Regeln zeigt sich das soziale Gefüge der Gesamtheit. Darüber hinaus hat die ungleiche Verteilung von Nahrung in Gesellschaften zu unterschiedlichen Speisen geführt, die aus den jeweilig vorhandenen Lebensmitteln zu Speisen verarbeitet werden. Daraus ist die Vielfalt der Küchen entstanden und je vielfältiger die Küche ist, desto hierarchischer ist der hierarchische Aufbau der Gesellschaft. Die Vielfalt der Küchen spiegelt den hierarchischen Aufbau der Gesellschaft wider. Gesellschaften mit gering ausgeprägten sozialen Ungleichheiten bringen Küchen hervor, in denen sich vor allem Alltags- und Festtagsküchen, geschlechts- oder altersspezifische Koch- und Essstile unterscheiden lassen. Wenn alle in einer Gesellschaft etwa das Gleiche kochen, essen und mögen, lassen sich soziale Differenzierungsbestrebungen eher verhindern. Soziale Gleichheit und Ebenbürtigkeit lassen sich schnell anerkennen über die Gleichheit der Speisen bzw. daraus entstandenen Küchen (Goody 1982 nach: Barlösius 2011, S. 17). „In ständisch gegliederten Gesellschaften oder in Klassen- und Schichtgesellschaften werden dagegen so viele Küchen zubereitet, wie Gruppen sozial differenziert werden – z. B. eine aristokratische, eine bürgerliche und eine bäuerliche Küche" (Bourdieu 1984 nach: Barlösius 2011, S. 17). Die Zubereitungsweisen der Speisen werden mit den für sie als typisch geltenden kulturellen Merkmalen des Standes, der Klasse oder der Schicht assoziiert. Die soziale Position einer Person kann in diesen Gesellschaften daran abgelesen werden, was, wie viel, mit wem und wie er oder sie isst (Bourdieu 1984 nach: Barlösius 2011, S. 17). In den Gruppenmitgliedern sind die Regeln der Nahrungsdistribution präsent, damit wird auch ihre Integration zu einem bestimmten Stand, einer Klasse oder Schicht sichtbar und wovon sie sich von den anderen Ständen, Klassen oder Schichten unterscheiden. Das soziale Gefüge der Gesamtheit kann abgelesen werden an den Gruppenmitgliedern und ihrer Nahrung, ihrer Speisen und mit wem sie ihre Mahlzeit teilen.

Zu einer sozialen Institution sind diese Regeln in der Tischgemeinschaft zusammengefasst. In ihr sind die beiden sozialen Prozesse – Integration und Differenzierung – so eng miteinander verbunden, dass ihre Widersprüchlichkeit kaum mehr bewusst wird. Baudy geht soweit, anzunehmen, dass die Tischordnung, das Urmodell der Kultur schlechthin ist und das soziale Gefüge zusammen mit der Distribution der Nahrung entstanden ist (Baudy 1983, S. 134 nach: Barlösius 2011, S. 16).

Essen ist immer sozialer und kultureller Gestaltung unterlegen. Auch in größten Notzeiten, wenn der Hunger sich als physiologisches Bedürfnis in den Vordergrund schiebt, folgt das Essen moralischer Reglementierung, angefangen bei den Distributionsregeln der Nahrung über die Zubereitung der Speisen entlang der hierarchisch ausgeprägten Küchen bis hin zur Verteilung bei der gemeinsamen Mahlzeit mit anderen Menschen. Mit der Erkenntnis, Essen grundsätzlich als sozial und kulturell gestaltet zu betrachten, wird die Perspektive von Eder, Essen als Ursprung menschlicher Zivilisation einzuschätzen, nachvollziehbar (Eder 1988 nach: Barlösius 2011, S. 22). In gegenwärtigen, stark differenzierten und hochkomplexen, Gesellschaften hat das Essen seinen hohen Stellenwert eingebüßt, denn die Menschen können sich nebenbei um ihre Versorgung mit Nahrung kümmern. Lebensmittel sind im Übermaß vorhanden und ihre Kosten sind gering im Vergleich zu anderen Lebensbereichen, wie z. B. die Wohnung, Freizeit und Mobilität. Als „soziales Totalphänomen" wird es jedoch nach wie vor betrachtet, da sich dominante soziale Prozesse und Verhältnisse nach wie vor auf das Essen auswirken und das alltägliche Leben von Menschen beeinflussen (Barlösius 2011, S. 21). Dazu gehört z. B. die gemeinsame Mahlzeit mit anderen Menschen, die als soziale Institution ebenfalls Integration und Differenzierung von Menschen bedeutet. Integrieren und vergemeinschaften sowie differenzieren und ausgrenzen, diese beiden zentralen sozialen Prozesse sind in der Tischgemeinschaft so zu einer Institution zusammengefasst, dass darin ursprünglich die gesamte soziale Ordnung repräsentiert war (Barlösius 2011, S. 11).

## 2.2    Das Individuum isst mit anderen Menschen: Die Einschätzung gemeinsamer Mahlzeiten als besondere soziale Situationen

In den meisten Gesellschaften begegnen sich Menschen bei gemeinsamer Nahrungsaufnahme. Wenn es um die Nahrungsaufnahme von Menschen geht, rückt deshalb die Mahlzeit in den Mittelpunkt der Betrachtung, da die Nahrungsaufnahme zu einem festgelegten Zeitpunkt und meist auch in einer genau definierten Gruppe das Sozialleben der europäischen Gesellschaften über Jahrhunderte prägte. Über diese Art der Mahlzeit hinaus sind inzwischen weitere Essenssituationen in den Mittelpunkt der Betrachtung geraten, da es sich weder bei dem Essen an der Imbissbude oder im Fast-Food-Restaurant noch bei dem Schokoriegel auf der Straße oder den Erdnüssen beim Fernsehabend um Mahlzeiten im oben genannten Sinn handelt. Zunehmend werden jedoch alle möglichen Verzehrsituationen in den Mittelpunkt gerückt, da sich in ihnen alle sozial und kulturell wichtigen Aspekte der Nahrung bündeln und sie zu allen Zeiten und in allen Sozialgruppen gleichermaßen vorhanden sind (Hirschfelder 2005, S. 19).

▶ **Gemeinsame Mahlzeiten** Gemeinsame Mahlzeiten gelten als besondere soziale Situationen, in denen Familien, aber auch andere soziale Gruppen Zugehörigkeit über die Wiederholung im Alltag oder zu besonderen Festanlässen erfahren (Schlegel-Matthies 2011, S. 27). Die gemeinsame Mahlzeit gilt als Vergemeinschaftungsform mit hoher Bindungskraft: Wer mit Anderen gemeinsam isst, wird zeitweise Mitglied einer sozialen Gemeinschaft. Mahlzeiten repräsentieren in ihrer Materialität (z. B. Bestandteile, Kompositionen, Abfolgen) soziale Beziehungen wie Hierarchie, Inklusion und Exklusion oder Intimität sowie auch Distanz kann symbolisch zum Ausdruck gebracht werden (Douglas 1975 zit. nach: Brunner 2011, S. 208). „Mahlzeiten symbolisieren nicht nur Gemeinsamkeit, sie sind Gemeinsamkeit, eine Form der Mediation und Praxis (Lalonde 1992). Durch mehr oder weniger reziproke Weisen des Nahrungsaustauschs werden soziale Gruppen konstituiert und reproduziert" (Brunner 2011, S. 208). Für Simmel geht von der Mahlzeit eine starke sozialisierende Kraft aus und je stärker diese ist, desto stilisierter, ästhetischer und überindividuell regulierter läuft sie ab (Simmel 1910, S. 6). Mahlzeiten gelten für Tolksdorf als soziale Situationen, bei denen neben dem Stillen von Hunger und Durst, verschiedene soziale Bedürfnisdimensionen untergebracht sind. Vorschriften und Regelsysteme, wie z. B. zu Sitzordnungen, Tischsitten, Tischgesprächen und Vorgaben zum gedeckten Tisch haben lange Zeit Gültigkeit gehabt und lösen sich langsam auf. Ein Prozess der Informalisierung hat begonnen: Mahlzeiten finden zunehmend jenseits von Klasse und Stand statt, sodass Tolksdorf in der Gegenwart kaum mehr allgemeingültige gesellschaftliche Normierungen ausmachen kann und eine Vielzahl praktizierter Mahlzeitensysteme verschiedener Gruppen beobachtet werden kann (Tolksdorf 2001, S. 250). Dennoch geht von der Mahlzeit nach wie vor intensive Bindungs- und Zugehörigkeitskraft aus.

Die hohe Bedeutung gemeinsamer Mahlzeiten hat Auswirkungen auf die Ess-Gemeinschaften, wie sie täglich wiederkehrend entweder in Familien oder außerhalb z. B. in sozialen, erziehenden oder bildenden Institutionen stattfinden und sehr viel mehr bedeuten als nur mehrmals täglich wiederkehrend der physischen Reproduktionsnotwendigkeit gerecht zu werden. Familienmahlzeiten werden dabei als Ideal propagiert, wobei diese Tischgesellschaftsform schon seit längerem in der Häufigkeit des Zusammenkommens abnimmt. In den 1970ern saßen bereits weniger als 10 % der Familien zu allen Hauptmahlzeiten zusammen, 75 % der Haushalte verschoben dies aufs Wochenende. In den 1990ern verstärkte sich dieser Trend: Nur in ca. 8 % der Haushalte werden alle Mahlzeiten gemeinsam eingenommen. Ein oder zwei Mahlzeiten werden überwiegend miteinander geteilt (Schlegel-Matthies 2011, S. 35; Barlösius 2011, S. 193). Für ein Drittel der Familien ist das Abendbrot der Treffpunkt. Das Abendbrot gilt als die gemeinsame Mahlzeit des Tages: 50 % aller Haushalte nehmen diese gemeinsam ein und bewerten sie als Hauptmahlzeit, unabhängig davon, ob kalt oder warm gegessen wird (Barlösius 2011, S. 193). Jede andere Mahlzeit nehmen die Familienmitglieder getrennt voneinander ein, entweder allein oder in Teilen bzw. außer Haus ein. Die Rahmenbedingungen erschweren gemeinsame Mahlzeiten als Familie, denn die Zeitrhythmen der Familienmitglieder stimmen oft nicht überein (Schlegel-Matthies 2011, S. 35). Gemeinsame Mahlzeiten finden also seltener statt, als der Stellenwert der Institution „Familie" vermuten lässt. Dennoch erheben Familien den Anspruch auf gemeinsame Mahlzeiten und es wird nach Strategien für gemeinsame Familienmahlzeiten gesucht, wie z. B. abends oder am Wochenende (Barlösius 2011, S. 193).

Im Allgemeinen wird davon ausgegangen, dass außerhäusige gemeinschaftliche Nahrungssituationen deutlich zunehmen, während gleichzeitig familiäre Esskultur und Tischgesellschaft weiter abnehmen werden. Die Versorgung durch Mahlzeiten, die den traditionellen Vorstellungen entsprechen, wird zurückweichen. Darunter lässt sich das Erleben gemeinsamer Mahlzeiten und Tischgemeinschaften von Familien verstehen, nachdem zuvor Nahrung eingeholt und zubereitet wurde. Dennoch oder vielleicht gerade deswegen werden Familienmahlzeiten als besonders schützenswert eingeschätzt aufgrund ihrer Bedeutung für die Sozialisation und Enkulturation von Kindern und Jugendlichen und für den Zusammenhalt von Familien (Schlegel-Matthies 2011; Schmidt 2011; Köhler et al. 2011). Bei gemeinsamen Familienmahlzeiten geht vor allem um das Erleben von Gemeinschaft. Das Tischgespräch bzw. die familiale Kommunikation ist Familien bei gemeinsamen Mahlzeiten besonders wichtig. Die Nahrungsaufnahme bietet die Gelegenheit dafür und die in die Institution der Mahlzeit eingelassene soziale Sinnhaftigkeit, die Förderung der Gemeinschaft und Symbolisierung der Zugehörigkeit, zeigt sich (Barlösius 2011, S. 194).

▶ **Mahlzeit, Tischgemeinschaft oder Tischgesellschaft** Die Begriffe „Mahlzeit", „Tischgemeinschaft" oder „Tischgesellschaft" werden oft nicht trennscharf verwendet und stehen meistens wechselseitig für ein und dasselbe. Doch sie lassen sich unterscheiden: Die „Mahlzeit" steht für eine soziale Institution, in der für alle Teilnehmenden reziprok geteilte Regeln für den Ablauf der Mahlzeit angenommen werden und deren Geltung über die Teilnehmenden hinausreicht. „Mahlzeiten" sind prinzipiell allen Menschen zugänglich. Der Begriff „Tischgesellschaft" kommt dem Begriff der „Mahlzeit" näher, denn die Unverbindlichkeit der teilnehmenden Esser*innen findet sich wieder. „Tischgemeinschaft" hingegen bezieht sich auf das wechselseitige Kennen der Teilnehmer*innen. Sie bilden eine Gruppe, die sich durch das Teilen der Nahrung bei Tisch wiederkehrend neu bestätigt und stabilisiert. „Tischgemeinschaften" lassen sich durch „Mitgliedschaften" kennzeichnen (Barlösius 2011, S. 173).

Komplexe Esskulturen bestehen aus verschiedensten Elementen und für die Entwicklung bedarf es gewissen Kontinuitäten, aus denen heraus sie sich gebildet haben und deren Bedingungen genauer für ihr Verständnis zu betrachten sind (Hirschfelder 2005, S. 75). Viele gegenwärtig noch selbstverständlich akzeptierte

Ess- und Tischgesellschaftsrituale gehen auf religiöse Traditionen zurück, oft mischt sich Regionales und Religiöses, den wenigsten ist dieser Entstehungshintergrund bekannt oder bewusst (Peter 2009, S. 72). „Das deutsche ‚bei Tische spricht man nicht' ist ebenso Klostersitte wie der Brauch, Eier aufzuklopfen – im Refektorium gab es keine Messer für die Mönche! (…) Übrigens: Wenn heute Solinger Silberbesteck oder Rosenthalporzellan im 12er Set verkauft wird, dann geht auch das immer noch auf das Abendmahl Christi zurück" (Peter 2009, S. 33). Der bekannte Ausspruch „frühstücken wie ein Kaiser, Mittagessen wie ein König, Abendessen wie ein Bettelmann" führt ebenfalls einen religiösen (protestantischen) Unterton mit sich. Damit wird die Betonung auf das Frühstück als die familiärste aller Mahlzeiten gelegt, das wahrscheinlich ausschließlich zu Hause eingenommen wird, alkoholfrei daher kommt und für die Arbeitspflichten des Tages stählt, während das evtl. genussvollere und geselligere Abendbrot gleichzeitig auf ein bescheidenes reduziert wird (Peter 2009, S. 72). Die Aufwertung der häuslichen Tischgemeinschaft als Treffpunkt der Familie geht auf Luther zurück, das gemeinsame Essen mit der demonstrativen Häuslichkeit wertet u. a. die Rolle der Köchin auf, so Peters Einschätzung. „Umgekehrt wird Essen dadurch aber auch zum privaten Akt, zur reinen Familiensache. Bis heute herrscht in protestantischen Landstrichen die Neigung vor, aushäusiges Speisen als Verschwendung zu betrachten – nur Reiche und Vertreter gehen essen, pflegte man in Sachsen zu sagen" (Peter 2009, S. 71).

Kochen und Essen ging spätestens seit dem 19. Jahrhundert, mit der vielfältigen Verbreitung von Kochbüchern in bürgerlichen Haushalten einher mit der Verpflichtung zur Gestaltung von Tischkultur und Tischgesellschaft (Hill und Kösling 2012, S. 92). Kochbücher enthalten seit der Zeit meist einen Anhang, der der Kunst der Gastfreundschaft gewidmet ist. Darin lassen sich Vorschläge finden, wie z. B. ein vornehmes Essen für Gäste zu geben sei und welche Speisen anlässlich eines Hochzeitsmahls, festlichen Diners oder Sonntagsessens aufgetischt werden sollten. „Daran schließt sich meist eine Auflistung von Menügängen an – neun bis vierzehn in der Regel –, deren Menge und Zusammenstellung uns einigermaßen abenteuerlich vorkommen. In nahezu allen Kochbüchern um 1900 sind diese Vorschläge etwa die gleichen. (…)" (Mutschelknaus 2010, S. 42). Damit einher ging eine Fülle an Benimmregeln bei Tisch, die in ihrer Einhaltung regelmäßige, strenge und präzise Disziplin abverlangten. Familien von heute versuchen die Regeln zu lockern und nicht mehr so eng zu nehmen und dennoch werden viele der seit dem 19. Jahrhundert geltenden Konventionen doch beibehalten und weiter gegeben. Dennoch stellt sich beim Erlernen der Tischregeln von Generation zu Generation die Frage, vor allem da das Erlernen nicht ohne ein Minimum an Zwang möglich erscheint, welche Regeln aufrechterhalten und welche vielleicht besser abgeschafft gehören (Kaufmann 2006, S. 105).

Mahlzeiten im Privathaushalt müssen sich gegenwärtig vor allem einfach zubereiten lassen und schnell gehen. Die heute Berufstätigen werden ihren Ernährungsstil wahrscheinlich auch im Rentenalter beibehalten, sodass Ernährung zukünftig weiterhin schnell, einfach und vor allem mangels Übung im Umgang mit Lebensmitteln erfolgen wird (Schönberger 2011, S. 48). „Richtige" Mahlzeiten werden seltener selbst zubereitet: (Halb-)Fertigprodukte, Essen außer Haus in Restaurants, Mensen und Imbissen werden zunehmen (Schönberger 2011, S. 48). Die Hälfte aller Haushalte benötigt weniger als 20 min tägliche Arbeitszeit in der Küche und diese Entwicklung ist den letzten 50 Jahren geschuldet (Kaufmann 2006, S. 117). Quantitativ und weltweit betrachtet, rücken individuelle Praktiken des Nahrungsmittelverkehrs und die außer Haus eingenommenen Mahlzeiten zukünftig noch deutlicher in den Vordergrund.

> In zahlreichen europäischen Ländern frühstücken die verschiedenen Familienmitglieder zu unterschiedlichen Zeiten, und jeder isst dabei etwas anderes. Auch das Mittagessen nehmen sie außer Haus allein oder in Gesellschaft von Menschen ein, die nicht zur Familie gehören. Das Abendessen hingegen bietet ebenso wie die Mahlzeiten am Wochenende die Gelegenheit einer familiären Mobilisierung. Das Zentrum der individualistischen Revolution befindet sich jedoch anderswo: in dem, was man als die neue Kühlschrank-Kultur bezeichnen könnte. Früher versammelte sich die Familie regelmäßig bei Tisch, um gemeinsam zu essen. Dies konnte nur so sein, weil die Frau, mit ihren Töpfen bewaffnet und an ihren Herd gefesselt, sich mit Leib und Seele diesem Hausfrauenwerk widmete, Heute gibt es ein weiteres Haushaltsgerät, das die Ausgangslage verändert: den Kühlschrank. Zunächst diente er der Köchin lediglich als ein Hilfsmittel, das eine bessere Lagerung der Nahrungsmittel ermöglichte. Als dann die Emanzipationsbewegung der Frauen und das Angebot von Fertiggerichten (besonders individuellen Desserts) zusammenkamen, ereignete sich eine zwar diskrete, aber nichtsdestoweniger spektakuläre Verschiebung. Von da an stand der Kühlschrank (anstelle des Herdes) im Zentrum der häuslichen Nahrungsorganisation. Gemäß ihrem Rhythmus und nach Belieben öffnen die einzelnen Esser die Kühlschranktür und nehmen sich etwas zu essen heraus. (…) Weitere Geräte haben die Vereinfachung des Kochens und die Individualisierung der Nahrungspraktiken weiter beschleunigt, vor allem die Tiefkühltruhe, gepaart mit der Mikrowelle (Kaufmann 2006, S. 56).

Rützler und Reiter verweisen darauf, dass die Veränderungen der Esskultur, die in Europa seit 3 bis 4 Jahrzehnten zu beobachten sind, auf den wissenschaftlich-technischen Fortschritt zurückzuführen sind, eben auf verbesserte Kühl-, Konservierungs- und Transporttechniken sowie auf enorme, vor allem durch den Einsatz chemischer Dünge- und Pflanzenschutzmittel erzielte Produktivitätssteigerungen in der Landwirtschaft und auf avancierte Techniken in der Nahrungsmittelproduktion (Rützler und Reiter 2011, S. 78). Vielleicht mehr als in anderen

Bereichen des Lebens werden deshalb beim Essen durch wissenschaftlich-technischen Fortschritt kulturelle, soziale, ethische und ethnische, ökonomische und politische Aspekte berührt und die Esskultur beeinflusst.

**Beispiel**

Mit dem Fortschritt entstanden technokratische Ernährungsfantasien, die die Schnelligkeit und Bequemlichkeit als die einzigen für die Zukunft des Essens ausschlaggebenden Kriterien sahen. Essen würde, entsprechend damaliger Zukunftsszenarien für moderne Industriegesellschaften, nur noch Brennstoff für den Körper sein, so wie Benzin für das Auto.

Heute hört sich das grotesk an, aber Convenience-Food-Pioniere wie E.W. Williams meinten es durchaus ernst: ,Frische Produkte im Einzelhandel gehören der Vergangenheit an'. Das war 1954, zwei Jahre nachdem Gerry Thomas für das amerikanische Unternehmen Swanson & Sons das erste komplette Fertigmenü erfand: ein tiefgekühltes Drei-Komponenten-Gericht, das vom Endverbraucher nur mehr erwärmt werden musste. Unter dem Namen TV-Dinner wurde das Produkt bereits im zweiten Jahr ein durchschlagender Erfolg. Statt der erwarteten 5.000 Exemplare wurden 10 Millionen Einheiten verkauft (Rützler und Reiter 2011, S. 79).

So vollkommen Unrecht hatte Williams nicht, wenn die rasante Verbreitung von Fertigprodukten betrachtet wird.

Die Entwicklung der Produktion und Haltbarmachung von Lebensmitteln hat die Esskultur der letzten Jahrzehnte rasant verändert, gesellschaftliche Veränderungen, wie z. B. die größere Teilhabe von Frauen am Arbeitsmarkt hat ebenso Folgen für das in den Köpfen verankerte Ideal der gemeinsamen Familienmahlzeit.

**Beispiel**

Am Beispiel der Verbreitung der Tiefkühlpizza zeigt sich, wie selbstverständlich industriell erarbeitete und nur noch zum warm machen vorbereitete Gerichte in die Haushalte Einzug gehalten haben.

1970 feierte die Tiefkühlpizza in Deutschland ihre Premiere, und der Markt für die vorbereiteten belegten Teigfladen boomt unaufhörlich. Waren es 1997 laut Angaben des Deutschen Tiefkühlinstituts in Köln noch 1,6 kg, werden inzwischen in Deutschland pro Kopf im Jahre sage und schreibe 3,34 kg Tiefkühlpizzas pro Kopf und Jahr verputzt. Andere Quellen sprechen von zwischen 70 und 90 Pizzen pro erwachsenen Deutschen jedes Jahr (Gritzmann und Scheck 2011, S. 107).

Kaufmann bezeichnet diese Entwicklung als Entstehung eines neuen Ernährungsmodells, dass rund um den individuellen Esser aufgebaut ist, der eigentlich durch die Institution „gemeinsame Mahlzeit der Familie" sozialisiert wurde und nun losgelöst von sozialen Zwängen erscheint.

> Vor unseren Augen dehnt gerade ein neues Ernährungsmodell seinen Einfluss schnell und mit aller Macht über den gesamten Planeten aus. Es entspringt einem deutlichen Bruch mit einer historischen Vergangenheit, in der der Esser durch eine richtige Institution, die gemeinsame Mahlzeit der Familie, sozialisiert wurde, und entfaltet sich durch eine mit ihm einhergehende Marginalisierung der häuslichen Küche. Es organisiert die Praktiken um ein neues Zentrum herum, den individuellen Esser, der nun von den sozialen Zwängen befreit ist (Kaufmann 2006, S. 53 f.).

Zwischen der Industrialisierung des Essens und dem von sozialen Zwängen befreiten individuellen Esser geht jedoch etwas verloren, was für jeden Menschen bisher ein Mindestmaß an Selbstständigkeit, Selbstbestimmtheit und Unabhängigkeit sicherte. Das Wissen um Lebensmittel und damit verbunden die Sozialisierung der Esskultur und Tischgesellschaft.

> Was aber schneller denn je verloren geht, ist unsere Esskultur und unser Wissen um Lebensmittel, deren Zubereitung und deren Geschmack. Die Esskultur ist eine der großen gemeinsamen Säulen der Menschheit, unabhängig von Ethnie und Herkunft, über die nahezu problemlos Verständigung möglich ist, Neugier und Offenheit vorausgesetzt. Diese Basis zu erhalten, muss das Ziel aller Bemühungen sein. Dafür ist es unabdingbar, das Wissen um Lebensmittel, deren elementare Zubereitung und vor allem um deren Genusswert zu erhalten. Wie schnell dieses geistige Kapital derzeit bröckelt und verloren geht, dürfte jedem klar sein (Vilgis 2011, S. 239).

Heindl et al. schätzen die Gefahr des Verlustes der Esskultur nicht so hoch ein. Der beständige Wechsel gehört zu den typischen Entwicklungen von Esskulturen. Zur Esskultur gehören Essen und Rituale, Nahrung, Speisen und Mahlzeiten sowie die Auseinandersetzung mit Vorlieben und Abneigungen der Menschen.

> Was und vor allem wie gegessen und getrunken wird, ist abhängig von den Kulturkreisen der Lebensgemeinschaften, ist Ausdrucksmittel der Menschen und dient der symbolischen Kommunikation. Dieses spiegelt sich in Gerichten, Rezepten und Ritualen wider und dient als individuelles und gemeinschaftliches Verständigungsmittel. Küchen sind bis heute Orte dieses Geschehens, durch diese wird die Befriedigung des Bedürfnisses nach Nahrung zu einem kulturellen System. Auch ohne das Gespräch beim Essen wird die Nahrung selbst zum Kommunikationsmittel. Küchen sind Orte des Kochens und Essens, gleichzeitig vermitteln sie länderspezifische und

regionale Esskulturen. Weltweit gibt es ebenso typische Entwicklungen (z. B. fast food), die in einer Generation entstehen, wieder vergehen oder aber über Generationen erhalten bleiben (Heindl et al. 2011, S. 195).

Mit der Entwicklung zur Technisierung und damit verbundener Individualisierung findet seit den 1960er Jahren verstärkt eine Ortsverlagerung des Essens statt, die für viele Menschen täglich Außer-Haus-Verpflegung bedeutet. Alle Esshandlungen werden als Außer-Haus-Verzehr bezeichnet, die außerhalb der eigenen Wohnung stattfinden. Nahrungsmittel oder Getränke werden dorthin nicht mitgenommen. Bereits 28 % aller Lebensmittelausgaben werden für die Außer-Haus-Verpflegung getätigt (Rückert-John et al. 2011). Der Außer-Haus-Verpflegung werden weitere Wachstumssteigerungen vorhergesagt durch die vermehrte Entstehung von Ganztagsschulen und Altenpflegeeinrichtungen. Zudem werden neue Formen von Gemeinschaftsverpflegungen und andere Versorgungsmöglichkeiten im öffentlichen Raum entstehen, die in Form von neuen, regelmäßigen Essensgemeinschaften als Reaktion auf die Verkleinerung von Haushalten, wie z. B. die Zunahme von Single-Haushalten, Paaren ohne Kinder und alten Menschen einzuschätzen sind. Neue Versorgungsformen, wie z. B. haushaltsunterstützende Dienstleistungen auf Gemeindeebene, neue Wohnformen und Nachbarschaftskonzepte gehören ebenfalls in diesen Bereich (Schönberger 2011, S. 48 f.). Gemeinsamen Mahlzeiten wird in der Zukunft mehr Aufmerksamkeit zuwachsen, da sie zunehmend weniger in Familien und zunehmend mehr außer Haus stattfinden, sodass den für die Mahlzeit verantwortlichen Gestalter*innen vor allem in sozialen, bildenden und erziehenden Einrichtungen, wie z. B. in Kindertageseinrichtungen, Schulen und Einrichtungen der Kinder- und Jugendhilfe, hohe Verantwortung übertragen wird in Bezug auf die Auswahl der Nahrungsmittel, die Zubereitung der Speisen, die Auswahl und Anordnung der Tischgemeinschaft sowie miteinander gegessen werden soll. Das „Wie" betrifft Fragen in Bezug auf die Formen des Umgangs miteinander und Fragen rund um die Verteilung und Anreichung des Essens, die Auswahl des Geschirrs oder die Form der Tische. Dazu wird es notwendig sein, über die hohe Bedeutung gemeinsamer Mahlzeiten hinaus, auf Wissen und Kompetenzen aus vielen verschiedenen Wissensfeldern zurückgreifen zu können, die auf die Gestaltung und Herstellung von Mahlzeiten Einfluss haben könnten, wie z. B. aus der Ernährungswissenschaft, Gastrosophie, Politik, Ökonomie, Landwirtschaft, Erziehung, Bildung, Nachhaltigkeit oder Gesundheit.

Mit der gegenwärtigen Vervielfältigung im Bereich der Mahlzeiten und Verzehrsituationen sind gleichzeitig auch die deutliche Zunahme des Konsums von Fertiggerichten und die zunehmende Angleichung der Essgewohnheiten verbunden,

obwohl der Weg, den die Menschheit zurückgelegt hat, um von der rohen und unge-
ordneten Nahrungsaufnahme zur Esskultur der Gegenwart zu gelangen, von Hirschfelder als „ebenso abenteuerlich und mühsam wie amüsant" bezeichnet wurde.
Und: Keine Gesellschaft hat eine einheitliche Esskultur herausgebildet.

> Stets gab es ein großes Nebeneinander: Die Reichen aßen und tranken anders und
> anderes als die Armen, Männer und Frauen ernährten sich unterschiedlich, und auch
> die Nahrungskultur der Jungen war von jenen der Alten verschieden. Ein weiteres
> Phänomen erschwert die Aufgabe, klare Entwicklungslinien nachzuzeichnen, denn
> häufig klafft eine breite Lücke zwischen dem Wissen der Menschen um die Nahrung
> und der täglichen Praxis der Ernährung. Heute stehen den Konsumenten genügend
> Informationen und Produkte zur Verfügung. (…) Jahrhunderte brauchte die bürgerli-
> che Tischkultur, um sich zu entwickeln. Als sie endlich in voller Blüte stand, begann
> bereits der Zerfall. Viele Bestandteile haben zwar bis heute überlebt, aber andere
> tragende Elemente sind verschwunden. So wurden die Esswerkzeuge im Laufe der
> Zeit immer aufwändiger, werden heute aber oft gar nicht mehr benutzt, denn viele
> Europäer essen inzwischen wieder direkt aus der Hand (Hirschfelder 2005, S. 9).

Der Anstieg der Werbung, vielfältige technische Möglichkeiten und die Globalisierung haben jedoch zu einer zunehmenden Vereinheitlichung geführt und
wiederum fällt auf, dass es gleichzeitig eine Renaissance regionalspezifischer
Esskulturen gibt. Hirschfelder begreift diese als Ausdruck des Bedürfnisses der
Menschen als soziale Gruppe nach Identität, während andere Möglichkeiten der
Identitätsstiftung im Verschwinden begriffen sind: Dialekte verschwimmen, regionale Trachten und Moden sind bereits weg. Doch solange die Europäer gerne
essen und das tun sie, werden regionale Besonderheiten der Nahrungskultur nicht
verloren gehen (Hirschfelder 2005, S. 257).

Dieser Einschätzung sind diejenigen Franzosen nicht gefolgt, die sich 2010
darum bemüht haben, die „französische Küche" (Cuisine francaise) von der
UNESCO zum Weltkulturerbe der immateriellen Kulturgüter ernennen zu lassen.
Sie waren der Ansicht, in Zeiten des Fast Foods und der Tiefkühlkost im Land
des „guten Essens", in der sich zunehmend mehr Familien von der traditionellen
Esskultur entfernen, bedürfe sie deshalb eines besonderen Schutzes. Daran lassen sich weitere Perspektiven anschließen, die das Ansinnen der Franzosen, ihre
Küche vor dem Verfall schützen oder vielleicht besser konservieren zu wollen,
stärken. Gesellschaftliche Individualisierungsprozesse haben, neben den technischen Entwicklungen und der Vervielfältigung der Verzehrsituationen, die ide-
elle Befreiung von zuvor allgemein verbindlichen Esssitten mit sich gebracht
hat. Die Ernährungsweise der Menschen unterliegt kaum noch einer Fremdbestimmung durch kulturelle Traditionen oder Religion, Klassenzugehörigkeit oder

Geschlechterzuschreibungen. Diese Facetten traditioneller Sittlichkeit des Essverhaltens haben jedoch keinesfalls jede empirische Bedeutung verloren. Sie stehen viel stärker als nur zur Wahl und werden aus der eigenen Ernährungsweise heraus, wenn sie nicht bewusst reflektiert von Menschen abgelegt wurden, täglich erneuert und aufrechterhalten (Lemke 2008a, S. 221).

## 2.3   Übers Essen etwas wissen und für Soziale Arbeit denken

Der Diskurs über Ernährung wird gegenwärtig vor allem mit Gesundheitsaspekten verbunden, die für Kaufmann mit Ausnahme einiger Ideen, die konsensfähig sind, wie z. B. weniger Zucker und weniger Fett, einem wahren Stimmengewirr gleichen. Zahlreiche wissenschaftliche Informationen, gefiltert von großen Institutionen mit besonderen Interessen und Ansichten, wie z. B. staatliche Gesundheitsbehörden, Verbraucherbewegungen, Nahrungsmittelindustrie einerseits und gesellschaftliche Dynamiken mit Einfluss auf die Ernährung andererseits, wie z. B. das Schlankheitsideal, das den Frauen aufgezwungen wird, verwirren die Esser. „Der arme Esser weiß nicht mehr, was für ihn gesund ist" (2006, S. 29). Aus Kaufmanns Perspektive gibt es zu viele und zu schnell wechselnde Überzeugungen, welches Nahrungsmittel und welche Ernährung als gesund zu gelten haben, sodass „gesunde Ernährung" einem Treibsand der Ideen ähnele, auf dem der Konsument nicht zum festen Stand kommen kann (Kaufmann 2006, S. 29).

▶   **Tipp** Überlegen Sie, welchen Ernährungsüberzeugungen Sie folgen? Welche Nahrungsmittel halten Sie für gesund und sind sie es auch? Worauf basieren Sie Ihre Überzeugungen?

Lemke bezieht aus seiner gastrosophischen Perspektivierung der Ernährung eine Schrift aus der Mitte des 19 Jahrhunderts heran, in der von Vaerst sieben Forschungsbereiche einer Gastrosophie vorschlägt: Als erstes die Lehre von den Freuden der Tafel, es folgt als zweiter Bereich die Theorie und Praxis der Kochkunst und drittens die Ästhetik der Esskunst. Die Physiologie und Chemie aller essbaren Substanzen und Wesen sowie der meisten Getränke folgt als vierter Forschungsbereich und fünftens Prinzipien des (guten) Benehmens bei Tisch. Der sechste Forschungsbereich bezieht sich auf das Studium der Diätetik, eine kritische Kasuistik der Magersucht und der Fettleibigkeit und als siebten Forschungsbereich sieht von Vaerst die Kontrolle sämtlicher sozialen und ökonomischen Pflichtleistungen, wie z. B. Viehzucht, Gartenkultur, Fischfang, Ackerbau, Jagd.

Diese Bereiche betrachtet er nicht nur für den Fortbestand der auf Nahrung ange-
wiesenen Menschheit als notwendig an, vielmehr sollen sie auch dem Wohl jedes
einzelnen dienen, dem seine Mahlzeit ein Fest und die Einverleibung schön zubereiteter Speisen und edler Getränke die schöpferische Erfüllung eines metaphysi-
schen Bedürfnisses ist (Lemke 2008a, S. 217).

▶ **Gastrosophie** Die Gastrosophie bearbeitet das Zusammenwirken sowie fun-
diertes Nach- und Zusammendenken aller natur- und geisteswissenschaftlichen
Fächer und Disziplinen, die sich mit der Ernährung beschäftigen. Die kulturwissenschaftliche Erforschung von Ernährung und Gesellschaft steht im Vordergrund
und es werden möglichst alle Aspekte der Lebensmittelerzeugung, der Verarbeitung, der Vermarktung bis zum Konsum betrachtet. Möglichst jeder Aspekt wird
dabei von der Erzeugung, über die Verarbeitung und die Distribution bis hin zum
Konsum in den Blick genommen: Die materiellen, technischen, ideellen sowie
die mentalen Aspekte der Ernährung stehen im Mittelpunkt der Betrachtung wie
auch Prägungen, Vor- und Einstellungen, Esskultur und Werte in verschiedenen
Epochen und Gesellschaften inklusive dazugehöriger Lebenswelten. Der Begriff
„Gastrosophie" geht auf eine Neuprägung durch Eugen von Vaerst (1782–1855)
zurück. Im Jahr 1851 führte er o.g. Forschungsbereiche unter folgender Überschrift aus: „Gastrosophie oder die Lehre von den Freuden der Tafel" (http://
www.gastrosophie.at/de/uebergastrosophie/index.asp, Zugriff: 27.07.2017).

Mit der gegenwärtig bestehenden Freiheit und Vielfalt der Ernährungsweisen
trifft jede/r Esser/in mit jedem Essen Entscheidungen zur Ernährungsfrage. Diese
können als Stellungnahme mit damit verbundenen Selbst- und Weltbezügen sowie
deren ethisch und politisch relevanten Auswirkungen gelten. Ernährung erscheint
wegen seiner Normativität, Globalität und Moralität je schon ein politischer Akt
zu sein und die tagtäglichen, bewusst oder unbedacht vollzogenen Ernährungsentscheidungen gestalten die Welt (Lemke 2008a, S. 225).
    Konkreter gefasst, spiegeln sich im täglichen Nahrungskonsum Themen um
die gesellschaftlichen Produktionsweisen von Nahrung, Verteilungs(gerechtigkeit) von Lebensmitteln bis hin zur internationalisierten Verflechtung globaler
Nahrungsmittelproduktion inklusive der Produktion von Mangel und Hunger.
Dadurch wird z. B. das Aufwärmen einer Pizza wegen seiner Normativität, Globalität und Moralität zu einem politischen Akt. Die täglichen, bewusst oder unbedacht vollzogenen Ernährungsentscheidungen gestalten und beeinflussen die
weitere Entwicklung der Welt (Lemke 2008a, S. 225), sodass auch diese Aspekte
in Form von nicht belehrender politischer Bildung viel deutlicher in den Mittelpunkt der Aufmerksamkeit rücken müssten. Damit böte sich die Chance, „die

Subjekte nicht nur hilflos vor den übermächtigen Prozessen der Globalisierung erstarren zu lassen, sondern allein schon im täglichen Einkaufen von Essen aktiv Einflussmöglichkeiten zu entdecken" (Rose und Sturzenhecker 2010, S. 37).

Die Aneignung und Auseinandersetzung mit Ernährungsfragen, eingebunden in esskulturelle und tischgesellschaftliche bzw. -gemeinschaftliche Perspektiven in der Sozialen Arbeit müssen mit der Forderung nach interdisziplinären und disziplinübergreifenden Aspekten verbunden werden, um Esspraxen systematisch in ihrer Wirksamkeit für disziplinäre und professionelle Zusammenhänge zu erfassen. Die kulturelle Konstruktion der Esspraxis zu begreifen, könnte dazu führen, weg von normativ aufgeladenen Vorstellungen „richtiger" Ernährung und bestimmter esskultureller Normierungen wegzukommen zu Essensituationen, die fachlich begründet sozialpädagogische Lehr- und Lernzusammenhänge gestalten und Möglichkeiten zur Aneignung anbieten.

Dafür wird jedoch Wissen notwendig,

> um die unendlich komplexen Sachkenntnisse des Anbaus, der Herstellung und Zubereitung, die ganze Wissenschaft und Technik der Verarbeitung, Verpackung und Vermarktung, das ausdifferenzierte System an politischen und gesetzlichen Vorgaben und Regelungen, die feinsinnigen Geschmacksreflexionen und Speisebedeutungen genauso wie die zumeist unzureichenden Verbraucherinformationen oder die theoretischen und individuellen Ernährungslehren und Diätnuancen, das variable Preiswissen nicht weniger als das alltägliche Erfahrungswissen, was einem am besten schmeckt – aus allen diesen Erkenntnissen setzt sich unser Essenswissen zusammen. Niemand weiß nicht, was er isst, und niemand isst, ohne alles dies irgendwie zu wissen (Lemke 2008b, S. 3).

Lemke würde gern das Potenzial ausschöpfen, dass in der Betrachtung von „Kochen als individuelle Lebenskunst potentiell eines jeden Menschen" (Lemke 2004b, S. 8) steckt. Die Überwindung der Nicht-Kochkunst, der überwiegenden kulinarischen Untätigkeit und gastrosophischen Selbstentfremdung ist aus seiner Sicht nur ein widerständiges Handlungsfeld neben anderen. Doch es hat für jeden ein jederzeit ergreifbares Veränderungspotenzial zugunsten einer besseren Lebenspraxis (Lemke 2004, S. 8).

Mit der Individualisierung von Gesellschaft und darin entstandenen Freiheiten für die Ernährungsweise, steht aus gastrosophischer Perspektive bei jedem Mahl die „ganze Welt" (des Essens) auf dem Spiel. Jeder Essakt zeigt, wie Menschen sich zur Ernährungsfrage verhalten und mit jedem Essen nehmen Menschen Stellung zu damit verbundenen Selbst- und Weltbezügen sowie deren ethisch und politisch relevanten Auswirkungen. Die Wirklichkeit der Ernährungsverhältnisse setzt sich zusammen aus der Gesamtheit aller einzelnen Essakte, die überall in der Welt tagtäglich getätigt werden (Lemke 2008a, S. 222). Lemke unterscheidet fünf Essenswissensfelder als Bereichsethiken, die systematisch in Betracht gezogen und aus seiner Sicht gastrosophisch miteinander verschränkt werden sollten:

Die Landwirtschaft gilt als erstes ethisch relevantes Erkenntnisfeld, da sich in den internationalen Agrar- und Umweltwissenschaften langsam, jedoch stetig das Wissen einer umweltethischen Landwirtschaft ausbreitet, die sich als ökologisch funktionierende und tierethisch nachhaltige Agrikultur zeigt. Die Schaffung existenzsichernder Arbeit für Bauern, Bewahrung und Wiederbelebung handwerklichen und lokalen Agrarwissens sowie eine soziale Entwicklungsperspektive für den ländlichen Lebensraum weltweit gehört ebenso dazu.

> ▶ **Tipp** Überlegen Sie, wie viel ein Liter Milch kostet, wenn die Kuh in
> einem Stall steht, der auf ihre Bedürfnisse angepasst ist und sie ein
> gutes Kuhleben führen kann, weil bei ihrer Haltung auf alte bewährte
> bäuerliche Traditionen zurückgegriffen wird. Darüber hinaus bringt
> der Liter Milch dem Landwirt/der Landwirtin einen angemessenen
> Gewinn ein.

Die Politik des Essens gilt als zweites Erkenntnisfeld: Dabei geht es um die Legitimation einer gerechteren und menschenwürdigeren Ernährungspolitik und um die internationale Durchsetzung dieser Rechtsnormen. Mit der sich seit einigen Jahren vollziehenden Wende von der karitativen Nahrungsmittelhilfe zum Menschenrechtsansatz bekommt die Politik im Kampf gegen den Hunger völkerrechtstheoretische Mittel zur Durchsetzung. Inzwischen wurde das universelle Recht auf Nahrung dem UN-Grundsatzprogramm einer globalen Ethik der Welternährung zugrunde gelegt und somit Chancen einer globalen „Politik des guten Essens" eröffnet.

> ▶ **Tipp** Denken Sie einmal darüber nach, wie Ihre soziale Einrichtung
> dazu beitragen könnte, die kommunale Politik davon zu überzeugen,
> mehr Geld für nachhaltig und fair erzeugte Lebensmittel auszugeben.

Die Ökonomie gilt als drittes ethisch relevantes Erkenntnisfeld, in dem in internationalen Unternehmen und in den zahllosen Foren der Zivilgesellschaft in den letzten Jahren fundierte Konzepte eines gerechteren Weltmarktes und einer globalen Wirtschaftsethik entstanden sind. Produktionsweisen der Nahrungsindustrie, der Transport, die Verpackung, die Handelsstrukturen sowie das gastronomische Gewerbe sind dabei angesprochen und werden einbezogen. Darüber hinaus gewinnt der Zusammenhang zur Konsumethik systematische Bedeutung, wenn sich mehr Menschen über ihre marktlenkende Wirkung ihres Kaufverhaltens klar werden und diese Erkenntnis gezielt einsetzen.

▶   **Tipp** Mit welchen kleinen Aktionen könnte sich Ihre soziale Einrichtung bei der Lebensmittelökonomie bemerkbar machen?! Könnten Lebensmittel boykottiert werden und die Lebensmittelindustrie würde einen ökonomischen Verlust spüren, weil Ihr Träger ein Großabnehmer für viele Einrichtungen ist?

Kulinarische Alltagspraxis wird von Lemke als viertes ethisch relevantes Erkenntnisfeld benannt. Die Lebenskunst des guten Essens, von prominenten Köchen einerseits und z. B. Slow-Food Bewegungen andererseits mehr in den Mittelpunkt gesellschaftlichen Interesses gerückt, geht aus der alltäglich kultivierten Erfahrung und bewusst getroffenen Entscheidung, jenseits traditioneller Geschlechterrollen, neu entdeckten Selbstkochens und eines gemeinschaftlichen Genießens der zubereiteten Speisen Lebensqualität hervor.

▶   **Tipp** Führen Sie eine kurze Umfrage in Ihrer sozialen Einrichtung bzw. in Ihrem Umfeld durch: Wer hat welches Lieblingsgericht? Wann gab es das in den letzten zwei Wochen in der Einrichtung bzw. in der Mensa?

Der Bereich der (körperlichen und geistigen) Gesundheit mit einer verbesserten Ernährung meint den fünften Bereich ethisch relevanter Erkenntnis. Aus dem Wissen um ernährungsbedingte Krankheiten sowie die Erkenntnisse einer gesünderen Kostform und die kritische Auseinandersetzung mit verschiedenen, alternativen Ernährungslehren hat sich das naturwissenschaftlich fundierte Ideal einer diätisch richtigen Ernährungsweise durchgesetzt. Trotzdem belegen die „Essstörungen" eine verbreitete Orientierungslosigkeit des gesellschaftlichen Geschmacks. Dies zeigt für Lemke zugleich die theoretische Notwendigkeit und die praktische Dinglichkeit einer Ernährungsethik (Lemke 2007a). „Mit anderen Worten: Eine aktuelle Philosophie eines „besseren Welt-Essens" stellt sich die Aufgabe, eine das leibliche Wohl eingedenkende gesunde, eine umweltverträgliche und sozialgerechte, eine kulinarisch-ästhetische und mahlethische Ernährungspraxis als das Vernunftideal eines guten Welt-Essens zu begründen" (Lemke 2007b, S. 9).

▶   **Tipp** Welcher Ernährungsweise folgen Sie? Laden Sie sich eine App zu gesunder Ernährung auf Ihr Smartphone und geben für eine Woche täglich ihr Essen ein. Was sagt Ihnen Ihre App über Ihre Ernährung?

Diese fünf essensethischen Bereiche stellen Bezugspunkte für die theoretische und praktische Auseinandersetzung in der Sozialen Arbeit dar und sie könnten in der Sozialen Arbeit als Referenzpunkte für eigene Fragestellungen eingesetzt werden. Denn in der Sozialen Arbeit kommt mehrmals täglich in ihren Handlungsfeldern die ganze Welt als Mahlzeit auf den Tisch. Von der Herstellung von Nahrungsmitteln über die Zubereitung bis zur Gestaltung von Essenssituationen ist Soziale Arbeit möglicherweise an allen Prozessen beteiligt und trägt wesentliches zur Erziehung, Bildung und Sozialisation bei, indem sie über die Tischgesellschaft Zugehörigkeit eröffnet oder verschließt.

Für Lemke liegt der Schwerpunkt darin, Gesellschaft als Tischgesellschaft zu denken und damit gesellschaftliche Realität durch das Essen zu begreifen. Gleichzeitig erfolgt mit dieser Perspektive der entscheidende Schritt für eine gastrosophische Gesellschaftstheorie:

> Nämlich das Nahrungsgeschehen nicht – wie üblich – zu übergehen, sondern es als ein grundlegendes und darüber hinaus facettenreiches Phänomen des kulturellen Lebens in den Blick zu nehmen. Vielleicht isst der Mensch nicht ununterbrochen, aber die vielfältigen Dinge, die für die Produktion, die Vermarktung, die Besorgung, die Zubereitung und den Genuss von Essen unerlässlich sind, konstituieren ein beträchtliches Ausmaß der gesellschaftlichen Realität (Lemke 2008b, S. 7).

Deshalb ist gastrosophisches Denken als universitäre Disziplin und interdisziplinärer Gegenstandsbereich als zeitgenössisches Forschungsfeld weiter zu etablieren, um sich dem Verständnis der Menschen-Gesellschaft als einer Tischgesellschaft anzunähern (Lemke 2008b, S. 10).

## 2.4    Viele Disziplinen bringen nur nebenbei Essen-Wissen hervor – Das Thema Essen: Zu komplex oder zu banal?

An den Wissenschaften, die sich mit dem Phänomen Essen auseinandersetzen, lässt sich nach wie vor eine Dominanz der Natur- und Technikwissenschaften gegenüber den sozial- und kulturwissenschaftlichen Disziplinen erkennen. Das ist dem nach wie vor geltenden höheren Stellenwert der natürlichen Anteile des Essens gegenüber den kulturellen und sozialen Anteilen geschuldet. „Die Natur- und Technikwissenschaften, insbesondere die biomedizinischen Forschungen, dominieren die Wissenschaft von der Ernährung. Im Wesentlichen existieren drei Disziplinen, die sich wissenschaftlich mit der Ernährung befassen: Ernährungswissenschaft, Lebensmittelchemie und -technologie und Lebensmitteltechnik"

(Barlösius 2011, S. 22). In der Ernährungswissenschaft stehen die internen körperlichen Prozesse im Fokus. Zwei Fragen werden vor allem bearbeitet, erstens,
was der Körper notwendig zu seiner metabolischen Reproduktion braucht und
zweitens, wie viel Nahrungsenergie und -inhaltsstoffe ihm zuzuführen sind. Die
Lebensmittelchemie und -technologie befassen sich mit den funktionellen Eigenschaften der Lebensmittelinhaltsstoffe sowie deren Reaktionen untereinander bei
der Lebensmittelverarbeitung. In der Lebensmitteltechnik, die zu den Ingenieur-
wissenschaften zählt, wird die Technik für die industrielle Lebensmittelverarbeitung geliefert. „Diese drei eigenständigen Wissenschaften untersuchen aus ihrer
Sicht umfassend das Gesamtphänomen der Ernährung. Die kulturellen und sozialen Anteile des Essens untersuchen sie nicht, weil diese nach ihrem Forschungs-
verständnis keine Eigenbedeutung besitzen, da sie nur Ableitungen des physischen
Grundbedürfnisses darstellen" (Barlösius 2011, S. 22). Die dominante Betrachtung des Themas Essen aus den Natur- und Technikwissenschaften sowie den biomedizinischen Forschungen bestimmen damit vor allem auch die Aufmerksamkeit
des Diskurses, sodass die sozial- und kulturwissenschaftlichen Fragestellungen
kaum Sichtbarkeit erlangen. Diese Unsichtbarkeit kann auch mit der weniger starken Ausprägung der Auseinandersetzungen zusammenhängen.

### 2.4.1 Essen als Randthema – Geringschätzung oder die Unauffälligkeit des Alltäglichen

Die bisher erfolgte (sozial- und kultur-)wissenschaftliche Erschließung des Phänomens Essen schätzt Dell'Agli vergleichsweise gering ein, trotz der unver-
gleichlichen Komplexität, die das Thema bietet und obwohl es wohl kaum eine
Disziplin gebe, die nicht von gastrosophischen Diskursen in Anspruch genommen werden könnte (Dell'Agli 2009, S. 11). Das Ignorieren des Themas Essen
erscheint für Dell'Agli verknüpft mit der Kontinuität und Frequenz sowie daraus
folgender Routinisierung des Essens bis zur Unauffälligkeit im alltäglichen Verlauf. Die damit verbundene Fremdbestimmtheit des Menschen über das Essen
wird als Unfreiheit erfahren, wenn sie bewusst reflektiert wird und führt zur Aversion. Daraus folgt, sich nicht mehr als unbedingt nötig damit zu befassen und es
fällt leicht, diese Tätigkeit gering zu schätzen (Dell'Agli 2009, S. 10).
   Daran lässt sich die Aussage Lemkes anschließen, das diejenigen, die bisher
im Wissenschaftsbereich begonnen haben, sich aus ihrer jeweiligen Disziplin heraus mit dem Thema Essen zu beschäftigen, es eher nebenbei erledigen, während
sie gleichzeitig unter Rechtfertigungsdruck geraten hinsichtlich ihrer Kolleg*innen (Lemke 2008b, S. 5 f.). Aus der Perspektive der Sozialwissenschaften existiert

auch keine eigenständige wissenschaftliche Disziplin mit dem Forschungsgegenstand des Kultur- und Sozialthemas Essen. In den verschiedenen Kultur- und Sozialwissenschaften wird vielmehr auf spezielle Aspekte des Themas abgezielt. Sie
bilden jedoch bestenfalls ein etabliertes Randthema. In wenigen Kultur- und Sozialwissenschaften ist es dennoch gelungen, das Kultur- und Sozialthema Essen als
eigenständiges Forschungsgebiet aufzubauen (Barlösius 2011, S. 23). Kaufmann
führt die beiden Stränge der Gleichzeitigkeit von Komplexität und scheinbarer
Unwichtigkeit als Widersprüchlichkeit zusammen:

> Nicht getäuscht hatte ich mich über die Komplexität des Themas, die schließ-
> lich meine schlimmsten Befürchtungen übertraf. Ich glaube, ich habe verstanden,
> warum: ganz einfach, weil Kochen und die Ernährung ein sehr bedeutendes Thema
> für die Sozialwissenschaften darstellen. Ein bedeutendes Thema, dass auf vielfäl-
> tige Weise angegangen werden kann und deshalb nicht einfach zu behandeln ist. Die
> Bedeutung kontrastiert mit der scheinbaren Unwichtigkeit dieser Tätigkeit. Ange-
> sichts dieses Widerspruchs verzweifelten die meisten Fachleute auf diesem Gebiet
> auf ihrer Suche nach überzeugenden Worten darüber, dass sie trotz ihrer Anstren-
> gungen freundlich, aber von oben herab behandelt wurden wie jemand, der seine
> Habseligkeiten anpreist (Kaufmann 2006, S. 10).

Die aus der Komplexität folgende Ergiebigkeit des Themas Essen kann den
Wissenschaftler bzw. die Wissenschaftlerin auch in eine Falle locken, weil der
Forscher bzw. die Forscherin mit zu vielen spannenden Themen konfrontiert
wird und ständig dazu neigt, „neue Verbindungslinien zu ziehen, Fenster auf
neue Erkenntniswelten voller Überraschungen aufzustoßen, zwischen denen er
hin und her gerissen wird und die die neuen Erkenntnisse zerstreuen, die er
eigentlich sammeln wollte. Denn die Anhäufung von Informationen kann para-
doxerweise die Erkenntnis zerstören. Je komplexer und wichtiger ein Thema
ist, desto destruktiver wirkt die bloße Anhäufung" (Kaufmann 2006, S. 11).
Der*die Forscher*in muss also seine*ihre Neugier in geordnete Bahnen len-
ken können und so Aufmerksamkeit auf das Thema bringen, nicht zuletzt, um
dem Spott seiner*ihrer Kolleg*innen zu entgehen, wenn er oder sie sich weiter
mit dem Thema befasst. Das Thema Essen scheint zwischen der alltäglichen
Routinisierung oder routinisierten Alltäglichkeit bei gleichzeitig hoher Komplexität besonders herausfordernd zu sein für die Schärfung der Fragestellungen, die in den einzelnen Disziplinen als forschungsrelevant eingeschätzt
werden.

## 2.4.2   Der vielfältige Blick der Wissenschaften auf das Thema Essen: Multidisziplinarität

Die einzelnen Disziplinen, die zum Thema Essen arbeiten, haben unterschiedliche Blickwinkel eingenommen und tragen verschiedenes Wissen bei. Für die Volkskunde ist für ihre Analyse der sozialen Realität des Essens und des Trinkens bedeutsam, über das Nahrungsmittel hinaus einen Untersuchungsgegenstand in das Zentrum der Betrachtung zu stellen. In den meisten Gesellschaften begegnen sich Mensch und Nahrung bei der Mahlzeit und so hat sich die volkskundliche Forschung darauf geeinigt, die Mahlzeit in den Mittelpunkt der Betrachtung zu rücken, da das Essen zu einem festgelegten Zeitpunkt und meist auch in einer genau definierten Gruppe das Sozialleben der europäischen Gesellschaften über Jahrhunderte prägte. Die inzwischen dazugekommenen weiteren Essenssituationen geraten ebenfalls in den Mittelpunkt der Betrachtung, da zwar weder das Essen an der Imbissbude, im Fast Food-Restaurant, noch der Schokoriegel auf der Straße oder die Erdnüsse beim Fernsehabend als Mahlzeit im oben genannten eingeordnet werden können. Dennoch werden die jeweils neu entstehenden Verzehrsituationen ebenfalls in den Mittelpunkt gestellt, da sich in ihnen alle ethnologisch wichtigen Aspekte der Nahrung bündeln und sie zu allen Zeiten und in allen Sozialgruppen gleichermaßen vorhanden sind (Hirschfelder 2005, S. 19).

Erkenntnisse aus der Ernährungs- und Esskulturforschung zeigen, wie viel mehr Wissen in Fragen um die Ernährung stecken als nur Nahrungszubereitung und -aufnahme. Kulinarische Bildung umfasst Wissen aus Natur- und Kulturwissenschaften, die sich innerhalb des semantischen Rahmens um Kommunikation und Küche mit Essen und Ritualen, Nahrung, Speisen und Mahlzeiten sowie mit Vorlieben und Abneigungen der Menschen befasst (Heindl et al. 2011, S. 195).

### Kulinaristik als Kulturwissenschaft des Essens

Pioniere der Esskulturforschung haben maßgeblich zur Formierung einer Kulturwissenschaft des Essens beigetragen. Diese Entwicklung fand ihren gesellschaftlichen Ausdruck im Jahr 2000 in der Gründung der „Deutschen Akademie für Kulinaristik". Kulinaristik versteht sich als Kulturwissenschaft des Essens. Alois Wierlacher hat den Ausdruck geprägt und damit wird eine fächerübergreifende Wissenschaft bezeichnet mit dem Ziel, kooperativer Aufklärung von (wissenschaftlicher) Theorie und (lebensweltlicher und beruflicher) Praxis über die Rolle und Funktion des Essens im Aufbau der Kultur(en), der individuellen menschlichen Existenz und in den Verständigungsprozessen zwischen den Menschen. „Ausgangsbasis ist die Annahme, dass das Kulturphänomen Essen als individueller und kollektiver, privater und öffentlicher Verhaltens-, Kommunikations-, Wert-, Symbol- und Handlungsbereich den ganzen Menschen betrifft und so eng mit unserem jeweiligen Kommunikationssystem in Alltag und Festtag verbunden ist, dass man es mit gutem Grund als soziales Totalphänomen charakterisiert hat (Marcel Mauss)" (http://www.wierlacher.de/kulinaristik.htm, Zugriff: 28.07.2017). Der programmatische Anspruch der Kulinaristik besteht in zwei systematischen Erwägungen. In wissenschaftstheoretischer und gesellschaftlicher Hinsicht geht es um die Überwindung der herkömmlichen Reduktion des Essens auf biologische Funktionen und damit einhergehendem nutritiven Funktionalismus. Die Kulturwissenschaft des Essens bringt Ideen ein, Ernährung als kulturell konstruiertes Geschehen zu verstehen, in dem sich das menschliche Sein, die gesellschaftliche und individuelle Identität konstituiert (Lemke 2008a, S. 147).

Während die kulturellen und sozialen Qualitäten im Vergleich zu den physischen und technischen Aspekten des Essens kaum erforscht werden und allenfalls ein etabliertes Randthema in den Kultur- und Sozialwissenschaften bilden, ist es dennoch in einigen Kultur- und Sozialwissenschaften gelungen, das Kultur- und Sozialthema Essen als eigenständiges Forschungsgebiet aufzubauen. Innerhalb der Geschichtswissenschaft z. B. repräsentiert die Ernährungsgeschichte seit einigen Jahren einen anerkannten Forschungsgegenstand. In der Psychologie wurde als eine Spezialisierung die Psychologie des Essens aufgebaut. In der Ethnologie und der Kulturanthropologie ist das Kulturthema Essen zu einem respektablen Forschungsgebiet entwickelt worden (Barlösius 2011, S. 23). „In den meisten anderen Sozial- und Kulturwissenschaften repräsentiert es allerdings noch immer ein Vertiefungsthema ohne eigene Forschungsprogrammatik. Dies gilt auch und insbesondere für die Soziologie. Allerdings haben sich aus der Not der Marginalisierung in den verschiedenen Sozial- und Kulturwissenschaften viele multi- und interdisziplinäre Forschungszusammenhänge entwickelt" (Barlösius 2011, S. 23). In der Soziologie hat die geringe Eigenbedeutung des Themas Essen sicher auch mit der fehlenden Spezifität zu tun. Diese wurde nicht klar genug herausgearbeitet. Barlösius will dieses Defizit beheben, ausgehend von der Grundannahme, „dass eine soziale Eigenbedeutung des Essens nur dann erkennbar wird, wenn sowohl die natürliche Bedingtheit der Ernährung als auch die soziale Gestaltung des Essens gleichermaßen anerkannt werden" (Barlösius 2011, S. 23). Daraus ließe sich erklären, dass das Essen ein „soziales Totalphänomen" repräsentiert. „Eine Soziologie des Essens hat deshalb damit zu beginnen, den anthropologischen Charakter dieses Lebensgebiets zu bestimmen, ansonsten kann die soziale Gestaltung nur als Anschlussorganisation an die natürliche Bedingtheit begriffen und die soziale Eigenbedeutung nicht erfasst werden" (Barlösius 2011, S. 23).

Lemke zufolge ist gerade in den letzten drei Jahrzehnten eine Flut und Fülle an Veröffentlichungen zum Thema erschienen mit der Auffälligkeit, das alle Publizierenden eher nebenbei an diesem Thema und nicht im Schwerpunkt dazu arbeiten. Seiner Einschätzung nach gibt es eine abschätzige Haltung gegenüber tischgesellschaftlichen Fragen, das jedoch als unwissenschaftliches Vorurteil zu gelten habe (Lemke 2008b, S. 10). Kulturtheoretisch ausgerichtete Beschäftigungen mit der Essensthematik haben nach Lemke in den 80er Jahren des 20. Jahrhunderts wieder begonnen, vor allem in der strukturalistischen und historischen Anthropologie, in der Kultursoziologie im Anschluss an Elias und Bourdieu, in der Historiografie sowie in den Postcolonial Studies oder in der Feministischen Theorie. In diesen Bereichen wurde aus seiner Perspektive die gastrosophische Wende vollzogen. Darüber hinaus finden sich in der Politologie und Wirtschaftswissenschaft Arbeiten zur Ernährung. Im Nachhaltigkeits- und Antiglobalisierungsdiskurs finden gesellschaftliche Fragen der Ernährung zunehmend Berücksichtigung. Im angelsächsischen Sprachraum erscheinen bereits Publikationen unter der Rubrik Food Studies und es zeichnen sich Anfänge einer Kulturwissenschaft des Essens ab (Lemke 2008b, S. 10).

▶ **Food Studies** Food Studies als eigenes Feld legt besonderen Wert darauf, alle Essensbereiche zu integrieren. Essen ist ein zentraler Imaginations-, Erinnerungs-, Bild- und Diskursgenerator und das Phänomen Essen zeigt gleichermaßen „diminishing contrasts" und „increasing varieties" (Mennell 1985, S. 322 nach: Kimmich und Schahadat 2012, S. 8). Food Studies befassen sich mit den Beziehungen zwischen Nahrung und menschlicher Erfahrung. „These relationships are examined from a variety of perspectives and from a range of places in the food system, from production to consumption, or from farm to fork" (Miller und Deutsch 2009, S. 3). Food Studies verstehen sich als multi- und interdisziplinär forschende Disziplin, mit Auseinandersetzungen zu allen Fragen das Phänomen Essen betreffend. „Food habits – how we produce, procure, prepare, and consume food – represent powerful systems of symbols whose associations are closely held, in their own way, by nearly everyone. Looking at people's relationships with food can speak volumes about people – their beliefs, theirs passions, their background knowledge and assumptions, and their personalities – all elements whose explorations can be strengthened by good research" (Miller und Deutsch 2009, S. 7).

Lemke engagiert sich vor allem um die Etablierung gastrosophischen Denken als universitäre Disziplin und als interdisziplinären Gegenstandsbereich als zeitgenössisches Forschungsfeld. Dabei geht es um die Hervorbringung von mehr Systematisierung, um sich dem Verständnis der Menschen-Gesellschaft als Tischgesellschaft annähern zu können (Lemke 2008b, S. 10). Dabei stellt sich aus Sicht Lemkes vor allem die philosophische Theorie des Essens der komplexen Aufgabe, möglichst alle relevanten Seiten der Welt des Essens in den Blick zu bekommen, indem sowohl die globale Reichweite wie auch die alltäglichen Kleinigkeiten des Nahrungsgeschehens der Menschheit durchdacht werden. Gastrosophisches Denken erkennt vor allem in der scheinbaren Belanglosigkeit und Trivialität des Essens das Philosophische und hebt die Bedeutung hervor (Lemke 2008a, S. 217 f.). Die Gastrosophie steckt als wissenschaftliches Fach noch in den Kinderschuhen und ihr Gegenstandsbereich überschneidet sich u. a. mit der Ernährungssoziologie, der Nahrungsforschung, der Kulturgeschichte, der Anthropologie, der Ökotrophologie, Medizin und der Philosophie. Mit einer gastrosophischen Gesellschaftstheorie, wie Lemke sie anstrebt, würde das Nahrungsgeschehen nicht länger übergangen werden. Vielmehr würde es als grundlegendes und darüber hinaus facettenreiches Phänomen des kulturellen Lebens eingeschätzt und bearbeitet. „Vielleicht isst der Mensch nicht ununterbrochen, aber die vielfältigen Dinge, die für die Produktion, die Vermarktung, die Besorgung, die Zubereitung und den Genuss von Essen unerlässlich sind, konstituieren ein beträchtliches Ausmaß der gesellschaftlichen Realität" (Lemke 2008b, S. 7).

Die Bandbreite- und bisherige Reichweite der Überlegungen zum Thema Essen wird in den unterschiedlichen Disziplinen und den dazu getroffenen Einschätzungen deutlich. Dies betrifft ebenfalls die Vielfalt der Herangehensweisen und Schwerpunktsetzungen. In der Zukunft sollten die Erkenntnisse deutlicher miteinander verknüpft werden, mit dem Fernziel eines sichtbaren theoretischen Schwerpunkts in der interdisziplinären Verbindung im Sinne von Food Studies als Beispiel aus dem angloamerikanischen Raum und gleichzeitig stärkerem Sichtbarwerden in den jeweiligen einzelnen Disziplinen.

Für die disziplinäre Bearbeitung in der Sozialen Arbeit und den Erziehungswissenschaften lässt sich zusammenfassen, dass vor allem Perspektiven eingenommen werden im Zusammenhang mit Ernährungsproblemen, Prävention und Behandlung, flankiert durch naturwissenschaftliche Deutungsmuster (Sting 2009; Rose 2010). Jüngere deutschsprachige Studien zum Themenbereich Mittagsverpflegung zeigen keine disziplinär relevante thematische Beteiligung aus erziehungswissenschaftlich bedeutsamer bzw. sozialpädagogischer Perspektive (Rose 2012). Gleichzeitig wachsen zunehmend entweder entlang der Lebensalter (Kindheit, Jugend oder Alter), vereinzelter Lebenslagen (Essen und Armut, Essen im Gefängnis, Essen und Flucht) oder entlang der Aufgaben Sozialer Arbeit in Einrichtungen mit Gemeinschaftsverpflegungen (Kindertageseinrichtung, Schulen oder Altenheimen) Interessen am Thema Essen. Die disziplinären und professionellen Aufgaben Sozialer Arbeit und ihre kontinuierliche Verwobenheit mit Essensfragen werden im nächsten Kapitel im Schwerpunkt vorgestellt.

---

**Zusammenfassung**
Mit der täglichen Nahrungsaufnahme sind über die physische Reproduktionsnotwendigkeit hinaus Vergesellschaftungsprozesse verbunden, die gar nicht so unbedingt an das Essen geknüpft scheinen. Die tägliche Nahrungsaufnahme findet überwiegend abgelöst von allen Prozessen rund um die Nahrungsmittelproduktion statt und Verzehrsituationen haben sich vervielfältigt. Barlösius greift auf Max Weber zurück, der das Bedürfnis nach Nahrung des Menschen als Beginn rationalen Wirtschaftens einschätzte. Die hohe Bedeutung des Nahrungsbedürfnisses von Menschen zeigt sich in dieser Annahme. Barlösius betont die soziale und kulturelle Seite des Essens, während wissenschaftliche Auseinandersetzungen und Sichtbarmachungen bisher eher aufseiten der Naturwissenschaften liegen. Nur vereinzelt haben Disziplinen aus den Kultur- und Sozialwissenschaften das Thema bisher etablieren können und disziplinär relevante Fragestellungen hervorgebracht. Dazu gehört z. B. im Bereich Volkskunde die Mahlzeit, die als besondere soziale Situation in den Mittelpunkt ihrer Betrachtung gestellt wird, weil Menschen zu Mahlzeiten seit Jahrhunderten zu unterschiedlichen Zeiten am Tag regelmäßig zusammenkommen und mit der gemeinsamen Nahrungsaufnahme Inklusions-, Exklusions-, Differenzierungs- und Distinktionsprozesse stattfinden. Gemeinsame Mahlzeiten, wie auch alle anderen Verzehrsituationen haben Auswirkungen auf disziplinäre und professionelle Prozesse in der Sozialen Arbeit. Die disziplinäre Auseinandersetzung und Schwerpunktsetzung mit dem Thema ist ausbau- und erkenntnisfähig.

**Fragen zur Wiederholung**
1. Wieso kann Essen als sozial konstruiertes Geschehen eingeschätzt werden, obwohl Menschen mit jeder Nahrungsaufnahme ihrem physischen Bedürfnis folgen?
2. Gemeinsame Mahlzeiten werden als besondere soziale Situationen eingeschätzt: Was wird unter einer Mahlzeit verstanden?
3. Warum haben bisher nur wenige kultur- und sozialwissenschaftliche Disziplinen Schwerpunkte im Themenfeld Essen gesetzt?
4. Was ist unter Gastrosophie zu verstehen und welchen Beitrag will sie leisten?

# Literatur

## Literatur zur Vertiefung

Barlösius, Eva. 2011. *Soziologie des Essens. Eine sozial- und kulturwissenschaftliche Einführung in die Ernährungsforschung. Grundlagentexte Soziologie*. 2., völlig überarbeitete und erweiterte Auflage. Weinheim: Beltz/Juventa.

Kaufmann, Jean-Claude. 2006. *Kochende Leidenschaft. Soziologie vom Kochen und Essen*. Konstanz: UVK Verlagsgesellschaft mbh.

Lemke, Harald. 2008a. Welt-Essen und Globale Tischgesellschaft. Rezepte für eine gastrosophische Ethik und Politik. In *Die Tischgesellschaft. Philosophische und kulturwissenschaftliche Annäherungen*, Hrsg. Ines Därmann und Harald Lemke, 213–237. Bielefeld: Transcript.

## Literaturverzeichnis

Baudy, Gerhard J. 1983. Hierarchie oder: Die Verteilung des Fleisches. In *Neue Ansätze in der Religionswissenschaft*, Hrsg. Burkhardt Gladekow und Hans G. Krippenberg, 131–174. München: Kösel.

Bourdieu, Pierre. 1984. *Die feinen Unterschiede. Kritik der gesellschaftlichen Urteilskraft.* 3. Aufl. Frankfurt am Main: Suhrkamp.

Brunner, Karl-Michael. 2011. Der Ernährungsalltag im Wandel und die Frage der Steuerung von Konsummustern. In *Die Zukunft auf dem Tisch. Analysen, Trends und Perspektiven der Ernährung von morgen*, Hrsg. A. Ploeger, G. Hirschfelder und Gesa Schönberger. 203–221. Wiesbaden: VS Verlag für Sozialwissenschaften.

Dell'Agli, Daniele. 2009. Essen als ob nicht: Gastrosophische Modelle. In. *Essen als ob nicht: Gastrosophische Modelle*, Hrsg. Daniele Dell'Agli, Seitenzahlen. Frankfurt/Main: Suhrkamp.

Douglas, Mary 1975. Deciphering a meal. In *Implicit Meanings*, Hrsg. M. Douglas, 249–275. London.

Eder, Klaus 1988. *Die Vergesellschaftung der Natur. Studien zur sozialen Evolution der praktischen Vernunft.* Frankfurt am Main: Suhrkamp.

Fehrmann, Susanne. 2009. *Die Psyche isst mit. Wie sich Ernährung und Seele beeinflussen.* München: Knaur Taschenbuch.

Goody, Jack. 1982. *Cooking, Cuisine and Class. A Study in Comparative Sociology.* Cambrigde University Press.

Gritzmann, Eva und D. Scheck. 2011. *Sie & Er. Der kleine Unterschied beim Essen und Trinken.* Berlin: Bloomsbury.

Heindl, Ines, B. Methfessel und K. Schlegel-Matthies. 2011. Ernährungssozialisation und -bildung und die Entstehung einer „kulinarischen Vernunft". In *Die Zukunft auf dem Tisch. Analysen, Trends und Perspektiven der Ernährung von morgen.* Hrsg. A. Ploeger, G. Hirschfelder und G. Schönberger. 187–203. Wiesbaden: VS Verlag für Sozialwissenschaften.

Hill, Christian und B. Kösling. 2012. *Jenaer Tischgeschichten. Eine kulinarische Reise durch fünf Jahrhunderte.* Sutton Verlag: Bad Langensalza.

Hirschfelder, Gunther. 2005. *Europäische Esskultur. Geschichte der Ernährung von der Steinzeit bis heute.* Frankfurt/Main: Campus.

Kimmich, Dorothee und S. Schahadat. 2012. Essen. Vorwort. *Zeitschrift für Kulturwissenschaften,* 1/2012. Bielefeld: Transcript. 7–19.

Köhler, Jacqueline, U. Zander, A. Möser und U. Meier-Gräwe. 2011. Essalltag von Familien erwerbstätiger Mütter. In *Mahlzeit. Alte Last oder neue Lust?* Hrsg. G. Schönberger und B. Methfessel. 105–117. Wiesbaden: VS Verlag für Sozialwissenschaften.

Lalonde, M. 1992. Deciphering a Meal again, or the anthology of taste. *Social Science Information* 31: 69–86.

Lemke, Harald. 2008b. Vorwort. Vor der Speise. In *Die Tischgesellschaft: Philosophische und kulturwissenschaftliche Annäherungen.* Hrsg. Ines Därmann und Harald Lemke. 7–15. Bielefeld: Transcript.

Lemke, Harald. 2007a. *Ethik des Essens. Eine Einführung in die Gastrosophie.* Berlin.

Lemke, Harald. 2007b. Warum benötigt die Akademie für Kulinaristik außer den Wissenschaften und der Nähe zur außerwissenschaftlichen Praxis auch die Philosophie? Vortrag anlässlich der Jahrestagung der Deutschen Akademie für Kulinaristik, 27.3.2007, Landesvertretung Baden-Württemberg, Berlin.

Lemke, Harald. 2004. Jeder Mensch ist ein Kochkünstler. Oder Joseph Beuys' unentdeckte Gastrosophie. *Mitteilungen des Internationalen Arbeitskreises für Kulturforschung des Essens.* Heft 12/2004: 4–17.

Mennell, Stephen. 1985. *All manners of food.* Oxford: Basil Blackwell.

Miller, Jeff und J. Deutsch. 2009. *Food Studies. An Introduction to Research Methods.* Oxford/New York: Berg publishers.

Mutschelknaus, Katja. 2010. *Frauen mit Geschmack. Vom Vergnügen, eine Köchin zu sein.* München.

Peter, Peter. 2009. *Kulturgeschichte der deutschen Küche.* München.

Rose, Lotte. 2012. Essen in der Schule. Kritische Anfragen und Entwicklungsperspektiven für eine sozialpädagogische Aneignung des Verpflegungsthemas. *Soziale Passagen,* Heft 2/2012: 231–246.

Rose, Lotte. 2010. Hauptsache gesund. *Sozial Extra,* Heft 3/4/2010: 50–53.

Rückert-John, Jana, John, R. und J. Niessen. Hrsg. 2011. Nachhaltige Ernährung außer Haus – der Essalltag von morgen. In *Die Zukunft auf dem Tisch. Analysen, Trend und Perspektiven der Ernährung von morgen.* Hrsg. A. Ploeger, G. Hirschfelder und G. Schönberger. 41–57. Wiesbaden: VS Verlag für Sozialwissenschaften.

Rützler, Hanni und W. Reiter. Hrsg. 2011. Vorwärts zum Ursprung. Gesellschaftliche Megatrends und ihre Auswirkungen auf eine Veränderung unserer Esskulturen. In *Die Zukunft auf dem Tisch. Analysen, Trend und Perspektiven der Ernährung von morgen.* Hrsg. A. Ploeger, G. Hirschfelder und G. Schönberger. 77–89. Wiesbaden: VS Verlag für Sozialwissenschaften.

Schlegel-Matthies, Kirsten. 2011. Mahlzeiten im Wandel – die Entideologisierung einer Institution. In *Mahlzeiten. Alte Last oder neue Lust?* Hrsg. G. Schönberger und B. Methfessel. 27–39. Wiesbaden: VS Verlag für Sozialwissenschaften.

Schmidt, Susanne. 2011. Wie Kinder beim Essen essen lernen. In *Mahlzeiten. Alte Last oder neue Lust?* Hrsg. G. Schönberger und B. Methfessel. 55–71. Wiesbaden: VS Verlag für Sozialwissenschaften.

Schönberger, Gesa. 2011. Mahlzeiten neu denken. In *Mahlzeiten. Alte Last oder neue Lust?* Hrsg. G. Schönberger und B. Methfessel. 39–52. Wiesbaden: VS Verlag für Sozialwissenschaften.

Sen, Armatya. 2000. *Ökonomie für den Menschen. Wege zu Gerechtigkeit und Solidarität in der Marktwirtschaft.* München/Wien: Carl Hanser Verlag.

Sen, Armatya. 1982. *Poverty and Famines. An Essay on Entitlement and Deprivation.* Oxford: Clarendon Press.

Simmel, Georg. 1910. Soziologie der Mahlzeit. *Der Zeitgeist. Beiblatt zum Berliner Tageblatt* Nr. 41. 1–7. http://socio.c/sim/mahl10.htm. Zugriff: 26.08.2017.

Sting, Stephan. 2009. Gesundheitsprävention und Gesundheitsförderung im Kindes- und Jugendalter. Sozialer Arbeit als Erfüllungsgehilfin der Gesundheitswissenschaften? In *Soziale Arbeit und Naturwissenschaft. Einflüsse, Diskurse und Perspektiven.* Hrsg. M. Behnisch und M. Winkler. 86–106. München: Ernst Reinhardt Verlag.

Tolksdorf, Ulrich. 2001. Nahrungsforschung. In *Grundriss der Volkskunde. Einführung in die Forschungsfelder der Europäischen Ethnologie.* Hrsg. R.W. Brednich. 3. Aufl. 239–254. Berlin.

Vilgis, Thomas. 2011. Genuss und Ernährung aus naturwissenschaftlicher Perspektive. In *Die Zukunft auf dem Tisch. Analysen, Trends und Perspektiven der Ernährung von morgen,* Hrsg. A. Ploeger, G. Hirschfelder und Gesa Schönberger. 221–241. Wiesbaden: VS Verlag für Sozialwissenschaften.

Weber, Max. 1980. *Wirtschaft und Gesellschaft.* Tübingen: Mohr Siebeck.

## Internetquellen

http://www.gastrosophie.at/de/uebergastrosophie/index.asp, Zugriff: 27.07.2017
http://www.wierlacher.de/kulinaristik.htm, Zugriff: 28.07.2017

# Essen in der Sozialen Arbeit im Spannungsfeld existenzieller Versorgungsbewältigung und sozialpädagogischer Gestaltungsaufgabe

**3**

▶ In jeder sozialen Einrichtung wird täglich neu gegessen und getrunken, Fachkräfte wie auch Adressat*innen sind an der Planung, Herstellung und an der Durchführung der Essenszubereitung und Essensituationen beteiligt. Neben der existenziellen Triebbefriedigung, die zu den zentralen Lebenspraxen gehören, werden soziale Situationen konstruiert, in denen etwas vermittelt und gelernt wird. Doch darüber ist weniger bekannt. Der Facettenreichtum des Themas Essen wird im folgenden Verlauf verdeutlicht an der Fülle und Komplexität der Aufgaben, die mit dem täglichen Essen in der Sozialen Arbeit verbunden sind. Die sozialpädagogischen Potenziale für die Gestaltung des gemeinsamen Lebens in nahezu allen Handlungsfeldern Sozialer Arbeit bleiben dabei allzu oft im Verborgenen, da sie bisher weder in der Ausbildung noch in der Forschung einen Schwerpunkt bilden. Diese Erkenntnis hat Siegfried Bernfeld bereits 1929 verbreitet in Bezug auf die Praxis in Heimeinrichtungen für Kinder und Jugendliche. Vor diesem Hintergrund und weiterer sozialpädagogischer Klassiker*innen werden beinahe vergessene Erkenntnisse hervorgeholt, die auf Erfahrungen in stationären Einrichtungen überwiegend mit Kindern und Jugendlichen basieren, um auf die lange Tradition der Essensversorgung in der Sozialen Arbeit aufmerksam zu machen und weil an diese Erkenntnisse gut angeknüpft werden kann.

© Springer Fachmedien Wiesbaden GmbH, ein Teil von Springer Nature 2018
C. Meyer, *Essen und Soziale Arbeit*, Basiswissen Soziale Arbeit 8,
https://doi.org/10.1007/978-3-658-20291-0_3

## 3.1 Essen als alltäglich wiederkehrende Herausforderung an die Soziale Arbeit

Vielfältige Perspektiven tauchen auf, wird erst einmal begonnen, nach der Relevanz von Essen in der Sozialen Arbeit zu suchen. Ernährungsnotlagen gelten als Wurzel der Profession und gleichzeitig betreffen gegenwärtige Arten von Nahrungsmangel Soziale Arbeit heute noch. Rose und Sturzenhecker (2009c) weisen auf Ernährungsdiskussionen hin, die vor allem im Zusammenhang stehen mit Tafelprojekten und Hartz IV, der „übergewichtigen Unterschicht", sozialen Einrichtungen als Orten öffentlicher Versorgung, Essstörungen als „Faszinosum", Ernährungserziehung als Gegen-stand der Gesundheitsförderung, Ernährungsweisen als Lebensweltkoordinaten, Ästhetische Bildung inklusive selbst schöner kochen und schmecken, Erziehung und Bildung bei Tisch, Kochen und Essen als politische Bildung, Essen und Trinken in beruflichen Interaktionen (Rose und Sturzenhecker 2009c, S. 10–16). Soziale Arbeit erscheint als Expertin, wenn es darum geht, professionelles Handeln in Bezug auf die Mahlzeiten und Tischgesellschaften zu inszenieren und damit soziale Beziehungen zu reproduzieren, zu fördern und zu verwirklichen. Sie hat sich in diesem Thema wahrscheinlich professionalisiert, doch in der Ausbildung kommt der Themenschwerpunkt nicht bzw. nur selten und am Rande vor, in der Forschung sind zarte Anfänge gemacht, während in der Praxis täglich Essensfragen auftauchen und entschieden werden müssen. Für die alltägliche Essensgestaltung in sozialen Einrichtungen sind Kompetenzen notwendig, die von der Planung, über den Einkauf, bis zur Zubereitung der Nahrungsmittel sowie der Gestaltung der Essenssituation inklusive komplexer Beziehungsgeflechte, die bei Tisch entstehen, ein vielfältiges Bündel an Wissen und Entscheidungsmöglichkeiten voraussetzen.

Das Essen mit Menschen in pädagogischen Einrichtungen bedeutet soziale Handlungen, die über die bloße Materialität der Speise als Nährstoff- und Energielieferant hinaus gehen, da in ihr sozialstrukturelle Fragen z. B. des gerechten und nachhaltigen Wirtschaftens, aber auch der Kollektivität und Individualität des Individuums verborgen liegen. Mit der Nahrungsversorgung vermitteln sich „elementare Erfahrungen von Fürsorge und Anerkennung; kulinarische Sättigung schafft Befriedigung und Beruhigung; vertraute Speisen sorgen für Heimat, fremde für spannende Gaumensensationen und innere Öffnungen; am Tisch werden Beziehungen gestaltet, Differenzen markiert, Individuen und ihre Triebe sozialisiert, Gemeinschaft hergestellt und sinnlicher Genuss geteilt; das Individuum wendet sich im Essen auch sich selbst liebevoll und sorgend zu" (Rose 2010, S. 53). Die Frage nach dem Essen verbirgt zudem soziale und psychologische, gesellschaftliche und gemeinschaftliche, kulturelle und kommunikative sowie ökonomische Perspektiven, bei der die pädagogische Bedeutung bisher noch nicht annähernd in ihren relevanten Dimensionen betrachtet wurden. Darüber hinaus werden bei jeder Essensplanung zunehmend regionale und saisonale, biologische und ökologische, gesundheitliche und psychologische, pädagogische und soziale Aspekte bedeutend, auch diese Aspekte werden in ihrer Gestaltungsnotwendigkeit für Essenssituationen so gut wie gar nicht explizit wahr genommen (Kullmann 2009, S. 188). „Dies alles beim Essen zu ermöglichen, setzt in der Profession voraus, diese Dimensionen überhaupt zu sehen und sehen zu wollen" (Rose 2010, S. 53). Diese Anfänge sind in der Sozialen Arbeit zaghaft begonnen worden (Rose und Sturzenhecker 2009; Rose 2012; Schulz 2010; Behnisch 2010; Althans et al. 2014; Täubig 2016).

Über Nahrungseinkauf, -zubereitung und -verzehr werden Gemeinschaften hergestellt und reproduziert, werden Fragen der Erziehung, Bildung und Gesundheit sowie Fragen über Esskultur und damit soziale Differenzierungen gestaltet und entschieden. Überlegungen zu unterschiedlichen Essgelegenheiten in der Sozialen Arbeit verlaufen entlang des Lebenslaufs und besonderer Lebenslagen. Ernährungssituationen entstehen von der ambulanten bis zur stationären Einrichtung und betreffen alle Lebensalter von der Kindheit über die Jugend zum Erwachsenalter sowie der Lebensphase Alter. Jüngst historisch entstandene und hervorzuhebende Esskulturen in besonderen Lebenslagen, wie z. B. Tafelprojekte oder Containern, zwischen Not und Überangebot angesiedelt, können analysiert und kritisch mit Blick auf ihre sozialpädagogischen Besonderheiten eingeschätzt werden.

Die Herstellung von Esskultur und Tischgesellschaft in der Sozialen Arbeit setzt Erkennen, Beschreiben, Wissen, Inszenieren und Reflektieren um ein besonderes, täglich wiederkehrendes Ereignis voraus, in dem sehr viel sozialpädagogisches Potenzial steckt, wenn dieser Teil der Arbeit stärker als bedeutend für sozialpädagogische Prozesse wahrgenommen würde. In der jüngeren Vergangenheit haben einige sozialpädagogische Forscher*innen in die Praxis geblickt und die Gestaltung der Essensituationen zur Kenntnis genommen. Aus diesen Einblicken wird exemplarisch das Beispiel eines Hausbesuchs eines*r Sozialarbeiter*ins bei einer*m Adressaten*in vorgestellt, um die vielfältigen Dimensionen der zu gestaltenden Essensituationen aufzuzeigen.

### Fallbeispiel

Eine Sozialpädagogin hat in der Sozialpädagogischen Familienhilfe mit der Familie vereinbart, die gemeinsamen Familienmahlzeiten mit der Familie zusammen einzunehmen, um sich einen Überblick über das Essverhalten der Familie und vor allem der zwei Kinder zu verschaffen. Die Familie hat die Sozialpädagogin für diese Zeit selbstverständlich in ihre Essensplanung mit eingeschlossen und auch für sie mitgekocht. Die Sozialpädagogin hingegen bringt sich ihr eigenes, vorgekochtes Essen mit. Die Mutter der Familie ist bestürzt und verletzt über das Verhalten der Sozialpädagogin und fühlt sich abgewertet. Die Sozialpädagogin merkt, dass etwas schräg ist, isst jedoch ihr mitgebrachtes Essen unbeirrt weiter. Weder die Mutter noch die Sozialpädagogin können offen thematisieren, was ihnen jeweilig Unbehagen bereitet bei der gemeinsamen Essenssituation.

Wenn Sozialarbeiter*innen beim Hausbesuch gemeinsam mit den Adressat*innen Kaffee oder Tee trinken oder sich von den Adressat*innen angebotenen Kuchen schmecken lassen, vielleicht auch gemeinsam eine Zigarette auf dem Balkon rauchen, dann werden hinter der scheinbar harmlosen Fassade des gemeinsamen Verzehrens Kernbereiche des professionellen Geschehens aktiviert. „Es geht um Nähe und Distanz, um das Spannungsfeld Offenheit und Auftrag, um Anerkennung, Hierarchie, Respekt, natürlich auch um eigene Grenzen, etwa bei Ekelgefühlen. Hingegen fokussiert sozialpädagogische Fallreflexion stark das gesprochene Wort als Interaktionsmodus und vernachlässigt dabei symbolisch-dingliche Formen der Kommunikation (Anbieten von Speisen und Getränken, aber auch Kleidung, Wohnungseinrichtung), obwohl sie manchmal mehr Kraft als Worte entfalten" (Behnisch 2010, S. 42). Mehrere Aspekte sollten Berücksichtigung finden, wenn Adressat*innen Fachkräfte bewirten: Dazu gehören für Behnisch Gastlichkeit und Beziehungsaufbau, symbolisches Zeigen des Lebensalltags, Nähe-Distanz-Regulierung, Selbstbewahrung und Status, Haltung und Wissen, Selbstwahrnehmung, Auftrag und Offenheit, Fallverstehen und Gestaltung. Der Umgang mit Bewirtungen bleibt durchgängig eine situative Herausforderung, auf die sich Fachkräfte durch professionelle Kompetenzaneignung vorbereiten sollten (Behnisch 2010). Darüber hinaus bedeuten Nahrungsangebote durch Adressat*innen auch den Wunsch nach Gestaltung eines beziehungsrelevanten Miteinanders. „Erstens bildet die Essens- und Getränkeabgabe ein Element der Kontaktaufnahme und damit eine Grundlage der Annäherung und des weiteren pädagogischen Handelns. Zweitens erlangt sie Bedeutung für das Austesten von Beziehungen. (…) Viele Fachkräfte berichten, dass die Küche zu Beginn eines Arbeitsprozesses zumeist verschlossen bleibe und KlientInnen den Professionellen erst im Laufe der Zeit Einblicke in diesen Ort gewähren" (Behnisch 2010, S. 43).

**Fallbeispiel**

Ein Sozialpädagoge kommt zu einem ersten Hausbesuch in eine Familie und die Mutter der Familie bietet ihm einen Kaffee an. Sie hat auch extra einen Kuchen gebacken mit, für ihren Geldbeutel, zu teuren Früchten der Saison. Doch es war ihr wichtig, einen guten ersten Eindruck zu hinterlassen. Der Sozialpädagoge lehnt jedoch beides ab, holt aber irgendwann zwischendrin seinen Thermobecher mit eigenem Kaffee raus.

Grundsätzlich sieht Behnisch im Anbieten von Speisen und Getränken vonseiten der Adressat*innen einen Ausdruck kulturell geronnener Gastlichkeitsvorstellungen, in denen zugleich ein Beziehungsangebot, eine Regulierungsmöglichkeit von Nähe und Distanz sowie ein Spiegel familiärer Selbstverständnisse deutlich werden (Behnisch 2010, S. 44). Die Gastlichkeit der Adressat*innen kann jedoch Unbehagen bei den Sozialarbeiter*innen verursachen. Im Forschungsprojekt „Home Treatment" zeigte sich, dass zwar 76 % der dort befragten Helfer*innen ein angebotenes Getränk annehmen würden, jedoch bei sehr schwacher Zustimmung (nur 49,8 %). „Die Teilnahme an einer angebotenen Mahlzeit wurde insgesamt von den Befragten überwiegend abgelehnt. Nur 16,8 % bestätigten überhaupt Einladungen zu Mahlzeiten anzunehmen, davon nur 3,3 % eindeutig. 45,2 % stimmten eher nicht zu, Essenseinladungen anzunehmen und 38,0 % würden dies überhaupt nicht tun" (Lüngen et al. 2016, S. 74). Helfer*innen bzw. Sozialarbeiter*innen fühlen sich oft unwohl in Situationen, in denen ihnen ein Getränk oder Essen angeboten wird. „Häufig ist das persönliche Unbehagen, gegebenenfalls sogar ein Gefühl von Ekel auf Seiten der Helfer*innen ein schwer zu überwindende Hürde" (Lüngen et al. 2016, S. 74). Gründe für die Nicht-Annahme von Getränken, Essen oder bei Mahlzeiten könnten jedoch auch institutionell über Arbeitsregeln vorgegeben sein. Doch viel eher stehen persönlicher Ekel, Sauberkeitsempfinden und eigene Hygienevorstellungen gegen das Annehmen und bauen somit eventuell vermeidbare Hürden in der Beziehung auf. „Die Einladung zum Essen oder Trinken kann für die Helfer*innen auch unter sozialen Gesichtspunkten eine Grenzerfahrung bedeuten. Die Abweisung von Getränken oder Nahrung stellt eine Herausforderung dar, die möglicherweise zulasten der Beziehung gehen kann. Betrachtet man dies vor dem Hintergrund unterschiedlicher Kulturen, stellt es eine erhöhte Anforderung dar" (Lüngen et al. 2016, S. 79). Die professionelle Beziehung kann unter Umständen deutlich beeinträchtigt werden oder nicht mehr zustande kommen, weil in kultureller Hinsicht über die Nicht-Annahme von angebotenen Speisen Grenzen überschritten wurden.

Mit dem Nicht-Anbieten von Getränken und Speisen wird Distanz signalisiert, die als Regulator gegen zu stark empfundene Eingriffe oder als Schutz vor zu tiefen Einmischungen sozialpädagogischen Handelns in das eigene Leben schützen können (Behnisch 2010, S. 43). Darüber hinaus spiegeln die mit dem Essen und Trinken verbundenen Handlungen biografische Erfahrungen und Lebensstile. Adressat*innen eröffnen so in vielfältiger Weise Einblick in ihren Lebensalltag.

> Es werden zum einen familiäre Selbstverständlichkeiten mit den darin eingelassenen sozial-kommunikativen Bedeutungs- und Beziehungsmustern sichtbar, die familiäre Form der Versorgung, der Alltags- und Arbeitsteilung: Wer bereitet das Essen zu, wer bedient wen und wer bleibt sitzen? Wer sitzt wo am Tisch, über was wird gesprochen, welche Tischregeln gibt es? Läuft der Fernseher beim Essen? In den Essensritualen drückt sich auch der Umgang mit Konflikten und nicht eingehaltenen Regeln aus; der nicht selten zwischen großzügiger Toleranz und autoritärer Zurechtweisung, zwischen Liberalität und Grenzsetzung pendelt, auch in radikaler Form (Behnisch 2010, S. 43).

Durch die Auswahl ihrer Nahrungsmittel und Getränke, ihre Zubereitungsweisen und die esskulturellen Utensilien des Kochens und Essens, wie z. B. Geschirr, Besteck oder Kochgeräte können der Wunsch nach Prestige oder nach Abgrenzung bzw. Zugehörigkeit zu einem bestimmten Milieu oder einer Region ausgedrückt werden (Behnisch 2010, S. 43).

▶    **Tipp** Überlegen Sie einmal, welche Gastlichkeitssituationen Sie bisher mit Adressat*innen erlebt haben? Wurde Ihnen etwas angeboten? Haben Sie vielleicht selber etwas angeboten oder für jemanden extra etwas gekocht oder zu Essen mitgebracht, um Hemmschwellen zu überwinden? Sind Sie Ihren Gastlichkeitsvorstellungen gefolgt?
        Rauchen Sie? Haben Sie schon einmal eine gemeinsame Zigarette mit einem*r Adressaten*in geraucht? Gab es einen fachlich begründbaren Grund dafür?

Aus der disziplinären Perspektive der Sozialen Arbeit wird Ernährung überwiegend im Zusammenhang mit Ernährungsproblemen, Prävention und Behandlung, flankiert durch naturwissenschaftliche Deutungsmuster gesehen (Sting 2009; Rose 2010). Mit der Forderung nach „gesunder Ernährung" werden unreflektierte normativ orientierte Sichtweisen offen, die davon ausgehen, die überwiegende Anzahl der Adressat*innen Sozialer Arbeit würden sich ungesund ernähren. Armenspeisungen, Suppenküchen und Tafelprojekte führen stigmatisierende und entmündigende Aspekte mit sich, die für Adressat*innen beschämend sein können, während sie vielleicht gleichzeitig über ihre eigene Esskultur und familiäre Tischgesellschaft als kompetent und interessant wahr genommen werden könnten. Behnisch sieht z. B. durch das Anbieten von Speisen und Getränken der Adressat*innen Perspektiven der Selbstbewahrung und Statussicherung (Behnisch 2010, S. 44). Das gemeinsame Kochen und Essen in sozialpädagogischen Settings kann zur exemplarischen Lernsituation für alle Beteiligten werden, wenn die Fachkraft die Möglichkeit nutzt, das Erlebte zu spiegeln, zu deuten, zu benennen, zu kritisieren und Aneignungsmöglichkeiten zur Verfügung stellt, vorausgesetzt die Fachkraft konnte sich durch professionelle Kompetenzaneignung auf die Gestaltung esskultureller und tischgesellschaftlicher Situationen in ihrer Komplexität vorbereiten (Behnisch 2010, S. 45).

In jedem sozialpädagogischen Setting oder jeder Institution Sozialer Arbeit finden Essenssituationen statt. Dazu gehören gemeinsame Mahlzeiten in tagesstrukturierenden, teilstationären, stationären Einrichtungen, die entweder von Hauswirtschafterinnen begleitet werden oder anders organisiert sind (vom selber kochen bis aufwärmen), gemeinsames Herstellen und Zubereiten zu besonderen Gelegenheiten oder als regelmäßige und alltägliche Angelegenheit, ein von Adressat*innen angebotener Kaffee beim Hausbesuch oder vielleicht nur eine gemeinsame Zigarette auf dem Balkon (Rose und Sturzenhecker 2009). Von der Planung über den Einkauf, die Herstellung bis zur Verzehrsituation täglich dringt jedoch kaum etwas nach außen, z. B. wie diese Situationen empfunden werden, wie sie von den sozialpädagogischen Mitarbeiter*innen thematisiert und realisiert werden oder welche Ernährungsideen und -überzeugungen sowie pädagogische Ideen für die Gestaltung der Essenssituationen handlungsleitend werden. Sozialpädagogische Institutionen sind also auf Ideen, Überzeugungen, Wissen und Kompetenzen ihrer Mitarbeiter*innen angewiesen, die sie aus ihrer Sozialisation und Erziehung bezüglich des Essen, Trinkens, der Koch- und Esskultur sowie der tischgesellschaftlichen Ideen mitbringen. Gleichzeitig verlassen sich die Einrichtungen darauf, dass diese handlungsleitenden Überzeugungen zu Essenssituationen führen, die sozialpädagogischen Anforderungen gerecht werden. Denn in Essenssituationen findet Erziehung und Bildung bei Tisch statt, um z. B. Lebensmittelwissen, Essenszubereitungskompetenzen, Vergemeinschaftungs- bzw. familienbildende Rituale mit gemeinsamen Mahlzeiten zu erlernen. Darüber hinaus können nachhaltige, regionale, globale, ökologische, gesundheitsförderliche, politische Aspekte in Nahrungsmitteleinkauf und -zubereitung sowie Verzehrsituationen bedeutend werden und als Bildungsprozesse initiiert werden. Essenssituationen können darüber hinaus zur professionellen Annäherung, Schwellenüberwindung oder als Einstieg, vielleicht auch zum Warmwerden innerhalb neuer Situationen mit neuen Adressat*innen oder in beruflichen Interaktionen mit anderen Kolleg*innen, im regional-politischen Netzwerk mehr Bedeutung haben als bisher aktiv zur Kenntnis genommen (Rose und Sturzenhecker 2009).

Die Zukunft von Esskultur und Tischgesellschaft liegt eher in der außerhäusig stattfindenden Gemeinschaftsverpflegung denn in familialen Zusammenhängen, sodass die Gestaltung esskultureller und tischgesellschaftlicher Perspektiven noch mehr als bereits zum gegenwärtigen Zeitpunkt vor allem auch Soziale Arbeit als Gestalterin von Essenssituationen zukommen wird. Anbietern mit zentralisierter, systemgastronomischer Ausrichtung wird dabei wachsende Bedeutung zugeschrieben, wenn sie gleichzeitig Verständnis für Ernährungskompetenz, Nachhaltigkeit, Gesundheit etc. entwickelt haben, da „nur" die biologische Qualität der Produkte als Qualitätsmerkmal für die Entwicklung nicht mehr ausreichen: Natürlichkeit, Regionalität, mit Verweisen auf Tradition, Handwerk, Saisonalität und andere konkrete Formen werden von den Gästen gefordert. „Die Außer-Haus-Verpflegung muss nachhaltig werden, um sich den zukünftigen Aufgaben stellen zu können, die aus der Vergesellschaftung der Ernährung erfolgen. Nicht ein modischer Trend oder Forderungen der Politik zwingen die AHV-Akteure dazu, sondern die Verantwortung als kulinarische Sozialisations- und Bildungsinstanz, von der sie sich nicht freimachen können" (Rückert-John et al. 2011). Die Großeinrichtungen Sozialer Arbeit, die nicht selber kochen, können in Zukunft vielleicht eher auf Anbieter setzen, die ernährungswissenschaftlich auf Innovation setzen, doch gleichzeitig bleibt für die Soziale Arbeit die Entscheidung, welchen Anbieter sie für ihre Einrichtung auswählen soll. Dafür wird ebenfalls Expert*innenwissen in Bezug auf Ernährung benötigt. Jüngere deutschsprachige Studien zum Themenbereich Mittagsverpflegung, z. B. in der Schule, zeigen keine disziplinär relevante thematische Beteiligung aus erziehungswissenschaftlich bedeutsamer bzw. sozialpädagogischer Perspektive (Rose 2012). In Enkulturations- und Sozialisationsprozessen werden Bedeutungen und Wertigkeiten des Essens vermittelt, z. B. die individuelle Ausgestaltung des Essens oder der Umgang mit Lebensmitteln. Ernährungsgewohnheiten und Esskultur werden in generationenübergreifenden Beziehungen geprägt, obwohl Wechselwirkungen und Wirkungsrichtungen jedoch nicht eindeutig oder direkt verfolgbar sind, vor allem, da auch noch weitere gesellschaftliche Größen Einfluss nehmen. Die Verantwortung für die Sozialisation und Enkulturation übernehmen die Fachkräfte Sozialer Arbeit in dem Moment, in dem sie Kindern und Jugendlichen essen anbieten und das werden sie in der Zukunft noch viel mehr tun, wenn die Gemeinschafsverpflegungen in Einrichtungen der Bildung und Erziehung noch stärker zunehmen werden.

Das Themenfeld Kochen und Essen, Esskultur und Tischgesellschaft umfasst in der Sozialen Arbeit integrative, bildende, politische und reflexive Potenziale,

die den Fachkräften in ihrer Bedeutung und Wirkmächtigkeit für ihre Entscheidungen, was es zu essen gibt, wer es zubereitet hat, wo das Essen hergestellt
wurde und wer mit wem am Tisch sitzt, bewusst sein sollte: Unter integrativen
Potenzialen werden die mit dem Setting des gemeinsamen Kochen und Essens
verbundenen Gemeinschaft stiftenden Potenziale verstanden, die in Einrichtungen
und Diensten Sozialer Arbeit zunächst die Fürsorge um grundlegende Bedürfnisse
bezeichnet und Gastfreundschaft, die Menschen als Subjekte, und nicht auf ihre
Probleme reduziert, erleben lässt. „In den egalisierenden Situationen gemeinsamen Kochens und Essens werden sie zu Teilnehmerinnen und Teilhabern einer
Tischgemeinschaft, die potenziell ‚die praktische Verwirklichung einer freien
und gleichberechtigten Vergemeinschaftung verkörpert‘, damit ist ihr ‚Zustande-
kommen an sich schon ein konkret-utopischer Vorschein der Möglichkeit eines
anderen, besseren (Zusammen-)Lebens und einer gerechteren Welt angesichts
gesellschaftlicher Verhältnisse eines ungerechten und unfreien Lebens‘" (Lemke
2008 nach Rose und Sturzenhecker 2010, S. 36). Lemke sieht in einer Tischgemeinschaft über die egalisierenden Elemente der Teilnehmenden hinaus, Möglichkeiten einer Gesellschaft, in der die Menschen besser miteinander in ihrem
tischgemeinschaftlichen Zusammenhang und damit auch in einem größeren, vielleicht sogar globalen Kontext mehr Gerechtigkeit miteinander erleben. Menschen,
die sich zu einer Tischgemeinschaft in ihrer Einrichtung entwickeln möchten,
haben täglich viele gemeinsame Entscheidungen zu treffen, die auf integrativen,
bildenden, politischen und reflexiven Wissen basieren und vielleicht erst in der
gemeinsamen Auseinandersetzung um das Essen entstehen. Das Fallbeispiel verdeutlicht die Idee Lemkes.

**Fallbeispiel**

In einer stationären Wohngruppe wird jeden Tag gemeinsam mit den Kindern
und Jugendlichen überlegt, was es am nächsten Tag zu Essen geben könnte
und wer es mit wem gemeinsam zubereitet. Alle Angehörigen der Wohngruppe (dazu gehören alle mit am Tisch sitzenden und essenden Menschen:
Kinder, Jugendliche, Erzieher*innen) entscheiden, wer einkaufen geht und ob
die Nahrungsmittel beim Discounter gekauft werden oder im Bio-Supermarkt.
Dafür ist außerdem Voraussetzung, dass die Wohngruppe sich über ihr Ernährungskonzept verständigt hat: Geht es ihnen darum, sich gesund zu ernähren,
vielleicht entsprechend einer bestimmten Ernährungsweise, wie z. B. Vegan
oder Vegetarisch, vielleicht haben sie sich jedoch auch dagegen entschieden
und wollen so essen, wie sie es von zu Hause kennen?! Dafür muss geklärt
werden, was zu Hause gegessen wurde und welche Gerichte vielleicht Lieblingsgerichte sind, die das Wohlfühlen in der Wohngruppe verstärken könnten.

Je nach dem, woher ein Kind kommt, kann es ganz unterschiedliche Essens-
sozialisationen und -prägungen erlebt haben, die von der Wohngruppe zur
Kenntnis genommen und akzeptiert werden müssen. Wenn es zu einer Verständigung gekommen ist, was gegessen wird, wird auch gemeinsam darüber beraten, wer die Gerichte kocht, wer den Tisch deckt und nach welcher
Sitzordnung gegessen wird. Weiterhin muss entschieden werden, ob es für die
Gruppe einen Tisch oder zwei Tische gibt, ob der Tisch rund oder eckig ist,
ob es eine Tischdecke und Kerzen gibt, Servietten für jeden aus Stoff oder aus
Papier, ob das Essen auf dem Tisch stehen wird und jeder sich etwas nehmen
kann oder ob jemand zuständig ist für die Verteilung des Essens. Weiterhin
muss entschieden werden, mit welchem Besteck gegessen wird: Bekommt
jeder einen Teller sowie Messer und Gabel oder steht ein großer Teller in der
Mitte des Tisches und jeder hat einen Löffel und jeder nimmt sich Essen oder
ist es ein Gericht, für das Stäbchen ausreichen? Für die Tischgemeinschaft
wäre weiterhin zu entscheiden, wer neben wem sitzt und ob Gespräche bei
Tisch erlaubt sind und wenn, ob es bestimmte Themen gibt, die als Tischgespräch dienen sollten und welche Themen eventuell auszuklammern sind.

Darüber hinaus gehört Kochen zu den klassischen und bedeutsamen Care-Tätig-
keiten des täglichen Lebens. Menschen werden in physiologisch existenzieller
und emotionaler Weise genährt. „Nicht immer, aber immer dann, wenn für andere
mitgekocht wird, schafft das Kochen Beziehungen: Die Speise wird zu einer
Beziehungsgeste zwischen Koch und Konsumenten. Es besitzt somit ‚reflexiven
Charakter' (Vogt 2005, S. 127)" (Kullmann 2009, S. 87). Die Frage der Essensversorgung erscheint kontinuierlich mit veränderten Bedingungen zu den Aufgaben Sozialer Arbeit zu gehören. Die Ernährungssituation erweist sich in den
verschiedenen sozialen Lagen als sehr unterschiedlich.

Die Meldungen von Kindern, die zunehmend ohne Frühstück in der Schule erschei-
nen oder die hungrig in die Angebote der Kinder- und Jugendarbeit kommen,
weil sie zu Hause nichts zu essen erhalten, mehren sich und sorgen für öffentliche
Beunruhigung. (..) Tafel-Projekte mehren sich in rasanter Geschwindigkeit in den
Städten, die Speisungen und überschüssige Lebensmittel für Bedürftige anbieten.
Dennoch ist auch hier die Frage offen, inwieweit sich der Hunger tatsächlich real in
Armutslagen ausbreitet oder ob sich nicht in den aktuellen Problemmeldungen auch
allgemeine soziale Krisensymptome symbolisch verdichten. Warum sind z. B. die
zunehmenden öffentlichen Nahrungsgaben so leicht konsensfähig, während ander-
weitige soziale Hilfen permanent umkämpft sind, ist es der caritative Duktus solcher
Angebote, der sie akzeptabel macht? fragen sich Rose und Sturzenhecker (2010,
S. 35).

Für folgende gesellschaftliche Fragen zur Ernährung ist Soziale Arbeit bisher selbstverständlich zuständig. Diese sind in sozialpädagogischen Konstellationen sofort augenfällig, selbst wenn sie in ihren komplexen Zusammenhängen aus Sicht Sozialer Arbeit in ihren Erklärungszusammenhängen zu differenzieren sind.

### Historisch gewachsene und selbstverständliche Zuständigkeiten Sozialer Arbeit?!

Die Ernährungsnotlagen gelten als Wurzel der Profession und das 19. Jahrhundert gilt als von anhaltenden Hungersnöten geplagter Zeitraum. Die Soziale Arbeit hat ihre Arbeit mit der mittelalterlichen Armenfürsorge aufgenommen, die überwiegend mit dem Verteilen von Nahrungsmitteln Hilfen gestaltete. Nahrung zu verteilen als Armutslinderung gehört seit jeher zu den Aufgaben von Sozialer Arbeit, kann vielleicht sogar als Ausgangspunkt betrachtet werden (Rose und Sturzenhecker 2009). Gegenwärtiger Nahrungsmangel wird vor allem mit den nachwachsenden Generationen in Verbindung gebracht, die zu wenig mit Nahrung versorgt werden. Kinder kommen z. B. ohne Frühstück in die Schule oder sie nehmen mit dem Mittagessen in der Schule ihre einzige Mahlzeit pro Tag ein. Die Lebensmitteltafeln haben sich über ganz Deutschland rasant verbreitet. Sie sind aus dem Hilfesystem zur Verminderung von Armut gar nicht mehr wegzudenken und werden stark kritisiert als Ermöglicherin von zu niedrigen staatlichen Leistungen. Wiederkehrend werden Diskussionen zu der Höhe der Arbeitslosengeld II Leistungen geführt, mit den Fragen danach, wie mit dem Betrag über den Monat zu kommen sei und welche Lebensmittelqualitäten einzukaufen sind. Die Lebensmittelqualitäten, unabhängig davon, ob sie zur Gesundheit beitragen oder nicht, werden mit den Leistungen vorgeschrieben (Rose und Sturzenhecker 2009).

Menschen mit hohem Körpergewicht gelten als Symbol der „neuen Unterschicht." Mit der Diskussion um die Höhe der Sozialleistungen geht auch Problematisierung und Stigmatisierung einher: Dahinter liegt die Annahme, Sozialleistungsempfänger*innen seien so gut versorgt, dass sie sich nicht mehr bewegen bräuchten, folglich zu dick und damit zu träge würden, um sich aus ihrer Situation befreien zu wollen. Mit der Versorgung durch den Wohlfahrtsstaat erfolge ein übermäßiger und ungesunder Nahrungskonsum, verbunden mit dauerhafter Mediennutzung, der gerade bei Kindern zu besorgniserregendem Übergewicht führe, so die Vorurteile (Rose und Sturzenhecker 2009).

Essstörungen fallen ebenfalls in den Aufgabenbereich Sozialer Arbeit. Magersucht und Bulimie sind bekannte Phänomene der Essstörungen. Die Profession Soziale Arbeit macht sich stark für dieses Thema, denn das Interesse auf diesem Gebiet ist enorm. Wenn Soziale Arbeit wenig Gefallen am Thema Ernährung zeigt, kann sie dadurch unfreiwillig zur Komplizin von Essstörungen werden.

Ernährungserziehung als Gegenstand der Gesundheitsförderung: Die Gesundheitserziehung findet in der Sozialen Arbeit Anklang. Soziale Einrichtungen bieten Angebote zu den Themen Ernährungsbewusstsein und Gesundheitsförderung an. Durch z. B. gemeinsame Essenzubereitung möchte man erreichen, dass die Klienten lernen, verantwortungsbewusster mit dem Essen und ihrem Körper umzugehen.

Neben den Sozialer Arbeit zugewiesenen klassischen Aufgaben im Bereich Ernährung, wie z. B. die Verminderung von Nahrungsmangel, Erhöhung der Sozialleistungen zur Erhöhung der Nahrungsqualität, Essstörungen erkennen und zuständig werden sowie Gesundheiterziehung, können weitere Schwerpunkte benannt werden, die mit dem täglichen Essen in sozialen Einrichtungen oder in beruflichen Netzwerken von Bedeutung werden könnten. Diese Aufgaben sind die bisher unsichtbareren und gehören deutlicher in den Mittelpunkt.

**Essen als politische Bildung**
Die Verbraucherbildung wird in den Fokus gerückt, um Menschen in die Lage zu versetzen, Entscheidungen über nachhaltige, gerecht erwirtschaftete Nahrungsmittel treffen können und um überhaupt politisch relevante Forderungen nach fair, nachhaltig und gesund hergestellten Produkten stellen können. Politik und Essen sind keine zwei sich ausschließende Kriterien. Die Herstellung von Lebensmitteln, die freie Entscheidung zur Wahl des Essens sowie die Nahrungsmittelverteilung der Welt sind eng verzahnt mit dem politischen Geschehen. In der Sozialen Arbeit bieten Settings, in denen gemeinsam mit den unterschiedlichsten Menschen gekocht und gegessen wird, Möglichkeiten sich auszutauschen. Meinungen, Lebenssituationen und politische Standpunkte können gebildet und kritisch reflektiert werden. Die täglichen, bewusst oder unbedacht vollzogenen Ernährungsentscheidungen gestalten und beeinflussen die weitere Entwicklung der Welt (Lemke 2008, S. 225), sodass auch diese Aspekte in Form von nicht belehrender politischer Bildung viel stärker in den Mittelpunkt der Aufmerksamkeit rücken müssten. Damit böte sich die Chance, „die Subjekte nicht

nur hilflos vor den übermächtigen Prozessen der Globalisierung erstarren zu lassen, sondern allein schon im täglichen Einkaufen von Essen aktiv Einflussmöglichkeiten zu entdecken" (Rose und Sturzenhecker 2010, S. 37). Deshalb sehen Rose und Sturzenhecker die Aufgabe einer reflexiven Professionalität Sozialer Arbeit darin, sich auch der Ernährungsweisen anzunehmen, „die Potenziale und Risiken des Themas für die Förderung der Autonomie (kulinarischer) Lebensführung reflexiv einzuholen und diese als Deutungsangebote in die Verständigung mit Adressaten einzubringen und mit ihnen auszuloten, ob, wie und wie weit Chancen des Essens und Kochens in ihrem Leben entfaltet werden können" (Rose und Sturzenhecker 2010, S. 37).

**Erziehung und Bildung bei Tisch**
Die gemeinsame Mahlzeit bietet viele Erziehungs- und Bildungsmöglichkeiten, die nicht unbedingt die Normierung auf die erwarteten bürgerlichen Tischsitten meinen. Werte und Norme können im Prozess der gemeinsamen Mahlzeit reflektiert und verdeutlicht werden. Esskultur und Tischgesellschaft können stark mit der Persönlichkeitsentwicklung verbunden werden, denn in Fragen nach dem, was gerne gegessen wird oder weniger gemocht wird, entscheiden sich lebenslange Vorlieben und Erinnerungen an gemeinsame Erlebnisse bei gemeinsamen Mahlzeiten werden geprägt. Mit der Tischgemeinschaft werden Positionierungen im Sozialen Raum wahrgenommen und aufgrund dieser Entwicklungsmöglichkeiten sollte Soziale Arbeit den Vorgang der Essenszubereitung und des gemeinsamen Verzehrs ständig reflektierend im Blick behalten. „Bildung wird verstanden als selbsttätige Anstrengung der Aneignung von Welt und Gesellschaft und Subjekthaftigkeit. Die Assistenz solcher Selbstbildung kann nicht nur symbolisch, sondern ganz konkret kulinarische Settings von Essen und Kochen erzeugen, für die ein gegenseitiges pädagogisches Verhältnis kennzeichnend ist, z. B. das Konzept der Gastlichkeit" (Rose und Sturzenhecker 2010, S. 36). Unabhängig davon, ob Essenssettings sozialpädagogisch reflektiert geplant oder ungeplant erfolgen, stellen sie Bildungsgelegenheiten dar. Daraus hat Soziale Arbeit Konsequenzen zu folgern und Aneignungsmöglichkeiten zu eröffnen.

**Ästhetische Bildung und Esskultur**
Medien bringen den Menschen vor den Fernsehgeräten näher, wie „richtig" und genussvoll zu kochen ist. Rose stellt sich die Frage, wem dieses Wissen über die Zubereitung von delikatem Essen nützt, wenn kaum einer es, aus unterschiedlichen Gründen, realisieren kann. Ein weiterer Punkt, den man nicht außer Acht lassen sollte, ist die Religiosität. Soziale Arbeit sollte den Mensch in seiner Ganzheit begreifen und die Auswirkungen seines Glaubens, z. B. gemeinsame Einnahme

des Abendmahls, ernst nehmen und daraus Aufgaben für sich entwickeln. Für Rose stellt sich die Frage, ob nicht insgesamt Ästhetisierungen des Kochens und Essens in der Gesellschaft aufgrund mangelnden Selber-tun-könnens oder -wollens im Alltag stattfinden (Rose und Sturzenhecker 2009c, S. 10–16).

### Ernährungsweisen als Lebensweltkoordinaten

Wie, womit, mit wem, wo, wann und was gegessen und gekocht wird, gilt als Spiegel der jeweiligen Lebensstile – existenzieller Ausdruck sozialer Identitäten und lebensweltlicher Sinnhaftigkeit (Vom Fernsehkoch über Veganer, Vegetarier, Frutarier, Fleischesser bis zu Volxküchen oder Containern) und wird auch entsprechend beurteilt. Das Zelebrieren des Essvorgangs spiegelt die Meinungen und Persönlichkeit eines Menschen wider. Diese gilt es nachzuvollziehen, jedoch weder stigmatisierend noch verurteilend. Unangebrachte Haltungen können entstehen, die wiederkehrend ungesunde Ernährung mit Fehlverhalten der Klienten koppeln, anstatt die individuelle Perspektive stärker zu berücksichtigen (Rose und Sturzenhecker 2009c, S. 10–16).

### Aufgaben der Zukunft durch die Zunahme außerhäusiger Gemeinschafts-verpflegungen

Mit dem Ausbau der Ganztagsschulen und der Kindertageseinrichtungen wird die Verantwortung für die Enkulturation und Sozialisation in Bezug auf Essen in Gemeinschaftseinrichtungen mehr als bisher bei der Sozialen Arbeit liegen. Gleichzeitig wird auch die Anzahl älterer Menschen in stationären Einrichtungen anwachsen und so wird sich Soziale Arbeit auch deutlicher vor dem Hintergrund genannter Aufgaben in die Essensversorgung einmischen. In vielen Altenpflege-einrichtungen leiden ältere pflegebedürftige Menschen unter Mangelernährung. Gleichzeitig wird es zunehmend ältere Menschen im Gemeinwesen geben, die sich nur unzureichend versorgen können und z. B. durch Essensgemeinschaften in ihrer Nachbarschaft Einsamkeit und gleichzeitig Mangelernährungen vorbeugen könnten (Meyer 2017).

### Essen und Trinken in beruflichen Situationen

In der beruflichen Praxis kann dem Thema Essen nicht entronnen werden, denn gemeinsame Mahlzeiten finden sowohl mit Adressat*innen wie auch mit Kolleg*innen, z. B. bei Arbeitskreistreffen oder Abendessen mit potenziellen Geldgebern statt. Der Professionelle kann jedoch auch entweder selber an der Essensituation in Planung, Vorbereitung und Durchführung beteiligt sein oder der*die Adressat*in bietet ihm etwas zu essen oder zu trinken an. Ambulante Settings können dazu führen, dass Professionelle den ganzen Tag über wieder und wieder etwas angeboten bekommen und sich die Frage stellt, wie mit dieser Situationen angemessen umzugehen ist (Rose und Sturzenhecker 2009c, S. 10–16).

Soziale Arbeit könnte viel stärker die Potenziale des Themas Essen und Kochen für die Stärkung der Autonomieentwicklung ihrer Adressat*innen entdecken, konzeptionell entfalten und die Komplexität des Themenfeldes insgesamt berücksichtigen. Das Feld des Essens und Kochens, der Ernährungsweisen und der Nahrungsproduktion erscheinen auch als Kampfplatz gesellschaftlicher (globaler) Macht- und Herrschaftspraktiken und Soziale Arbeit ist mit ihrem professionellen Handeln davon ebenfalls betroffen. Ungewissheit und Widersprüche sind auszubalancieren und wiederkehrend reflexiv auf diese Bedingungen zu beziehen (Rose und Sturzenhecker 2010, S. 35). „Die Assistenz der Aneignung von Kultur kann hervorragend über das Thema der Ernährungsweisen geschehen, besonders wenn dabei die Ausweitung von Selbstreflexion mit dem Ziel ess-entieller Selbstbestimmung aufgegriffen wird. In wenigen alltäglichen Situationen ist die Verschränkung von Erziehung, Kulturation, Habitualisierung und Distinktion so verdichtet wie bei Mahlzeiten. Über Essenssettings werden gesellschaftliche Distinktionen, sozialer Habitus und Schichtenidentitäten erzeugt" (Rose und Sturzenhecker 2010, S. 36). Soziale Arbeit hat jedoch auch die Risiken der Schließung jeder Tischgemeinschaft zu beachten. Durch das, was man isst und wie man dieses tut, werden sozialen Unterschiede bis hin zu Ausgrenzungen hergestellt, sodass sich bei konkreten Tischgemeinschaft wie gesellschaftlich jedes Mal die Frage stellt, wer eigentlich an welchen Tafeln (nicht) Platz nehmen darf (Rose und Sturzenhecker 2010, S. 36).

Für die Dr. Rainer Wild-Stiftung erscheint in Bezug auf die Erziehung und Sozialisation nachwachsender Generationen die Forderung bedeutend, Voraussetzungen zu schaffen, Haushalt und Erwerbstätigkeit so miteinander vereinbaren zu können, dass Kinder zu verantwortungsbewussten Menschen erzogen werden können. Bisher fehlen diese in der notwendigen gesellschaftlichen Breite, da sowohl auf politischer als auch auf sozialer Ebene umsetzbare Konzepte für die Ernährungs- und Hausarbeit fehlen. Innerhalb von Familien sollten Wissen, Regeln und Werte weitergegeben werden, gesundheitsfördernde Koch-, Tisch- und Esskultur erhalten und gefördert werden. Essen genießen können, dabei zu entspannen und zu kommunizieren sowie gesunde Ernährung sollte als Teil eines gesundheitsbewussten Lebensstils anzusehen, bedeutet Verantwortung für den eigenen Lebensstil zu übernehmen. Darüber hinaus wird bedeutend, kompetent mit Zeit umzugehen, neue Konzepte für die Haushaltsführung zu entwickeln und eine umfassende Ernährungspolitik in Deutschland zu etablieren. Dazu gehört auch, gegenüber Lebensstilen, Esskulturen oder Bevölkerungsgruppen tolerant zu werden (Höhl et al. 2009, S. 15–18). Diese Forderungen sind anschlussfähig an die Aufgaben Sozialer Arbeit im Bereich Esskultur und Tischgesellschaft. Seit vielen Jahrhunderten ist Soziale Arbeit alltägliche Expertin im Bereich der Herstellung von Esskultur und Tischgesellschaft. Diese Planungen, Gestaltungen und Durchführungen reflexiv in den Mittelpunkt zu rücken und etwas von den Kompetenzen hervorzuheben und zu stärken, würde das Essen in sozialarbeitsverantworteten Handlungsfeldern um ein vielfaches aufwerten.

## 3.2    Soziale Arbeit als Notversorgerin und Verteilerin von Luxus?!

Ernährungsfragen gehören zu den konstitutionellen Wurzeln Sozialer Arbeit und die Etablierung der Armenfürsorge war überwiegend zuallererst mit der Aufgabe verbunden, bedürftigen Menschen notwendige Nahrung anzubieten. In Zeiten allgemeiner Nahrungsknappheit gehörte die Sicherung ausreichender Nahrungsmittelmengen zu einer der wesentlichen Aufgaben sozialer Institutionen. Die sozialen Krisen des 19. Jahrhunderts führten zu Hungeraufständen in den armen Bevölkerungsschichten und ließen die anwachsenden Verelendungsprozesse nicht nur deutlich sichtbar werden, sondern erzeugten auch eine besonderen Handlungsdruck für Öffentlichkeit und Staat.

### 3.2.1    Hunger als ständiger Begleiter der Menschen durch die Zeiten

Die Entwicklung der Armenkost zeigt die höchst differenten Zuteilungs- und Verfügungsrechte über die Nahrungsmittel im historischen Kontext. Menschen bemühten sich in Notzeiten bereits im antiken Zeitalter sowohl in den griechischen Stadtstaaten als auch im Römischen Imperium um zusätzliche städtische Nahrungsversorgung. In Athen gab es z. B. viele Bettler, die öffentlich zubereitete Volksmahlzeiten erhielten. Diese bestanden aus Brot und Fleisch von Opfertieren. In Rom wurden große Mengen billigen Getreides an das Volk verteilt, etwa 300.000 Bedürftige erhielten diese Lebensmittelhilfe, die sich zur Dauereinrichtung entwickelte (Teuteberg 2009, S. 42). „Das sich nun entwickelnde frühe Christentum hat, wie die auf die stoische Ethik sich stützenden ‚Confessiones' des Kirchenvaters Augustinus beweisen, die Völlerei zu den sieben Hauptsünden gezählt und dem gottgefälligen einfachen Essen gegenübergestellt. Die ersten christlichen Gemeinden sammelten für die armen Mitglieder im Anschluss an eine Messfeier Lebensmittel ein, die teilweise dann verteilt oder bei gemeinsamen

Mahlzeiten verzehrt wurden" (Teuteberg 2009, S. 43). Kirchengemeinden hatten zuerst die Aufgabe übernommen, wandernde Fremde vorübergehend zu versorgen, bis die Klöster diese übernahmen. In der folgenden Epoche „Mittelalter" galt der Hunger als ständiger Begleiter der Menschen. Hungern ist im Mittelalter als zeitloses Existenzproblem zu betrachten. Zwischen 1005/1006 und 1846/1847 gab es in verschiedenen Teilen Europas nachweisbar 28 mehrjährige, furchtbar große Ernährungskrisen (Teuteburg 2009, S. 44). Eine Übersicht zu Hungersnöten im Mittelalter lässt sich kaum erstellen aufgrund fehlender Quellen, der Regionalität und wechselnder Intensität. Maßnahmen gegen den Hunger sind jedoch durch die im Mittelalter langsam entstehenden Städte und ihre Aufzeichnungen sichtbarer. In den wenigen existierenden größeren Städten wurden Getreidespeicher eingerichtet, die bei Ausbruch einer Ernährungsnot verbilligt oder umsonst an die armen Bewohner*innen verteilt wurden. Die Speicher waren gedacht als Ergänzung zu dem ohnehin geltenden Verbot der Ausfuhr von Getreide und der Förderung von Einfuhren von Getreide gesteuert über Abgaben und Zölle, der Bestrafung aller Wuchergeschäfte und Mehlverfälschung bei den Müllern sowie betrügerischen Verkleinerns von Broten. Die tägliche Ernährung war nahezu durchgehend knapp bemessen aufgrund der wechselnden Erträge der Ernten, Teuerungen aufgrund anderer Nahrungsmittelknappheiten, z. B. verursacht durch Kriege. In der Mehrheit führten die Menschen ein „wahres Hungerleben" (Teuteberg 2009, S. 44). Die Menschen ernährten sich in der Hauptsache mit Getreidebrei. Fleisch, Gemüse und Obst waren Mangelware, wobei die ländliche Bevölkerung Vorteile genoss bei auftretenden Hungersnöten durch die eigene, jedoch oft sehr kleine Landwirtschaft. Das Gesinde wurde am Tisch mitversorgt und aus der gemeinsamen Schüssel gegessen. Armenspeisungen fanden vor allem in Städten statt. Die andauernden Hungersnöte wurden von der Kirche im Mittelalter (und weit darüber hinaus bis zur Französischen Revolution 1789) als Strafe Gottes für menschliche Sünden gedeutet. Almosengeben galt als Möglichkeit, Gott gnädig zu stimmen und dem eigenen Seelenheil zu dienen. Typische Almosen waren Armenspeisungen. Der Umfang der Mahlzeiten war jedoch deutlich eingeengt durch viele Fastenrituale im Jahresverlauf (Teuteberg 2009, S. 45). Die Mahlzeitenordnung war bestimmt durch die Unterscheidung von Alltag und Fest sowie kirchlichen Fastenvorschriften, die den Jahresrhythmus quantitativ und qualitativ prägten (Krug-Richter 1994, S. 23). Die Ernährung des Menschen in der frühen Neuzeit war entsprechend den zahlreich überlieferten Speisevorschriften für Fürsorgeeinrichtungen, Klöster und ähnliche Großgemeinschaften, jedoch auch in Verpflegungsordnungen für Bauhandwerker und Gesinde stark strukturiert durch feste Wechsel von Fleisch- und Abstinenztagen innerhalb der Woche und durch eine festgelegte Anzahl von drei bis 4 Mahlzeiten pro Tag (Krug-Richter 1994, S. 23).

Mit dem sich entwickelnden Mittelalter entstanden zunehmend Institutionen, wie z. B. Hospitäler für Arme, Altersgebrechliche, Kranke und Fremde. In den an Bischofssitzen, Abteien und Klöstern angegliederten Hospitälern wurden die Menschen vor allem verpflegt. Hospitäler konnten jedoch auch von frommen bürgerlichen Stiftungen errichtet werden, in denen sich Wohlhabende ihren Alterssitz mittels Spende erkaufen konnten. „In dem ‚hospicium' wurde daher zwischen vornehmen, reichen, mittleren, und armen ‚Pfründern' unterschieden, was verschiedene Mahlzeiten bedeutete" (Teuteberg 2009, S. 45). Der Preis eines Nahrungsmittels war ausschlaggebend für seine Stellung innerhalb des Mahlzeitensystems: Fleisch für den Festbraten war teurer als Kochfleisch, Weißbrot teurer als Roggenbrot, Ingwer, Safran und Pfeffer teurer als einheimische Gartenkräuter (Krug-Richter 1994, S. 23). Das folgende Beispiel aus der Studie von Krug-Richter zur Geschichte des Alltags in der Hospitalverpflegung von 1540 bis 1650 im Magdalenenhospital und Leprosenhaus in Münster veranschaulicht das Mahlzeitensystem und die zur Verfügung stehenden Nahrungsmittel für verschiedene soziale Schichten.

---

**Beispiel**

Grundsätzlich lag über der Versorgung ein Jahresrhythmus, der durch die große Anzahl kirchlicher Feste und Fastenzeiten sowie durch saisonal gebundene Nahrungsmittelproduktion, Vorratshaltung und Konservierung bestimmt wurde. Fast- und Abstinenztage, die große Fastenzeit vor Ostern, kleinere Fastenzyklen vor den übrigen Jahreshochfesten (Weihnachten, Pfingsten, Mariae Himmelfahrt) zogen rigorose Beschränkungen des Nahrungsmittelspektrums nach sich: kein Fleisch, keine Milchprodukte. Zudem war der jährliche Ernährungsrhythmus auch bestimmt durch die saisonale Gebundenheit der Nahrungsmittel aufgrund des Klimas, der Schlacht- und Mastzeiten, Milcherträge, Fischereivorschriften, Konservierungsmethoden (Krug-Richter 1994, S. 115 f.). Fleischtage (Sonntag, Dienstag und Donnerstag/125–133 Fleischtage, Fleischmahlzeiten zwischen 249 und 265) wurden von Abstinenztagen (Montag, Mittwoch, Freitag, Samstag) unterschieden. Für Abstinenztage galt auch das Fastengebot. Darunter wurde verstanden, dass es weder Fleisch noch Milchprodukte gab und auf die Abendmahlzeit verzichtet wurde. Käse wurde Fleischersatz an Montagen und Mittwochen. An Freitagen und an festlichen Fasttagen erhielten die Hospitalinsassen Fisch, ersatzweise Feinmehlbrote. Es gab zwei Hauptmahlzeiten pro Tag, mittags und abends und Zwischenmahlzeiten für bestimmte Personengruppen: Brei, Getreidesuppen, Käse, Brot und Butter. Braten, Wein und Weißbrot blieb den höchsten Festen des Jahres vorbehalten (die Anzahl der Gerichte pro Mahlzeit verdeutlicht auch noch einmal die Bedeutung und die soziale Schicht). Der mittelalterliche Mensch sollte ein maßvolles Leben führen, sodass jedes familiäre, standesbedingte oder kirchliche Fest, jeder Sonn- und Feiertag, jeder Besuch eine Ausnahmesituation darstellte, die sich in allen sozialen Schichten im Speiseaufwand niederschlug (Krug-Richter 1994, S. 115 f.).

Der Speisenplan Hamburger Heilig-Geist-Hospitals (siehe Tab. 3.1) für Arme und Pfründner veranschaulicht die starke Einteilung der Ernährung, erkennbar entlang der sozialen Schichtung und der kirchlich festgelegten Fleisch- und Abstinenztage.

**Tab. 3.1** Speiseplan aus dem Hamburger Heilig-Geist-Hospital für Arme und Pfründner (1547)

| | Tag | Nahrung |
|---|---|---|
| **Fleischtag** | **Sonntag: Mittag** | **Mus von Milch und Weggen, außerdem Grapenbraten (jeder Arme 3, jeder Prövener 5 Stücke) von Ochsen, Hammeln, Lämmern oder Schweinen als Frisch- oder Pökelfleisch** |
| | **Sonntag: Abends** | **Hafergrütze mit Milch, anschließend Kaldaunen oder Wurst, Speck oder für jeden Armen 2 Eier** |
| Abstinenztag | Montag: Mittag | Hirse- und Hafergrütze mit Butter |
| | Montag: Abends | Ein Stück Süßmilch- oder grünen Käse und Hafergrütze |
| **Fleischtag** | **Dienstag: Mittag + Abends** | **Wie am Sonntag** |
| Abstinenztag | Mittwoch: Mittag | Hafergrütze, anschließend Stockfisch oder gesalzenen Fisch mit Butter, wenn es sie gibt: grüne Fische |
| | Mittwoch: Abends | Hafergrütze und Käse |
| **Fleischtag** | **Donnerstag: Mittag + abends** | **Wie Sonntag und Dienstag** |
| Abstinenztag | Freitag: Mittag | Hafergrütze, anschließend Stockfisch oder Salzfische mit Butter oder auch grüne Fische, wenn man sie billig kaufen kann |
| | Freitag: Abends | Am Freitagabend wird nicht gegessen, jeder Arme bekommt jedoch einen gesalzenen Hering oder statt dessen einen Penning, wofür sich jeder eine perming-wegge kaufen kann |
| Abstinenztag | Sonnabend: Mittag | Reis, dann Hafergrütze und Butter |
| | Sonnabend: Abends | Käse und Hafergrütze |

(Quelle: Krug-Richter 1994, S. 315)

▶   **Tipp** Führen Sie zwei Wochen ein Ernährungstagebuch über Ihre Mahlzeiten. Lässt sich ein Muster erkennen, wann sie welches Gericht zu sich nehmen? Finden Sie heraus, welchen Ernährungstraditionen Sie selber folgen. Sind es Ihre Eigenen, familiär geprägten oder gibt eine Institution vor, welches Gericht Sie wann essen? Gibt es in der Mensa freitags Fisch und wählen Sie diesen freitags regelmäßig aus?

Fremde Bettler wurden mit öffentlichen „Armentafeln" versorgt, bei denen vor allem Essensabfälle weitergegeben wurden. Über den öffentlichen Almosenkasten wurde diese Versorgung finanziert. Nachdem ein Spitalschreiber die Bedürftigkeit festgestellt hatte, wurde dem hungernden Menschen Essen gegeben (Teuteberg 2009, S. 45). Die kirchliche Armenfürsorge wurde im Mittelalter ergänzt durch die im städtischen Zusammenhang entstandenen Handwerkerzünfte mit ihren Gesellenbruderschaften, wobei jede Zunft nur für ihre eigenen Zunftgenossen sorgte. Die Versorgung wurde jedoch z. B. bei Altersnot bis zum Tod gezahlt. Die Kirche verfügte durch bäuerliche Abgaben, Spenden und Pachtgelder über wesentlich mehr Ressourcen zur Armenversorgung und wurde auch sehr viel stärker nachgefragt.

Im absolutistischen Staat erlebte das Volk mit der französischen „Grande Cuisine" an den Barockhöfen große Schauspiele öffentlicher Fürstenbankette mit großen Mengen angebotener Speisen, wie z. B. Hunderte von geschlachteten Schweinen, tausende zubereiteter Fische und Geflügelstücke und unzähligen Gängen. Die Reste wurden jeweils anschließend verteilt an die Dienerschaft (Teuteberg 2009, S. 48). Im Spätmittelalter und in der frühen Neuzeit mussten große Teile der europäischen Bevölkerung mehr als die Hälfte ihres Einkommens für Nahrung aufwenden, sodass sich durch diesen Bereich vielfältige Möglichkeiten sozialer Differenzierung boten (Krug-Richter 1994, S. 17). Mitte des 18. Jahrhunderts löste die Einführung der „Armenpolizey" die Armen- und Bettelknechte in den Städten ab. „Ihre zentrale Aufgabe war die Bekämpfung städtischer Unterernährung, die eng mit dem Bettlerwesen und geringer Sesshaftigkeit, Erwerbslosigkeit und familiärer Bindungslosigkeit verbunden war. Hungerbeseitigung bedeutete eine straffere Ordnung nach innen, Heranschaffung von mehr landwirtschaftlichen Erträgen vor allem aus der jeweiligen städtischen Umgebung, höhere Steuern für mehr begüterte Einwohner, um die wirtschaftliche Leistungskraft von Kommunen und Staat zu stärken" (Teuteberg 2009, S. 49). Die Ernährungsarmut in der Bevölkerung sollte verringert werden durch z. B. die Umwandlung der Armenhäuser in Arbeitshäuser mit Arbeitsdisziplin, den ökonomischen Fortschritt, grundlegende Agrarreformen sowie gezielt verbesserte Verteilung der Lebensmittel. Neben den alten Pfründer- und Siechenhäusern sowie den Elendsherbergen entstanden neben den „Werkhäusern" auch weitere sich ausdifferenzierende Institutionen entlang der Arbeitsfähigkeit der Menschen, wie z. B. Entbindungs-, Waisen-, Findel-, Zucht- und Irrenhäuser (Teuteberg 2009, S. 49). Kennzeichen der Armut war vor allem die unzureichende Ernährung. Der damit verbundene dauerhafte Hunger begünstigte Krankheiten, schnell fortschreitende Verschlechterung des Gesundheitszustandes und somit gleichzeitig den Rückgang der nun erwünschten Arbeitsfähigkeit. Arme Menschen im 17. und 18. Jahrhundert, so die Einschätzungen, mussten in etwa 70 % ihrer aus verschiedenen Quellen stammenden naturalen wie geldlichen Einkünfte für die Ernährung aufwenden. Ausgaben für Wohnen und Kleidung nahmen etwa 15 % ein (Teuteberg 2009, S. 50). Ende des 18. Jahrhunderts und Mitte des 19 Jahrhunderts haben zwei Hungerkrisen zu einem tief greifenden Wandel im Umgang mit (Ernährungs-)Armut geführt. Die staatliche Verantwortungsübernahme für die Versorgung wurde verstärkt, „Korn-Magazine" und „Provianthäuser" wurden eingeführt und die Einführung von Getreidezöllen sollten Angebot und Nachfrage stärker regeln, sodass die Brotpreise konstanter blieben. Mit diesen Maßnahmen ging die Erkenntnis einher, dass nur die ausreichende Versorgung mit Nahrung die Leistungsfähigkeit der Menschen sichern und zu weiterem Wirtschaftswachstum führen würde (Teuteberg 2009, S. 51).

Mit zunehmendem Anwachsen der Industrialisierung wurden in den Fabriken Versorgungsmöglichkeiten für die Arbeiter*innen geschaffen. Die ersten Kantinen wurden Ende des 19. Jahrhunderts in Fabriken eröffnet und gelten als erste Formen betrieblicher Sozialpolitik. Benjamin Thompson erfand zudem die „Rumford-Suppe" als seine optimale Lösungsmöglichkeit gegen den Hunger der Bevölkerung. Die Suppe bestand aus Gerstengraupen, Kartoffeln, Karotten und Weizenbrotschnitten oder klein gehacktem Schweinefleisch, ferner aus Weinessig und Salz. Die Suppe war sehr billig und gleichzeitig schmackhaft. Aufgrund ihres günstigen Preises wurde sie in vielen deutschen Städten eingeführt und an bedürftige Menschen, Bettler, entlassene Soldaten, Kriegsgefangene sowie Insassen von Zuchthäusern oder Arbeiter verteilt (Teuteberg 2009, S. 52). Aufgrund der Hungersnöte gründeten in der Folge seit Beginn des 19. Jahrhunderts wohltätige Vereinigungen in Städten, wie z. B. Leipzig, Hannover, Chemnitz, Volksküchen, in denen gegen geringes Entgelt Essen ausgeteilt wurde. 1903 gab es in 119 von 258 befragten Städten mit mehr als 10.000 Einwohner*innen Volksküchen.

**Beispiel**

Lina Morgenstern gründete 1866 den Verein die „Berliner Volksküchen", die sich als Konsumanstalten von traditionellen Armenanstalten absetzen wollten. Sie betrachtete die Gründung als Möglichkeit, die weit verbreitete Nahrungsarmut in der Gesellschaft zu mildern. Jede unbemittelte Person, unabhängig von ihrer Standeszugehörigkeit sollte Unterstützung erhalten, in dem sie in der Volksküche zum billigsten Selbstkostenpreis Speisen erhalten sollten. Bald nach der Eröffnung kamen bereits 100 Menschen und holten ihre Mahlzeit mittags ab gegen eine geringe Bezahlung. Die Besucher*innen der Volksküchen verloren schnell ihre anfängliche Scheu und nahmen das Angebot an, da ihre Bedürftigkeit nicht geprüft wurde. 1868, zwei Jahre nach der Gründung der ersten Volksküchen gab es bereits 10 Speiseanstalten mit regelmäßigen 900 Besucher*innen, die sich mittags dort verpflegten. Die Besucher*innen setzten sich aus kleinen Handwerkern, niederen Beamten, Soldaten, Angestellten, Dienstmännern, Studenten, Lehrerinnen und Frauen aus der Fabrikarbeiterschaft zusammen. Ganze Familien folgten dem Speisenangebot und nahmen es täglich in Anspruch. Die Ausgabe der Mahlzeiten wurde täglich von ehrenamtlich Tätigen überwacht und die Speisesäle waren 2 h geöffnet (Teuteberg 2009, S. 55).

Mit dem ersten Weltkrieg gewannen die Volksküchen zunehmend an Bedeutung für die Versorgung aller Menschen. Sämtliche Städte waren aufgefordert, Massenspeisungen zu organisieren, aufgrund der Lebensmittelrationierungen durch die Blockaden der Alliierten. Die politisch-militärische Strategie der Versorgung hatte die wohltätige bzw. sozialliberale Perspektive der Armenversorgung verdrängt. In der Zeit zwischen den beiden Weltkriegen wurde die kommunale Ernährungsfürsorge vor allem durch die inzwischen traditionell gewordenen Volksküchen erbracht und durch besondere Erwerbslosenküchen, in der Arbeiter pro Monat 30 Pfennig einzahlten und täglich dafür Eintopf im Wert von 10 Pfennig erhielten. Der fehlende Betrag wurde durch Organisationen, wie z. B. die Arbeiterwohlfahrt ausgeglichen (Teuteberg 2009, S. 58). Mit der Machtübernahme durch Adolf Hitler verlor das inzwischen etablierte System der Volksküchen an Bedeutung. Mit der relativ starken und schnellen Zunahme der betrieblichen Kantinen wuchs die zahlenmäßige Versorgung der Werktätigen. Teuteberg sieht darin vor dem Hintergrund der „Gleichschaltung" die intensive Überwachung durch den NS-Staat. In den neu geschaffenen Institutionen wurden die Speisen nach einheitlichen Vorschriften verabreicht (Teuteberg 2009, S. 59). Die im Rahmen der bis dahin bestehenden Volksküchen, christlichen sowie privaten bürgerlichen Armenspeisungen wurden in der NS-Volkswohlfahrt eingegliedert und als „Hilfsküche der N.S.V." weitergeführt.

Hunger und Unterernährung stellten bis zum Sommer 1948 das zentrale Wirtschaftsproblem in westlichen Besatzungszonen dar. Die Besatzungsmächte erkannten frühzeitig den zentralen Stellenwert der Ernährungsfrage für die politische

Situation in Deutschland während der Hungersnot 1946/47, so dass sie nun wegen des wachsenden Ost-West-Konflikts gezielte staatliche Hilfsstrategien entwickelten, um eine möglichst schnelle Überwindung der Nahrungsnot spätestens bis Ende 1948 zu ermöglichen. Das Motto hieß: ‚Starvation and not communism – is the danger!' (Teuteberg 2009, S. 60.).

1945 begannen Hilfslieferungen aus den USA, die sich schnell steigerten von jährlich 284 Mrd. auf 827 Mrd. US\$. Brotgetreide stand mit 85 % an der Spitze der Nahrungsmittellieferungen, Kartoffeln, Zucker, Fischwaren, Obst und Gemüse folgten in der Menge. Lebensmittelspenden durch Privatpersonen, Kirchen und Wohltätigkeitsorganisationen ergänzten die staatliche humanitäre Hilfe (Teuteberg 2009, S. 60). Seit den 1950er Jahren gibt es keinen existenziell bedrohlichen Hunger mehr und auch keine Nahrungsmittelknappheit, wie in all den Jahrhunderten zuvor, jedenfalls nicht national betrachtet. Im Gegenteil werden seit den 1950er Jahren eher die Fresswelle und der Nahrungsmittelüberfluss wiederkehrend zum Thema, vor allem in Form von Problematisierungen von „Übergewicht" und Bewegungsarmut unter der ärmeren Bevölkerung. In all dem bestehenden Überfluss gibt es jedoch nach wie vor Nahrungsmittelknappheit in der ärmeren Bevölkerung, die durch den Verein „Lebensmitteltafeln e. V." seit den 1990er Jahren mit der Verteilung des Überschusses vermindert werden soll. Soziale Arbeit ist in ihrer historischen Entstehung kontinuierlich und über viele Jahrhunderte in der Hauptsache mit der Nahrungsmittelversorgung existenziell bedrohter Menschen befasst gewesen. Nahrungsmittelknappheit, die gerechte Verteilung von Nahrungsmitteln und die Entstehung Sozialer Arbeit in der Gesellschaft sind in der historischen Entwicklung eng miteinander verknüpft. Darüber hinaus fand in den sozialen Institutionen gleichfalls Versorgung mit Essen statt, die gleichzeitig auch Erziehungsgelegenheiten bot.

### 3.2.2   Die Entdeckung der Versorgung als Aspekt der Erziehung: „Kinder haben ein Recht auf Schokolade, auch arme proletarische Kinder, auch Heimzöglinge" (Bernfeld 1929b, S. 243)

In den sozialen Institutionen selber fand täglich ebenfalls für viele Menschen gleichzeitig Verpflegung, Verköstigung und Versorgung statt. Einige (sozial-)pädagogische Klassiker haben sich zu der Frage des Essens für ihre Adressat*innen, entweder Kinder und Jugendliche oder Patient*innen in Kliniken, geäußert und es für wichtig gehalten, ihre Ideen und Gedanken auch schriftlich festzuhalten. Kaum jemand hat sich im Schwerpunkt Gedanken gemacht zu den Fragen des

Essens und auch der Esskultur. Vielmehr liegen vereinzelte Passagen und Rand-bemerkungen in den Zeugnissen der Profession und Disziplin vor. Siegfried Bernfeld jedoch hat sich 1929 ausführlicher „Zur Ernährungsfrage in Erziehungs-anstalten – Zur Psychologie der Revolten" geäußert und seine Überlegungen zu einer guten Versorgung und Esskultur in Heimeinrichtungen für Kinder und Jugendliche zusammengefasst. Bernfeld versucht nachzuvollziehen, wieso es zu Ernährungsrevolten in Heimeinrichtungen kommen kann und welche pädagogi-schen Maßnahmen dagegen ergriffen werden sollten. Die Ideen können, jenseits der Revoltenüberlegungen, die gegenwärtig eher weniger in der Gemeinschafts-verpflegung befürchtet werden müssen (aber vielleicht mal angeregt werden soll-ten, angesichts der Verpflegung mit Essen, das z. T. von Großküchen angeliefert wird und keinesfalls nahrhaft und schmackhaft ist. Darüber hinaus ist das Essen oft nicht speziell auf die Bedürfnisse von Kindern und Jugendlichen ausgerich-tet.), als herausragend gelten. Ebenfalls lassen sich bei August Aichhorn, Bruno Bettelheim und Stefania Wilczynskas, stellvertretende Leiterin des Kinderhauses von Janusz Korczaks, weitere Wegweiser für Gemeinschaftsverpflegung in sozi-alen Einrichtungen finden. Das Hineinstöbern in historisch erlebte und beschrie-bene Erfahrungen zur Verpflegung in Gemeinschaftseinrichtungen lohnt sich auch für gegenwärtige gemeinschaftliche Verpflegungsaufgaben in sozialen Einrichtun-gen. Die umfang- und facettenreiche Verpflegungsgeschichte in Gemeinschafts-einrichtungen der Sozialen Arbeit ist bisher nicht im Schwerpunkt systematisch bearbeitet worden.

Historisch hat die Gemeinschaftsverpflegung Wurzeln in jenen Institutionen, in denen mit engen zeitlichen und räumlichen Vorgaben der Tagesablauf streng reglementiert war und Zeit für Arbeit, Studium oder andere Zwecke gewonnen werden sollte, z. B. in Klöstern, Gefängnissen, Arbeitshäusern, Fabriken, Kran-kenhäusern und beim Militär. Dort gab es geregelte Pausen- und Essenszeiten mit u. a. strengen Regeln, (z. B. keine Tischgespräche). Die Versorgung mit Nah-rung war wichtig für die Reproduktion z. B. der Arbeitskraft. Der Gestaltung der Mahlzeiten wurde wenig Wert beigemessen (Rose 2012, S. 232).

**Beispiel**

Am Beispiel der Fabriken zeigt sich die Reglementierung der Nahrungsversor-gung: Fabrikeigene Kantinen und Speiseräume wurden nicht nur eingerichtet, um die Nahrungsversorgung der Arbeiter*innen zu verbessern. Die Arbeiter*in-nen sollten vor allem fester in den Produktionsablauf eingebunden werden und sich nicht während des Essens dem Zugriff der Fabrik entziehen können. Die Fabrikordnungen galten ebenfalls in der Kantine mit strengem Zeitregime und Verhaltenskanon. „Die strikte Ordnung des Essens am Arbeitsplatz korreliert mit einer strikten Regelung der Arbeitsaufgaben – idealtypisch bei der Fließbandarbeit" (Barlösius 2011, S. 190). Die Essenseinnahme wurde den gleichen Kontrollinstrumenten und derselben Fremdbestimmung unterworfen wie die Arbeit selbst (Barlösius 2011, S. 190).

Ein weiteres Beispiel betrifft das Zusammenleben aufgrund gemeinsam geteilter Weltanschauungen: In Klöstern ging die Nahrungsversorgung über die Garantie der bloßen Versorgung hinaus. Die Küche leistete viel mehr als die bloße Mindestversorgung mit Nahrung. Die Klöster besaßen eigene Obst- und Gemüsegärten, Gewürze wurden dazu gekauft und Fisch sowie Fleisch sorgten, zumindest an Festtagen, für eine hochwertige Versorgung. Die zahlreichen überlieferten klösterlichen Küchenmanuskripte und Kochbücher sagen etwas über die Professionalität des Kochens in Klöstern aus. Der Qualität des Essens wurde viel Raum gegeben, während die gemeinsamen Mahlzeiten ebenfalls strengen Reglements unterworfen waren (Barlösius 2011, S. 199).

Die rigorosen Vorschriften der Mahlzeiteneinnahme während der Arbeitszeit fehlen oder waren weniger restriktiv festgelegt, wenn Arbeit selbstbestimmter erledigt wurde (Barlösius 2011, S. 190).

Im folgenden Verlauf wird auf die Ideen zur Gemeinschaftsverpflegung in der Sozialen Arbeit zurückgegriffen, da sie als Inspiration unterstützen sollen, die Gestaltungsaufgaben gegenwärtiger gemeinschaftlicher Verpflegung in sozialen Einrichtungen stärker wahrzunehmen. Auffallend erscheinen dabei die Überschneidungen Erkenntnisse bezüglich der Bedeutung von Ernährung und Esskultur für den Entwicklungsprozess von Kindern und Jugendlichen.

Siegfried Bernfeld formuliert 1929 den Anspruch von allen Kindern, unabhängig ihrer Klassenzugehörigkeit oder ihres Status auf Schokolade. Dieses Recht auf Schokolade gilt für alle Kinder, eben auch für „arme proletarische, auch Heimzöglinge" (Bernfeld 1929b, S. 243) und zu dieser Erkenntnis gehört für ihn ebenfalls eine Abkehr von einem Anstaltssystem, in dem Kinder und Jugendliche, neben Prügelstrafen oder Arrest, auch Bestrafungen über Essensentzug erlebt haben (Bernfeld 1929b, S. 239). Kindern muss aus seiner Sicht ermöglicht werden, Schokolade für sie erreichbar zu machen, z. B. durch die Schaffung pädagogischer Situationen, in denen Kinder sich die Schokolade verdienen können z. B. durch eine Theatergruppe und daraus entstehenden Einnahmen. Kinder würden sich ansonsten andere, vielleicht illegale Wege suchen, um an die Schokolade zu kommen. Mit diesem Beispiel von Siegfried Bernfeld aus dem Jahr 1929 werden mehrere für Soziale Arbeit bedeutende Erkenntnisse möglich. In früheren Zeiten war es selbstverständlich, Kinder und Jugendliche in stationären Heimeinrichtungen mit Essensentzug zu bestrafen, darüber hinaus galt Schokolade als Luxus, der nicht allen Menschen gleichermaßen zugestanden wurde (und den sich auch nur wenige leisten konnten) und Soziale Arbeit war jeweils mittendrin, diese Ernährungsentscheidungen als Erzieher*in zu treffen, diese sozialpädagogisch zu verantworten, wenn sie sie denn überhaupt sozialpädagogisch reflektiert haben. Denn Bernfeld betont, dass die Pädagogik gegenüber Ernährungsinteressen von Kindern abwertende Einstellungen zeigt: „Die Pädagogik pflegt gegenüber den Ernährungsinteressen der Zöglinge einen sehr einfachen Standpunkt einzunehmen: Maßlosigkeit, Gier, Naschhaftigkeit, Nörgelei, Disziplinlosigkeit usw. Nach dieser negativen Bewertung glaubt sie das Recht zu haben, sich ihren ‚höheren Aufgaben‘ widmen zu können" (Bernfeld 1929a, S. 252). Fragen rund um das Versorgungsgeschehen wurden als vergeblich und schon gar nicht als pädagogisch relevant eingeschätzt.

August Aichhorn betont in seinen Überlegungen die Bedeutung der persönlichen, dinglichen und räumlichen Umwelt, die die Verhältnisse in der Anstalt einrahmt, in die die Gruppe eingeschachtelt ist und von ihm als Gruppenmilieu bezeichnet wird (Aichhorn 1951/1965, S. 128). Der Verpflegung misst Aichhorn eine nicht zu unterschätzende Bedeutung bei. Sie bildet zu Beginn des Betreuungsverhältnisses sogar die Grundlage, da die Jugendlichen aus seiner Perspektive zuallererst über das Essen ansprechbar sind und zwar vor allem über die Quantität des Essens. Sattwerden hat Priorität und dabei erscheinen als weitere Grundbedingung für ein gelingendes Verhältnis die gemeinsame Mahlzeit und dieselbe Nahrung für Erzieher und Jugendliche.

> An dieser Stelle auch noch ein Wort zur Verköstigung, weil ich sonst nicht mehr darauf zu sprechen käme. Ethische Werte haben für den Verwahrlosten anfangs keine Zugkraft; zu nehmen ist er aber bei seinem Fresstrieb. Er verlangt eine ausgiebige Kost, legt nicht besonderen Wert auf Abwechslung, wichtig ist ihm im allgemeinen die Quantität, Feinschmecker ist er nur in Ausnahmefällen. Aber dass sein Erzieher mit ihm lebt und für ihn ist, begreift keiner, wenn er Maisgriess bekommt und für den Erzieher Gulyas gekocht wird. In der Fürsorgeanstalt ist die Einheitskost, gekocht auf einem Herde und in denselben Töpfen, eine erzieherische Grundbedingung (Aichhorn 1951/1965, S. 133).

Unterschiedliche Nahrung für Erzieher und Zöglinge würde Aichhorns Einschätzung nach sogar starkes Misstrauen gegen die Erzieher auslösen und sich auf das ganze Verhältnis übertragen und dem Erzieher würde seine Liebe nicht mehr geglaubt (Aichhorn 1951/1965, S. 133). Aus der Sicht Aichhorns erfolgt Erziehung „nicht durch Worte, Reden, Ermahnen, Tadel oder Strafen, sondern durch Erlebnisse. Durch das bei uns geschaffene Milieu und durch die Art der Führung ergaben sich für jeden einzelnen täglich so viele Gelegenheiten zu großen, kleinen und kleinsten Erlebnissen, deren tiefgehende Wirkungen die Verwahrlosung

behoben" (Aichhorn 1951/1965, S. 141). Stefania Wilsczynskas, die stellvertretende Hausleiterin im Kinderhaus von Janusz Korczak, nahm für ihre Arbeit im
Waisenhaus einen ganz ähnlichen Standpunkt ein bezüglich des Handelns in der
Erziehung. Für sie galt: „Erziehung ist ein Akt der Tat. Ein Akt der sich wiederholenden Tat und kein Akt des Sprechens" (Sachs 1989, S. 75) und ein Erzieher
hätte bald einzusehen, dass „man ein hungriges Kind nicht erziehen kann, weil
Hunger ein schlechter Ratgeber ist" (Sachs 1989, S. 98).

Für Bernfeld sind „Zöglingsrevolten" in Heimen immer mit Ernährungsfragen
verbunden, die nichts mit Nahrungsmangel zu tun haben, da Hunger und Unterernährung bei Menschen eher zu passivem und gefügigem Verhalten führt. Auch bei
objektiv ausreichender Ernährung können Revolten ausbrechen. „Immer wieder
versichern die Revoltierenden, daß sie hungerten, während die Anstaltsleitungen
glaubhaft erweisen, daß die Nahrungsmenge ausreichend war. Es handelt sich bei
den Anstaltsrevolten nicht in erster Linie um die Menge der Nahrung, sondern
um den Zwang, den Leitung und Küche auf den Lebenstrieb ausüben" (Bernfeld 1929a, S. 249). Zubereitung, Vielfalt und Verabreichung der Speisen stellen
genauso bedeutende Faktoren dar, wie die ausreichende Nahrungsmenge. Doch
auch ausreichende Nahrungsmengen verhindern nicht unbedingt, dass früher
oder später von den Kindern und Jugendlichen über das Essen gemeckert wird,
entweder über die Qualität oder auch die subjektiv empfunden unzureichenden
Mengen. „Eintönige reizlose Nahrung erzeugt mit Sicherheit früher oder später
mürrische Unlust, Gehässigkeit, gesteigerte Neigung zu Gewalttätigkeiten. Gilt
dies schon für den Erwachsenen, so steigert sich die Wirkung bei Kindern und
Jugendlichen, bei Neurotikern und Kriminellen, bei Menschen auf primitivem
seelischen und geistigen Niveau" (Bernfeld 1929a, S. 250).

Wenn Massen von Menschen gezwungen werden in der Form „kasernenartiger
Abspeisung" ihren Hunger zu befriedigen, kann es aus Bernfelds Sicht zu äußerst
heftigen Graden von Unwillen gegenüber dem Essen kommen.

> Es entsteht dann sehr leicht, durch minimale Anlässe auslösbar, Massenstimmung
> der erbitterten, zu Trotz und Gewalttätigkeit neigenden Empörung, die Atmosphäre
> der Revolte. Anstalten, in denen die Zöglinge in dieser Weise, und wäre es noch so
> reichlich, mit einförmiger reizloser Nahrung in zugeteilten Rationen aus undiffe-
> renzierten Massengefäßen ‚abgefüttert' werden, schaffen sich nicht allein die Revo-
> lutionsatmosphäre, sondern verzichten ein für allemal auf jede Möglichkeit, ihre
> Zöglinge erzieherisch tiefer zu erfassen und zu kultivieren (Bernfeld 1929a, S. 250).

Bernfeld betont mehrere Aspekte, die berücksichtigt werden sollten, wenn Menschen, vor allem auch Menschen in besonderen Lebenslagen, gemeinschaftlich verpflegt werden. Menschen möchten ausreichend Nahrung zur Verfügung

und die Nahrung muss eine gute Qualität besitzen und die Gerichte abwechs-lungsreich sein. Eine weitere Grundbedingung für Gemeinschaftsverpflegun-gen bezieht sich auf die Atmosphäre und wie das Essen dargeboten wird. Aber auch diese Grundbedingungen, die zur Vermeidung von „Ernährungsrevolten" in Anstalten für ihn notwendig sind, können dennoch nicht verhindern, dass es even-tuell zu Revolten kommt, da die Atmosphäre des „Zwangs der Küche" bzw. der „Diktatur der Küche" nicht umgangen werden kann.

Aber die Mannigfaltigkeit der Speisen und ihrer Zubereitung, das Essen an gedeck-ten Tischen aus differenzierten Gefäßen, in ‚Speisegemeinschaften', verhindert auch nicht auf die Dauer das Umsichgreifen von Mißstimmung, Nörgelei und Auf-lehnung. Leider ist die Zahl von Anstalten, die den Fortschritt zu dieser untersten Stufe der Essenkultur gemacht haben, noch sehr gering und die Pädagogik noch zu hochmütig, diesem ‚niedrigen' Thema Aufmerksamkeit schenken. Die mangelnde Erfahrung der Pädagogen kann aber jeder aus seiner Selbstbeobachtung ersetzen, der längere Zeit etwa in einem Restaurant Menü essen musste. Anfangs ist alles gut, ausreichend und billig, aber auch bei unveränderter Küche werden die Gerichte immer ungenießbarer, die Portionen immer kleiner und teurer, bis der Gast revoltiert und einen anderen Mittagstisch aufsucht. Diese eigenartige psychologische Wirkung (Abscheu, Mißstimmung und Auflehnung) liegt am Moment des Zwanges. Daß sie gezwungen sind, eben dies zu essen, was die Küche ihnen vorsetzt, eben so zubereit-tet, wie die Küche es für richtig hielt, dies ertragen viele Menschen nicht und ohne sich der Ursache bewußt zu sein, empfinden sie bloß ärgerlich, daß das Essen ihnen verleidet sei. Sie lehnen sich gegen die Diktatur der Küche auf und suchen den Grund für ihre Empörung in Menge und Zubereitung der Speisen (Bernfeld 1929a, S. 250).

Bernfelds weitere Erkenntnis im Zusammenhang mit seelisch beeinträchtig-ten Kindern betrifft die Verletzlichkeit der Kinder in Bezug auf Essen und ihre Versorgung. Für Kinder und Jugendliche ist die Ernährungsfrage oft unbewusst mit Liebesfragen verknüpft, Ernährung ist über das körperliche Bedürfnis zu einer seelischen Lebensfrage geworden. „Bei ihnen ist insbesondere alles Lie-ben und Geliebtwerden in den ‚Dialekt' des Mundes und des Magens übersetzt: ‚Wer meine Essensfreiheit schützt, liebt mich; den liebe ich wieder. Wer meine Essensfreiheit einschränkt, der haßt mich; den hasse ich wieder' – so lautet die unbewusste Grundgleichung, mit der sie ihre Beziehungen zur Umwelt zu regeln pflegen" (Bernfeld 1929a, S. 252). Der Zwang bei Essensfragen kann bei den Kindern relativ leicht zu großer Empörung oder Verzweiflung, zu Revolte oder stumpfer Depression werden, denn der Zwang wird von ihnen wie Liebesmangel, Liebesenttäuschung oder Liebesentzug erlebt. Aus seiner Sicht sind diese Kinder und Jugendlichen überhaupt nicht erziehbar, solange die Bindung an die „Mund- und Mageninteressen" nicht aufgelöst wurden (Bernfeld 1929a, S. 252).

Bettelheim betont ebenfalls das sozialisierende Element der Mahlzeiten, ange-fangen von der ersten Beziehung, die ein menschliches Wesen hat, nämlich zur Mutter, die ihr Kind stillt und darüber Beziehung stiftet. Über die Nahrungsgabe beginnt die Beziehung und so führt Bettelheim weiter, wie wichtig Mahlzeiten sein können, um schädliche Folgen einer Vergangenheit positiv zu verändern und gestörte Patienten zu resozialisieren (Bettelheim 1974 nach Rose und Schäfer 2009, S. 37 f.).

Kinder verfügen über großes natürliches Interesse bezüglich der Ernährung und deshalb reagieren sie mit sehr intensiver Auflehnung gegen „jede Diktatur der Küche". Kinder wollen mitmachen beim Essen, über alle Stationen: Vom Teil haben an der Zubereitung über die freie Wahl der Gerichte bis hin zum Mit-bestimmen bei der Verteilung des Essens. In den Anstalten, über die Bernfeld schreibt, ist die „Diktatur der Küche" noch verschärft, da ohnehin bestimmt wird, wer wie viel Essen bekommt. Darüber hinaus werden mit dem Essen eine Viel-zahl an Forderungen verknüpft, die mit der Essenssituation aus seiner Sicht nichts zu tun haben und die das Gefühl der Zwangssituation nur noch verstärken und das Kind davon abhalten, der Befriedigung seines Lebenstriebs zu folgen. Dazu gehö-ren z. B. Gebete, Stille, Haltungsvorschriften. Erst recht wirkt die „Diktatur der Küche" revoltierend, wenn darüber hinaus noch unterschiedliches Essen für die Kinder und Erzieher zubereitet wird (Bernfeld 1929a, S. 251).

Bruno Bettelheim beschäftigte sich im Rahmen seiner Tätigkeit als Thera-peut in einem Kinderheim damit, wie man in einen großen Speisesaal eine wür-dige und heilsame Atmosphäre bringt, z. B. durch Tische aus Rosenholz für den Alltag und mit einer Tischdecke zu besonderen Anlässen sowie gutes Porzellan anstatt Plastik- und Klinikgeschirr; durch Tischformen, die die Kommunikation bei der Mahlzeit fördern, gemeinsame Mahlzeiten von Personal und Patientinnen und Patienten sowie durch die Platzierung des Essens auf dem jeweiligen Tisch und neuem Besteck zu jedem Gang. Alle seine Patientinnen und Patienten hat-ten zudem auch zwischen den Mahlzeiten jederzeit Zugang zu Nahrungsmitteln und waren partizipativ in die Essensplanung und -auswahl eingebunden. „Wie der Tisch gedeckt ist, wie bequem der Stuhl ist, auf dem man sitzt, wie das Geschirr aussieht, alles ist Symbol für den Geist, in dem man bei Tisch empfangen wird, zeigt, ob man willkommen ist, ob man als jemand Wichtiges gilt, und ob es ein Ereignis ist, das man genießt" (Bettelheim 1989, S. 76). Aus Sicht Bettelheims zeigen die Auswahl und das Nahrungsangebot die Wertschätzung gegenüber der Person, aus Gründen der Wertschätzung aß auch das Personal gemeinsam mit den Patienten. Das Essen stand zu Beginn auf dem Tisch und wurde dort verteilt, zu jedem Gang gab es neues Besteck. „Im Übrigen ist es auch ein großer Unter-schied, ob man von einem Tablett isst, auf dem man sich alle Gänge auf einmal von der Theke geholt hat, oder ob man bei Tisch einen Gang nach dem anderen serviert bekommt. (...) Angenehm bedient zu werden vermittelt ein Gefühl, dass man wichtig genommen und gut versorgt wird" (Bettelheim 1989, S. 251). Insgesamt galt für Bettelheim, dass jede Einrichtung Überlegungen anstellen sollte in Bezug auf den Geist, mit dem man bei Tisch empfangen möchte (Bettelheim 1989, S. 181). Mit diesem Anrecht eines jeden auf bestmögliche Verpflegung wurde die gesundheitsförderliche notwendige Atmosphäre geschaffen, die die Selbstachtung der Patientinnen und Patienten fördern sollte.

Aus der pädagogischen Alltagsarbeit im Waisenhaus von Janusz Korczaks, die vor allem von Stefania Wilczynskas verwirklicht wurde, erinnert ein ehemaliges Kind, dass es ihr wichtig war, den Kindern ein gutes, schmackhaftes und schön angerichtetes Essen anbieten zu können. Shimon Sachs erinnert sich insbesondere an den Geruch und den Geschmack der warmen Tomatensuppe. Stefania Wilczynskas kostete diese warme Tomatensuppe vor jeder Mahlzeit (Sachs 1989, S. 71). In seinen Erinnerungen heißt es weiter, dass die Kinder gute Tischmanieren lernen sollten durch das praktische Benehmen an den Tischen und während des Essens. Die Kinder durften miteinander sprechen, jedoch nicht schreien oder rufen. Die ganze Atmosphäre des Speisesaals stand unter Stefanias Wilczynskas Regie. Die Tische waren schön gedeckt und das Essen gut und schmackhaft (Sachs 1989, S. 114). Weiterhin wurde das Essen auf einem Tablett gereicht, die Essensverteiler gingen von Tisch zu Tisch und jedes Kind nahm sich seine Portion. Neben den Portionen gab es Teller mit Früchten und belegten Broten, und jedes Kind konnte entscheiden, was es nehmen wollte. „Essen wurde nicht weggeworfen. Was morgens übrig blieb, wurde mittags wieder neu zubereitet" (Sachs 1989, S. 76). Das gemeinsame Essen erfüllte aus Korczaks Sicht eine gesellschaftliche Funktion und die Kinder sollten sich gut und zu Hause fühlen. Deshalb unterstützte er Gespräche während der Mahlzeit. Die Kinder lernten, wie Tische gedeckt werden sollen, den Umgang mit Messer und Gabel sowie man sich während der Mahlzeit zu benehmen hat (Sachs 1989, S. 84).

Aichhorn betont die Bedeutung der Atmosphäre, bzw. den Geist, der die Einrichtung erfüllt und vom Personal verantwortet und gestaltet wird. Für Aichhorn gelingt Erziehung, wenn es Erziehern gelingt, aufgrund ihrer eigenen Einstellungen eine besondere Atmosphäre zu schaffen. „Die eigene positive Einstellung des Erziehers zum Leben, jene glückliche Lebensauffassung, die Heiterkeit und Freude um sich verbreitet, bringt die Atmosphäre, in der ohne besondere Anstrengung das Erziehungswerk gelingt" (Aichhorn 1951/1965, S. 133). Ähnlich bedeutsam schätzt Stefania Wilczynskas die Umgebung der Kinder und Jugendlichen ein, die von den Erwachsenen vorgelebt werden. „Schließlich ist das Einzige, was einen wirklichen Einfluss auf einen jungen Menschen in der Erziehung haben kann, das Beispiel der Umgebung, das gelebte Leben, das erzieht. (…) Die Kinder werden das tun, was die Erwachsenen ihnen vorleben. Das vorgelebte Leben ist wesentlich wichtiger" (Sachs 1989, S. 168). In diesem vorgelebten Leben stand für Stefania Wilczynska das erzieherische Wagnis im Vordergrund. Darunter verstand sie den Mut, auch außerhalb bereits vorliegender Planungen und Konzepte zu handeln, wenn es notwendig war, wenn es denn notwendig wurde (Sachs 1989, S. 116). Für Bernfeld ist vollkommen selbstverständlich, dass bei der Ernährungsfrage alle möglichen Verantwortlichen zu beteiligen sind in den Heimanstalten. „Die Ernährungsfrage in der Anstalt ist weder Angelegenheit der Leitung noch der Verwaltung noch der Küche, sondern sie ist die gemeinsame Sache aller; eine Lebensaufgabe der gesamten Anstalt, die in arbeitsteiliger Organisation von allen zusammenwirkend bewältigt werden muß. An Stelle der Diktatur der Küche muß die Demokratie der Gesundheit treten" (Bernfeld 1929a, S. 253). Gesundheit steht bei Bernfeld für einen weiten Gesundheitsbegriff, der über das körperliche Wohlbefinden hinausreicht und die Psyche und das gesamte Wohlbefinden miteinbezieht. Diese Bindung und für die Kinder „Lebensfrage" wird meist von den Erziehern abgewertet, in dem sie ihren Trieben überlassen werden unter dem „erschwerenden Regime der harten Diktatur einer mageren Küche im empörenden oder deprimierenden ‚Massenabfütterungsbetrieb'. Diese Methode hat lediglich zur Folge, daß die Kinder völlig unerzogen bleiben; eine dünne Dressurschicht überdeckt den pädagogischen Mißerfolg, bis eine Revolte beweist, daß nicht einmal die oberflächliche Dressur gelang" (Bernfeld 1929a, S. 252). Erziehung, so die Erkenntnis, muss sich mit den Lebensfragen der zu versorgenden Kinder und Jugendlichen verbinden. Die tägliche Nahrungsaufnahme kann einen wesentlichen Anteil zur Erziehung beitragen, wenn dieser von den Pädagog*innen als solche gesehen wird und eben nicht mit anderen, für das Essen unbedeutende Erziehungsaufgaben überfrachtet wird. Das Essen könnte, würde die Verbindung des Essens zu den Liebesbindungen der Kinder deutlicher gesehen werden darüber hinaus stärker zu ihrer Entwicklung beitragen. Damit würde es den Kindern ermöglicht, wieder gesund bzw. resozialisiert zu werden.

Die historischen Einblicke zur Bedeutung der Verpflegung in stationären Einrichtungen lassen sich mit einigen wesentlichen, bei der Essensgestaltung zu berücksichtigenden und sozialpädagogisch zu gestaltenden Elementen zum qualitativ besserem beeinflussen. Bei August Aichhorn, Siegfried Bernfeld, Bruno Bettelheim und Stefania Wilczynskas werden mit unterschiedlicher Schwerpunktsetzung folgende Schwerpunkte hervorgehoben:

Die Nahrungsversorgung spielt eine große Rolle in Bezug auf die Quantität und Qualität des Essens. Hungrige Menschen lassen sich nicht erziehen oder werden nicht gesund, wenn ihnen zugemutet wird, entweder zu wenig Essen zur Verfügung zu haben, von der Qualität her schlechtes Essen zu sich nehmen zu müssen oder wenn es zu wenig abwechslungsreiches Essen gibt. Darüber hinaus hat die Atmosphäre im Speisesaal bzw. bei Tisch so angenehm und willkommen heißend zu sein, dass Menschen sich angenommen und wertgeschätzt fühlen. Dazu gehört auch die Berücksichtigung und Ermöglichung der Selbstbestimmung, Selbstständigkeit und Unabhängigkeit. Menschen möchten bei Tisch gerne, bei guter Atmosphäre, einem einladend schön gedeckten Tisch, sich das Essen selber nehmen können und damit Entscheidungen darüber treffen, welche Gerichte sie in welcher Menge bevorzugen. Nahrungsmittel bzw. Speisen müssen durchgängig verfügbar und niedrigschwellig erreichbar sein. Das Personal und die Adressat*innen sollten das gleiche Essen bekommen und nicht unterschiedliches Essen mit z. B. verschiedenen Quantitäten und Qualitäten. Aufgrund des „Zwangs der Küche" kann es dennoch wiederkehrend zu Unzufriedenheiten unter den Essenden kommen, da sie nicht selbst mitmachen bei der Planung, Auswahl und Herstellung des Essens. Die Küche bedrängt mit dem fertigen Essen unter Umständen diejenigen, die dort über längere Zeiten täglich Nahrung zu sich nehmen. Abwechslung könnte entstehen, wenn auch die Kinder und Jugendlichen, die Patient*innen bzw. Adressat*innen selber Essen zubereiten könnten und damit Selbstbestimmung und Selbstständigkeit über das für sie existenziell notwendige Bedürfnis des Essens zurückgewinnen. Ein Mensch muss essen, er kann nicht darüber entscheiden, ob er heute mal nicht isst und u. a. deshalb fühlt sich die Abhängigkeit in einer stationären Einrichtung, in der jemand täglich mehrfach versorgt wird, so stark an. Die Überlegungen Bernfelds zu Ernährungsrevolten zeigen, auch bei ausreichend und qualitativ hochwertiger Nahrung, können Unzufriedenheiten entstehen, weil der*die Esser*in nicht entscheiden kann, was, wie, wo und mit wem er oder sie essen will. Darüber hinaus sind bei Tisch oft andere Erziehungsfragen im Vordergrund, die mit der Essenssituation an sich verknüpft werden, obwohl es bei Tisch um das Essen gehen sollte. Die Essenssituation und die Bedürfnisbefriedigung sollte aus Sicht Bernfelds im Vordergrund stehen. Dabei könnten Themen, die sich auf das Essen beziehen, miteinbezogen werden. Doch Erziehungsfragen, die mit dem Essen zusätzlich verknüpft sind, gelten als Überfrachtung für eine ohnehin sensible Situation, wenn Kinder und Jugendliche oder andere sozial beeinträchtigte Menschen die Nahrungsaufnahme bereits mit anderen „Liebesfragen", wie Bernfeld sie nennt, verwoben haben. Die Atmosphäre beim Essen willkommen zu sein, hat vor allem für soziale Einrichtungen zu gelten, da Menschen in diesen Einrichtungen essen, die vorübergehend ein Zuhause finden sollen, evtl. über längere Zeit bleiben und bereits vielfältige Erfahrungen gemacht haben, die sie bewältigen müssen. Die Mahlzeiten können sie unterstützen und als besondere Momente von Gemeinschaft erleben. Doch dazu gehört auch, alle aktiv an dem Essensgeschehen zu beteiligen, sowohl die Kinder, Jugendlichen,

Patient*innen, Adressat*innen wie auch die Pädagog*innen und die Leitung. Denn Stefania Wilczynskas, wie auch August Aichhorn stellen deutlich heraus, dass das eigene Erleben und das aktive Tun zur Erziehung beitragen und nicht unbedingt nur das Reden.

### Zusammenfassung

Die Aneignung und Auseinandersetzung mit Ernährungsfragen, eingebunden in esskulturelle und tischgesellschaftliche Perspektiven in der Sozialen Arbeit sind mit der Forderung nach interdisziplinären und disziplinübergreifenden Aspekten verbunden worden, um Esspraxen systematisch in ihrer Wirksamkeit für disziplinäre und professionelle Zusammenhänge zu erfassen. Die kulturelle Konstruktion der Esspraxis zu begreifen, könnte dazu führen, weg zu kommen von normativ aufgeladenen Vorstellungen richtiger Ernährung und bestimmter tischgesellschaftlicher Normierungen hinzu Essensituationen, die fachlich begründet sozialpädagogische Lehr- und Lernzusammenhänge gestalten und Möglichkeiten zur Aneignung anbieten. Dafür wird jedoch Wissen notwendig,

> um die unendlich komplexen Sachkenntnisse des Anbaus, der Herstellung und Zubereitung, die ganze Wissenschaft und Technik der Verarbeitung, Verpackung und Vermarktung, das ausdifferenzierte System an politischen und gesetzlichen Vorgaben und Regelungen, die feinsinnigen Geschmacksreflexionen und Speisebedeutungen genauso wie die zumeist unzureichenden Verbraucherinformationen oder die theoretischen und individuellen Ernährungslehren und Diätnuancen, das variable Preiswissen nicht weniger als das alltägliche Erfahrungswissen, was einem am besten schmeckt – aus allen diesen Erkenntnissen setzt sich unser Essenswissen zusammen. Niemand weiß nicht, was er isst, und niemand isst, ohne alles dies irgendwie zu wissen (Lemke 2008).

Gleichzeitig zeigen die historischen Anmerkungen zu Gemeinschaftsverpflegungen, wie wichtig die Atmosphäre des Essens und die Möglichkeiten des Mitmachens und Mitgestaltens sind für alle Beteiligten in den sozialen Einrichtungen, in denen täglich Mahlzeiten gelebt werden. Von lauten und aggressiven Ernährungsrevolten ist wenig zu hören und bisher noch nichts bekannt geworden. Das heißt jedoch nicht, dass sie nicht doch irgendwo in Gemeinschaftseinrichtungen stattfinden, wie z. B. in Schulen, Kitas oder stationären Kinder- und Jugendhilfeeinrichtungen, in denen die Kinder und Jugendlichen vielleicht still das Essen verweigern oder überhaupt nicht dran teilnehmen. Von Ganztagsschulen sind stark schwankende und wenig fest vorhersehbare teilnehmende Schüler*innen bekannt. Doch davon mehr im nächsten Kapitel.

**Fragen zur Wiederholung**

1. Wenn Sie an die unterschiedlichen Bedeutungen von Essen in der täglichen Arbeit der Sozialen Arbeit denken, welche haben Sie kennengelernt?
2. Welche (sozial-)pädagogischen Erkenntnisse aus der Historie finden Sie überzeugend und heute noch wichtig?
3. Haben Sie sich schon einmal an einer Ernährungsrevolte beteiligt? Halten Sie diese für notwendig, wenn Sie an eigene Erfahrungen in Gemeinschaftseinrichtungen denken, wie z. B. Kita oder Schule?

## Literatur

### Literatur zur Vertiefung

Behnisch, Michael. 2010. Wenn Klienten Fachkräfte bewirten. *Sozial Extra* 3/4: 42–45.
Bernfeld, Siegfried. 1929a. *Die Ernährungsfrage in Erziehungsanstalten – Zur Psychologie der Revolten.* In Siegfried Bernfeld, Sämtliche Werke: in 16 Bänden, Hrsg. U. Herrmann, Band 11, 249–255. Weinheim/Basel: Beltz.
Rose, Lotte und B. Sturzenhecker. Hrsg. 2009a. *„Erst kommt das Fressen…!" Über Essen und Kochen in der Sozialen Arbeit.* Wiesbaden: VS Verlag für Sozialwissenschaften.

### Literaturverzeichnis

Althans, Birgit, F. Schmidt und C. Wulff. Hrsg. 2014. *Nahrung als Bildung?!* Weinheim: Beltz/Juventa.
Aichhorn, August. 1951/1965. *Verwahrloste Jugend. Die Psychoanalyse in der Fürsorgeerziehung. Bücher des Werdenden.* Zweite Reihe, Band III. Verlag Hans Huber: Bern/Stuttgart.
Barlösius, Eva. 2011. *Soziologie des Essens. Eine sozial- und kulturwissenschaftliche Einführung in die Ernährungsforschung. Grundlagentexte Soziologie.* 2., völlig überarbeitete und erweiterte Auflage. Weinheim: Beltz/Juventa.
Bernfeld, Siegfried. 1929b. *Strafen und Schulgemeinde in der Anstaltserziehung.* In Siegfried Bernfeld, Sämtliche Werke: in 16 Bänden, Hrsg. U. Herrmann, Band 11, 239–249. Weinheim/Basel: Beltz.
Bettelheim, Bruno. 1989/Original 1974. *Der Weg aus dem Labyrinth. Leben lernen als Therapie.* München.
Höhl, Karolin, N. Schmitt und G. Schönberger. 2009. *Unsere Ernährung heute und morgen. Eine Stellungnahme.* Heidelberg: Dr. Rainer Wild-Stiftung.
Kullmann, Kirsten. 2009. Pizza oder Suppe? Verhandlungen zum Essen im Jugendhaus. In *„Erst kommt das Fressen, …" Über Kochen und Essen in der Sozialen Arbeit,* Hrsg. B. Sturzenhecker und L. Rose, 177–191. Wiesbaden: VS Verlag für Sozialwissenschaften.

Krug-Richter, Barbara. 1994. *Zwischen Fasten und Festmahl. Hospitalverpflegung in Münster 1540 bis 1650.* Stuttgart: Franz Steiner Verlag.

Lemke, Harald. 2008. Welt-Essen und Globale Tischgesellschaft. Rezepte für eine gastrosophische Ethik und Politik. In *Die Tischgesellschaft. Philosophische und kulturwissenschaftliche Annäherungen*, Hrsg. I. Därmann und H. Lemke, 213–237. Bielefeld: Transcript.

Lüngen, Sarah, M. Müller und B. Bräutigam. 2016. Kaffee, Kekse, Katzenallergie. *Neue Praxis, Zeitschrift für Sozialarbeit, Sozialpädagogik und Sozialpolitik 1/2016*: 67–83.

Meyer, Christine. 2017. Alternsprozesse zwischen erwartetem hohen Körpergewicht und drohender Unterversorgung. In Fat Studies in Deutschland. Hrsg. L. Rose und F. Schorb, 230–246. Weinheim/Basel: Beltz Juventa.

Rose, Lotte. 2012. Essen in der Schule. Kritische Anfragen und Entwicklungsperspektiven für eine sozialpädagogische Aneignung des Verpflegungsthemas. *Soziale Passagen, Heft 2/2012*: 231–246.

Rose, Lotte. 2010. Hauptsache gesund. *Sozial Extra Heft 3+4/2010*: 50–53.

Rose, Lotte und K. Schäfer. 2009: Mittagessen in der Schule. Ethnographische Notizen zur Ordnung der Mahlzeit. In *„Erst kommt das Fressen …!" Über Essen und Kochen in der Sozialen Arbeit.* Hrsg. L. Rose, B. Sturzenhecker, 191–203. Wiesbaden: VS Verlag für Sozialwissenschaften.

Rose, Lotte und B. Sturzenhecker. Hrsg. 2009b. *„Erst kommt das Fressen …" Über Kochen und Essen in der Sozialen Arbeit.* Wiesbaden: VS Verlag für Sozialwissenschaften.

Rose, Lotte und B. Sturzenhecker. 2009c. Einleitung. Warum die Beschäftigung mit Essen und Kochen Potenziale für die Soziale Arbeit enthält. In. *„Erst kommt das Fressen, …" Über Kochen und Essen in der Sozialen Arbeit.* Hrsg. L. Rose, B. Sturzenhecker, B., 9–21. Wiesbaden: VS Verlag für Sozialwissenschaften.

Rose, Lotte und B. Sturzenhecker. 2010. „Erst kommt das Fressen …" *Sozial Extra 3+4/2010*: 34–37.

Rückert-John, Jana, R. John und J. Niessen. 2011. Nachhaltige Ernährung außer Haus – der Essalltag von morgen. In *Die Zukunft auf dem Tisch. Analysen, Trend und Perspektiven der Ernährung von morgen.* Hrsg. A. Ploeger, G. Hirschfelder und G. Schönberger, 41–57. : Wiesbaden: VS Verlag für Sozialwissenschaften.

Sachs, Shimon. 1989. *Stefa. Stefania Wilczynskas pädagogische Alltagsarbeit im Waisenhaus Janusz Korczaks.* Weinheim/München.

Schulz, Marc. 2010. Bildung während des Essens? *Sozial Extra 3+4/2010:* 38–41.

Sting, Stephan. 2009. Gesundheitsprävention und Gesundheitsförderung im Kindes- und Jugendalter. Sozialer Arbeit als Erfüllungsgehilfin der Gesundheitswissenschaften? In *Soziale Arbeit und Naturwissenschaft. Einflüsse, Diskurse und Perspektiven.* Hrsg. M. Behnisch und M. Winkler. 86–106. *München: Ernst Reinhardt Verlag.*

Täubig, Vicky. Hrsg. 2016. *Essen im Erziehungs- und Bildungsalltag.* Weinheim: Beltz/Juventa.

Teuteberg, Hans Jürgen. 2009. Historische Vorläufer der Lebensmitteltafeln in Deutschland. In *Tafeln in Deutschland. Aspekte einer sozialen Bewegung zwischen Nahrungsmittelumverteilung und Armutsintervention.* Hrsg. St. Selke. 42–63. Wiesbaden: VS Verlag für Sozialwissenschaften.

Vogt, Irmgard. 2005. Küche, Kochen, Essen und alles genießen. In *Frauen-Körper: Lust und Last,* Hrsg. Irmgard Vogt, 122–145. Band 2 Tübingen: Forum 45.

# Essen in Handlungsfeldern Sozialer Arbeit: Beispiele, Wissen, Erkenntnisse und Diskurslinien

# 4

▶ Soziale Arbeit hat eine Bandbreite an Handlungsfeldern ausgeprägt, die je nach gesellschaftlichen Problem- bzw. Bedürfnislagen auch zur Entstehung neuer Handlungsfelder mit neuen Dienstleistungsangeboten führen können. In dieser Vielfalt entstehen ebenso zahlreiche Anforderungen an die Gestaltung des Essens. Je nach Dienstleistungsangebot, ob ambulant, teilstationär oder stationär, muss die Nahrungsversorgung der Adressat*innen gesichert werden. Wenig ist darüber bekannt, noch weniger ist beforscht und gleichzeitig lassen sich auf unterschiedlichen Erkenntnisebenen vereinzelt doch Erkenntnisse bzw. Diskurslinien über das Essen in Sozialer Arbeit aufspüren. Entlang der Strukturierung der Handlungsfelder nach Amthor wird die Vielfalt sozial(pädagogisch)er, erzieherischer und pflegerischer Institutionen in Bezug auf auffindbare Thematisierungen zu Ernährungs- und Essenssituationen dargestellt. Beispiele aus der Praxis wechseln sich dabei ab mit Erkenntnissen aus Studien, begonnene Diskurslinien werden aufgezeigt und Forschungsdesiderate offensichtlich.

Handlungsfelder Sozialer Arbeit gibt es nahezu unübersichtlich viele und in vielfältigen Bereichen. Je nach gesellschaftlich erzeugten Problem- und Bedürfnislagen, entstehen neue Handlungsfelder und ergänzen ältere, traditionelle Handlungsfelder oder lösen sie ab. Amthor unterscheidet 11 Handlungsfelder mit 95 genannten, voneinander unterscheidbaren Dienstleistungsangeboten, in denen Menschen im Kinder- und Jugendalter angesprochen werden; Frauen, Mütter und Familien adressiert werden mit Unterstützungsleistungen; Dienstleistungsangebote, die gegen Bildungsbenachteiligung arbeiten, Hilfen für ältere Menschen und Angebote im Gesundheitsbereich, Dienste für Menschen mit einer

© Springer Fachmedien Wiesbaden GmbH, ein Teil von Springer Nature 2018
C. Meyer, *Essen und Soziale Arbeit,* Basiswissen Soziale Arbeit 8,
https://doi.org/10.1007/978-3-658-20291-0_4

Behinderung, Unterstützung für Menschen mit Migrationshintergrund, Hilfen für Menschen in Arbeitslosigkeit und Armut, Hilfen für Straffällige sowie zentrale übergreifende und sonstige Aufgaben. Selbstverständlich gehören für Amthor auch die Aufgaben der Ausbildung, Lehre und Forschung, Fort- und Weiterbildung dazu. Die Tab. 4.1 zeigt die Strukturierung Amthors zu den einzelnen möglichen Angeboten in den Handlungsfeldern. Mit der gezeigten Vielfalt und Bandbreite der Dienstleistungsangebote wird auch die Herausforderung an Soziale Arbeit deutlich, wenn die täglich zu gestaltenden Versorgungssituationen in unterschiedlicher Qualität und Quantität mitgedacht werden müssen.

Die Übersicht macht deutlich, in wie vielen unterschiedlichen Bereichen täglich Essenssituationen bewältigt werden müssen in den unterschiedlichen Settings, wie sie Rose und Sturzenhecker (2009) bereits hervorgehoben haben: in ambulanten, teilstationären, stationären sowie auch in beruflichen Situationen, die das eigene Netzwerk betreffen bzw. Angebote, die mit der Ausbildung auf den unterschiedlichen Ebenen befasst sind. Die Aufzählung zeichnet sich insbesondere auch durch ihr 11. Handlungsfeld aus: In der Ausbildung findet das Thema Essen so gut wie gar nicht statt, abgesehen von Einzelpersonen, die zum Themenfeld arbeiten und neben dem Curriculum etwas anbieten. Auf Ebene der Berufsfach- und Fachschulausbildung für Erzieher*innen wird das Essen in Kindertageseinrichtungen berücksichtigt, doch es findet keine Schwerpunktsetzung innerhalb der Ausbildung statt. Darüber hinaus finden Essenssituationen auch in beruflichen Netzwerken statt, die ebenfalls von Bedeutung sind und in allen 11 Handlungsfeldern Sozialer Arbeit ebenfalls vorkommen. Damit kommen andere Fragen auf als beim Herstellen und Planen von Essenssituationen: Wer kommt im beruflichen Netzwerk unter welchen Umständen zusammen? Wenn stark hierarchisch voneinander zu unterscheidende Ebenen zusammenkommen, z. B. Bürgermeister*innen, führende Wirtschaftsvertreter*innen der Stadt und der*die Sozialarbeiter*in möchte bei einem gemeinsamen Essen um Sponsorengelder werben? Welche Kompetenzen in Bezug auf die Gestaltung des Essens oder welche Benimmregeln rund um ein offizielles Sponsor*innenessen sind gefragt für ein Geschäftsessen, um z. B. einen kompetenten und förderungswürdigen Eindruck zu hinterlassen? Diese Fragen sind vor allem bei gemeinsamen Essen in beruflichen Netzwerken zu beachten, bei denen es vielleicht auch auf die Selbstdarstellung des*der Sozialarbeiter*in durch das Anwenden tischkulturell gültiger Benimmregeln ankommt. Der Nachweis tischkultureller Kompetenzen bei offiziellen Essen wird selbstverständlich vorausgesetzt und hat Bedeutung im Hinblick auf Einschätzungen zur Seriosität. In diesem Bereich könnten einige Forschungen angelegt werden.

Über Fragen, die mit Essenssituationen im beruflichen Netzwerk hinausgehen, entstehen jedoch die alltäglichen Essenssituationen, die im folgenden Verlauf

**Tab. 4.1**  Übersicht über die Handlungsfelder Sozialer Arbeit und dazu gehörige Dienstleistungsangebote

| Handlungsfeld | Dienstleistungsangebote |
|---|---|
| 1. Maßnahmen für Kinder und Jugendliche: | Betreuung in Tageseinrichtungen, Kindertageseinrichtungen, Horte, Kinder- und Jugendarbeit, Mädchen- und Jungenarbeit, Jugendberufshilfen, Schulsozialarbeit in allgemeinbildenden- und berufsbezogenen Schulen, Tagespflege, Vermittlung von Pflegestellen, stationäre, teilstationäre und ambulante Hilfen zur Erziehung, Adoptionsvermittlung, Jugendschutz, außerschulische Bildungs- und Beteiligungsangebote |
| 2. Angebote für Frauen, Mütter, Ehe und Familien: | Ehe- und Familienberatung, Schwangerschaftsberatung, Erholungsmaßnahmen für Mütter und Familien, Hilfen für alleinerziehende Mütter, ambulante sozialpflegerische Dienste, Angebote bei seelischer Not und Lebenskrisen, Soziale Arbeit bei Trennung und Scheidung, Angebote für Frauen in Notsituationen |
| 3. Hilfen gegen Bildungsbenachteiligung: | Sozialarbeitsorientierte Erwachsenenbildung, interkulturelle Bildung und Medienpädagogik, Angebote der sozialen Bildungs-, Kultur- und Freizeitarbeit, Bildung in Familienbildungsstätten, Durchführung von Erziehungstrainings, politische Bildung und Menschenrechtsbildung |
| 4. Hilfen für ältere Menschen: | Seniorenberatung, Bildung und Freizeitangebote in Altenclubs und Altentagesstätten, Erholungsmaßnahmen für Senioren, Fürsorge und Pflege in Wohneinrichtungen, Tagespflegeheime, ambulante und mobile Dienste, Sterbebegleitung |
| 5. Angebote im Gesundheitsbereich: | Suchtkrankenhilfe, Gesundheitsförderung von Krankenkassen oder Gesundheitsämtern, Sozialdienste in Krankenhäusern und Rehabilitationskliniken, Angebote für HIV-Infizierte und an Aids Erkrankte, Organisation von Selbsthilfegruppen und Drogenhilfe |
| 6. Dienste für Menschen mit einer Behinderung: | Hilfe und Pflege in Heimen, andere stationäre Einrichtungen, Erziehung in Tageseinrichtungen, Beratung im Bereich der Frühförderung, Angebote von Therapiezentren, Behindertenfahrdienste, berufliche und soziale Rehabilitation in Berufsbildungs- und Berufsförderungswerken, Werkstätten und Betrieben |
| 7. Unterstützung für Menschen mit Migrationshintergrund: | Soziale Dienste für Arbeitsmigranten, Sozialberatungsstellen der Wohlfahrtsverbände, Hilfen in Aufnahmeeinrichtungen, Unterstützungen für Aussiedler, Migrationsberatung, Integrationskurse, Hilfen für Flüchtlinge, interkulturelle Trainings, Unterstützung in Nachbarschaftshäusern und Stadtteilzentren |

(Fortsetzung)

**Tab. 4.1** (Fortsetzung)

| Handlungsfeld | Dienstleistungsangebote |
|---|---|
| 8. Hilfen für Menschen in Arbeitslosigkeit und Armut: | Schuldnerberatung, Projekte für Langzeitarbeitslose, Hilfen und Beratung für Obdachlose durch Beratung, Schlafplätze, vorübergehendes Wohnen für wohnungslose Männer und Frauen, Trainingsmaßnahmen für Männer und Frauen |
| 9. Hilfen für Straffällige: | Beratungsstellen der Straffälligenhilfe für Jugendliche, Heranwachsende und Erwachsene, Jugendgerichtshilfe, Sozialdienst in den Justizvollzugsanstalten, Resozialisierungsmaßnahmen, Bewährungshilfe, Täter-Opfer-Ausgleich, Durchführung von Anti-Aggressivitätstrainings |
| 10. Zentrale übergreifende und sonstige Aufgaben: | Allgemeiner Sozialdienst, Gemeinwesenarbeit, wirtschaftliche Hilfen, Sozialplanung, Sozialmanagement, Verbandsarbeit, Sozialpolitik, ferner betriebliche Sozialarbeit, soziale Projekte in der Verbandsarbeit |
| 11. Ausbildung, Lehre und Forschung, Fort- und Weiterbildung: | Ausbildung sozialer Berufe an Berufsfachschulen, Fachschulen und Akademien, Lehre und Forschung an Hochschulen für angewandte Wissenschaften, Universitäten und Dualen Hochschulen, Fort- und Weiterbildung für soziale Berufe |

(Eigene Darstellung nach: Amthor 2012)

an Beispielen aus den einzelnen Handlungsfeldern dargestellt werden. Zu folgenden Handlungsfeldern haben bisher Forschungen bzw. Reflexionen stattgefunden im Hinblick auf die Gestaltung täglicher Mahlzeiten bzw. Essenssituationen. Im Bereich der Kinder- und Jugendhilfe sind vor allem die Gemeinschaftsverpflegungen in Kindertageseinrichtungen und Ganztagsschulen in den Fokus geraten in einigen größer angelegten ernährungswissenschaftlichen quantitativen Forschungen und kleineren qualitativen Untersuchungen im Bereich der Erziehungswissenschaft.

## 4.1   „Maßnahmen für Kinder und Jugendliche" in Kita, Ganztagsschule, stationäre Einrichtungen für Kinder und Jugendliche, Jugendarbeit, Sozialpädagogische Familienhilfe und Ferienlager

Im Handlungsfeld „Maßnahmen für Kinder und Jugendliche" werden Erkenntnisse, Ergebnisse aus Studien oder explizit herausgearbeitete Diskurslinien zu unterschiedlichen institutionellen Settings und deren Essensarrangements vorgestellt. Zu Kindertageseinrichtungen und Ganztagsschulen ist in den letzten Jahren einiges an Erkenntnissen erarbeitet worden. Die Ergebnisse zu Essenarrangements in der Kinder- und Jugendarbeit, der Heimerziehung, in der sozialpädagogischen Familienhilfe und die Verbraucherbildung an Schulen werden ebenfalls in diesem Handlungsfeld vorgestellt.

**Kindertageseinrichtungen**

Kindertagesstätten und Schulen gestalten Verpflegungssituationen und diese bieten Möglichkeiten zur Bildung und Auseinandersetzung mit unterschiedlichen Nahrungsmitteln, Ernährungsweisen, Esskultur und Tischgemeinschaften. Die Ausgestaltung erfolgt sehr unterschiedlich in den verschiedenen Bildungseinrichtungen und -settings von Kindertagesstätte und Schule. 2014 wurden zwei Studien aus ökotrophologischer Perspektive zum Thema „Verpflegung" in den zwei bedeutenden institutionellen Bereichen der Bildung und Betreuung von Kindern und Jugendlichen veröffentlicht. Im Juni 2014 wurde von der Bertelsmann-Stiftung die Studie „Is(s)t KiTa gut? Kita-Verpflegung in Deutschland: Status Quo und Handlungsbedarfe" vorgestellt und Ende November 2014 vom Bundesministerium für Ernährung und Landwirtschaft (BMEL) in Zusammenarbeit mit der Hochschule für angewandte Wissenschaften Hamburg der Bericht zur Studie „Bundeskongress Schulverpflegung 2014, Qualität der Schulverpflegung – bundesweite Erhebung und Ergebnispräsentation" veröffentlicht (Arens-Azevedo et al. und Bertelsmann-Stiftung 2014; Arens-Azevedo et al. und BMEL 2014). Pressemeldungen, die die Veröffentlichungen jeweils begleiteten, hatten zur Überschrift: „Zu viel Fleisch, zu wenig Obst und Gemüse zum Mittagessen: Kita-Kinder bekommen keine ausgewogene Ernährung" (https://www.bertelsmann-stiftung.de/de/presse/pressemitteilungen/pressemitteilung/pid/zu-viel-fleisch-zu-wenig-obst-und-gemuese-zum-mittagessen-kita-kinder-bekommen-keine-ausgewogene-e/, Zugriff: 29.03.2018) und „Zu viel Fleisch und zu wenig Gemüse im Schulessen" (Ehrenstein 2014). Ein halbes Jahr lag zwischen der Veröffentlichung der einen Studie zur anderen und die Meldungen überraschten mit ihrer übereinstimmenden Einschätzung der zu fleischlastigen Ernährung in Kindertageseinrichtungen und Schulen sowie dem fehlenden Gemüse in der täglichen Ernährung. Die Ergebnisse wurden entlang einer normativen Erwartung von gesunder Ernährung eingeschätzt, die gesellschaftlich festgelegt erscheint und in zwei großen institutionellen Bildungs- und Betreuungsbereichen, in denen auch die Verpflegung und Versorgung von Kindern und Jugendlichen stattfindet, nicht entsprechend eingelöst wird.

▶ **Trophologie und Ökotrophologie** Von den Normen gesunder Ernährung hat jede*r Esser*in in Deutschland schon einmal gehört. Der Ernährungskreis der Deutschen Gesellschaft für Ernährung e. V. (DGE) bzw. die dreidimensionale Lebensmittelpyramide der DGE und die damit verbundenen Anforderungen, wie

z. B. einer „ballaststoffreichen Ernährung mit 5 Mal am Tag Gemüse und Obst, wenig Zucker und wenig Fett" zu folgen, geistern in allen Köpfen mehr oder weniger konkret rum (http://www.dge.de/ernaehrungspraxis/vollwertige-ernaehrung/ernaehrungskreis/, Zugriff: 16.08.2017). Die Ernährungswissenschaften (auch: Trophologie) befassen sich aus naturwissenschaftlicher Perspektive mit den Grundlagen, der Zusammensetzung und der Wirkung der Ernährung. Die Ökotrophologie gibt es seit den 1960er Jahren in Deutschland als eigenständiges interdisziplinär angelegtes Fach. In der Ökotrophologie vereinen sich naturwissenschaftlich-medizinische mit psycho-soziologischen und ökonomischen Fächern. In den Lehr- und Forschungsgebieten finden sich naturwissenschaftliche Fächer wie Ernährungslehre einschließlich Diätetik und Gesundheitslehre, soziologische Fächer wie z. B. Ernährungssoziologie, Haushalts-, Beratungs- und Verbrauchslehre und Sozialpolitik, wirtschaftswissenschaftliche Elemente wie Ökonomie und Personalmanagement sowie die in der Hauswirtschaft relevante Haushaltstechnik und die in der Lebensmittelindustrie relevante Lebensmitteltechnologie oder Prozesstechnik (Schönberger 2000; Karg 1999).

Täglich essen fast 2 Mio. Kinder in der Kindertageseinrichtung zu Mittag. Doch relativ wenig ist bekannt über die Verpflegungssituationen, Konzepte und pädagogische Ausrichtungen, die mit der täglichen Essenssituation in der Kindertagesstätte von den Erzieher*innen bewältigt werden. Die von der Bertelsmann-Stiftung 2014 herausgegebene Untersuchung hat erstmals in einem größeren Umfang Kindertagesstätten bezüglich ihres Mahlzeitenangebots befragt (Arens-Azevedo et al. und Bertelsmann-Stiftung 2014). Dabei titelte die Bertelsmann-Stiftung in ihrer Pressemeldung mit dem Überangebot an Fleisch und dem insgesamt zu ungesundem Essen als zentrale Ergebnisse ihrer Studie. Weitere bedeutende Ergebnisse vorliegender Untersuchung zeigen, dass 95,9 % (n = 942) der befragten Kindertageseinrichtungen Mittagsverpflegung anbieten und 53,3 % darüber hinaus auch ein Frühstück sowie 60,8 % eine Zwischenmahlzeit am Nachmittag. 9,8 % der befragten Einrichtungen stellen ein zusätzliches Verpflegungsangebot am Nachmittag bereit (n = 1082) und in 79,3 % der befragten Kindertageseinrichtungen findet die gemeinsame Mittagsmahlzeit mit dem pädagogischen Personal statt. Die Inanspruchnahme der Mittagsverpflegung schwankt jedoch deutlich in den westlichen Bundesländern, was vor allem mit den unterschiedlichen täglichen Betreuungszeiten der Mädchen und Jungen zu tun hat (Arens-Azevedo et al. und Bertelsmann-Stiftung 2014, S. 6). Darüber hinaus sind die Erkenntnisse bedeutend, die sich auf die Aktivitäten zur Ernährungsbildung beziehen und in der Untersuchung abgefragt wurden. Tab. 4.2 zeigt die Beteiligung der Kinder an ernährungsbildenden Maßnahmen, vor allem werden Themenwochen zur Ernährung und

**Tab. 4.2** Aktivitäten zur Ernährungsbildung.

| Aktivitäten zur Ernährungsbildung (n = 874) | Anteil in % |
|---|---|
| Aktionen, Themenwochen + Exkursionen zum Thema Ernährung/ Lebensmittel | 51 |
| Back- und Kochaktionen mit Kindern | 30 |
| Institutionsübergreifende Gesundheits-/Ernährungs- + Bewegungsprojekte | 15 |
| Speisen werden mit Kindern besprochen | 15 |
| Regelmäßiger Einbezug der Kinder bei Planung, Einkauf + Zubereitung | 12 |
| Elterninformation | 12 |
| Pflege von Regeln + Ritualen beim Essen | 5 |
| Eigener Anbau von Obst, Gemüse oder Kräutern | 5 |
| Sonstige | 8 |

(Quelle: Arens-Azevedo et al. und Bertelsmann-Stiftung 2014, S. 23)

Lebensmitteln und Back- und Kochaktionen mit den Kindern genannt. Von der Einbeziehung der Kinder in die Speiseauswahl über die Elterninformation bis zum eigenen Anbau von Nahrungsmitteln werden unterschiedliche ernährungsbildende Aktivitäten in Einrichtungen durchgeführt.

Die ethnografisch qualitativ angelegte Studie von Schulz kommt zu den Erkenntnissen, dass in der Praxis der Kindertagesstätten das Thema Essen Hochkonjunktur hat. Einerseits entsteht die Notwendigkeit, die Mädchen und Jungen aufgrund ihrer mehrstündigen Aufenthaltsdauer in den Einrichtungen mit Mahlzeiten zu versorgen und zum anderen erscheint die Kindertageseinrichtung der optimale Ort zu sein, um Ernährung gesundheitserzieherisch und bildungsfördernd zu nutzen.

> So sollen sich Gesundheitserziehung und Bildungsförderung verzahnen, indem etwa die institutionellen Frühstückssituationen als Lernsituationen erkannt und evaluiert werden und Eltern miterzogen werden, die nicht der gesellschaftlichen Norm der ausgewogenen Ernährung folgen. Die institutionelle Verpflegungssituation wird folglich mit erwünschten gesundheitlichen und sozialen Lerneffekten, die im Akt der Essensherstellung und des Verzehrs versteckt sind, aufgeladen (Schulz 2010, S. 38).

Die gesamten Essenssituationen scheinen stark durch die Erzieher*in geprägt zu sein bis hin zu einem „Überarrangement". Die Erzieher*innen geben jeweilig vor mit ihrem Einkauf, was gegessen wird und sie gestalten die Essenssituation z. B. als „kleinen Sprachförderunterricht". Die Interessen und Bedürfnisse der Kindern werden dabei jeweilig zu wenig berücksichtigt und eventuell überformt (Schulz 2010, S. 39). Bildung scheint sich als Referenzpunkt in der öffentlichen Wahrnehmung für die Ausgestaltung einer guten Kindheit und damit vor allem in Kindertageseinrichtungen durchgesetzt zu haben. Die Vorstellung des von Lebensanfang an sich bildenden Kindes sieht vor allem während des Essens die Möglichkeit zu bildungsbiografisch bedeutenden Erfahrungen in vielerlei Hinsicht, sodass dem Kind während des Essens andauernd Möglichkeiten zur Bildung angeboten werden (Schulz 2016, S. 132).

Vor allem der gesunde Kinderkörper wird zum Ort und Medium von Bildung. „Kinder sollen sowohl den Zusammenhang zwischen Gesundheit, Bildung und Ernährung verstehen auch als körperlich einüben und praktizieren" (Schulz 2016, S. 139). Aus seiner empirischen Untersuchung zieht Schulz die Erkenntnisse, Mahlzeiten als Bildungs- und Erziehungsprogramm nur unter bestimmten Voraussetzungen zu nutzen: Neben einer guten Qualität des Essens gehört die Eröffnung sinnlicher Erfahrungen und gesundheitlicher Aspekte ebenso dazu, wie auch das Erlernen sozialer Kompetenzen, wie z. B. Rituale, Esssitten oder Tischregeln als Erweiterung bisheriger Erfahrungen, die viel mehr spielerisch genutzt werden könnten (Schulz 2010, S. 41). Für Schulz sind die Diskurslinien „Bildung" und „Ernährung" am Ort des Kindergartens unter Gesundheitsaspekten auf das Engste miteinander verzahnt und können machttechnologisch im Sinne Michel Foucaults als „Bio-Macht" theoretisiert werden. Die Diskurslinien wiederholen alle eine ähnliche wirkmächtige Kausalkette: Negative Einflüsse auf das Kind können bewusst durch Bildung vermieden werden und beeinflussen weitere positive Bildungsprozesse innerhalb der Familien. Gute Ernährung beeinflusst die Chance auf Erhöhung des kindlichen Bildungserwerbsgrades und die öffentlichen Institutionen der Kinderbetreuung sind vor dem Hintergrund ihrer wachsenden Verantwortung für die Kinder dazu aufgefordert, sich ihrerseits weiterzuentwickeln, da ihnen die fachliche Expertise als bildende Gesundheitsinstitution noch fehlt. Alle Beteiligten werden aufgerufen, sich innerhalb des Projekts zur Bildung und Gesundheit der Kinder dem programmatischen Imperativ „Iss dich fit!" unterweisen zu lassen durch alle Ebenen der Beteiligung: Kinder, Eltern und Bildungsinstitutionen der Kindheit (Schulz 2016, S. 143).

Die Auseinandersetzung mit der Verpflegung im Allgemeinen und der Mahlzeitengestaltung als Bildungs- und Erziehungsprogramm im Besonderen zeigt sich auch in den unterschiedlichen Bildungsplänen der Bundesländer. Dabei erweisen sich die Kindertageseinrichtungen-Bildungspläne als Programm zwischen Normierung einerseits und Hervorheben der Individualität der Kinder andererseits. Der Sächsische Bildungsplan weist auf die Ambivalenz in der Verpflegung der Mädchen und Jungen als institutionelles Normalitätsprogramm zwischen institutioneller Normierung und individuellen Bedürfnissen hin.

In seinen körperlichen Bedürfnissen bringt das Kind seine Individualität zum Ausdruck: Es zeigt, wann es Hunger hat, wie viel und was es essen möchte, wie viel Schlaf es braucht, welchen Tagesrhythmus es ausbildet usw. Doch hier entsteht ein Konflikt mit den organisatorischen Notwendigkeiten der Institution Kindertageseinrichtung und mit dem Anliegen, gemeinsame Aktivitäten durchzuführen. Dazu ist die Einhaltung gemeinschaftlicher Regeln und Rituale erforderlich, die jedoch die Sensibilität für die je individuellen Bedürfnisse nicht blockieren dürfen. Mit Hilfe von Abwägungen, Aushandlungen und Kompromissen gilt es, eine Balance zwischen individuellen, gruppenbezogenen und institutionellen Interessen zu finden, in der das Wohlbefinden der einzelnen Kinder als Leitorientierung dient (Sächsisches Staatsministerium für Kultus/Sächsischer Bildungsplan 2006, S. 36).

Die Bildungspläne der Bundesländer in Bezug auf das Themenfeld „Ernährung und Verpflegung" durchsucht, zeigt Ergebnisse in den Schwerpunkten bzw. inhaltlichen Kapiteln rund um „Körper, Bewegung und Gesundheit": Im Kapitel „Körper und Bildung" im Bildungsplan Sachsen-Anhalt (Ministerium für Arbeit und Soziales des Landes Sachsen-Anhalt 2013), „Körper, Gesundheit und Sexualität" (Ministerium für Frauen, Bildung und Jugend Rheinland-Pfalz 2004), „Körper, Bewegung und Gesundheit" (Senatsverwaltung für Bildung, Jugend und Sport/Berlin 2004), „Körper, Bewegung und Gesundheit" (Sächsisches Staatsministerium für Kultus 2006), „Körper, Bewegung und Gesundheit" (Behörde für Arbeit, Soziales, Familie und Integration Hamburg 2012), „Körper, Bewegung und Gesundheit – oder: mit sich und der Welt in Kontakt treten" (Ministerium für Soziales, Gesundheit, Familie und Gleichstellung des Landes Schleswig-Holstein 2012), „Bildungsbereich: Körper, Gesundheit und Ernährung" (Ministerium für Familie, Kinder, Jugend, Kultur und Sport des Landes Nordrhein-Westfalen 2011), „Gesundheit" (Bayerisches Staatsministerium für Arbeit und Sozialordnung, Familie und Frauen 2012), „Gesundheit" (Hessisches Ministerium für Soziales und Integration/Hessisches Kultusministerium 2014), „Körper und Bewegung" (Freie Hansestadt Bremen/Die Senatorin für Soziales, Kinder, Jugend und Frauen 2012), „Bildungs- und Entwicklungsfeld: Körper" (Ministerium für Kultus, Jugend und Sport Baden-Württemberg 2009). Niedersachsen und Mecklenburg-Vorpommern bringen das Themenfeld „Ernährung" mit dem Erlernen „lebenspraktischer Kompetenzen" (Niedersächsisches Kultusministerium 2005) und „sozialen Grunderfahrungen und Welterkundungen" (Ministerium für Bildung, Wissenschaft und Kultur Mecklenburg-Vorpommern 2011) zusammen. In den Bildungsplänen des Saarlands (Ministerium für Bildung, Kultur und Wissenschaft 2006) und Brandenburgs (Ministerium für Bildung, Jugend und Sport 2002) werden ernährungsbezogene und esskulturelle Perspektiven nicht bearbeitet, während der Thüringer Bildungsplan (2010) diese Themen wiederkehrend im Querschnitt bearbeitet. Insgesamt zeigt sich die Thematisierung vor allem unter

Überschriften, die die Gesundheit, Bewegung und Körper betreffen und weniger als Bildungs- und Entwicklungsfeld, in dem lebenspraktische Kompetenzen, soziale Grunderfahrungen oder Welterkundungen vorgenommen werden.

Exemplarische Auszüge aus den Bildungsplänen zeigen jedoch die Bemühungen um die umfassende komplexe Perspektive, die mit der Notwendigkeit der Verpflegung auf die Kindertageseinrichtungen zukommen und von den Einrichtungen erfasst werden sollte. Im Schleswig-Holsteiner Bildungsplan wird Essen als sinnlicher Prozess begriffen, Essvorlieben und Essgewohnheiten wahrgenommen als Prägung von der Familie und von Kultur beeinflusst. Kindern soll das Recht auf einen eigenen Geschmack zugestanden werden und Mahlzeiten als lustvolles und soziales Geschehen gestaltet werden (Ministerium für Soziales, Gesundheit, Familie und Gleichstellung des Landes Schleswig-Holstein 2012). Das Bildungsprogramm Sachsen-Anhalt hebt die Vielfältigkeit und Komplexität der Ernährung und Versorgung der Kinder hervor, in dem die Vorbereitung und Zubereitung der Mahlzeiten, die gesunde Umwelt und gute Ernährung als Voraussetzungen für gelingende Bildungsprozesse benannt werden, gemeinschaftsbildende Aspekte, esskulturelle Normen und Werte sowie Essen und Trinken als sinnliche Erfahrungen beschrieben werden. Mahlzeiten bieten eine Vielzahl an Bildungsanlässen, die mit dem Körper zu tun haben, es finden physikalische und chemische Vorgänge statt (Ministerium für Arbeit und Soziales des Landes Sachsen-Anhalt 2013). Im bayerischen Bildungs- und Erziehungsplan soll Essen als Genuss mit allen Sinnen erlebbar werden, Kinder sollen lernen, Anzeichen von Sättigung zu erkennen und entsprechend darauf reagieren, also Unterscheiden lernen zwischen Hunger und Appetit auf etwas Bestimmtes. Dazu gehört auch, sich Wissen über gesunde Ernährung und die Folgen ungesunder Ernährung aneignen zu können und einerseits ein Grundverständnis zu erwerben über Produktion, Beschaffung, Zusammenstellung und Verarbeitung von Lebensmitteln und andererseits Erfahrungen mit der Zubereitung von Speisen (Kochen, Backen) sammeln zu können. Weitere Schwerpunkte werden in Bezug auf die Esskultur und Tischmanieren gelegt und gemeinsame Mahlzeiten als Pflege sozialer Beziehungen verstehen lernen. Dafür wird grundlegendes Wissen über kulturelle Besonderheiten bei Essgewohnheiten notwendig und Verständnis dafür erlangt (Bayerischer Bildungs- und Erziehungsplan 2012). Der Rahmenplan „Frühkindliche Bildung" in Bremen betont die emotionalen Bereiche, die ebenso bedeutsam sind bei der Nahrungsaufnahme, wie die Nahrung selber notwendige Nährstoffe für das Wachstum liefert. Der Rahmenplan hebt das Wohlbefinden bei der Nahrungsaufnahme hervor, vor allem auch, weil sie in Kindereinrichtungen mit Gemeinschaft verbunden ist. Essen mit Spaß und Freude soll dazu beitragen, Essstörungen zu verhindern; zu reglementiert stattfindendes Essen behindere die Wahrnehmung der eigenen körperlichen Bedürfnisse (Rahmenplan „Frühkindliche Bildung" Bremen 2012).

Die Beispiele aus den Bildungsplänen zeigen die Vielfalt und die Komplexität, mit der die Ernährung der Kinder im Elementarbereich in den unterschiedlichen Bundesländern betrachtet wird. Damit werden an die Einrichtungen Anforderungen gestellt, der formulierten Vielfalt gerecht zu werden und gleichzeitig werden beinahe alle Fragen der Versorgung und Gestaltung der Essenssituationen vor allem in den Kapiteln verankert, die mit „Gesundheit" überschrieben sind und diese Perspektive stark in den Vordergrund gestellt. Die Zielsetzung, Mädchen und Jungen „gesunde Ernährung" zu eröffnen und beizubringen, dominiert über den Elementarbereich hinaus im Bereich Sozialer Arbeit.

Ernährung wird in der Sozialen Arbeit zumeist im Zusammenhang mit Ernährungsproblemen, Prävention und Behandlung, flankiert durch naturwissenschaftliche Deutungsmuster (Behnisch und Winkler 2009; Sting 2009) und damit mit einem deutlichen Machtüberhang auf Seiten der Profession und ihrer Institutionen thematisiert: In der aktuellen Forderung nach ‚gesunder Ernährung' werden nicht selten normativ-autoritäre Programme mit volkspädagogisch gedachtem Selbstnormalisierungsanspruch (Rose 2010), die darauf gründen, dass viele KlientInnen Sozialer Arbeit sich ungesund ernähren würden (Behnisch 2010, S. 43).

Die von Schulz analysierten Diskurslinien um die Ernährung und Bildung im Kindertageseinrichtungsbereich lassen sich also auch auf andere Handlungsfelder Sozialer Arbeit übertragen. Homfeldt verweist in diesem Zusammenhang auf die Entwicklung einer gesundheitsbezogenen sozialen Bildung in der Sozialen Arbeit, die Gesundheit als selbstbestimmten dynamischen Prozess auf der Basis der Ottawa-Charta der WHO von 1986 versteht (Homfeldt 2016, S. 46). So lange sich Soziale Arbeit jedoch nicht mit für sie spezifischen Fragen der Gesundheit auseinandersetzt, wird jede ökotrophologisch angelegte Studie im KiTa-Bereich zeigen können, wie überfordert z. B. Kindertageseinrichtungen mit dem Bereitstellen gesunder Ernährung sind (Schulz 2016, S. 143; Seehaus und Gillenberg 2016, S. 153). Dabei werden die anderen benannten Zielsetzungen aus den Bildungsplänen gar nicht weiter berücksichtigt, die viel stärker auf entweder pädagogisch-erzieherische Kernfragen zurückgreifen und z. B. die Individualität des Kindes im Blick haben und z. B. esskulturelle oder gemeinschaftliche Ziele berücksichtigen oder ökologische, nachhaltige oder regionale Ziele in den Vordergrund stellen. Untersuchungen aus Perspektive Sozialer Arbeit bzw. der Frühen Kindheit zu bedeutenden Fragen von Erziehung, Bildung und Essen in Kindertageseinrichtungen stehen aus.

**Ganztagsschulen**
Der massive Ausbau des Ganztagsschulsystems in den vergangenen zehn Jahren, entstanden aus der Verschränkung des bildungspolitischen Diskurses um Bildungsungleichheit und Kompetenzdefizite deutscher Schülerinnen und

Schülern im internationalen Vergleich im Anschluss an die erste PISA-Studie 2000 mit der familienpolitischen Diskussion über die Zukunft der Kinderbetreuung und die Vereinbarkeit von Familien- und Berufsleben, hat zu einem Anteil von ca. 47 % Ganztagsschulen an deutschen Schulen insgesamt geführt. Mit dem Investitionsprogramm „Zukunft Bildung und Betreuung" (IZBB) sind von der Bundesregierung vier Milliarden Euro für den Auf- und Ausbau von Ganztagsschulen zur Verfügung gestellt worden, und damit eng verbunden haben die Bundesländer vielfältige landesspezifische Programme aufgelegt, um den qualitativen und quantitativen Ausbau der Ganztagsbildung zu fördern (Stecher et al. 2009; Holtappels et al. 2008). Mit dem Ausbau von Schulen zu Ganztagsschulen stellte sich einmal mehr die Frage nach der Definition und Bedeutsamkeit von Bildung aus unterschiedlichen Perspektiven (Deinet 2009; Otto und Coelen 2008). Vor allem galt es, das Verhältnis von Sozialer Arbeit bzw. von Jugendhilfe und Schule neu zu justieren, da ein zeitlich ausgedehnter Schulbesuch non-formelle Bildungsmöglichkeiten, zu denen auch Angebote der Jugendhilfe gehören und informelle Bildungsräume einschränken. Mit Beschluss der Kultusministerkonferenz von 2006 ist an Ganztagsschulen, bzw. an Tagen mit Ganztagsschulbetrieb, ein Mittagessen anzubieten, ohne jedoch gleichzeitig die Qualität der Schulverpflegung verbindlich zu regeln. 2007 legte die Deutsche Gesellschaft für Ernährung erstmals bundesweite, jedoch unverbindliche Qualitätsstandards für die Schulverpflegung vor, die neben pädagogisch-didaktischen Aspekten auch Orientierungen zur Erstellung von Speiseplänen sowie Nährwertkriterien enthielten (Alexy et al. 2011).

Die Ausweitung des Ganztagsschulangebots seit 2004 stellt Schulen vor die Frage nach der Nahrungsversorgung. Mit der Entscheidung, entweder eine Großküche von außerhalb zu beauftragen und das Essen vor Ort nur warm zu machen oder vielleicht die Frage nach der Versorgung als Bildungsherausforderung zum Erwerb sozialen und kulturellen Kapitals anzunehmen und mit in den Lehrplan einzubeziehen, könnte sich zukünftig als Qualitätsmerkmal von Schulen erweisen. Gleichzeitig kommt dabei der Kooperation zwischen Jugendarbeit und Schule bei der Über-Mittag-Betreuung eine bedeutende Rolle zu. In vielen Kinder- und Jugendeinrichtungen werden im Rahmen von Ganztagsangeboten innerhalb und außerhalb der Kooperation mit Schule Mittagsverpflegungen angeboten, entweder in familiärer Atmosphäre gestaltet oder in mensaähnlichen offenen Situationen. So kommt es auch, dass in manchen Einrichtungen die Mittagsverpflegung eher ein nebensächlicher Aspekt zu sein scheint, während es in anderen Einrichtungen zu einem zentralen Aspekt der Konzeption wird mit dem Bestreben, pädagogische Ziele zu verwirklichen (Deinet 2009, S. 121). Im Rahmen der Kooperation mit Schule erscheinen die Hausaufgabenbetreuung und das Mittagessen für die Kinder- und Jugendarbeit inzwischen als gängige Konzeptbausteine. Sie gehören jedoch nicht zum klassischen Konzeptspektrum der Offenen Kinder- und

Jugendarbeit, vielmehr wurden sie erst seit Ende der 1980er Jahre aufgrund veränderter Lebensbedingungen von Kindern und Jugendlichen sowie sich wandelnder Rahmenbedingungen der Jugendarbeit entwickelt (Deinet 2009, S. 129). Gleichzeitig beobachten Lehrerinnen und Lehrer, dass zunehmend mehr Kinder und Jugendliche ohne Frühstück zur Schule kommen und die Erweiterung der Angebotspalette mit mehr Frühstücksangeboten in der Schule wird als Aufgabe für die Kooperation zwischen Jugendarbeit und Schule im Rahmen von Ganztagsangeboten gesehen (Deinet 2009, S. 128). Mit dem Ausbau des Ganztagsschulsystems sind Möglichkeiten entstanden, die Bedeutung des Essens in einem rhythmisierten Schulalltag stärker in den Fokus zu rücken und als gemeinschaftliche Aufgabe von Schul- und Sozialpädagogik zu verstehen.

Obwohl also gemeinschaftliche Essenssituationen stärker zu den täglichen Gestaltungsaufgaben an Schulen gehören, finden sich hierzu aus schulpädagogischer wie auch aus sozialpädagogischer Perspektive nur vereinzelt Reflexionen und Erkenntnisse, welche die Komplexität gemeinschaftlicher Essenssituationen in schul- oder sozialpädagogischen Settings aufgreifen und in konkrete Konzepte und Standards für die Gestaltung der gemeinsamen Mahlzeiten münden. In der Forschung existieren entsprechend kaum empirische Studien, die mit erziehungswissenschaftlichem Fokus, insbesondere unter Verknüpfung schul- und sozialpädagogischer Perspektiven, die Bedeutung der Schulverpflegung für Bildungsprozesse im Ganztagsschulkonzept analysieren. Die Gestaltung der Schulverpflegung stellt viele Schulen vor neue Herausforderungen und wird nur zu einem geringen Anteil von den Schulen selbst verantwortet: „Nur in etwa 13 % der Schulen wird die Verpflegung in Eigenregie der Schule oder durch Eltern bzw. Schüler organisiert" (Rose 2012, S. 232). Die schulische Essensversorgung wird überwiegend durch externe Catering-Firmen sichergestellt. „Mit der Ausbildung des historisch neuen, öffentlichen Verpflegungsbereichs für Kinder entsteht ein begehrliches Absatzfeld für kommerzielle Essensanbieter, das im Gegensatz zur Betriebsverpflegung noch stark expandiert" (Rose 2012, S. 232). Die Entwicklung der Schulverpflegung vollzieht sich jedoch weitgehend ohne Einbezug der unmittelbar betroffenen professionellen Akteure und somit der erziehungswissenschaftlichen und sozialpädagogischen Disziplinen, sondern lieget allein in der Verantwortung der Ökotrophologie und Gesundheitswissenschaften. Die theoretische und konzeptionelle Expertise beider Disziplinen erscheint in diesem Kontext also nur von geringer Relevanz. Für praktische Realisierung und Steuerung der schulischen Essenssituationen im Schulalltag aber wird vor allem die Soziale Arbeit unmittelbar und umfangreich genutzt. Erzieherische Fachkräfte, Laienhelfer*innen und Jugendarbeiter*innen werden, so Roses Einschätzung, in der Schulmensa gleichsam als „Wächter" eingesetzt (Rose 2012, S. 233). In einer ethnografischen Untersuchung von Rose et al. (2016) an Grund- und weiterführenden Schulen zeigt sich eine deutliche Normierung jüngerer

Schüler*innen gemäß des Ideals einer gesitteten Tischgemeinschaft, orientiert an der bürgerlichen Familienmahlzeit, während der pädagogische Raum für ältere Schüler*innen über ein offenes Kantinenszenario hinaus ungenutzt zu bleiben scheint. Der Wandel des Essensarrangements im Anschluss an die Grundschulzeit konturiert die unterschiedlichen institutionellen Paradigmen und Normalitätsprogramme für Kinder und Jugendliche (Rose et al. 2016).

Vor allem in der Jugendarbeit suchen Schulen Unterstützung bei der Gestaltung der Schulverpflegung, sodass der Kooperation zwischen Jugendarbeit und Schule gerade im Rahmen der „Über-Mittag-Betreuung" in Zukunft eine bedeutende Rolle zukommen kann, so die Erkenntnisse von Deinet (2009) aus einer entsprechenden Studie in Nordrhein-Westfalen. In dieser Untersuchung zeigt sich zudem, dass schulische Erwartungen und Ansprüche insbesondere im Bereich der Sekundarstufe I weniger an der Gestaltung einer familienanalogen Situation mit einer überschaubaren Anzahl von Kindern orientiert sind, sondern vielfach die pragmatische und effiziente Organisation eines rationellen Mensabetriebs in den Vordergrund stellen. Zeitfragen dominieren die Essensituation, da für das Essen nur ein bestimmtes Zeitbudget zur Verfügung steht, um den Ganztagsschulablauf präzise planen zu können. Die hier wirkenden äußerst starren und engen räumlichen und zeitlichen Rahmenbedingungen erinnern an die skizzierte historische Entwicklung der Gemeinschaftsverpflegung in großen Institutionen. Essenssituationen haben sich der dominanten Funktion der Organisation unterzuordnen (Deinet 2009, S. 132). Im Rahmen von Ganztagsangeboten in Kinder- und Jugendeinrichtungen hingegen werden innerhalb und außerhalb der Kooperation mit Schule Mittagsverpflegungen in einem Gestaltungsspektrum angeboten, das von familiärer Atmosphäre bis zu mensaähnlichen eher offenen Situationen reicht. Und während die Mittagsverpflegung dabei in manchen Einrichtungen einen eher sekundären Aspekt darstellt, ist sie in anderen Institutionen zu einem zentralen Aspekt der Gesamtkonzeption geworden, mit dem deutlich auch pädagogische Ziele verfolgt werden (Deinet 2009, S. 121).

**Übersicht über zentrale Forschungen im Bereich Gemeinschaftsverpflegung von Kindern und Jugendlichen**
Der aktuelle Forschungsstand zur vorliegenden Thematik lässt sich kennzeichnen durch eine geringe Zahl von Studien aus dem (ess-)kulturwissenschaftlichen, gesundheitswissenschaftlichen und ökotrophologischen Bereich sowie durch programmatisch-konzeptionelle Veröffentlichungen und Studien mit Schwerpunkten zur konkreten Umsetzung gesundheitsbezogener Verhaltenserwartungen. Insgesamt existiert somit nur wenig Empirie und vor allem bislang fast ausschließlich qualitativ-explorative Untersuchungen zur Alltagspraxis der Schulverpflegung aus

sozialpädagogischer (Rose 2012, S. 233; Rose et al. 2016; Seehaus und Gillenberg 2016) und schultheoretischer Sicht (Schütz 2015, 2016; Wittkowske et al. 2017).

Die „Marktstudie: Die Schulverpflegung an Ganztagsschulen" (ZMP/ CMA 2005) der Centralen Marketing-Gesellschaft der deutschen Agrarwirtschaft (CMA) unter Beteiligung der Zentralen Markt- und Preisberichtstelle (ZMP) befragte 539 Ganztagschülerinnen und -schüler der Klassen 1–3 und deren Mütter. Die Studie zur „Kunden(un-)zufriedenheit in der Schulverpflegung" (Lülfs und Spiller 2006) des Lehrstuhls Marketing für Lebensmittel und Argrarprodukte der Universität Göttingen wurde vom Bundesministerium für Ernährung, Landwirtschaft und Verbraucherschutz (BMELV) gefördert und untersuchte 1991 Schüler und Schülerinnen der Klassen 5–13 aus Gesamtschulen, Haupt- und Realschulen, einem Gymnasium und Privatschulen in verschiedenen Bundesländern mit einem Fokus auf die Zufriedenheit mit dem Schulessen. In der „Strukturanalyse Schulverpflegung" (Arens-Azevedo und Laberenz 2008) des Departments Ökotrophologie der HAW Hamburg wurden im Auftrag der Centralen Marketing-Gesellschaft der deutschen Agrarwirtschaft (CMA) bundesweit Verantwortliche in 2940 Ganztagsschulen befragt. Die repräsentative Studie „So i(s)st Schule. Chancen für das lernende Esszimmer" (Arens-Azevedo/ Nestle 2010), die mit Beteiligung der iconkids & youth, Deutschlands größtem Marktforschungsinstitut für Kinder und Jugendliche durchgeführt wurde, untersuchte 750 Ganztagsschüler*innen der Jahrgangsstufen 5–13 sowie je ein Elternteil. Mit der Studie „Essensangebote an Schulen. Unterschiedliche Konzepte, unterschiedliche Akzeptanz?" (Evers und Hämel 2010) des Instituts für Wirtschaftslehre des Haushalts und Verbraucherforschung der Universität Gießen wurden im Rahmen einer semi-standardisierten schriftlichen Fragebogenerhebung Schulleitungen von 48 Schulen in Hessen befragt. Die Studie „Schulverpflegung in Sachsen. Erhebung und Analyse der Schulverpflegungssituation in allgemeinbildenden Schulen" (Freistaat Sachsen) wurde vom Forschungsverbund Public Health Sachsen und Sachsen-Anhalt in Kooperation mit der „Vernetzungsstelle Kita- und Schulverpflegung" im Auftrag des sächsischen Staatsministeriums für Kultus und Sport durchgeführt; es wurden die Schulleitungen in 611 allgemeinbildenden Schulen zu den Rahmenbedingungen des Mittagessens standardisiert befragt und die Speisepläne untersucht (Rose 2012, S. 233 f.).

Weitere Studien beziehen sich nicht direkt auf die Schulverpflegung, vielmehr werden Lebensweisen und Gesundheitseinstellungen erhoben, wobei auch Fragen zur Ernährung und/oder zur Schulverpflegung

relevant werden: Der LBS-Kinderbarometer z. B. ist eine seit 1997 regelmäßig durchgeführte Befragung von Kindern im Alter zwischen neun und
14 Jahren zu den Themen Familie, Schule, Wohnumfeld, Freizeit, aktuelle Geschehnisse und Politik. Die Erhebungen werden in 4. bis 7. Klassen aller Schulformen durchgeführt. Ein für den vorliegenden Kontext
bedeutsamer Befund dieser Studie ist es, dass das gemeinsam mit Eltern
eingenommene Essen in einem engen Zusammenhang mit gesunder Ernährung und einem positiven Körpergefühl steht (LBS-Kinderbarometer
2009). In der Elefanten-Kinderstudie von 2011/2012 wurden in Kooperation mit dem Deutschen Kinderschutzbund 5000 Kinder zwischen 7 und
9 Jahren in Deutschland zur Situation der Kindergesundheit befragt. Es
konnte herausgefunden werden, dass Kinder im Grundschulalter durchaus
Interesse an Gesundheitsthemen, auch an entsprechender Prävention, zeigen, aber dennoch bereits in diesem Alter von Stress belastet sind. „Wenn
es um Gesundheit geht, dürfen die Schulen sich nicht nur auf reine Wissensvermittlung beschränken. Sie müssen Kindern Erfahrungen bieten,
um gesundheitsförderliches Verhalten auszuprobieren und einzuüben. Ein
gemeinsames Frühstück oder Kochen wäre ein guter Anfang.", fordert
Friedhelm Güthoff, Geschäftsführer des DKSB Landesverbandes NRW,
der den Deutschen Kinderschutzbund bei der Kindergesundheitsstudie bundesweit vertritt. Die Politik müsse dafür die entsprechenden personellen
und räumlichen Ressourcen bereitstellen. Der Kinder- und Jugendgesund-
heitssurvey (Mensink et al. 2007/KiGGS) liefert als Längsschnittstudie
des Robert Koch-Instituts zur Gesundheit der Kinder und Jugendlichen in
Deutschland in regelmäßigen Abständen von 4 Jahren bundesweit repräsentative Daten zur Gesundheit der unter 18-Jährigen (Mensink et al. 2007/
KiGGS). Die „Health Behaviour in school-aged Children" (HSBC) (2006)
Studie wird von der Weltgesundheitsorganisation unterstützt und in einem
Turnus von vier Jahren seit 1982 durchgeführt. Beteiligt sind 41 Länder
und Regionen und das Ziel besteht darin, gesundheitsbezogene Einstellungen und Verhaltensweisen Jugendlicher zu erlangen sowie die Bedingungen der Entwicklung Jugendlicher zu erforschen. Die Stichprobe setzt
sich aus Mädchen und Jungen der Klassenstufen 5, 7 und 9 im Alter von
10–16 Jahren zusammen (Schmechtig und Hähne 2009, S. 295). Darüber
hinaus liegt eine Vielzahl programmatisch-konzeptioneller Beiträge zum
Schulessen vor, die vor allem geprägt erscheinen von normativen Erzie-
hungsansprüchen und teleologischen Verzweckungsabsichten (Rose 2012,
S. 235). Mit Programmen zur Gesundheit werden aus gesundheitswissen-
schaftlicher Perspektive Konzepte zur schulischen Gesundheitsförderung

vorgelegt, die stärker als bisher den schulischen Bildungs- und Erziehungs-auftrag hervorheben. Mit dem Ansatz der „guten gesunden Schule" bspw. wurde ein Programm vorgelegt, das „Gesundheit in den Dienst der Schule" stellt und dieses Thema somit als einen Input-Faktor und Katalysator der Bildungs- und Erziehungsprozesse implementiert (Paulus 2008). Mit der Thematisierung der Schulverpflegung werden oftmals gleichzeitig Ansprü-che formuliert, die vor allem ein effektiveres Lernen, gesteigerte Leistungs-fähigkeit und gesundheitsförderliche Aspekte in Bezug auf Ernährung in das Zentrum stellen. Mit diesen Desiderata verknüpft wird das Schulessen jedoch zu einem bevölkerungs- und gesundheitspolitischem Zugriffs- und Regulierungsort (Rose 2012, S. 235).

Ähnliche Ergebnisse zeigt auch die ernährungswissenschaftlich angelegte Studie zur Qualität der Schulverpflegung im Jahr 2014, die im Auftrag des Bundesmi-nisteriums für Ernährung und Landwirtschaft (BMEL) durchgeführt wurde. Das Presse-Echo zur Veröffentlichung verfolgte, ähnlich wie bei der Studie zur Kin-dertageseinrichtungsverpflegung, vor allem die gesundheitlichen Perspektiven des Essens. Zu viel Fleisch und zu wenig Gemüse sei im Schulessen, darüber hinaus gebe es zu viele Süßspeisen und insgesamt würde jeder zweite Speiseplan der 760 ausgewerteten Speisepläne nicht den Empfehlungen der Deutschen Gesellschaft für Ernährung entsprechen (Ehrenstein, 26.11.2014). Die Untersuchung bezieht ihre Ergebnisse aus Befragungen der Schüler*innen aus den Klassen 3–13, Befragungen der Schulleitungen und Schulleiter und der Auswertung von 760 Speiseplänen. „In der Angebotspalette sollten Fisch und Gemüse vermehrt, Fleisch dagegen weniger vertreten sein (…)" (Arens-Azevedo et al. und BMEL 2014, S. 57), Erkenntnisse, die sich auf die gesundheitliche Perspektive beziehen, stehen auch für das BMEL im Vordergrund. Der Schwerpunkt der Wahrnehmung der Untersuchung liegt deut-lich im Bereich Gesundheit und spiegelt damit die Einschätzung Roses wider, in der Schulernährung würden Ökotrophologie und Gesundheitswissenschaften dominie-ren und fachterritoriale Entwicklungen nahezu ohne erziehungswissenschaftliche und sozialpädagogische Disziplinen stattfinden (Rose 2012).

Im Arrangement der Schulverpflegung findet ein Wechsel vom Grundschulbe-reich zu weiterführenden Schulen statt. Im Grundschulbereich zeigen sich starke Normierungen der Schüler*innen entlang dem Ideal einer gesitteten Tischgemein-schaft, orientiert an der bürgerlichen Familienmahlzeit (Rose et al. 2016). Der pädagogische Raum für ältere Schüler*innen mit überwiegend stattfindenden offe-nen Kantinenszenarios bleibt meist zu ungenutzt. Dieser Wechsel im Essensarran-gement von überregelt bis ungeregelt (Familienmodell bis offenes Mensa-Modell) zeigt die unterschiedlichen institutionellen Normalitätsprogramme für Kinder und Jugendliche auf. Für die zukünftige Organisation und Gestaltung der Schulverpflegung werden neben gesundheitlichen Schwerpunkten ebenfalls die Herausbildung und die Bedeutung von Essgewohnheiten, der Zeitrahmen, die Ausgestaltung der Räume und die Beteiligung von Lehrer*innen und ihre pädagogische Beteiligung stärkere Berücksichtigung finden müssen (Arens-Azevedo et al. und BMEL 2014). Mit dem Ausbau von Ganztagsangeboten für Kinder und Jugendliche entsteht die Anforderung, Aneignung und Auseinandersetzung mit Ernährungsfragen, eingebunden in esskulturelle und tischgesellschaftliche Perspektiven mit der Forderung nach interdisziplinären und disziplinübergreifenden Aspekten zu verbinden, um Esspraxen systematisch in ihrer Wirksamkeit für disziplinäre und professionelle Zusammenhänge erfassen zu können. Ein Verstehen der kulturellen Konstruktion der Esspraxis könnte von normativ aufgeladenen Vorstellungen richtiger Ernährung und bestimmter tischgesellschaftlicher Normierungen hin zu Esssituationen führen, die fachlich begründet schul- und sozialpädagogische Lehr- und Lernzusammenhänge gestalten und Möglichkeiten zur Aneignung selbst ausgewählter esskultureller Formen anbieten.

Einige wesentliche Erkenntnisse (siehe Tab. 4.3) aus der Studie des Bundesministeriums für Ernährung und Landwirtschaft bezüglich der Zwischenverpflegung, Menüauswahl, Getränkeversorgung, Teilnahme und Gründe für die

**Tab. 4.3** Erkenntnisse zur Schulverpflegung

| Thema | Ergebnisse der Befragung |
| --- | --- |
| Zwischenverpflegung | Überall vorhanden: Von Brötchen bis Süßigkeiten |
| 1 Menü/2 Menüs zur Auswahl | Grundschule/weiterführende Schule |
| Salatbuffet | 29,6 % der Schulen Standard |
| Kostenlose Getränke | 70,7 % aller Schulen |
| Teilnahme am Mittagessen | Primarbereich: durchschnittlich 50 % (±26 %) Sekundarbereich: durchschnittlich 30 % (± 27 %) |
| Preis | 2,70 EUR Grundschule, 2,95 EUR Sekundarbereich |
| Selber kochen? | Fremdbewirtschaftung (63,9 %) |
| Gründe für Teilnahme | Eltern arbeiten, Hunger, Freunde, Nachmittagsunterricht |
| 21,3 % gestalten Mittagessen mit: | Wunschbox Speisenauswahl (356), Tisch decken (160), Bewertung des Essens (144), Entsorgung/Tisch abräumen (100), Dekorationen (45), Küchendienst (28) |

(Eigene Darstellung nach: Arens-Azevedo et al. und BMEL 2014)

Teilnahme, Durchschnittspreis des Mittagessens sowie ob selber gekocht wird oder das Essen angeliefert wird, bzw. die Gründe für die Teilnahme am Mittagessen lassen in beinahe allen Bereichen Handlungsbedarfe erkennen. Für die Weiterentwicklung der Schulverpflegung könnte die Auswahl der Modelle gemeinschaftlicher Nahrungsaufnahme bedeutender werden. Das Offene Mensa-Modell und das Familien-Modell lassen sich voneinander unterscheiden. Im Offenen Mensa-Modell nehmen Jugendliche oder Gruppen die Mahlzeit individuell ein. Die individuelle Gestaltung der Ernährungssituation gehört zum Konzept. Die Gruppen finden sich offen zusammen und ein bestimmtes Zeitfenster steht für die Nahrungsaufnahme zur Verfügung, nachdem zuvor die Auswahl des Essens an Theken stattgefunden hat. Die sozial-räumliche Gestaltung erfolgt entlang der größtmöglichen Selbstbestimmung in Bezug auf die Gruppe und das Essen. Das gemeinsame Essen ist integriert in den gesamten sozialen und pädagogischen Prozess unter Beteiligung der Fachkräfte (Sturzenhecker 2009).

Im Familien-Modell wird eine gemeinsame Tischgemeinschaft gebildet, die als Gruppenerlebnis in Anlehnung an familiäre Situationen mit starken sozialen Bezügen zueinander orientiert ist. Planung und Zubereitung der Mahlzeit sind inklusive. Das Setting ermöglicht direkte soziale Erfahrungen und wird von Fachkräften als pädagogische Gestaltungsaufgabe aufgefasst. Die überschaubare Gruppengröße und kontinuierliche Bezugspersonen bilden neben den festen Raum- und Zeitstrukturen (bis zu festen Plätzen und Tischkarten) ein gemeinsames Essen mit Erfahrungen von Fürsorge und selbstbildender Aneignung familiärer Handlungsmuster durch aktive Beteiligung. Eine möglichst aktive Aneignung des Alltags findet statt mit dem Gestalten familiärer Essens- und Gemeinschaftssituationen entlang dem Motto „gesund, schön und lecker, integrierend und egalisierend" (Sturzenhecker 2009). Schulverpflegung findet bisher überwiegend im Rahmen Offener Mensa-Modelle statt mit allen Vor- und Nachteilen (Schütz 2015, 2016). Ein vollkommen anderes Szenario entsteht, wenn die Schüler*innen gemeinsam abwechselnd das Essen füreinander kochen. Damit werden jenseits genannter Modelle, noch einmal neue und komplett andere Lern- und Erfahrungsräume geschaffen, wie das folgende Beispiel zeigt.

**Beispiel**

Das Luisen-Gymnasium München wurde im Juli 2012 für sein Projekt „Schüler kochen für Schüler" von der damaligen Bundesministerin Ilse Aigner mit der Unterstützerplakette von „IN FORM – Deutschlands Initiative für gesunde Ernährung und mehr Bewegung" ausgezeichnet (Kuhn 2012, S. 1). Die Idee zum Pädagogischen Kochen stammt von Peter Ruch, Berufsschullehrer für Ernährungslehre, der das Projekt 2009 gegründet hat. Zwischenzeitlich hat Stephan Jäger, ehemaliger Küchenchef im Hotel Vier Jahreszeiten, die Mensa

selbstständig mit vollem wirtschaftlichem Risiko übernommen und gleichzeitig gilt er als operativer Leiter des Pädagogischen Kochens (Kuhn 2012, S. 2).
Das Pädagogische Kochen findet in den Klassen 5 bis 10 statt. Der Schulun-
terricht ist so organisiert, dass die Hälfte der Klasse, d. h. etwa fünfzehn Schüler, am Pädagogischen Kochen teilnimmt, während die übrigen Schülerinnen
in dieser Zeit intensivierten Unterricht erhalten. In den Jahrgangsstufen 5–10
kochen alle Schülerinnen und Schüler einmal im Schuljahr eine Woche für
die anderen Schülerinnen und Schüler das gemeinsame Mittagessen. Jeweils
eine halbe Klasse arbeitet eine Woche täglich bis ca. 15.00 Uhr in der Mensa
mit, während die andere Hälfte Unterricht hat. Alle zur Mahlzeit dazugehörigen Aufgaben wie Kochen, Tischdecken, Servieren, Saubermachen, Abspülen
und Kassendienst werden übernommen (www.staedtisches-luisengymnasium.de
2015). Dem Küchenchef gelingt es, die Schülerinnen und Schüler auf Lebensmittel und Gerichte neugierig zu machen, die sie bisher nicht kannten. Selbstverständlich bestimmen die Schülerinnen und Schüler auch mit, was gekocht
wird. Freitags mit weniger Andrang bei der Essensausgabe, wird die Aktion
Freitagsrezepte durchgeführt. Die Kinder diskutieren und probieren eigene
Rezeptideen mit dem Profi-Koch (www.staedtisches-luisengymnasium.de
2015; Kuhn 2012). Das Mensaessen kostet im Dauerabo 4,50 EUR und
umfasst Suppe, Hauptgericht, Salat und Dessert. Bei allem können die Kinder
kostenfrei einen Nachschlag bekommen. Ziel des Pädagogischen Kochens ist
die Orientierung am Lernziel „Slow food statt Fast food." Freude an gesundem Essen, sich frisch, mit Produkten der Saison und aus der Region ernähren, sind weitere Ziele, die auch auf ganz praktische Art und Weise vermittelt
werden. Die Kinder arbeiten auch über das Zubereiten hinaus zusammen, denn
zum „Küchendienst" gehören Kassieren und sorgfältiges Eindecken der Tische
sowie Servieren des selbst zubereiteten Essens. Darüber hinaus essen die Schülerinnen und Schüler gemeinsam im Klassenverband. Mit dem Pädagogischen
Kochen werden mit der „Ernährungslehre" weitere Kompetenzen gelernt, wie
z. B. Kooperation, Konfliktfähigkeit, Fleiß, Toleranz, Respekt (Kuhn 2012;
Zierer 2010; Ruch 2010).

Das Angebot des Pädagogischen Kochens am Luisengymnasium in München kann
als best-practice Beispiel gelten und gleichzeitig erscheint es so exklusiv-exzent-
risch vor dem Hintergrund gängiger Angebote, dass jede Schule gleich abwinken
würde, wenn sie dieses Modell übernehmen sollte. Dennoch zeigt dieses Beispiel,
wie über gemeinsames Kochen und Essen über die exemplarische Lernsituation
hinaus Aneignungsmöglichkeiten im alltäglichen Leben einer sozialen Institution geboten werden, wenn das Mittagessen als Chance gesehen wird von allen

beteiligten Fachkräften. Die Lehrer*innen, evtl. auch Sozialpädagog*innen und alle weiteren Beteiligten eröffnen den Schüler*innen Veränderungen und regen Kompetenzerweiterungen an, in denen Mahlzeiten als soziale Situationen den Raum bieten für all das, was in ihnen stattfinden kann. Wenn Schulen nicht den Weg des Luisengymnasiums einschlagen wollen oder können, erfolgt der Verweis auf Schmechtig und Hähnes Ideen zur Schulverpflegung vor dem Hintergrund ihrer Erfahrungen in Sachsen. Durch die Gestaltung schöner Räume, das Einplanen von reichlichen Pausenzeiten und die Auswahl geeigneter Versorgungsanbieter kann die Mittagsmahlzeit als Selbstverständlichkeit in der Schule etabliert werden (Deinet 2009, S. 303). Der Erfolg der Schulverpflegung hängt jedoch auch von der Entscheidung ab, welches Essensmodell verfolgt wird. Die Entscheidung für ein offenes Mensa-Modell oder das Familien-Modell, steht und fällt mit den angestrebten pädagogischen Zielen und der Zeit, die dem Essen gewidmet werden soll. Für das Familien-Modell spricht, dass es zunehmend weniger Möglichkeiten für Kinder und Jugendliche gibt, innerfamiliär gemeinsame Essensituationen zu er-leben und zu gestalten. Beide Modelle könnten auch abwechselnd in der Schule Anwendung finden. Mit der Entscheidung für das offene Mensa-Modell würde auch jede Schule für sich entscheiden: Das Mittagessen soll eine Pause darstellen, die nicht überfrachtet wird mit irgendwelchen Lernangeboten, da sie ohnehin nicht zum Unterricht gehört und auch weiterhin nicht gehören soll (Schütz 2016, S. 176). Mit dieser Entscheidung würden jedoch auch eine Vielzahl an Fragen entstehen, die die Pause zu dem machen, was sie eigentlich sein soll: Pause vom Lernen und Möglichkeit zum Essen und Austausch mit anderen Mitschüler*innen und Freund*innen. Damit würden die dann zur Verfügung stehende Zeit, der Raum, die Qualität des Essens und die Ermöglichung sozialer Beziehungen entscheidend sein für die Qualität der Zeitverwendung als Pause zwischen Vor- und Nachmittag.

Einen weiteren Fokus in Bezug auf das Arbeitsfeld Schule kommt der Verbraucher- bzw. Ernährungsbildung zu. Menschen sollen befähigt werden, die eigene Ernährung politisch mündig, sozial verantwortlich und demokratisch teilhabend unter komplexen gesellschaftlichen Bedingungen zu entwickeln und zu gestalten (Bartsch et al. 2013, S. 85). Schulische Ernährungsbildung verfolgt das Ziel neben Faktenwissen ebenfalls Kompetenzen zu vermitteln. Diese Vermittlung erfolgt über Ernährungsunterricht, Gemeinsames Kochen in der Lehrküche, Schulverpflegung, Trinkwasserspender, Lehrer*innenverhalten als Vorbildfunktion sowie der Schulgarten mit Kräutern, Obst und Gemüse (Ellrott 2017, S. 164). Gleichzeitig steht die Ernährungsbildung in der Gefahr zu stark auf „Gesunde Ernährung" von Kindern und Jugendlichen abzuheben und weniger auf das Gesamtpaket, das zumindest vom Bundesernährungsminister Schmidt als Ernährungs- und Verbraucherbildung angestrebt wird.

**Forderungen und Förderungen des Bundesernährungsministers Schmidt seit 2015**

Bundesernährungsminister Schmidt hat seit 2015 wiederkehrend auf sich aufmerksam gemacht über Initiativen zur Ernährung und Ernährungsbildung in Kindertageseinrichtungen und Schule. Ausgehend von seinen Forderungen, bei dem 5. Tag der Schulverpflegung ein Schulfach „Ernährungs- oder Verbraucherbildung" einzuführen unter dem Motto: „Nicht nur der Satz des Pythagoras gehört in den Unterricht, sondern auch das Einmaleins der Ernährung" (5. Tage der Schulverpflegung/Schmidt 29.09.2015), folgte bald darauf unter dem Leitsatz: „Zu gut für die Tonne!" die Veröffentlichung von Materialien zur Ernährungs- und Verbraucherbildung, die fächerübergreifend, in Projektarbeit und lehrplangemäßen in Fächern wie z. B. Wirtschaft, Geografie, Ethik, Deutsch oder Biologie eingesetzt werden können (Schmidt 06.11.2015/www.zugutfuerdietonne.de/service/ infomaterial/fuerdietonne.de/service/infomaterial/). Dem folgte der Appell „Macht Dampf! – Für gutes Essen in Kita und Schule!" (Schmidt 26.01.2016). Ausgehend von einer Verdoppelung der Anzahl der Kinder und Jugendlichen, die in den letzten zehn Jahren in Kita und Schule mit einem Mittagessen versorgt werden, wird die Verbindung von gesunder Ernährung und Lernerfolg in den Fokus gerückt. „Das Mittagessen in Kitas und Schulen muss lecker, ausgewogen und hochwertig sein. Dabei ist mir wichtig, dass sich alle Kinder nach den gleichen hohen Standards ernähren können (…) Darüber hinaus fordere ich, dass das kleine Einmaleins der Ernährung im Unterricht verankert wird – am besten als eigenes Schulfach. Denn Ernährungsbildung in der Theorie und gute Verpflegung in der Praxis gehören zusammen" (Schmidt/26.01.2016). Die Erkenntnis von Schmidt, dass gute Verpflegung mit Lern- und Bildungsprozessen eng verknüpft ist und zudem noch miteinander verbunden werden sollte vor dem Hintergrund seiner Forderung, ein Schulfach zur Ernährungsbildung einzuführen, könnte sich als wegweisend zeigen.

Die Kultusministerkonferenz hat 2013 „Verbraucherbildung an Schulen" beschlossen. Unter Verbraucherbildung werden vier verschiedene Bereiche verstanden, in denen Schüler*innen darin unterstützt werden, verantwortungsbewusstes Verhalten als Verbraucher*innen zu entwickeln. Konsumbezogene Inhalte werden aufgegriffen, um Kompetenzen für reflektiertes und selbstbestimmtes Konsumverhalten zu erwerben in den Bereichen „Finanzen, Marktgeschehen und

Verbraucherrechte", „Ernährung und Gesundheit", „Medien und Information" sowie „Nachhaltiger Konsum und Globalisierung." Die Kinder und Jugendlichen erwerben mit der Verbraucherbildung eine Haltung, die es ihnen ermöglicht, Konsumentscheidungen als mündige Verbraucher*innen zu treffen (KMK 2013, S. 2). Verbraucherbildung wird als lebenslanger Prozess betrachtet, die für den gesamten Lebenszusammenhang von Bedeutung ist und durchgängig der Bildung für nachhaltige Entwicklung folgt. Im Bereich „Ernährung und Gesundheit" werden die gesunde Lebensführung, Wissen über die Nahrungsmittelkette vom Anbau bis zum Konsum, Einschätzungen über die Qualitäten von Lebensmitteln und ihre Kennzeichnung und Wertschätzung von Lebensmitteln inklusive Wissen über die Vermeidung von Lebensmittelverschwendung als relevant von der KMK eingeschätzt. Der Bereich „Nachhaltiger Konsum" betrifft ebenfalls Ernährungsfragen und hebt Wissen über den Fairen Handel und Produktkennzeichnungen, Zusammenhänge zu Klima, Energie und Ressourcen sowie Lebensstile, Mobilität, Wohnen und Globalisierung für relevante Wissensgebiete in der Verbraucherbildung (KMK 2013, S. 5). Die unterschiedlichen Aspekte der Verbraucherbildung stehen in Wechselbeziehung zueinander und mit der Verbraucherbildung an Schulen wird die Verantwortung der Kinder und Jugendlichen nicht nur als nachwachsende Generation für nachhaltige Entwicklungen gestärkt. Sie werden damit bereits gegenwärtig als Verbraucher*innen adressiert und die Verbraucherbildung soll ihnen ermöglichen, ihre Kaufentscheidungen auf der Basis ökonomischer Dimensionen in Verbindung mit ökologischen Herausforderungen einschätzen und treffen zu können (KMK 2013, S. 2).

Das Modellprojekt zur Reform der Ernährungs- und Verbraucherbildung in Schulen (REVIS) hat einen Referenzrahmen zur Ernährungs- und Verbraucherbildung in Schulen erarbeitet, der Bildungsziele, Kompetenzen, Themen und Inhalte sowie didaktische Orientierungen benennt. Die Bildungsinhalte sollten als wesentliche Bestandteile allgemeiner Grundbildung gelten und das Schul- bzw. Studienfach „Hauswirtschaft" ablösen zugunsten der „Ernährungs- und Verbraucherbildung" (Heseker 2005, S. 2). Tab. 4.4 zeigt die Ergebnisse in Bezug auf die formulierten Bildungsziele und dazugehörigen Kompetenzen, die von Schüler*innen erworben werden sollten im Bereich Ernährungs- und Verbraucherbildung.

Die Ziele und Kompetenzen der Ernährungs- und Verbraucherbildung an Schulen sind in diesem Projekt umfassend angelegt worden mit den Schwerpunkten Bildung zur Ernährung und Esskultur, Gesundheit, Konsum und Nachhaltigkeit. Die zunehmend enge Verzahnung der Bereiche wurde von der KMK in der ihrem Beschluss zur Verbraucherbildung ebenfalls gesehen und berücksichtigt. Mit der Verbraucherbildung an Schulen erweitert sich die Verantwortung von Schulen noch einmal um ein Vielfaches, vor allem, wenn an die Erkenntnisse zu Schul-

**Tab. 4.4** Bildungsziele und Kompetenzen in der Ernährungs- und Verbraucherbildung

| Bildungsziele | Kompetenzen |
|---|---|
| Die Schüler*innen gestalten die eigene Essbiografie reflektiert und selbstbestimmt | Die Schüler*innen können sich mit den Einflussfaktoren, Begrenzungen und Gestaltungsalternativen der individuellen Essweise auseinandersetzen |
| Die Schüler*innen gestalten Ernährung gesundheitsförderlich | Die Schüler*innen können sich mit dem Zusammenhang von Ernährung und Gesundheit auseinandersetzen und Verantwortung für andere übernehmen |
| Die Schüler*innen handeln sicher bei der Kultur und Technik der Nahrungszubereitung und Mahlzeitengestaltung | Die Schüler*innen können sich mit den kulturellen Voraussetzungen, der Bedeutung und Funktion von Mahlzeiten auseinandersetzen |
| Die Schüler*innen entwickeln ein positives Selbstkonzept durch Essen und Ernährung | Die Schüler*innen können sich mit dem Verhältnis des eigenen Körpers und Essverhalten auseinandersetzen |
| Die Schüler*innen entwickeln ein persönliches Ressourcenmanagement und sind in der Lage, Verantwortung für sich und andere zu übernehmen | Die Schüler*innen können sich mit Zukunftschancen und Risiken in der Lebensgestaltung auseinandersetzen |
| Die Schüler*innen treffen Konsumentscheidungen reflektiert und selbstbestimmt | Die Schüler*innen können soziokulturelle Konsumentscheidungen identifizieren und berücksichtigen |
| Die Schüler*innen gestalten die eigene Konsumentenrolle reflektiert in rechtlichen Zusammenhängen | Die Schüler*innen können die eigene Konsumentenrolle kritisch reflektieren und darauf aufbauend Konsumhandeln gestalten |
| Die Schüler*innen treffen Konsumentscheidungen qualitätsorientiert | Die Schüler*innen können Nachhaltigkeit, Gesundheit und Funktionalität als zentrale Bewertungskriterien verstehen und anwenden |
| Die Schüler*innen entwickeln einen nachhaltigen Lebensstil | Die Schüler*innen können sich mit den Gewohnheiten und Routinen des Konsum- und Alltagshandelns auseinandersetzen |

(Quelle: Heseker 2005, S. 2)

verpflegungen gedacht wird. Interessant wäre es entlang den Zielen der Verbraucherbildung an Schulen oder den Bildungszielen des Fachs Ernährungs- und Verbraucherbildung die gegenwärtige Schulverpflegungspraxis anzuschauen und zu bewerten, wie diese daran ausgerichtet werden könnte. Schulverpflegung würde sich in vielen Schulen stark verändern müssen zugunsten eines reflektierten Konsums, der nachhaltiger, ernährungsbildungsbezogen reflektierter und qualitätsorientierter die Essbiografie der Schüler*innen mitgestaltbar beeinflussen würde.

Im Bereich der Schulverpflegung ist in den letzten Jahren mit dem Ausbau der Schulen zu Ganztagsschulen Bewegung in eine Vielzahl von Themen rund um die Gestaltung des Essens sowie in die Ernährungsbildung gekommen. Im Moment steht jedoch noch vor allem der Anspruch an gesundes Essen im Vordergrund, doch mit der stärkeren Einmischung schul- und sozialpädagogischer Perspektiven, die jedoch auch noch weiter zu entwickeln sind, bietet die Schulverpflegung ein ergiebiges Feld des Erprobens gemeinschaftlichen Essens.

**Kinder- und Jugendarbeit**
In der Kinder- und Jugendarbeit, die von jeher vor allem in Gruppen stattfindet, wird sehr oft auf die Möglichkeit gemeinsamer Essen zurückgegriffen.

> Ausgehend von der Tradition der Kinder- und Jugendarbeit, als Gesellungsform von Jugendlichen in Gruppen, spielt die gemeinsame Zubereitung und Gestaltung der Essensituation vielfach eine wichtige Rolle sowohl in den Jugendverbänden als auch in der Offenen Kinder- und Jugendarbeit. Kochen und Essen bieten oftmals Anlässe für Gespräche oder Themen: So werden immer wieder Situationen beschrieben, in denen gemeinsame Zubereitung und Nahrungsaufnahme ein wichtiges Medium für die Kommunikation zu spezifischen Themen ist (Deinet 2009, S. 122).

Kochen und Essen mit Jugendlichen im Jugendhaus formt Gruppen, schafft Bindungen und ist mit Körperlichkeit, Sinnlichkeit und Leidenschaft verbunden. Dem fortschreitenden Schwinden von kulinarischem Wissen und küchenhandwerklichen Fähigkeiten wird entgegen gewirkt und gleichzeitig ein Übungsraum für elementare Alltagskompetenzen geschaffen. Unterschiedliche Werte werden von Pädagog*innen und Jugendhausjugendlichen eingebracht und ausgehandelt, wenn es um das Kochen geht: Geschmackslust oder lieber rationale Gesundheits- und Abwechslungsnormen, jugendliche Mitbestimmung und Jugendhausdemokratie oder erwachsene und pädagogische Autorität. Unterschiedliche Distinktionslinien werden aktiviert und müssen verhandelt werden: altersspezifische, statusspezifische, gender- und kulturspezifische (Kullmann 2009, S. 188). Obwohl in der Kinder- und Jugendarbeit Essen nahezu alltäglich Thema ist, wird es sehr wenig sichtbar reflektiert oder in Form sozialdidaktischer bzw. methodischer Perspektiven erkennbar.

**Ferienlager für Kinder und Jugendliche**
Homfeldt erinnert sich an seine eigenen Erfahrungen mit Essen in der Sozialen Arbeit am Beispiel von Ferienlagern, die sie in den 1970er Jahren als „Erziehungsfeld Ferienlager" (Lauff und Homfeldt 1979) begleitet haben. Sie bemühten sich mit den betreuenden Studierenden in Teamgesprächen um die Entwicklung

und Verbesserung der Ordnungsstrukturen. Das Team schätzte die gemeinsamen Essen der Kinder und Jugendlichen aufgrund ihrer täglichen Routine als günstige Gelegenheiten ein für das Erkennen notwendiger erzieherischer Interventionen. In der Erinnerung, wie die Essenssituationen abgelaufen sind und vor allem, unter welchen Bedingungen diese stattfanden, kommen Zweifel auf, ob vor dem Hintergrund der Essensbedingungen überhaupt „erzieherische Besonderheiten und Mängel bei den Kindern zu erkennen" (Homfeldt 2016, S. 40) waren.

> Bei Vollbelegung des Heimes muss in zwei Schichten gegessen werden, d. h. die zweite Gruppe kommt, wenn die erste möglicherweise noch gar nicht fertig ist. Jede Gruppe schickt eine Vorhut, den Tischdienst, in den Speisesaal. Dieser deckt in erforderlicher Anzahl das Geschirr und Besteck auf. Er holt die vorgesehenen Portionen aus der Küche ab und verteilt sie auf die Tische. Wenn dies alles fertig ist, macht sich die gesamte Gruppe über das Essen her. Viele Kinder rufen sich dann den erwünschten Nachbarn herbei, der über Blicke und manchmal über Tische zu ihm gelangt, während andere schon mit dem Essen begonnen haben. Eine pädagogische Organisation des Essens war unter solchen Bedingungen sehr schwierig. Auf unseren Videobändern haben wir viele Essenszenen aufgezeichnet, die Unrast, Enttäuschung und unsoziales Verhalten beim Essen dokumentieren, die zeigen, wie die Kinder beliebig vom Essenstisch aufstehen, herumgehen, weggehen, wiederkommen, mit Geschirr oder Besteck schlagen, sich kneifen, festhalten, bespritzen, bewerfen und bespucken, essen raffen und horten, neues Essen aus der Küche holen, ohne das bereits vorhandene aufzuessen (Lauff und Homfeldt 1979, S. 50 nach: Homfeldt 2016, S. 40).

Möglichst klare Strukturvorgaben unter Berücksichtigung der räumlichen Gegebenheiten sollten dazu führen, erzieherisch tätig zu werden, wenn sich Besonderheiten bzw. „erzieherische Mängel" zeigten. Die Beschreibung der räumlichen Gegebenheiten sowie der Ablauf der Essensituationen inklusive des Verhaltens der Kinder zeigt, wie viele Interaktionen bei einer Essenssituation zu beobachten sein können, die anscheinend ohne Einmischung pädagogischen Personals stattfanden. Lauff und Homfeldt schildern die Szene so, dass es aus ihrer Sicht überhaupt keine pädagogische Organisation der Essenssituation gab und dadurch sehr viel unsoziales Verhalten gezeigt wurde. Die Frage jedoch bleibt, welches Verhalten erwünschtes Verhalten dieser Kinder beim Essen in ihrem Ferienlager gewesen wäre. Darüber hinaus stellt sich die Frage, ob sich tatsächlich erzieherische Mängel zeigen lassen oder ob Kinder nicht einfach andere Vorstellungen vom Essen haben als die normativen Ideen des Erziehungspersonals.

▶  **Tipp** Kennen Sie ähnliche Situationen aus eigener Erfahrung als Kind oder auf der anderen Seite als Betreuer*in in einem Ferienlager? Überlegen Sie einmal, wie Sie dort verpflegt wurden? Gab es z. B. Einmischungen der Betreuer*innen oder haben Sie sich eingemischt?

Die Fragen aus dem Tipp sind sensibilisierend im Hinblick auf die Intensität der Regelung der Essenssituationen in sozialpädagogischen Situationen. Die Kinder aus Homfeldt's Beispiel haben sich überwiegend bestimmt nicht so unsozial und mit ihrem Verhalten unwohl gefühlt, wie die sozialpädagogischen Filmer*innen es beim Anschauen der Videobänder einschätzen. Die Frage bleibt, ob nicht die Kinder und Jugendlichen viel stärker mit in die Planung des Essens einbezogen werden müssten und welche Aspekte dafür zu berücksichtigen wären.

**Fragenkatalog als Wegweiser zur Gestaltung von Essen mit Kindern und ihrer aktiven Beteiligung**

Mehr als alle Wissensvermittlung ermöglicht die alltägliche Erfahrung, Essen und Trinken mit allen Sinnen, in Gemeinschaft zu genießen, um gesundes und nachhaltiges Verhalten bei Kindern und Jugendlichen zu entwickeln und zu verfestigen. Die Bedeutung gemeinsamer Essen und damit verbundene komplexe Aufgaben der Ermöglichung von Essen-Wissen und Ess-Kultur stehen im Mittelpunkt sozialpädagogischen Handelns im Handlungsfeld „Maßnahmen für Kinder und Jugendliche." Diese Erkenntnis gilt als Ausgangspunkt zur Auseinandersetzung mit der Esskultur und Tischgesellschaft in diesen Arbeitsfeldern. Mit der Esskultur sind Potenziale des sozialen Lernens und der gemeinsamen Gestaltung aller Beteiligten verbunden sowie die Chance, mit dem gemeinsam gestalteten Mittagessen und allen anderen Mahlzeiten z. B. soziales, ökologisches, nachhaltiges, gesundheitsförderliches, (ess-)kulturelles, gemeinschaftsbildendes Lernen zu fördern. Folgender Fragenkatalog aus dem Bildungsplan Baden-Württembergs unter der Überschrift Bildungs- und Entwicklungsfeld Körper stößt Ideen zu einer umfassenden Betrachtung an:

- Wann und wo gibt die Einrichtung dem Kind die Möglichkeit, sich gesund zu ernähren?
- Wie tragen die Erzieherinnen dazu bei, dass den Kindern das gesunde Durst-, Hunger- und Sättigungsgefühl erhalten bleibt?
- In welcher Weise kann das Kind Herkunft, Verarbeitung, Umgang und Wertschätzung von Nahrungs- und Lebensmitteln erfahren?
- Wie werden die Kinder aktiv in die Planung und Zubereitung von Mahlzeiten einbezogen?
- Mit welchen Ritualen werden Mahlzeiten begleitet?
- Welche Tätigkeiten des täglichen Lebens kann das Kind gemeinsam mit anderen einüben (z. B. Zubereitung von Mahlzeiten)?

- Wie üben die Kinder bei gemeinsamen Mahlzeiten angemessenes Verhalten bei Tisch?
- Wie erleben die Kinder Respekt vor Regeln, Ritualen, Festen und Traditionen der eigenen und fremden Kultur? (Ministerium für Kultus, Jugend und Sport 2009, Baden-Württemberg/Bildungs- und Entwicklungsfeld Körper).

Für jede Mahlzeit sollte die Beteiligung der Kinder und Jugendlichen geklärt werden sowie Essen, Kochen und Tischkultur täglich stärker in den Mittelpunkt erzieherischer und Sozialer Arbeit gerückt werden, da nicht nur wichtig erscheint, was wir essen, sondern auch wie, wann, wo, mit wem und warum (Höhl et al. 2009, S. 20).

Ausgehend von diesen Erkenntnissen könnte ein bunter Strauß verschiedener Settings aufgespannt und zu gemeinsamen Erlebnissen und Erkenntnissen im Bereich „Essen, Kochen und Tischkultur" in erzieherischen und pädagogischen Zusammenhängen führen. Dazu gehören auch Fragen der Gesundheit bzw. der Gesundheitsförderung (Homfeldt 2016), doch darüber hinaus sind Fragen der Selbstbestimmung, selbstständiger Aktivität, Essen-Wissen und Ess-Kulturen genauso bedeutend. In jeder Essenssituation bietet sich die Auseinandersetzung mit einer Vielzahl von Themen, die mit dem Essen verbunden sind und darüber sollte sich jede Essensanbieter*in im Klaren sein. Die Essensanbieter*innen, in der Regel die Fachkraft in den sozialpädagogischen Einrichtungen entscheidet mit ihren Kolleg*innen, was und in welcher Tiefe der Auseinandersetzung mit dem Essen auf den Tisch kommt. Die beispielhaften Fragen aus dem o. g. Bildungsplan sollen dabei eine Anregung darstellen. Mit jeder Essenssituation können unendlich viele weitere Themen aufgegriffen werden. Dabei kann auch jede Einrichtung die Entscheidung treffen, täglich von einem Caterer angeliefertes Essen auf den Tisch zu bringen und zu verzehren. Jede Entscheidung sollte fachlich begründet werden können.

**Stationäre Einrichtungen der Kinder- und Jugendhilfe**
In der breit gefächerten Literatur zu stationären Einrichtungen der Kinder- und Jugendhilfe bzw. Heimerziehung findet sich kaum jemand, der im Schwerpunkt zur Bedeutung des Essens in dem klassischen Arbeitsfeld gearbeitet hat. In der vorliegenden Forschung wird dazu eine kleine Übersicht geliefert mit der Erkenntnis, dass jeweils nur nebenbei Wissen um die Bedeutung des Essens

in der Heimerziehung hervorgebracht wurde (Adio-Zimmermann et al. 2016, S. 190 f.). Die nebenbei abfallenden Erkenntnisse schwanken zwischen Extremen, z. B. bei Winkler, der seinen ersten Eindruck beim allerersten Betreten eines Heims in einer Fußnote in einem Text zum Theorie-Praxis-Verhältnis in der Sozialen Arbeit so beschreibt: „Dennoch – und Unvergessen: Im Eintrittsbereich überfiel einen eine seltsame Mischung aus Essensgeruch, hervorragend Kohl (obwohl gar nicht so oft erhitzt), Sportschuhe und Schweiß" (Winkler o. J., S. 321) und der Erkenntnis von Nowacki und Günder, doch möglichst am Tag der Aufnahme das Lieblingsessen des neuen Bewohners, der neuen Bewohnerin zu kochen, um ihm/ihr einen angenehmen ersten Tag zu gestalten (Nowacki 2014, S. 140; Günder 2015, S. 128). Die Versorgung mit Nahrung stellt einen wichtigen Faktor während der Eingewöhnungszeit in die Wohngruppe dar, da die Befriedigung eines Grundbedürfnisses hohe Bedeutung für den Menschen habe. Außerdem würde durch die Zubereitung des Lieblingsessens ein vertrautes Signal gesetzt und Ängste abgemildert (Nowacki 2014, S. 195).

Etwa 60.000 Kinder und Jugendliche sind derzeit im Rahmen der Hilfen zur Erziehung in stationären Kinder- und Jugendhilfeeinrichtungen (§ 34 SGB VIII) untergebracht, weil ihre Entwicklung gefährdet ist und andere Erziehungshilfen nicht zur Verbesserung ihrer Lebensbedingungen geeignet erscheinen. In der stationären Jugendhilfeeinrichtung findet ihr primäres Leben statt und das Alltagsleben sowie dazugehörige Alltagserfahrungen verlagern sich in die Einrichtung. Die Kinder und Jugendlichen werden täglich mehrfach mit Essen versorgt.

> Der Grad des Wohlfühlens der Kinder und Jugendlichen in der Lebenswelt ‚Heim' verläuft nicht unwesentlich entlang der Frage nach der leiblichen Versorgung und seiner institutionellen Gestaltung. Die Rhythmisierung der Mahlzeiten bildet einen zentralen Taktgeber im Tagesablauf. Ihr alltäglicher Vollzug ist der Ort der Gestaltung von sozialen Beziehungen – gerade auch deshalb, weil die gesamte Gruppe sich oftmals nur zu diesem Anlass zusammenfindet (Adio-Zimmermann et al. 2016, S. 192).

Im folgenden Verlauf wird auf die Ergebnisse aus einer ethnografischen Untersuchung zurückgegriffen, die in sechs unterschiedlichen Wohngruppen (z. B. in einem Kleinstheim, Innenwohngruppen größerer Heimeinrichtungen, Heim mit Großgruppenkonzept, Kinderdorffamilie und Außenwohngruppe) mit acht bis 10 Beobachtungen durchgeführt wurde. Es wurden sowohl das Frühstück, Mittagessen und Abendbrot und wenn es stattfand, auch das Kochen mit in die Beobachtung einbezogen (Adio-Zimmermann et al. 2016, S. 193). Drei Modelle der nutritiven Versorgung lassen sich unterscheiden: 1) Der Heimträger verfügt über eine Zentralküche und die warme Mittagsmahlzeit wird außerhalb der

Wohngruppe gekocht und angeliefert. Die Lebensmittel für das Frühstück und das Abendessen werden ebenfalls angeliefert und die Gruppen haben nur ein kleines Budget für eigene Lebensmitteleinkäufe. 2) Es gibt Haushalts- und Küchenfachkräfte in der Wohngruppe, die dort sämtliche Arbeiten der Nahrungsversorgung vom Einkaufen bis zum Kochen übernehmen. 3) Bei der dritten Variante übernehmen die pädagogischen Fachkräfte sämtliche Arbeiten der Nahrungsversorgung. An den Wochenenden sind in allen Varianten die pädagogischen Fachkräfte für die Nahrungsversorgung zuständig (Adio-Zimmermann et al. 2016, S. 194). Die ethnografische Untersuchung offenbarte die institutionelle Verpflegung als Gruppenereignis. „Frühstück, Mittag- und Abendessen als die drei Hauptmahlzeiten des Tages werden in allen untersuchten Wohngruppen mit allen Kindern und Jugendlichen sowie unter Beteiligung der diensthabenden Fachkräfte gemeinsam eingenommen" (Adio-Zimmermann et al. 2016, S. 194).

Dabei gilt der große Esstisch, um den sich alle versammeln und den es in jeder untersuchten Einrichtung gibt, als demonstratives Symbol der erwünschten Mahlgemeinschaft. Die Leitfigur des kollektiven Speisens wird verfolgt, es werden nur Ausnahmen gemacht, wenn Kinder oder Jugendliche später aus der Schule kommen und es gibt auch für alle die gleichen Speisen. Frühstück und Abendessen bietet einige Wahlmöglichkeiten bezüglich der Nahrungsmittel an. „Die Kinder und Jugendlichen haben in der Regel keinen eigenständigen Zugang zu den Nahrungsvorräten ihrer Wohngruppe oder Einrichtung, zumindest unterliegt dieser stark der Kontrolle der Erwachsenen. So ertönte in einer Gruppe ein akustisches Signal, wenn Kinder selbstständig den Kühlschrank öffnen" (Adio-Zimmermann et al. 2016, S. 194).

Die Einrichtungen, obwohl sie sehr unterschiedlich erscheinen, bringen dennoch ein universelles Ablaufskript hervor mit folgenden Ereignissen: „1. Aufruf zum gemeinsamen Essen, 2. Aufruf zum Händewaschen und Vollzug der Reinigung, 3. Versammeln am Essensort und Einnehmen der Sitzplätze, 4. Speisen auftischen und verteilen, 5. Vollzug eines gemeinsamen Tischrituals, 6. Beginn des Verzehrs" (Adio-Zimmmermann et al. 2016, S. 197). Dem Aufruf zum gemeinsamen Essen folgt der Aufruf zum Händewaschen, der von den Fachkräften unterschiedlich ernsthaft eingefordert wird. „Feststellbar ist, dass die Kontrolle umso stärker ist, je jünger die Kinder sind. Ebenso zeigt sich, dass das Händewaschen bei den verschiedenen Tagesmahlzeiten einen unterschiedlichen Stellenwert erhält" (Adio-Zimmermann et al. 2016, S. 197). Das Betreten des Essensortes und Einnehmen der Sitzplätze ist von verschiedenen Handlungen begleitet, miteinander reden, inszeniertes Spiel und Spaß oder Streit ziehen dieses Ereignis unterschiedlich in die Länge. Überwiegend gibt es feste Sitzplätze, deren

Platzordnung beim Mittagessen sehr rigide gilt, während sie beim Frühstück und Abendessen eher lockerer gehandhabt werden. Die Verteilung der Speisen erfolgt bei den gemeinsamen warmen Mahlzeiten fast ausschließlich von den Erzieher\*innen bzw. Sozialpädagog\*innen. Damit werden auch die Mengen der Speisen für die Kinder und Jugendlichen von jemand Erwachsenen festgelegt. Das Verteilen durch Erwachsene wird als hierarchisch strukturierte und fremd bestimmte Situation gedeutet, während der eigenständige Zugriff auf die Schüsseln auf dem Tisch Unabhängigkeiten und Selbstbestimmungen schaffen würde (Adio-Zimmermann et al. 2016, S. 199). Beim Frühstück und Abendessen wird den Kindern und Jugendlichen mehr Selbstbestimmung zugestanden und sie können sich selber von den Speisen nehmen. Nach dem Verteilen der Speisen erfolgt der Tischspruch und erst daraufhin beginnt der Verzehr der Speisen. „Die Institutionalisierung der Mahlzeit als eine kollektive Handlung ist zentral auf den Beginn des Speisenverzehrs fokussiert. Eine Reihe dem Essen vorgelagerter Handlungen sorgen dafür, dass die einzelnen Individuen sukzessive auf zeitliche, räumliche und praktische Gleichförmigkeit am Tisch ausgerichtet werden" (Adio-Zimmermann et al. 2016, S. 200).

Die Vorgänge des Essen und der Versorgung in der stationären Kinder- und Jugendhilfe gewinnen aufgrund der dargestellten, vielfältigen Bedeutungen professionstheoretische Bedeutung. Die Herausforderungen der Alltagsbewältigung liegen in Wohngruppen zwischen Haushaltslogistik, Kulinaristik, Caring und Pädagogik (Adio-Zimmermann et al. 2016, S. 192). Darin liegen für die Versorgenden Entscheidungen über Menge und Auswahl der Speisen, über Zuteilung, Reglementierungen und Ausschlüsse. Die Versorgten können ihrerseits Essen verweigern und damit die Fachkräfte verletzen, sodass in den Vorgängen des Essens auch Machtmissbrauch, Konkurrenz, Neid und Gefühle von Ungerechtigkeit und Undankbarkeit stecken können. „Weiterhin sind Essenssituationen immer mit pädagogischen Anliegen verbunden. Das Einüben der ‚richtigen' Tischmanieren, der Verzehr der ‚richtigen' Lebensmittel in den ‚richtigen' Dosierungen, die Entwicklung des ‚richtigen' Geschmacks oder die ‚richtige' Körperhaltung machen die Mahlzeiten zu einer bedeutsamen Arena von Erziehung und Bildung" (Adio-Zimmermann et al. 2016, S. 192). Mit dem „richtig" entsteht täglich eine Vielzahl an Fragen, die professionstheoretisch noch zu beantworten sind und dennoch jeden Tag bereits im Tun entschieden werden. An den Essenssituationen am Beispiel der stationären Kinder- und Jugendhilfeeinrichtungen zeigen sich die starken institutionelle Zwänge, die mit der Verpflegungssituation einhergehen, wie z. B. die ökonomische Bevorratungs- und Küchenlogistik, zeitliche Taktungen und räumlich-materielle Rahmungen (Adio-Zimmermann et al. 2016, S. 192).

**Sozialpädagogische Familienhilfe**

Die sozialpädagogische Familienhilfe steht als weiteres Beispiel sozialpädagogischer Handlungsfelder, in denen das Essen mit Adressat*innen regelmäßig zum Thema wird. Sozialpädagogische Familienhilfe hat mit allen Problemlagen zu tun, die Familien betreffen können und sie wendet sich entweder an ein Mitglied der Familie, an mehrere oder an die gesamte Familie. Familien können sowohl von den Fachkräften in ihrer Wohnung aufgesucht werden oder die Familienhilfe findet in den Räumlichkeiten des jeweiligen Trägervereins statt. Familienhelfer*innen können sich auch alternativ an anderen Orten mit einem Familienmitglied treffen, z. B. in einem Cafe oder einem anderen öffentlichen Ort.

Einerseits ergibt sich ein wechselndes räumliches Setting, andererseits findet das berufliche Handeln sehr nahe am privaten Leben der Familie statt, sodass für die Familie das berufliche Handeln der Familienhelfer*in nicht explizit erkennbar für die Familie sein muss, da es sich nicht unbedingt von der Unterstützung von Nachbar*innen oder Verwandten unterscheiden lässt (Klug-Duran 2009, S. 85). Fachkräfte müssen sich also während des gesamten Hilfeverlaufs wiederkehrend sehr transparent in Bezug auf die Hilfesituation verhalten, um ihre Einmischung zu verdeutlichen und abzugrenzen. Wenn Fachkräfte Familien in deren Wohnung aufsuchen, werden ihnen auch bisweilen Speisen und Getränke von den Adressat*innen angeboten. Fachkräfte müssen sich in diesen Situationen verhalten; wenn sie diese als solche erkennen, können sie dieses Angebot sozialpädagogisch nutzen, vorausgesetzt sie verfügen über ausreichend Professionalität und Erfahrung. Es kann auch zu Missverständnissen kommen, die durch die Gastlichkeit der Familien entstehen können. Klug-Duran berichtet folgendes Erlebnis:

---

**Beispiel**

Eine Familie bestand über Wochen darauf, dass die Familienhelferin mit ihr zu Abend aß und zögerte die Verabschiedung der Familienhelferin regelmäßig stark heraus, weil sie dachte, die Familienhelferin habe keine eigene Familie und sei folglich abends alleine zuhause. Alleine zu essen und abends alleine zu Hause zu sein, widersprach der Kultur dieser Familie. Sie kümmerte sich also auf ihre Art um die Helferin, schütze sie vor Einsamkeit, obwohl die Familie – wie sich später herausstellte – eigentlich abends lieber unter sich ohne Familienhelferin gewesen wäre. Das Interesse der Familienhelferin lag wiederum darin, pünktlich die Arbeit zu beenden, um zuhause den Feierabend zu beginnen. Sie sah sich jedoch vor der Schwierigkeit, in der Zeit des Sich-Kennenlernens und des Beziehungsaufbaus nicht unhöflich reagieren zu wollen. Beide Seiten waren sehr erleichtert, als dieses Missverständnis um die ‚vereinsamte Familienhelferin‘ aufgelöst werden konnte (Klug-Duran 2009, S. 85).

Durch Hausbesuche und die Akzeptanz der Fortführung des regulären Alltags (Küchentätigkeiten, gemeinsames Essen) während des Besuchs der Familienhelferin können Einblicke gewonnen werden, die entscheidend für die Einschätzung der Familienproblematik und dann für Lösungen sein können (Klug-Duran 2009, S. 89). Die andere Perspektive, Essen und Trinken von den Fachkräften aktiv als sozialpädagogisches Instrument zu nutzen, tritt ein, wenn die Ratsuchenden an den institutionellen Arbeitsort der Familienhelfer und Familienhelferinnen kommen (Klug-Duran 2009, S. 86). Im Rahmen der sozialpädagogischen Familienhilfe können durch die Gestaltung von Situationen des Kochens und Essens Rollenbilder und traditionellen Aufgabenteilungen infrage gestellt werden (Klug-Duran 2009, S. 94). Darüber hinaus erscheint bedeutend, dass in der Arbeit mit Familien, in denen z. B. die Mütter kaum deutsch sprechen können, das Essen möglicherweise einen sehr hohen Stellenwert bekommt, da es für die Frauen die einzige Möglichkeit darstellt, die Familienhelferin willkommen zu heißen (Klug-Duran 2009, S. 95). Essen und Trinken kann im Alltag der sozialpädagogischen Familienhilfe nicht ignoriert werden. Im Gegenteil handelt es sich um methodische Instrumente zur Kontaktaufnahme, Diagnoseunterstützung und Beziehungsgestaltung. Die Bewirtung von Adressat*innen durch die Familienhelfer*innen und umgekehrt, die Bewirtung von Familienhelfer*innen durch die Adressat*innen schafft Grundlagen der Annäherung und Ansatzpunkte für die weitere gemeinsame Arbeit. Rituale rund um das Essen helfen dabei, Nähe, Bindung und Vertrauen aufzubauen, denn die Kinder und Erwachsenen erfahren sich als kompetent und nehmen daraus Kraft und Zuversicht, um auch andere Aufgaben bewältigen zu können (Klug-Duran 2009, S. 97).

## 4.2   Das Eltern-Kind-Zentrum als Beispiel für das Handlungsfeld: „Angebote für Frauen, Mütter, Ehe und Familien"

Im Handlungsfeld „Angebote für Frauen, Mütter, Ehe und Familien" gibt es exemplarisch das Beispiel von Benedikt Sturzenhecker zu Eltern-Kind-Zentren in Hamburg, die angeschlossen an Kindertageseinrichtungen in belasteten Stadtteilen benachteiligte Eltern erreichen und deren Erziehungskompetenz stärken sollen.

**Eltern-Kind-Zentrum**
Sturzenhecker bezieht seine Erkenntnisse auf Beobachtungen in Eltern-Kind-Zentren in Hamburg, in denen regelmäßig gemeinsames Frühstücken stattfindet. Die Mitarbeiter*innen eröffnen damit die Öffnungszeit und

wollen mit dem Frühststückangebot Niedrigschwelligkeit und Gastfreundlich-
keit erzeugen. Die Besucher*innen sollen sich willkommen und anerkannt fühlen. Für Sturzenhecker verbindet sich mit dem Frühstücksangebot Wertschätzung
und Fürsorglichkeit, da die Mütter und Kinder mit einem vielfältigen, kulturell
berücksichtigenden Speiseregeln, gesunden, schön angerichteten und leckeren
Frühstück empfangen (Sturzenhecker 2009, S. 68).

> Das Angebot des gemeinsamen Essens bietet den Eintretenden sofort eine einfache
> und bekannte Aktivität an. Sie müssen nicht unsicher rumstehen, sondern unmittel-
> bar Vertrautes und Angenehmes tun. Zudem wird durch das Platznehmen am Tisch
> schnell und einfach eine Integration in die Gruppe der gemeinsam Frühstückenden
> hergestellt, ohne dass durch die Besucherinnen dafür eine besondere ‚Leistung' zu
> erbringen wäre (Sturzenhecker 2009, S. 68).

Gemeinsam am Tisch sitzen, bedeutet gleichzeitig Integration und Egalisierung, erst
einmal gibt es keine Hierarchie zwischen den einzelnen Personen, jede hat dort ihren
Platz und gehört zu dieser Mahlgemeinschaft dazu. Bei dem gemeinsamen Essen
sind alle gleichberechtigt, alle können sich alles nehmen und sie teilen das vorhandene Essen. Das Setting des gemeinsamen Essens wertet die Teilnehmerinnen auf,
da ganz anders als sonst empfangen werden: sie sind in der Frühstückssituation im
Eltern-Kind-Zentrum willkommen und empfinden sich nicht als Bittstellerinnen wie
schon so oft, wenn sie sich in soziale Institutionen hineinbegeben mussten.

Die ihnen entgegengebrachte Fürsorge erwartet keine Gegenleistung und die
Pädagogik wird als Gabe betrachtet, die keine Gegenleistung erwartet. Damit
gehen für Sturzenhecker mehrere pädagogische Perspektiven einher: Den Nutze-
rinnen wird Nahrung und Beheimatung ohne Rückerstattungserwartung gegeben
und dieses Vorgehen kann als grundsätzliche Form von Anerkennung verstanden werden. Die Erfahrung dieser Anerkennung kann in Bezug auf Honneth die
Entwicklung von Selbstvertrauen ermöglichen. „Die Gastlichkeit des Essens im
Eltern-Kind-Zentrum antwortet also auf den Mangel an Vertrauen und Selbstvertrauen, der so kennzeichnend ist für die Lebensverhältnisse der Adressatinnen"
(Sturzenhecker 2009, S. 69).

Dabei legt diese sozialpädagogisch gestaltete Essenssituation Wert auf das
Kennenlernen und die aktive Aneignung des Alltags, in dem die Gestaltungsmög-
lichkeiten familiärer Essens- und Gemeinschaftssituationen angeboten und erlebt
werden können.

> Der EKiZ-Alltag ist familiären Situationen mit Kindern weitestgehend analog:
> Auch hier wird gekocht, gegessen, gespielt, gepflegt, gesprochen, getröstet, geord-
> net, gefördert, geputzt, geschimpft, gestritten, gesungen, geregelt, geruht, gestützt

und geschützt u.ä.m. Das alles geschieht integriert als nichtlinearer Prozess, in dem sich die Beteiligten immer wieder neu auf die unterschiedlichsten und wechselnden Bedürfnisse und Themenstellungen der beteiligten Kinder und Erwachsenen einstellen (Sturzenhecker 2009, S. 73).

Gemeinsames Essen eröffnet nicht nur die Erfahrung von Fürsorge für sich selber, vielmehr wird auch die selbstbildende Aneignung förderlicher familiärer Handlungsmuster durch aktive Beteiligung gezeigt (Sturzenhecker 2009, S. 74). Die gemeinsame Mahlzeit umfasst dabei Tischdecken und Aufräumen, bezieht die Planung und das Einkaufen sowie das gemeinsame Kochen ein. Mit der aktiven Aneignung des Alltags findet mit ihr auch ein Lernen über das Gestalten familiärer Essens- und Gemeinschaftssituationen statt (Sturzenhecker 2009, S. 71).
Das angebotene Frühstück ermöglicht den Adressatinnen über die Alltagserfahrung mit anderen Gleichgesinnten und der damit verbundenen Anerkennung hinaus auch die Möglichkeit selbstbildender Aneignung durch förderliche familiäre Handlungsmuster durch ihre aktive Beteiligung im Eltern-Kind-Zentrum (Sturzenhecker 2009, S. 74).

## 4.3   Ernährung und Ernährungserfordernisse älterer Menschen im Handlungsfeld: „Hilfen für ältere Menschen" am Beispiel Altenpflegeeinrichtungen und Essen-auf-Rädern

Im Handlungsfeld „Hilfen für ältere Menschen" werden zum einen die Ernährungsbedürfnisse älterer Menschen dargestellt und zum anderen zwei Möglichkeiten institutionalisierter Hilfen zur Ernährung älterer Menschen. Dazu gehören die ambulante Versorgung „Essen auf Rädern" und die Versorgung älterer Menschen in der Altenpflege. Bisher gibt es insgesamt wenig Wissen darüber, wie und in welchen Konstellationen ältere Menschen essen, wenn sie zu Hause leben und ob sie dem Angebot „Essen auf Rädern" auch den Vorzug geben würden, wenn es für sie vielleicht eine erreichbare Essgemeinschaft gebe, z. B. in der Nachbarschaft in einem Mehrgenerationenhaus, in einem Stadtteil- oder Bürgerzentrum oder vielleicht sogar in den Mensen benachbarter Schulen, Universitäten oder Firmen.

**Ernährungserfordernisse älterer Menschen**
Die Ernährungserfordernisse älterer Menschen sind gekennzeichnet durch die alltägliche Gefahr der Mangel- bzw. Unterernährung. Ältere Menschen benötigen insgesamt weniger Energie bei gleicher Menge bestimmter Nahrungsstoffe, damit

die für die Ernährung erforderliche Erhöhung der Nährstoffdichte erfolgen kann.
„Bei einer täglichen Energieaufnahme von weniger als 6280 J (1500 kcal) ist eine
Deckung des Bedarfs an essenziellen Nährstoffen durch landesübliche Kost nicht
zu erreichen" (Hauenschild 2006, S. 364). Älteren Menschen wird aufgrund ihres
insgesamt geringeren Bedarfs an Energie empfohlen, die Zusammensetzung der
Nahrung fettarm zu gestalten und gleichzeitig genauso viel Eiweiß, Vitamine
und Mineralstoffe zu sich zu nehmen wie auch in jüngeren Lebensphasen, um
die Nährstoffdichte zu erhöhen. Die Gefahr von Mangel- bzw. Unterernährung[1]
wird dabei vor allem für das höhere Lebensalter gesehen und überwiegend als
Bedrohung für Ältere in stationären Einrichtungen in der Altenpflege thematisiert.
Von besonderer Bedeutung für die Generation der gegenwärtig älteren Menschen
erscheint ihr Enkulturations- und Sozialisationsprozess in Bezug auf Ernährung
und Esskultur. Sie sind in eine für Ernährungs- und Esskulturfragen bedeutsame
Zeit hineingeboren worden und haben entsprechend Phasen des Hungers in der
Kriegs- und Nachkriegszeit sowie des Überflusses in der Wirtschaftswunderzeit
in ziemlich kurzen Zeitabständen als selbstverständliche Bedingungen ihres Auf-
wachsens erlebt. Diese Erfahrungen haben Auswirkungen auf die heute älteren
Menschen bezüglich Ernährungsweisen und auch ihrer Überzeugungen bezüglich
ihrer Ernährung.

Die Techniker Krankenkasse hat 2013 in ihrer Untersuchung herausgefunden,
das Essen für Senioren kaum mehr Bedeutung habe im Vergleich zu allen anderen Altersgruppen. Sie würden weder auf die Zubereitung ihres Essens viel Zeit
verwenden noch investierten sie viel Geld. „Im Leben von fast 60 % der älteren
Bevölkerung spielt es keine große oder auch gar keine Rolle. Wie es schmeckt,
wird zunehmend egal. Deshalb sind die Senioren auch nicht bereit, auf die
Zubereitung ihres Essens viel Zeit zu verwenden oder Geld dafür zu investieren" (Techniker Krankenkasse 2013, S. 4). Die Gefahr einer Nährstoffunterver-
sorgung kann entstehen, wenn z. B. nur noch kleine Portionen verzehrt werden
oder die Nahrungsaufnahme nicht regelmäßig stattfindet. Hinzu kommen weitere
Ursachen für eine Unterversorgung mit Nährstoffen im Alternsprozess: Ungüns-
tige Ernährungsgewohnheiten, Appetitmangel, veränderter Geschmacks- und

---

[1]Unterernährung weist auf unzureichenden Lebensmittelverzehr und somit ungenügende
Energiezufuhr hin. Mangelernährung meint spezifische Nährstoffmängel und bezeichnet
ein Missverhältnis zwischen Bedarf und Zufuhr aufgrund unausgewogener Ernährung.
Davon lässt sich noch Überernährung unterscheiden, bei der übermäßiger Lebensmittelver-
zehr zu einer zu hohen Energiezufuhr führt und Übergewicht verursacht (Biedermann und
Hoffmann 2005, S. 40).

Geruchssinn, schlechter Zustand des Gebisses durch mangelnde Mund- und Zahnpflege, erhöhter Vitamin- und Mineralstoffbedarf durch Medikamentenkonsum, eingeschränkte Verdauung und ungenügende Verwertung der Nahrungsinhaltsstoffe, Alkoholkonsum, Vorhandensein mehrerer Erkrankungen (Multimorbidität), Nebenwirkungen von Medikamenten, psychische Störungen, Einsamkeit und finanzielle Schwierigkeiten (Strube 2006, S. 547). Das Malnutritionsrisiko älterer Menschen erscheint insgesamt erhöht aufgrund altersassoziierter Veränderungen des Appetit- und Sättigungsverhaltens, Komorbiditäten, gastrointestinalen Funktionsstörungen, der Polypharmazie sowie psychosozialen und funktionellen Einschränkungen (Lechleitner 2013, S. 399).

Weitere Faktoren haben Einfluss auf die Ernährung. Der Magen verliert seine Elastizität und dadurch stellt sich ein vorzeitiges Sättigungsgefühl ein, weil der Magen schneller gefüllt ist.

Hinzu kommen Kau- und Schluckbeschwerden, schlecht sitzende Prothesen, motorische Einschränkungen durch demenzielle Erkrankungen. Auch das Durstgefühl lässt nach. Jeder siebte >65-Jährige und jeder vierte >85-Jährige trinkt weniger als 1 Liter pro Tag, d. h. zu wenig. Trinkmenge und Trinkmotivation hängen sehr stark voneinander ab. Nach Mineralwasser sind Tee und Kaffee die zweitwichtigsten Flüssigkeitslieferanten. Bei etwa einem Drittel der über 70-Jährigen zeigt sich eine verminderte Magensäureproduktion. Hierdurch werden natürlich Verdauungsprozesse negativ beeinflusst (Hauenschild 2006, S. 364).

Darüber hinaus kann die Aufnahme von Vitamin B12 beeinträchtigt sein bei einer chronischen Gastritis, sodass eine ausreichende Produktion des Intrinsic factors nicht mehr möglich ist und Vitamin-B12-Mangel entsteht. Die Fähigkeit der Vitamin-D-Produktion in der Haut nach UV-Exposition nimmt ab und der Bedarf an Folsäure und Jod wird oft nicht mehr über die Ernährung gedeckt (Hauenschild 2006, S. 364 f.).

Die Ernährungssituation älterer Menschen stellt sich sehr unterschiedlich dar und muss differenziert betrachtet werden (Strube 2006, S. 547). Der 9. Ernährungsbericht der Deutschen Gesellschaft für Ernährung (2000) hat in Zusammenarbeit mit dem Institut für Ernährungswissenschaft der Universität Bonn die Ernährungssituation älterer Menschen über 65 Jahren, die im eigenen Haushalt leben und selbstständig sind, in das Zentrum ihrer Betrachtung gestellt. Mehr als 1900 Frauen und Männer wurden befragt und ihr Körpergewicht, Körpergröße, Ernährungsgewohnheiten, Lebensmittelauswahl, Energie- und Nährstoffzufuhr ermittelt. Etwa die Hälfte der Befragten wurde als überwiegend rüstig eingeschätzt, weil sie das Haus verließen, einkaufen gingen und noch sportlich aktiv waren. Wandern, Schwimmen oder Rad fahren gehörte zu ihren täglichen

Aktivitäten. Diese von Strube als mobile Senioren bezeichneten Älteren legten Wert auf regelmäßige Mahlzeiten und fast alle nahmen täglich eine warme Mahlzeit ein. Sie aßen überwiegend zu Hause. Männer wurden nach dem traditionellen Rollenverständnis dieser Generation von ihren Partnerinnen versorgt (Strube 2006, S. 548). Bei jüngeren älteren Menschen, die zu Hause leben und gesund sind, lassen sich demzufolge keine gravierenden Ernährungsdefizite beobachten (Hauenschild 2006, S. 364), obwohl sie viel zu wenig Obst und Gemüse essen. Neben genetischer Disposition, körperlichem und geistigem Training sowie psychosozialen Faktoren stellt für die Erhaltung von Gesundheit, Wohlbefinden, Leistungsfähigkeit und nicht zuletzt für die Selbstständigkeit im Alter die Ernährung einen wesentlichen Faktor dar. Dabei wird eine gesunde und ausgewogene Ernährung als elementare Voraussetzung für Autonomie und Lebensqualität bis ins hohe Alter eingeschätzt (Strube 2006, S. 547). Entlang der Ernährungsempfehlungen der Deutschen Gesellschaft für Ernährung (DGE) sollen täglich 650 g Obst und Gemüse verzehrt werden. Nur etwa 20 % der Senioren erreichen diese Menge täglich. Die Gießener Seniorenlangzeitstudie (GISELA) zeigte, dass etwa 70 % zusätzliche Vitamin- und/oder Mineralstoffpräparate einnehmen. Magnesiumpräparate, gefolgt von Vitamin E und C wurden am häufigsten verwendet. Mit der zusätzlichen Aufnahme erreichten einzelne Senioren die Referenzwerte für die einzelnen Nährstoffe. Eine spezielle Altersdiät hält die DGE dennoch nicht für sinnvoll. Die DGE setzt auf eine abwechslungsreiche, vielseitige Ernährung, die die Zufuhr von Nahrungsergänzungsmitteln überflüssig mache. Nur in medizinisch begründeten Fällen sollten entsprechende Präparate verordnet werden (Hauenschild 2006, S. 365).

**Mangelernährung älterer Menschen in Altenpflegeeinrichtungen**
Mangel- oder sogar Unterernährung stellt vor allem für die Gruppe der Hoch- und Höchstbetagten aufgrund unbemerkter Nährstoff- und Flüssigkeitsdefizite, häufig verbunden mit Kau- und Schluckbeschwerden und z. B. Erkrankungen wie Demenz, ein nicht zu unterschätzendes Problem dar. Die Ernährungssituation selbstständig lebender Senioren und Seniorinnen ist in der Regel besser als die von älteren, in Heimen lebenden Menschen, wie die Bonner Seniorenstudie gezeigt hat. Etwa 5 % der Senioren lebten 2006 in Alten- und Pflegeheimen und die BewohnerInnen sind durch ihr sehr hohes Alter und extreme Multimorbidität gekennzeichnet. „Bei 47 % liegt das Körpergewicht unterhalb des Normbereichs. Die Ergebnisse zeigen zudem, dass die Zufuhrwerte für Vitamine und Mineralstoffe weitaus weniger als 50 % der DGE-Referenzwerte erreichen" (Hauenschild 2006, S. 365). Die Paderborner Seniorenstudie fand heraus, dass 1,6 % der älteren Männer und 7,5 % der älteren Frauen stark untergewichtig waren. In

der Altersklasse der über 90-Jährigen steigt das Risiko einer Mangel- bzw. Unterernährung für Männer mit 60 % und für Frauen mit 70 % (Hauenschild 2006, S. 365). Darüber hinaus ließ sich in der Paderborner Altenheimstudie (PAHS) differenziert zeigen, dass 13 % der an der Studie teilnehmenden selbstständig essenden älteren Frauen (47 Teilnehmerinnen mit einem Altersdurchschnitt von 85 Jahren) unter- bzw. mangelernährt waren. „Die mittlere Energiezufuhr war mit 1620 kcal/Tag geringer als der Richtwert. Die Nährstoffzufuhr wurde als nicht bedarfsdeckend beschrieben, insbesondere im Hinblick auf die Versorgung mit Vitamin C, Vitamin B, Folsäure und Kalzium" (Strube 2006, S. 550).

Die Bethanien-Studie zeigte ebenfalls, dass vor allem die Gefahr der Mangel- und Unterernährung in der Ernährungs- und Flüssigkeitszufuhr bei hochbetagten, chronisch kranken Menschen, insbesondere in geriatrischen Einrichtungen gegeben ist. In dieser Studie wurde bei 300 Patienten eines geriatrischen Krankenhauses im Alter von 75 Jahren der Ernährungs- und Gesundheitszustand analysiert (Strube 2006, S. 550). Ernährungsdefizite lassen sich besonders häufig feststellen in Seniorenheimen und geriatrischen Krankenhäusern mit überwiegend hochbetagten Bewohnern und Patienten. Fast ein Viertel der älteren Menschen waren nach dem klinischen Erscheinungsbild als unterernährt einzustufen. Bei den unterernährten Personen war die Sterblichkeitsrate deutlich höher als bei den gut ernährten übergewichtigen Patienten. „Für Bewohner in den Altenpflegeeinrichtungen ist festzustellen, dass die Ernährungssituation, insbesondere was die Prävalenz von Mangelernährung bei alten und pflegebedürftigen Menschen betrifft, bisher fast gar nicht erforscht ist. Die Schwankungsbreite diesbezüglich publizierter Studiendaten ist sehr groß: Zwischen 40 und 85 % der Bewohner von Alten- und Pflegeheimen sind mangelernährt" (Strube 2006, S. 550). Da die Therapie der Mangel- bzw. Unterernährung im hohen Alter sehr schwierig und mühsam ist, kommt der Prävention eine entscheidende Rolle zu. Vor diesem Hintergrund bedarf es vor allem in Senioreneinrichtungen besonderer Anstrengungen, bedarfsgerechte Ernährung sicher zu stellen und gleichzeitig die Freude am Essen und Trinken zu stärken.

Die Strukturen der Ernährung und Esskultur für zu Hause und in Pflegeeinrichtungen lebende ältere Menschen sollte mehr Berücksichtigung finden, um den Stellenwert und die Zufriedenheit der Ernährungssituation zu erhöhen. Biedermann und Hoffmann schätzen die Küche ein als Motor von Lebensqualität im Pflege- und Altersheim und betrachten sie als Herzstück in ihrer Verantwortung für eine gute Versorgung (Biedermann und Hoffmann 2005). Schreiber und Hackl beschreiben auf Basis ihrer Studie konkrete Verbesserungen der Ernährung in stationären Einrichtungen der Altenhilfe:

Großteils kann durch die Einführung eines Schöpfsystems auf die Wünsche der Senioren in Bezug auf die Portionsgröße und Zusammenstellung Rücksicht genommen werden. Auch werden Lieblingsspeisen und Abneigungen der Senioren dokumentiert. Sowohl durch die Gestaltung der Räume und Mahlzeiten als auch mittels Ritualen oder festen Sitzordnungen soll für die Senioren ‚Wohnen wie daheim auch' ermöglicht werden. Die Betreuung von dementiell erkrankten Menschen stellt die Pflegekräfte vor eine besondere Herausforderung. In der Mehrheit der Einrichtungen wird versucht die Individualität der Senioren beim Essen zu berücksichtigen. Durch Raumgestaltung, Essbiographie und Aktivierungsprogramme werden die Senioren aktiv in die Esskultur der Einrichtungen einbezogen. Eine Sensibilisierung für das Thema Essen und Trinken findet statt (Schreiber und Hackl 2010, S. 9).

Die Essbiografie und damit verbunden die zeithistorisch gesellschaftlich bedeutsame Bedingtheit des Erlernens von Ernährungsverhalten und Esskultur sollte insgesamt stärker in Bezug auf Alternsprozesse und in gemeinschaftlichen Versorgungssituationen berücksichtigt werden, damit Bedürfnisse geweckt, verstanden und berücksichtigt werden können.

**Täglicher Menü-Bringdienst: „Essen auf Rädern" – Versorgung für zu Hause lebende ältere Menschen**

„Essen auf Rädern" bezeichnet die regelmäßige Lieferung fertig zubereiteter Mahlzeiten bis an die Wohnungstür des*der Bestellers*in. Soziale Dienstleister, wie z. B. Wohlfahrtsverbände oder auch Privatunternehmen bieten Essen auf Rädern an. Es ist vor allem auf die Bedürfnisse älterer und/oder hilfebedürftiger Menschen zugeschnitten, die sich ihre Mahlzeiten, vielleicht auch nur vorübergehend nach längerer Krankheit, nicht (mehr) selbstständig zubereiten können. Essen auf Rädern kann auch unter den Begriffen „Mahlzeitendienst", „Menüservice", „Essenbringdienst" verstanden werden. Essen auf Rädern bieten ein großes Sortiment für alle möglichen Ernährungserfordernisse an. „Von Hausmannskost über Trendmenüs bis zu diätetischen Speisen – wahlweise tiefgekühlt, aufwärmbar oder bereits servierfertig – wird alles geliefert. Qualität, Service und Preis können je nach Anbieter enorm variieren." (https://www.verbraucherzentrale.de/kriterien-essen-auf-raedern, Zugriff: 18.08.2017). Das Angebot und die Qualität des Essens lassen sich kaum überblicken, ebenfalls variieren die Preise für ein Menü zwischen 4,50 und 7 EUR. Gleichzeitig fallen evtl. noch Kosten für Anlieferung und Wochenendzuschläge an. Für die mobile Verpflegung werden auch Zuschüsse gewährt und bis zu zwei Drittel der Kosten erstattet. Informationen zu Menüdiensten und deren Service gibt es in städtischen Einrichtungen, wie z. B. Seniorenbüros oder Beratungsstellen der Wohlfahrtsverbände, Kirchengemeinden oder der Verbraucherzentrale (https://www.verbraucherzentrale.de/kriterien-essen-auf-raedern, Zugriff: 18.08.2017).

Wenig ist bekannt über die Zufriedenheit der älteren Menschen mit ihrem in die eigene Häuslichkeit gebrachte Essen. Die Verbraucherzentrale und auch die DGE haben die Qualität des Essens auf die Qualitätsstandards der DGE von 2010 überprüft und waren enttäuscht über die Nährstoffqualität der untersuchten Essen (Hantelmann et al. 2012). Hauenschild hat bereits 2006 die Qualität der Essen auf Rädern bemängelt, da von 325.000 Senior*innen 75 % die weniger gesunden Heißauslieferungen mit einem geringen Nährstoffgehalt aufgrund der produktionsbedingt langen Warmhaltezeiten erhielten und nur 25 % die als gesünder geltende Tiefkühlkost (Hauenschild 2006, S. 365). Inzwischen gibt es eine Vielzahl an unterschiedlichen Essensbringdiensten, deren Qualität in Bezug auf die Gesundheit infrage gestellt wird. Gleichzeitig werden noch mehr Bedarfe entstehen, da mit den zunehmenden Anteilen älterer Menschen an der Gesellschaft und ihrem Wunsch, so lange wie möglich in der eigenen Häuslichkeit zu verbringen, weiterer Zuwachs zu erwarten ist. Die älteren Menschen bekommen ihr Essen täglich bis an die Haus- bzw. Wohnungstür geliefert und nachdem sie es sich geholt haben und ausgepackt haben, entsteht eine Blackbox. Es gibt kein Wissen darüber, wie die älteren Menschen ihr Essen essen, ob sie es auf ihr eigenes Geschirr umverteilen oder aus den Transportschalen essen, ob sie dabei alleine bleiben und ihren esskulturellen Gewohnheiten folgen, wie z. B. eine Serviette zu nutzen oder eine Kerze anzünden. Weiterhin ist wenig bekannt über die damit stattfindende Entwertung der Küche, des Herdes oder des Kühlschranks und wie diese von den älteren Menschen eingeschätzt werden.

## 4.4  Menschen mit Behinderungen als Nahrungsmittelerzeuger*innen in Green Care Angeboten für das Handlungsfeld: „Dienste für Menschen mit einer Behinderung"

In diesem Handlungsfeld findet Essen in seinem gesamten Kreislauf statt. Nahrungsmittelproduktion und -verarbeitung bzw. Weiterverkauf oder eigene Verarbeitung zur Selbstversorgung oder zur Restauration in eigenen Cafes oder Mensen findet vor allem in Werkstätten für Menschen mit Behinderungen statt. Darüber hinaus wächst der Bereich über das Handlungsfeld hinaus und gewinnt im Rahmen von Green Care Angeboten bzw. Sozialer Landwirtschaft zunehmend mehr Adressat*innen in allen Lebensaltern und Lebenslagen hinzu. Einige Beispiele aus langjährigen Handlungsfeldern der Nahrungsmittelerzeugung und deren weitere Verarbeitung werden vorgestellt, um deren Dimensionen erfassen zu können.

**Die „Johann und Erika Loewe-Stiftung" als Bio-Nahrungsmittelerzeuger, -verarbeiter und -anbieter in der Region**

Das erste Beispiel einer sozialen Einrichtung, die sich im Rahmen ihrer Werkstätten für Menschen mit Behinderung auf den Bereich Essen mit vielen Dienstleistungsangeboten spezialisiert hat, ist die „Johann und Erika Loewe-Stiftung." Die Stiftung besteht seit 1976 zur Unterstützung und Hilfe psychisch kranker Menschen mit ihrem Standort im ländlich gelegenen Lüneburger Stadtteil Ochtmissen. Ausgehend von einem Wohnheim hat sich die „Johann und Erika Loewe-Stiftung" zunehmend weiterentwickelt und bietet ca. 300 betreuten Menschen einen Wohn-, Arbeits- oder Betreuungsplatz. Gleichzeitig wächst ihre Bedeutung auch für den Stadtteil und seine Umgebung. In fünf Betreuungsbereichen (Werkstatt, ambulante Betreuung, Wohnheim, Tagesstätte und Tagesstruktur) sind unterschiedliche Angebote der Eingliederungshilfe angesiedelt. Ziel der Stiftung ist die Befähigung zu einem selbstverantworteten und selbstbestimmten Leben und das Anstreben der Eingliederung in die Gesellschaft für psychisch erkrankte Menschen in schwierigen Lebenslagen (http://www.loewe-stiftung.de/betreuung.html, Zugriff: 22.08.2017).

Vor allem im Bereich der Werkstatt für Menschen mit Behinderungen hat eine Spezialisierung stattgefunden auf die Erzeugung und Verarbeitung von Nahrungsmitteln, vorzugsweise in Bioqualität. In der Hofbäckerei und -cafe, dem Biohofladen und -landwirtschaft, dem Catering und Kita- bzw. Schulverpflegungsbereich finden 120 Menschen Einsatzmöglichkeiten für sich und ihre Kompetenzen. Das Ziel der Arbeit in der Einrichtung stellt die Wiedereingliederung in das reguläre Berufsleben dar, sodass ein Arbeitsplatz als Sprungbrett für den ersten Arbeitsmarkt genutzt werden kann oder eine Weitervermittlung in eine berufsfördernde Maßnahme. Dauerhafte Beschäftigungsmöglichkeiten bietet die Werkstatt ebenfalls. Das Angebot umfasst in der Hofbäckerei verschiedene Brötchensorten, Laugengebäck, Croissants oder Hefehörnchen, diverse Sorten Brot, Kuchen, Torten und Gebäck, belegte Brötchen, andere Süßigkeiten sowie die aktuelle Tageszeitung und weitere Zeitschriften. Im Biohofladen werden selbst produzierte Produkte aus der Bio-Landwirtschaft verkauft und ein klassisches Sortiment eines Bio-Einkaufsmarktes. Als BioBox-Kund*in wird der Einkauf nach Hause gebracht. Die BioBox enthält individuell zusammengestellte Gemüse- und Obstorten für verschiedene Haushaltsformen oder sogar Firmen. In der Bio-Landwirtschaft wird eigenes Gemüse und Obst ganzjährig angebaut und geerntet in den eigenen Gewächshäusern nach strengen Richtlinien bzw. inklusive Biozertifizierung. Im Hofcafé wird wochentags von 12–14 Uhr ein preiswerter, täglich wechselnder Mittagstisch aus eigener Küche angeboten. Der Cateringservice kocht und liefert für Familienfeiern oder gesellschaftliches Events professionelle Menü-,

Buffet- oder Fingerfood-Kreationen. Darüber hinaus werden Kita- und Schulverpflegung angeboten, die Mahlzeiten werden täglich gekocht und die „Johann
und Erika Loewe-Stiftung" wirbt mit der Herstellung gesunder Mahlzeiten, die
selbstverständlich frisch, mit hoher Qualität und bestem Geschmack ausgeliefert
werden. Darüber hinaus hat die Stiftung zwei Schulmensen in Lüneburg gepach-
tet und bietet dort täglich ein wechselndes Mittagsangebot mit mindestens zwei
Gerichten zur Auswahl an. Der Kioskverkauf der Schulen wird auch von der
Stiftung betreut und bietet frische Brötchen, Obst, Snacks und Getränke an. Als
weiteres Angebot rund um Nahrungsmittelverarbeitung gibt es den Schälbetrieb,
der Kartoffeln verarbeitet zu fertigen Pommes, Sticks, Würfel, Scheiben oder
auch Spalten mit und ohne Schale (http://www.loewe-stiftung.de/werkstatt.html,
Zugriff: 22.08.2017). Die „Johann und Erika Loewe-Stiftung" hat sich mit ihrer
Werkstatt für Menschen mit Behinderungen spezialisiert auf die Herstellung und
Verarbeitung von Nahrungsmitteln sowie Dienstleistungsangeboten zum direkten
Verkauf. Sie betreibt auch noch eine Tischlerei und Malerei, doch im Vordergrund
steht eindeutig die Nahrungsmittelproduktion in Bio-Qualität, sodass die Verbindung von Arbeitsmöglichkeiten einerseits und die Übernahme von Verantwortung
im Herstellen von Nahrungsmitteln andererseits auffallend erscheinen.

**(WAB) „Wohnen, Arbeiten und Befähigen zu mehr" Kosbach – soziothera-
peutische Einrichtung für Menschen mit psychischen Beeinträchtigungen**
Die WAB (Wohnen, Arbeiten und Befähigen zu mehr) Kosbach stellt als gemein-
nützige GmbH unter privater Trägerschaft eine soziotherapeutische Einrichtung
der Eingliederungshilfe für psychisch beeinträchtigte Menschen dar. Die WAB
Kosbach bietet 110 stationäre und 26 ambulante Plätze an. Einerseits wird „Soziale Landwirtschaft/Grüne Sozialarbeit" betrieben und in kleinen Wohneinheiten
ein Zuhause inklusive gesellschaftlicher Teilhabe angeboten. Als Einrichtung
der Eingliederungshilfe fühlt sich die WAB Kosbach verpflichtet, den Bewoh-
ner_innen in allen Lebensbereichen Unterstützung und Förderung anzubieten
(vgl. Reichert 2013, S. 50). Seit 2007 wird der landwirtschaftliche Betrieb geführt
mit Tierhaltung (Hühner, Enten, Gänse), Acker- und Gemüsebau sowohl für die
Selbstversorgung als auch für die Ab-Hof-Vermarktung.

Auf ökologische Weise wird eine Fläche von 5,5 Hektar bewirtschaftet, auf der
Getreide (Dinkel, Roggen, Weizen, Hafer), Kartoffeln, Feldgemüse (Zuckermais,
Kürbis, Zucchini, Kohlgemüse, Salate etc.), Kleegrasgemenge und Gründüngung
angebaut wird. Seit dem Jahr 2010 werden auch fünf Bienenvölker gehalten, die von
einer Gruppe von vier Personen, die zum Imker ausgebildet wurden, versorgt und
betreut werden (Reichert 2013, S. 51).

Seit 2011 gibt es einen Hofladen mit jahresübergreifenden eigenen, zum Teil auch weiterverarbeiteten Produkten wie Getreide, Gemüse, Honig, Marmeladen, Brot usw. anbietet. Das Backhandwerk befindet sich im Aufbau (vgl. Reichert 2013, S. 52). „Was den grünen Bereich so charakterisiert und reizvoll macht, ist diese Urerfahrung, die uns lockt: selbst säen und selbst ernten. Eine Sehnsucht nach einem krisenfesten Leben, eigenversorgt und eingebunden in den Rhythmus der Jahreszeiten" (Reichert 2013, S. 53). Darüber hinaus trägt die Lebensmittelproduktion zur eigenen Unabhängigkeit bei. Kartoffel-, Gemüse- oder Getreideanbau, die eigene Verarbeitung und/oder eigener Konsum oder regionale Vermarktung führen zu höherer Selbstständigkeit, nicht zuletzt auch durch den finanziellen Ertrag, sodass die Einrichtung als Non-Profit-Organisation weitere Projekte realisieren kann (vgl. Reichert 2013, S. 55).

**Hofgemeinschaft Weide-Hardebek als Alternative zu Werkstätten für Menschen mit Behinderungen**
Die Hofgemeinschaft Weide-Hardebek versteht sich als sozialtherapeutische Lebens- und Arbeitsgemeinschaft, angesiedelt in Schleswig-Holstein mit dem Ziel, Menschen mit und ohne Betreuungsbedarf ein sinnerfülltes Lebens- und Arbeitsumfeld in Gemeinschaft zu ermöglichen. Als Basis dient die biologisch-dynamische Landwirtschaft mit drei nah beieinander liegenden Hofstellen, auf denen 68 junge Erwachsene und erwachsene Menschen mit Hilfebedarf gemeinsam mit 50 Mitarbeiter*innen leben. Entsprechend des anthroposophischen Weltbildes wird Behinderung nicht als Defizit verstanden, vielmehr als „besonderer Ausdruck der Individualität des einzelnen Menschen" (Wintzer 2013, S. 59). Die landwirtschaftliche Nutzfläche beträgt 200 ha und auf 78 ha Ackerland werden Kleegras, Back- und Futtergetreide sowie Kartoffeln in Fruchtfolge angebaut. 12 ha werden jährlich mit Möhren, Zwiebeln, Roter Bete, Pastinaken, Kürbis, verschiedenen Salaten usw. bebaut. In Gewächshäusern werden Tomaten, Gurken, Salate, Radieschen, Rucola und Spinat angebaut. 5,5 ha Streuobst und Beerenobst wird gepflegt, geerntet und weiterverarbeitet (vgl. Wintzer 2013, S. 56). Ca. 30 Menschen mit Hilfebedarf kümmern sich um die Kulturen und führen die nötigen Arbeiten aus. 110 ha Grünland werden als Futter- und Weideflächen für die Versorgung der Tiere genutzt. Dexterrinder und Hinterwälder werden gezüchtet und dienen zur Fleischversorgung der Gemeinschaft. Daneben findet Zucht und Mast von rund 60 Angler-Sattelschweinen statt sowie von 250 Hühnern, Enten und Gänsen.

Die Hofgemeinschaft zeigt sich als vielfältiger Betrieb, der von der landwirtschaft-lichen Erzeugung bis hin zu verschiedenen Verarbeitungszweigen eine breite Palette von Betriebszweigen bietet. So z. B. die Nebenbetriebe der Hofbäckerei, die im Jahr ca. 40–60 Tonnen eigenes Getreide verarbeitet, und der Fleischverarbeitung, zur Verwertung des eigenen Fleisches. (...) Ein Teil der Erzeugnisse wird in den zwei Hofläden in Weide und Hardebek verkauft, der weitaus größere Anteil findet jedoch über regionale Großhändler und Privatabnehmer seinen Weg zu den Verbrauchern (Wintzer 2013, S. 57).

Die in der Hauswirtschaft Beschäftigten kümmern sich um die Verpflegung der Gemeinschaft mit Lebensmitteln, die Verarbeitung und Konservierung der land-wirtschaftlichen Produkte für den Eigenbedarf und Verkauf (vgl. Wintzer 2013, S. 57). Die Lebens- und Arbeitsgemeinschaft versteht sich als Alternative zu den Werkstätten für behinderte Menschen dar, da der Schwerpunkt im gemeinsa-men Leben und Arbeiten liegt. „Soziale Landwirtschaft verknüpft einerseits das Bedürfnis des einzelnen Menschen und befördert den ökologischen Zusammen-hang in gegenseitiger Ergänzung" (Wintzer 2013, S. 63).

**Der Koloniehof als Selbstversorgungsbetrieb mit gesunden Lebensmitteln und kurzen Wegen**

Ein weiteres Beispiel für die Herstellung von Nahrungsmitteln und der Mög-lichkeit zur Selbstversorgung einer großen psychiatrischen Einrichtung zeigt der Koloniehof in Schleswig-Holstein. Dort werden Nahrungsmittel von den Pati-ent*innen und für die Patient*innen selbst erzeugt. Der Geschäftsführer des Lan-desvereins für Innere Mission im schleswig-holsteinischen Rickling betont die Qualität des Essens für die Patient*innen. In der zentralen Großküche des Trägers diakonischer Einrichtungen der Psychiatrischen Hilfe, Behinderten-, Sucht- und Altenhilfe mit über 3900 Plätzen werden viele Lebensmittel vom eigenen land-wirtschaftlichen Hof hergestellt und verarbeitet. Kartoffeln, Gemüse, Getreide und Fleisch werden produziert und von den Patient*innen konsumiert. Der Selbstversorgungsgrad liegt bei hohen 45 %. So kommen die Menschen in den Einrichtungen, seelisch Erkrankte, Menschen mit Behinderungen, Suchtkranke und alte, pflegebedürftige Menschen, fast täglich in den Genuss frisch verarbei-teter und hochwertiger Produkte aus der direkten Umgebung. Der Küchenchef betont die kurzen Wege der Lebensmittel, die zeitnahe und bedarfsgerechte Verarbeitung. Der diakonische Träger bindet ca. sechzig Menschen mit Behin-derungen in Arbeitsprozesse in der Küche mit ein (Jensen 2012, S. 38). In den Genuss der Produkte aus der landwirtschaftlichen Erzeugung kommen nicht nur die Bewohner*innen der Häuser des Landesvereins im Ort selbst, geliefert wird auch an weitere ambulante, teilstationäre und stationäre Einrichtungen an anderen

Standorten (Jensen 2012, S. 38). Die Herkunft, Qualität sowie die Art und Weise der Erzeugung ist bekannt bei betriebsinterner Lebensmittelproduktion und diese Aspekte werden von Mediziner*innen, Pfleger*innen, Beteiligten und Patient*innen gleichermaßen geschätzt. Der Landesverein für Innere Mission wird in der Zukunft vielleicht noch mit einer eigenen Hofmolkerei expandieren zusätzlich zur landwirtschaftlichen Produktion, nachgelagerter Bäckerei, und Schlachterei, denn Essen hat eine hohe Auswirkung auf die Gesundheit: Vollwertige Ernährung schützt vor Mangelerscheinungen und stärkt die Abwehrkräfte (Jensen 2012, S. 39).

An diesen Beispielen lässt sich der komplexe Zusammenhang von der Gewinnung von Nahrungsmitteln an bis hin zu der Anforderung gesundheitsförderlicher Aspekte zeigen. Soziale Arbeit hat traditionell nicht nur mit der Beseitigung von Nahrungsmangel zu tun, vielmehr hat sie auch eine Tradition im Anbau und Gewinnen von Nahrungsmitteln, bei dem Adressat*innen in Institutionen der Sozialen Landwirtschaft schon lange aktiv beteiligt sind. Bezogen auf diesen Zusammenhang könnte Soziale Arbeit viel mehr den eigenen Beitrag in den Mittelpunkt stellen bei Gestaltung von Nahrungsgewinnung, -herstellung und -verarbeitung, den sie gegenwärtig bereits innehat, ohne dass darüber viel bekannt ist. Davon ausgehend, dass Soziale Arbeit sich bereits vielfach für regionale und saisonale, biologische und ökologische, gesundheitliche Aspekte im Nahrungsmittelerzeugungsbereich engagiert und gleichzeitig sozialpädagogische, soziale und psychologische Aspekte sowohl bei der Herstellung wie auch dem Verzehr berücksichtigt, könnten diese Bereiche deutlicher nach außen sichtbar werden und für professionelle wie auch disziplinäre Aufwertungen genutzt werden.

**Soziale Arbeit produziert Lebensmittel in der Sozialen Landwirtschaft – Grüne Soziale Arbeit – Green Care**
Inzwischen kann ein seit Generationen bestehender Bauernhof zugunsten eines tiergestützten sozialpädagogischen Angebots erweitert oder umgebaut worden sein, weil sich dies insgesamt als rentabler für den landwirtschaftlichen Betrieb erweist oder als zusätzliches Nebeneinkommen den bäuerlichen Betrieb in seiner Existenz unterstützt. In den letzten Jahren haben sich zunehmend mehr Landwirtschaftliche Betriebe zugunsten neuer Aufgaben und damit auch Verdienstmöglichkeiten geöffnet. Unter dem Begriff multifunktionelle landwirtschaftliche Betriebe bieten sie zusätzlich zu ihrem landwirtschaftlichen Betrieb, Betreuungs- oder sozialpädagogische Angebote für alle Lebensalter und Lebenslagen an. Lernen auf dem Bauernhof kann für Kinder und Jugendliche ein Angebot sein und für Demenzkranke kann ein Bauernhof ebenfalls eine Möglichkeit zur täglichen Betreuung darstellen. Die Landwirtschaftlichen Betriebe schaffen dadurch Arbeit

und Beschäftigung, übernehmen Bildungsaufgaben, erfahren eine sinnvolle Erweiterung und sichern Lebensqualität in ländlichen Regionen, die vor allem von Schrumpfung, Überalterung und Abwanderung bedroht sind (Limbrunner und van Elsen 2013). Stationäre Angebote der Kinder- und Jugendhilfe sind seit Jahren in ländliche „Idyllen" vorgedrungen und haben Dorfgemeinschaften durcheinander gewirbelt, sich nach anfänglichen Turbulenzen dort etabliert und gestalten dörfliches Leben inzwischen aktiv mit. Darüber hinaus sind bereits seit vielen Jahren auch größere Betriebe in ländlichen Regionen etabliert, die als „Grüne Sozialarbeit" in die landwirtschaftliche Nahrungsmittelproduktion eingestiegen sind und Menschen mit Behinderungen Beschäftigung ermöglichen oder andersherum als Demeter-Betriebe soziale Aufgaben als Selbstverständlichkeit in ihren Betrieben sehen und Menschen mit Behinderungen, Suchterkrankte, Obdachlose etc. beschäftigen oder sich als Schulbauernhof etabliert haben. Diese Entwicklungen sollten insgesamt intensiver in den Mittelpunkt der Betrachtung gestellt werden, um die Angebote und Struktur sozialer Dienstleistungen in ländlichen Regionen besser einschätzen und für zukünftige Entwicklungen mehr nutzen zu können.

Der Wissensstand zur Entwicklung von Sozialer Landwirtschaft erscheint insgesamt dürftig. International zeigt sich auch eine hohe Motivation zur Entwicklung sozialer Landwirtschaft mit unterschiedlichen Schwerpunktsetzungen. Die Niederländer*innen zum Beispiel verstehen darunter, zur Gesundheit von Mensch und Tier beizutragen, in dem sie multifunktional angelegt, soziale Aufgaben integrierend, Kulturlandschaft entwickelnd und Biodiversität erhaltend, vorgeht. Mensch und Natur sollen aus ihrer Perspektive nicht länger ausgebeutet werden, vielmehr stehen Entwicklungschancen im Vordergrund. Dies zeigt einerseits die Ausrichtung auf ökologisch-biologische Landwirtschaft, während andererseits Schwierigkeiten deutlich werden bei der Verhältnismäßigkeit zwischen sozialen und landwirtschaftlichen Aktivitäten. Van Elsen sieht Fragen der Zukunft u. a. darin, die Rentabilität von Landwirtschaft als soziale Einrichtung herzustellen und als Möglichkeit der Zukunft zu etablieren. Das Witzenhäuser Positionspapier zum Mehrwert Sozialer Landwirtschaft betont die multifunktionale Perspektive Sozialer Landwirtschaft. Zu den Hauptprodukten gehören neben

den Verkaufsfrüchten, auch Gesundheit und Beschäftigung, Bildung oder Therapie. Der Landbau bietet Möglichkeiten, Menschen an den vielfältigen Tages- und Jahresrhythmen, in Gartenarbeit oder der Arbeit mit landwirtschaftlichen Nutztieren teilhaben zu lassen. Soziale Landwirtschaft umfasst landwirtschaftliche Betriebe und Gärtnereien, die Menschen mit körperlichen, geistigen oder seelischen Beeinträchtigungen integrieren, Höfe, die eine Perspektive bieten für sozial schwache Menschen, für straffällige oder lernschwache Jugendliche, Drogenkranke, Langzeitarbeitslose und aktive Senioren, Schul- und Kindergartenbauernhöfe und viele andere mehr. Vorsorge, Inklusion und mehr Lebensqualität sind Aspekte Sozialer Landwirtschaft (Limbrunner und van Elsen 2013, S. 163).

Aus Limbrunners Einschätzung ergibt sich ein vielfältiges Spektrum der Arbeits- und Tätigkeitsbereiche im Landbau, die mit den unterschiedlichen Zielsetzungen Sozialer Arbeit verbunden werden können: Ackerbau und Grünfuttererzeugung, Pflanzen- und Gemüsebau, Saatzucht und Obst-, Wein- und Waldbau, Tierhaltung, Instandhaltungsmaßnahmen und Holzarbeiten aller Art, ländliche Hauswirtschaft, Verarbeitung, Veredelung, Haltbarmachung und Vorratshaltung von Nahrungsmitteln, Milchverarbeitung, Vermarktung der Produkte über Hofläden, Wochenmärkte, Belieferung des Einzelhandels, Naturkostläden und Lieferung direkt an Kundenhaushalte. Dazu werden auch Einrichtungen gezählt, die alte Handwerke anschließen, wie die Verarbeitung von Wolle, Spinnen, Filzen, Färben, Weben, Töpfern und Flechtarbeiten (Limbrunner 2013, S. 27). Der Anbau und die Herstellung von Nahrungsmitteln in stationären Einrichtungen, wie z. B. Heimen für Menschen mit Behinderungen oder Psychiatrien durch die und gemeinsam mit den Adressat*innen selber, hat in der Entstehung der Sozialen Arbeit lange Traditionen, vor allem dann, wenn es den Reformer*innen um Selbstversorgungsansprüche ging (z. B. bei Pestalozzi). Die Entwicklungen, die die Professionalität Sozialer Arbeit im ländlichen Raum berühren, werden in Forschung und Praxis oder in der Aus-, Fort- und Weiterbildung bisher kaum betrachtet, in dem sie beschrieben, begleitet, beforscht oder kritisch eingeschätzt werden im Hinblick auf die Besonderheiten, die die Herstellung von Nahrungsmitteln und Weiterverarbeitung betreffen, bei der Soziale Arbeit beteiligt ist. Wenn Soziale Arbeit sich nicht in die aktuellen Entwicklungen einmischt, bleiben sozialpädagogische Anforderungen beim Umbau z. B. eines Bauernhofes zu einem Betrieb Sozialer Landwirtschaft unberücksichtigt und werden eher von der Notwendigkeit des Landbaus und der Tierhaltung her definiert (Limbrunner und van Elsen 2013).

An den Diskussionen rund um die Entwicklungsaufgaben beteiligen sich noch überwiegend Professionelle aus landwirtschaftlich-naturwissenschaftlichen Zusammenhängen. Kaum jemand entstammt dem sozialen Bereich, auch wenn sie bereits langjährig mit Landbau und Tierhaltung Erfahrungen haben (van Elsen 2013, S. 34). Soziale Arbeit trat wahrscheinlich mit ihren Erfahrungen bisher nicht in Erscheinung, weil sich viele Einrichtungen gar nicht über Schwerpunkte im Landbau identifizieren und somit ihre Erfahrungen und Tätigkeiten ihrer Professionalisierung in diesem Bereich nicht an Interessierte weitergeben können. Vor allem auch an diejenigen, die bisher noch keine Idee vom Sozialen haben und ihren Bauernhof dennoch gerne in diese Richtung erweitern würden. Damit stellt sich auch die Frage danach, wer mit welchem Hintergrund welche zusätzliche Kompetenz benötigt, um seinen landwirtschaftlichen Betrieb auch als soziale Einrichtung zu etablieren. Oder anders gefragt: Benötigt der Landwirt eine zusätzliche berufliche Qualifikation oder reicht es, wenn seine Frau ausgebildete Sozialpädagogin ist, um soziale Landwirtschaft zu betreiben?

Bestehende soziale Einrichtungen müssen daraufhin betrachtet werden, inwieweit es ihnen gelingt, personenbezogene Dienstleistungen mit produktbezogenem Landbau zu verbinden und der Frage danach, welche Profession welche Kompetenzen mitbringt und welche Kompetenzen sowie Fertigkeiten von allen professionell Beteiligten überschneidend gekonnt werden müssen, um erfolgreich sowohl mit dem Hilfeangebot für die Menschen als auch mit der Landwirtschaft bzw. den produzierenden Anteilen zu sein. Darüber hinaus sind Besonderheiten und Herausforderungen Sozialer Arbeit in ländlichen Bereichen mit Anteilen von Landbau bisher zu wenig bekannt und erforscht worden, vor allem auch im Hinblick auf ihre Integration in dörfliche Zusammenhänge oder erfolgreicher Anbau und Vermarktung der Produkte. Die Anzahl der Betriebe und Höfe sind weitgehend unbekannt. Dazu kommt die Begriffsverwirrung, die mit dem jüngeren Entstehen multifunktionaler Landwirtschaft als „Soziale Landwirtschaft" zu tun hat. Wer ist alles unter dem Begriff Soziale Landwirtschaft zu fassen: Multifunktionale landwirtschaftliche Betriebe, soziale Einrichtungen mit Landbau und Tierhaltung oder vielleicht nur tiertherapeutischen Funktionen, grüne Sozialarbeit, Einrichtungen der Kinder- und Jugendhilfe im ländlichen Bereich, die auch Tiere haben sowie Schulbauernhöfe etc. Die Förderung von Bildung für nachhaltige Entwicklungen auf landwirtschaftlichen Betrieben, die sich als Lern- und Betreuungsorte oder auch als lebensbewältigungs- und alltagsstrukturierende Orte für Kinder, Jugendliche und Erwachsene bzw. generationenübergreifend öffnen und etablieren wollen, wird ebenfalls als Kriterium für die zukünftige Entwicklung gefordert (Limbrunner und van Elsen 2013).

## 4.5 Kulturelle und religiöse Ernährungsvielfalt in Kindergarten, Schule sowie der Kinder- und Jugendhilfe für das Handlungsfeld: „Unterstützung für Menschen mit Migrationshintergrund"

Die Notwendigkeit der Berücksichtigung kulturell und religiös geprägter Esskulturen wird zunehmend bedeutender, da Ankommens- und Öffnungsprozesse dem neuen Land gegenüber stark mit der Möglichkeit verbunden sind, die eigene

Esskultur leben zu können. Zu dem aktuellen Stand der Vielfalt des Essens in Kindertageseinrichtungen und in der Schulverpflegung finden sich für die Kindertageseinrichtungen Hinweise in den länderbezogenen Bildungsplänen und für die Schulverpflegung ist aktuell vor dem Hintergrund des Inklusionsdiskurses die Berücksichtigung religiöser Vielfalt beforscht worden.

**Die Angebotsvielfalt religiös und kulturell geprägter Ernährung in Kindertageseinrichtungen und in der Schulverpflegung**
Es gibt Kindertageseinrichtungen, die sich auf die Regeln, Rituale, Feste und Traditionen der eigenen sowie fremder Kulturen bzw. Religionen eingestellt haben. In vielen Kindertageseinrichtungen wird grundsätzlich kein Schweinefleisch bestellt oder Kindern aus Familien mit muslimischen Speisevorschriften wird z. B. die Ernährung ohne Schweinefleisch angeboten. Eine aktuelle Veröffentlichung zu Inklusion in der Schulverpflegung befasst sich mit der Berücksichtigung vor allem religiöser Vielfalt und daraus folgenden Konsequenzen für die Schulverpflegung (Giesenkamp et al. 2013; Giesenkamp und Leicht-Eckardt 2015). Über die Realisierung und aktive Berücksichtigung kultureller bzw. religiöser Vielfalt in den Einrichtungen der Kinder- und Jugendhilfe (Kitas eingeschlossen) sowie in der Schule gibt es kaum Erkenntnisse. Mit zunehmenden Anteilen von Menschen mit Migrationshintergrund in sozialen, bildenden und betreuenden Einrichtungen werden diese Erkenntnisse bedeutender, denn Menschen passen sich nur teilweise in neuen Umgebungen an regional übliche Ernährungsgewohnheiten an. Die Ernährung und Esskultur behält meist ihre kulturell charakteristische Eigenheit und bedeutet Kontinuität von Heimat und Identität. Jüngere Migrant*innen tendieren eher zur Übernahme weiterer Ernährungsmuster als ältere Migrant*innen (Bau 2002). Ernährungskulturen sind jedoch schon lange nicht mehr an räumliche bzw. nationalstaatliche Grenzen gebunden. Stattdessen befinden sie sich in einem permanenten multikulturellen Evolutionsprozess mitten in einer globalisierten sozialökologischen Umwelt.

> Ernährungskulturelle Einflüsse, die mit Migrantinnen und Migranten aus dem türkischen Staatsgebiet (dazu zählen nicht nur Türken, sondern z. B. ebenso Kurden sowie die christlichen Aramäer) nun auch in Deutschland immer präsenter geworden sind – übrigens seit inzwischen über 50 Jahren –, haben selbstverständlich ihren Beitrag zu der fruchtbaren Vielfalt des Gastronomischen und Kulinarischen geleistet. Diese Vielfalt weiß man in aller Regel auch zu schätzen (Kofahl 2015, S. 530).

Laut Kofahl erhöht jede Ernährungskultur zudem die gesellschaftliche Artenvielfalt und diese kulturelle Biodiversität sollte gepflegt werden (Kofahl 2015, S. 530).

Am Beispiel der Kindertageseinrichtungen wird die interkulturelle Sensibilität in Bezug auf die Ernährung und Esskultur in den Bildungsplänen und den in ihnen verankerten bundeslandspezifischen Bildungszielen verdeutlicht. Da die Kindertagesbetreuung das biografisch erste Setting darstellt, bei dem Kinder den Übergang von der Familie zu einer öffentlich organisierten Bildung, Betreuung und Erziehung erfahren, kommt ihr hohe Bedeutung zu. 87 % der 3- bis 6-jährigen Kinder mit Migrationshintergrund besuchten 2012 eine Kindertageseinrichtung und ca. 96 % der Kinder ohne Migrationshintergrund (Bundesjugendkuratorium 2013, S. 22). Täglich essen fast 2 Mio. Kinder in der Kindertageseinrichtung zu Mittag. Auch in diesem Kontext ist relativ wenig bekannt über die Verpflegungssituationen, Konzepte und pädagogische Ausrichtungen, die mit der täglichen Esssituation in der Kindertagesstätte von den Erzieher*innen bewältigt werden müssen. Die von der Bertelsmann-Stiftung 2014 herausgegebene Untersuchung hat erstmals in einem größeren Umfang Kindertagesstätten bezüglich ihres Mahlzeitenangebots befragt (Arens-Azevedo et al. und Bertelsmann-Stiftung 2014). Zentrale und nahezu einzige Erkenntnis zu kultureller und religiöser Vielfalt steckt in der Aussage, dass in 76,1 % der befragten Kindertageseinrichtungen religiöse Gründe als spezielle Wünsche bei der Ernährung berücksichtigt werden, während gleichzeitig nur 9 % Essen von Anbietern erhalten, die sich auf Kinder- und Jugendverpflegung spezialisiert haben (Arens-Azevedo et al. und Bertelsmann Stiftung 2014).

Die Bildungspläne der Bundesländer in Bezug auf das Themenfeld „Ernährung, Kultur und kulturelle Vielfalt" durchsucht, zeigen Ergebnisse im Kapitel „Körper und Bildung" im Bildungsplan Sachsen-Anhalt (Ministerium für Arbeit und Soziales des Landes Sachsen-Anhalt 2013), „Körper, Bewegung und Gesundheit" (Sächsisches Staatsministerium für Kultus 2006), „Körper, Bewegung und Gesundheit" (Behörde für Arbeit, Soziales, Familie und Integration Hamburg 2012), „Körper, Bewegung und Gesundheit – oder: mit sich und der Welt in Kontakt treten" (Ministerium für Soziales, Gesundheit, Familie und Gleichstellung des Landes Schleswig-Holstein 2012), „Gesundheit" (Bayerisches Staatsministerium für Arbeit und Sozialordnung, Familie und Frauen 2012), „Gesundheit" (Hessisches Ministerium für Soziales und Integration/Hessisches Kultusministerium 2014), „Bildungsbereich: Körper, Gesundheit und Ernährung" (Ministerium für Familie, Kinder, Jugend, Kultur und Sport des Landes Nordrhein-Westfalen 2011) und im Kapitel „Bildungs- und Entwicklungsfeld: Körper" (Ministerium für Kultus, Jugend und Sport 2009, Baden-Württemberg). Vor allem lässt sich in der Verbindung von „Ernährung, Kultur und kultureller Vielfalt" durchgängig eher der Bezug auf Ernährung und Kultur finden, während die kulturelle Vielfalt und Ernährung eher vernachlässigt werden. Ziele in den Bildungsplänen beziehen sich vorrangig auf das Erlernen und Vermitteln von EssKultur(-techniken) in Bezug auf die dominante eigene Kultur. In den 16 Bildungsplänen finden sich durchaus in anderen Schwerpunktkapiteln „Umgang mit kultureller Vielfalt", „Berücksichtigung von Religiosität" etc., jedoch ohne Bezug zum Thema Essen.

Der Hamburger Bildungsplan hebt die Vielfalt der Kulturen und unterschiedlichen Arten und Ausprägungen der Ernährung und damit verbunden des gemeinsamen Essens besonders hervor und setzt darauf, dass die Kindertageseinrichtung den Kindern ermöglicht, mit dieser Vielfalt vertraut zu werden. Es werden Fragen in Bezug auf die Ernährung und Esskultur gestellt: „Wie ist das Essverhalten des einzelnen Kindes? Genießt es, gemeinsam mit anderen Mahlzeiten einzunehmen? Welche Traditionen der Ernährung werden in der Familie gepflegt? Welche Nahrungsmittel sind dem Kind bekannt und welches Wissen hat das Kind über gesunde Ernährung? Worauf legen die Eltern beim Essen in der Kita Wert?" (Behörde für Arbeit, Soziales, Familie und Integration/Bildungsplan Hamburg 2012). Die Kinder sollen Unterschiede und Gemeinsamkeiten verschiedener Esskulturen kennen und achten lernen. Im bayerischen Bildungsplan sollen die Kinder Wissen über kulturelle Besonderheiten bei Essgewohnheiten und Verständnis dafür erlangen (Bayerisches Staatsministerium für Arbeit und Sozialordnung, Familie und Frauen/Bildungsplan Bayern 2012). Der Bildungsplan Nordrhein-Westfalen betont die familiäre und kulturelle Prägung von Ernährungsgewohnheiten, die auch von sozioökonomischen Faktoren abhängen. Tageseinrichtungen und Schulen verfügen aus ihrer Sicht über die Möglichkeiten, Kindern soziale und kulturelle Aspekte des gemeinsamen Essens anbieten zu können und damit Mahlzeiten zu einem besonderen Ereignis werden zu lassen über gesundes Essen, einen nett gedeckten Tisch und gemeinsame Gespräche (Bildungsplan Nordrhein-Westfalen). Im Bildungsplan Baden-Württemberg wird die Frage nach dem Erleben der Kinder bedeutend: „Wie erleben die Kinder Respekt vor Regeln, Ritualen, Festen und Traditionen der eigenen und fremden Kultur?" (Ministerium für Kultus, Jugend und Sport/Bildungsplan Baden-Württemberg 2009). Der sächsische Bildungsplan schlägt konkrete Spiele bzw. Methoden vor, in denen Kinder z. B. mit einem „Kinder-Kochstudio" oder mit Liedern, Geschichten oder Tischsitten anderer Länder eigene Geschicklichkeiten im Umgang mit Hilfsmitteln erwerben können und gleichzeitig soziale und kulturelle Aspekte des Essens kennenlernen.

Esskultur bedeutet ebenso, Kindern die Möglichkeit zu Gesprächen während den Mahlzeiten mit selbstgewählten Nachbarn zu geben und gleichzeitig Rücksicht auf andere Kinder zu nehmen. Das gemeinsame Essen wird so zu einem sozialen und sprachlichen Erlebnis. Das Wechselspiel von kindgerechter Verantwortung und Berücksichtigung der eigenen Bedürfnisse des Kindes durchzieht den gesamten Bereich der somatischen Bildung, und es verknüpft die somatische mit der kommunikativen und sozialen Bildung (Sächsisches Staatsministerium für Kultus/Sächsischer Bildungsplan 2006, S. 39, 40).

Aus Sicht des Bildungsplans Schleswig-Holstein begegnen den Kindern beim Essen und Trinken sowohl der Aspekt der Gesundheitsvorsorge wie auch der der Kultur. „Was Kinder mögen oder nicht mögen ist individuell sehr verschieden. Essvorlieben und Essgewohnheiten werden vor allem in der Familie geprägt und sind kulturell beeinflusst. Essen findet für Kinder zunächst immer in sozialen Situationen statt (gemeinsam am Tisch sitzen, miteinander sprechen oder Tischsitten beachten)" (Ministerium für Soziales, Gesundheit, Familie und Gleichstellung des Landes Schleswig-Holstein/Bildungsplan Schleswig-Holstein 2012). Im hessischen Bildungsplan werden vor allem drei Schwerpunkte beim Essen gesetzt. Beim Essen und gemeinsamen Mahlzeiten eignen sich Kinder Esskultur und Tischmanieren an, die Mahlzeiten werden als Pflege sozialer Beziehungen verstanden und es geht darum, Wissen und Verständnis über kulturelle Besonderheiten bei Essgewohnheiten zu erlangen (Hessisches Ministerium für Soziales und Integration/Hessisches Kultusministerium/Bildungsplan Hessen 2014). Der Bildungsplan Sachsen-Anhalt formuliert die Anforderungen an die Gestaltung der Essensituationen differenziert aus mit Zielen, welche Kultur in der Kindertageseinrichtung gelebt werden soll.

> Der Begriff Esskultur drückt aus, dass dem Essen ein Wert beigemessen wird, der weit über die eigentliche Nahrungsaufnahme hinausreicht. Sowohl die Qualität des Essens, ob es frisch zubereitet und vielfältig in der Auswahl ist, ob es den Anforderungen für gesundes Essen entspricht und ansprechend wirkt, als auch die Art, wie ein gedeckter (Mittags-)Tisch oder ein Buffet aussehen, spiegeln das umfassende Verständnis wider. Nicht weniger bedeutungsvoll sind die Normen oder Regeln, die bewusst oder unbewusst zur Kultur des Essens beitragen. (…) Essensituationen in der Tageseinrichtung sind für Kinder Gelegenheiten, unterschiedliche Esskulturen zu erleben, zunehmend selbst mitzugestalten und so als Herausforderung für körperliche, seelische und soziale Entwicklung anzunehmen (Ministerium für Arbeit und Soziales des Landes Sachsen-Anhalt/Bildungsplan Sachsen-Anhalt 2013).

Mahlzeiten gelten im Bildungsplan von Sachsen-Anhalt als Möglichkeit, den Anderen wahrzunehmen und Verantwortung füreinander zu leben (Ministerium für Arbeit und Soziales des Landes Sachsen-Anhalt 2013). Die Bildungspläne der vorgestellten Bundesländer präsentieren eine große Vielfalt an Absichten, die sie mit dem (gemeinschaftlichen) Essen verbinden. Vor diesem Hintergrund stellt sich die Frage, wie in der Zukunft in Kindertageseinrichtungen, Essenssituationen mit den weiteren genannten Zielen gestaltet so werden können, wie z. B. gesundheitsfördernd, sinnlich, gemeinschaftlich, kulturell, interkulturell sowie religiös sensibel sein zu wollen, ohne überfordernd oder die Bedürfnisse überformend zu sein (Schulz 2010). Dennoch können die formulierten Ziele der Bildungspläne als Impulsgeber für kulturelle Sensibilität und Vielfalt in Einrichtungen der Kinder- und Jugendhilfe sowie in die schulische Gemeinschaftsverpflegung eingeschätzt werden.

**Junge unbegleitete minderjährige Geflüchtete in der stationären Kinder-
und Jugendhilfe**

Fluchtmigration wird sehr wahrscheinlich zu einer dauerhaften Herausforderung
gegenwärtiger Gesellschaften und deshalb schlägt das Bundesjugendkuratorium
(BJK) vor, die politische und fachliche Auseinandersetzung auf die Etablierung
dauerhafter Strukturen zu legen, die die Aufnahme und Integration der geflüchteten Menschen sichern. Vor allem junge Flüchtlinge haben das Ziel, dauerhaft in
Deutschland zu bleiben. Insgesamt leben ca. 300.000 minderjährige Flüchtlinge
in Deutschland. 2015 haben 137.479 minderjährige Flüchtlinge einen Asylantrag
gestellt und etwa 60.000 unbegleitete minderjährige Flüchtlinge befinden sich in der
Obhut der Kinder- und Jugendhilfe. Weitere ca. 30 % Minderjähriger sind mit ihren
Verwandten im Jahr 2015 nach Deutschland eingereist (BJK 1 2016a, S. 1). Die
minderjährigen Flüchtlinge, die entweder in Einrichtungen der Kinder- und Jugendhilfe untergebracht sind oder täglich welche aufsuchen (z. B. Kita, Offene Jugendarbeit und auch in Bildungseinrichtungen, wie z. B. Schule), werden dort auch täglich
mehrmals mit Nahrung versorgt. Doch bisher gibt es kaum systematisch erhobenes
Wissen, wie Einrichtungen der Bildung, Erziehung und Sozialem im Allgemeinen
täglich die Herausforderungen der Versorgung und Verpflegung bewältigen. Noch
weniger ist bekannt, welche Ideen die Institutionen bezüglich der gemeinschaftlichen Ernährungsversorgung vor dem Hintergrund verschiedener Ernährungsweisen
und -kulturen entwickelt haben, wenn es um die Verpflegung und Versorgung minderjähriger geflüchteter Menschen aus vielen verschiedenen Herkunftsländern geht.

Als reguläre Zielgruppe der Kinder- und Jugendhilfe stehen unbegleiteten
minderjährigen Flüchtlingen alle Leistungen im Rahmen des SGB VIII (Kin-
der- und Jugendhilfegesetz) zur Verfügung. Die fachlichen Standards gelten für
sie entsprechend der Rechtsstellung des Genfer Abkommens über den Einbezug
von Flüchtlingskindern in die öffentliche Fürsorge (BJK Zwischenruf 2016b,
S. 3). In der Obhut der Kinder- und Jugendhilfe stehen vor allem folgende Ziele
im Vordergrund: die Sicherstellung elementarer Grundbedürfnisse (z. B. Schutz,
Ernährung, Gesundheit und Emotionalität), Hilfen zur Lebensbewältigung und
Persönlichkeitsentwicklung (z. B. Bewältigung kritischer Lebensereignisse oder
von Entwicklungsaufgaben), Integration und Normalisierung (z. B. Aufbau sozialer Beziehungen, Legalverhalten, autonome Lebensführung) sowie die Eröffnung
gesellschaftlicher Teilhabe (z. B. Schule, Ausbildung, Kultur, Freizeit).

Mit der zunehmenden Anzahl unbegleiteter minderjähriger Flüchtlinge steigen die
Anforderungen zur Ausgestaltung in der Heimerziehung, im begleiteten Wohnen und
bei den Hilfen für junge Volljährige immens an (Brinks und Reckhaus 2016, S. 2).

Junge Flüchtlinge stehen am Anfang ihrer biografischen Entwicklung und benötigen die bestmögliche Unterstützung, um ihr Leben jetzt und in Zukunft zu gestalten. Die Zuwanderung von Flüchtlingen verschärft längst bestehende Fragen der

Integrationspolitik und notwendiger interkultureller Kompetenzen in allen gesellschaftlichen Bereichen und deutet damit auf langfristige Versäumnisse der Migrations-, Flüchtlings- und Integrationspolitik hin (BJK 1 2016a, S. 5).

Die unbegleiteten minderjährigen Flüchtlinge stammen gegenwärtig vor allem aus Syrien, Afghanistan, Eritrea und Irak. Die meisten von ihnen haben große Sorgen um ihre Familie im Herkunftsland, sodass Kontakte zur Familie, vor allem zur Mutter sowie zu Freunden von erheblicher Bedeutung zu sein scheinen (Kutscher und Kreß 2015 nach: BJK 1 2016a, S. 3). Mit dieser Zustandsbeschreibung der Lebenssituationen unbegleiteter minderjähriger Flüchtlinge sind bereits einige Herausforderungen für die Soziale Arbeit und darüber hinaus für die Gesellschaft benannt: Die unbegleiteten minderjährigen Flüchtlinge stammen aus ganz unterschiedlichen Ländern mit höchst unterschiedlichen Lebensbedingungen und kulturellen Prägungen. Deutschland erreichen sie mit einer hohen Motivation zur Verbesserung ihrer eigenen Lebenssituation bei gleichzeitigem ständigen Verbunden Sein mit dem Herkunftsland und der Herkunftsfamilie. Hoffnungen und Ängste der Familien richten sich auf ihre Kinder in Europa und damit stehen die minderjährigen Jugendlichen ständig unter Druck zwischen Anpassung im neuen Land und der Kontinuität der Hoffnung in ihrem Herkunftsland.

Aus Sicht der Landesjugendämter werden insbesondere die Förderung der Kontakte zur Herkunftsfamilie und die Möglichkeit zur Pflege der religiösen und kulturellen Identität sowie Hilfen bei der Persönlichkeitsentwicklung und zu einer eigenverantwortlichen Lebensführung als bedeutende Aspekte für den Hilfeplanprozess empfohlen (Reckhaus und Moos 2016, S. 4). In einer intensiven Auseinandersetzung über die Wünsche junger geflüchteter minderjähriger Menschen in einer vom Institut für Sozialpädagogische Forschung (ISM) durchgeführten Beteiligungswerkstatt mit 10 stationären Einrichtungen in Rheinland-Pfalz zum gelingenden Alltag für junge Flüchtlinge zeigte sich, dass sie eher in integrierten und geschlechtsheterogenen Gruppen untergebracht werden wollen und mehr Kontakte zu deutschen Jugendlichen und Sportangebote ermöglicht bekommen wollen. Wiederkehrend wurden vor allem Bedürfnisse von den jungen minderjährigen geflüchteten Menschen hinsichtlich ihrer Verpflegungs- und Versorgungssituation hervorgehoben: Besonders wichtig sind ihnen auf ihre Situation angepasste Gruppenregeln, wie z. B. selber kochen zu dürfen, zusammen kochen und zusammen essen zu dürfen mit einer permanent offenen Küche mit der Gelegenheit, sich selber etwas zubereiten zu dürfen.

Darüber hinaus werden individuelle Regelungen beim Ramadan und die eigene Gestaltung entlang der kulturell-religiösen Regeln genannt. Zugang zu einem Einkaufsladen mit Nahrung aus dem Herkunftsland, eigenes Essensgeld und auch nach 20 Uhr essen dürfen, zeigen sich als weitere Bedarfe in Bezug auf die Anforderungen bezüglich der Ernährung und Esskultur unbegleiteter

minderjähriger Flüchtlinge (Brinks und Reckhaus 2016; ISM 2016). Die Hervor-
hebung des Essens und der Essenssituationen fallen bei dieser Dokumentation
sofort auf, da die Versorgung mit Nahrung selbstverständlich in die Alltagszustän-
digkeit der Fachkräfte Sozialer Arbeit fällt und mit den geäußerten Bedürfnissen
der jungen geflüchteten Menschen deutlich wird, wie eng die Versorgung anscheinend in den stationären Einrichtungen durchgeregelt ist und wie wenig selbstbestimmte Zugänge zu Nahrung und Zubereitung ermöglicht werden.

Das Forschungsprojekt „Essen in der Heimerziehung" von Rose und Behnisch
wurde um Perspektiven auf unbegleitete minderjährige Flüchtlinge ergänzt und
dabei stellten sich sehr unterschiedliche Umgangsweisen mit Essen in den verschiedenen zuständigen sozialen Einrichtungen heraus. Unbegleitete minderjährige Flüchtlinge, die unterschiedliche Einrichtungen durchlebt hatten, wie z. B.
Erstaufnahmeeinrichtungen, Betreutes Wohnen, Notunterkünfte (Inobhutnahme
§ 42 SGB VIII) und Folgeeinrichtungen wurden befragt bezüglich des Umgangs
mit Essen und ihren Bedürfnissen (Alagöz et al. 2017, S. 161). Essenszeiten
und Zugänge zum Essen werden sehr unterschiedlich in den verschiedenen Einrichtungen gehandhabt. In der Einrichtung Inobhutnahme gibt es keine festen
Essenszeiten, die Mahlzeiten werden von den Jugendlichen selbst zubereitet und
den Tagesabläufen angepasst. Die Jugendlichen haben dort weitgehend freien
Zugang zu den Nahrungsmitteln. In den Erstaufnahmeeinrichtungen sind feste
Uhrzeiten für die täglichen Essensabläufe vorgesehen und die Jugendlichen haben
keinen eigenen freien Zugang zu den Nahrungsmitteln. Die Essensauswahl ist
damit eingeschränkt und wer nicht rechtzeitig zu den Essenszeiten da war, ver-
passte das Essen und bekam auch keines mehr (Alagöz et al. 2017, S. 161). In
einigen Einrichtungen gab es entweder keinen Zugang zu Nahrungsmitteln oder
ab 21 Uhr war die Küche verschlossen, sodass während des Ramadan das Fas-
tenbrechen nicht erfolgen konnte bzw. das Essen nicht mehr warm gemacht werden konnte. Essensregeln zum Ramadan können nicht ihrer religiösen Bedeutung
entsprechend befolgt werden und die Betreuenden zeigen oft Unverständnis.
Dies gilt auch für Nahrungsmittel, die jenseits des Ramadan Halal sein müssen.
Betreuende sagten zu, Halal einzukaufen, doch den Berichten einiger Flüchtlinge
zufolge, taten die Betreuer*innen es jedoch nicht. Die Jugendlichen reagieren
mit Misstrauen gegenüber den Fachkräften (Alagöz et al. 2017, S. 164 f.). Darüber hinaus war das Abendessen oft kalt und viele der Jugendlichen berichte-
ten, dass sie ohne ein warmes Essen am Tag nicht würden schlafen können, was
dazu führte, dass sie eigentlich für eine kalte Mahlzeit vorgesehene Lebensmittel
erwärmten. Die unbegleiteten minderjährigen Flüchtlinge sind es von ihren Familien her überwiegend gewöhnt, gemeinsam mit der Familie zu essen. Wenn in
einigen Einrichtungen keine gemeinsamen Essen stattgefunden haben und führte
dieser Umstand zu Irritationen. Darüber hinaus durften die jungen Flüchtlinge

in einigen Einrichtungen nicht ihren Essgewohnheiten folgen, z. B. indem sie von einem großen Teller aßen, der in der Mitte des Tisches stand und jeder mit je eigenem Löffel sich davon nahm. Betreuer*innen untersagten diese Art des Essens, da sie es für unhygienisch hielten (Alagöz et al. 2017, S. 162). Die jungen minderjährigen Flüchtlinge sehnen sich oft nach den in der Heimat üblichen Speisen und versuchen sie nach zu kochen. Oft bleibt jedoch das Gefühl, dass ihre Mutter es leckerer und besserer gekocht hätte und sie fühlen Heimweh. Wenn sie während ihrer Flucht Hunger- und Dursterfahrungen gemacht haben, wirken sich diese eventuell auch auf das alltägliche Essen und Trinken aus, ohne jedoch gleich nachvollziehbar zu sein, z. B. totales Ausflippen, wenn Essen weggeworfen wird (Alagöz et al. 2017, S. 164).

Dabei kann nicht genug betont werden, dass die Förderung der Kontakte zur Herkunftsfamilie und die Möglichkeit zur Pflege der religiösen und kulturellen Identität Integration nicht verhindern, vielmehr tragen diese Elemente dazu bei, sich in Deutschland einzufinden. Die Möglichkeit der Beibehaltung und Ausübung eigener (ess-)kultureller und religiöser Traditionen bzw. Regeln unterstützen sowohl die bisherige Persönlichkeitsentwicklung, die Identität über Zugehörigkeit als auch die eigenverantwortliche Lebensführung. Integration wird nur gelingen, wenn es für die geflüchteten Menschen möglich ist, bei gleichzeitig gefühlter Kontinuität der von ihnen in ihren Heimatländern erlernten bedeutsamen Kompetenzen, neue hinzu gewinnen zu können über die Ermöglichung und Berücksichtigung im institutionellen Alltag der Kinder- und Jugendhilfe und Schule.

Die Menschen waren und sind immer unterwegs gewesen. Dabei haben sie ihre regionalen Speisen und Küchen immer mitgenommen. Unter den neuen anderen Bedingungen haben sie diese angepasst, verändert, verfeinert, sie kamen in Mode oder aufgrund geänderter Lebensbedingungen wurden sie auch wieder vergessen (Cvitkovich-Steiner 2009, S. 7). „Was und wie wir essen, verändert sich seit eh und je. Weil Gesellschaften essen, wie sie sind. Unsere Esskultur ist Ausdruck unserer Lebensweise, kein konservierter Status quo. Unverändert bleibt nur eines: Essen ist immer eine Botschaft" (Cvitkovich-Steiner 2009, S. 9). Für die Jugendlichen sind viele Herausforderungen mit ihrer Unterbringung in der Kinder- und Jugendhilfe verbunden. Ungewohnte Speisen und Essenszeiten, selber kochen, fehlende Gemeinschaft, kulinarische Sprachlosigkeit und die schwierige Realisierung religiös geprägter Vorschriften und sie versuchen, möglichst geräuschlos, kulturelle Selbstbewahrung. Ihre bisherigen Essensgewohnheiten wirken identitätsstiftend, jenseits von Integration und Neugier auf das neue Land und deshalb stellen die Herkunftsküchen- und Speisekulturen auch einen emotional aufgeladenen Ausdruck der eigenen biografischen Geschichte dar. „Essen wird zum Ausdruck eigener kultureller Identität und Selbstverständlichkeit" (Alagöz et al. 2017,

S. 161). Die jungen Menschen, die ohne ihre Familie für einen ungewissen Zeit-raum in Einrichtungen der Kinder- und Jugendhilfe leben müssen, benötigen die Chance, ihren Speise- und Essgewohnheiten zu leben, um sich sicher und will-kommen fühlen zu können.

## 4.6 Trinkräume, Gastronomie für Wohnungslose und Lebensmittelverteilung als Armutsverminderung für das Handlungsfeld: „Hilfen für Menschen in Arbeitslosigkeit und Armut"

In diesem Handlungsfeld werden zwei konkrete Beispiele für soziale Einrich-tungen vorgestellt, in denen neue Wege beschritten worden sind, um Menschen in Armut und mit Suchtproblemen akzeptierend und offen entgegen zu kommen und über Essensangebote Stigmatisierungen zu vermeiden. Darüber hinaus wer-den die Lebensmitteltafeln vorgestellt, die aus dem bundesdeutschen Sozialhil-fesystem beinahe nicht mehr wegzudenken sind. Die Lebensmitteltafeln wurden als Freiwilligenarbeit eingeführt, um den Nahrungsüberschuss sinnvoll weiterzu-geben an bedürftige Menschen. Gleichzeitig sind sie inzwischen seit den 1990er Jahren so verbreitet und etabliert, dass der Sozialstaat fest mit der Unterstüt-zung armer Menschen rechnen kann und Erhöhungen von Grundsicherung und Sozialhilfe nicht deutlich im Vordergrund stehen, da die täglich überschüssigen Nahrungsmittel von Ehrenamtlichen an bedürftige Menschen selbstverständlich weitergegeben werden. Zunächst zu den Beispielen für wohnungslose und alko-holkranke Menschen.

**Wohnheim für Wohnungslose mit eigenem Restaurantbetrieb**
Mit dem nächsten Beispiel wird der offene und akzeptierende Umgang mit Essen in einer schwierigen Lebenslage vorgestellt. In dem Caritas Wohnheim für Wohnungslose in Ingolstadt hat sich die Erkenntnis durchgesetzt, dass ein gutes Essensangebot einen Teil professioneller Sozialer Arbeit darstellen sollte. So wurde in dem Wohnheim das Essensangebot restaurantähnlich umgestaltet zu einer „Erlebnisgastronomie im Kleinen", von dem sich auch externe Gäste anlo-cken lassen können und inzwischen auch regelmäßig kommen. Vor dem Umbau und der Öffnung als Erlebnisgastronomie für die Bewohner und die Öffentlich-keit wurde das Mittagessen von einem Altenheim geliefert. Das Frühstück und Abendessen wurde von der Einrichtung selber zubereitet.

Viele Bewohner*innen rührten das Essen nicht an und es wurden bis zu 80 l pro Tag weggeworfen. Nach Einführung des Büfettsystems, gegen den Widerstand der dort angestellten Hauswirtschafterinnen, verringerte sich der Abfall auf 3–5 l pro Tag. Das Essen wurde abwechslungsreicher und mit der Selbstbedienungstheke entstand die Möglichkeit bei der Zubereitung des Essens zuschauen zu können. „Durch die freundliche Atmosphäre im Restaurant bleiben die Leute auch nach dem Essen noch sitzen, trinken Kaffee und plaudern. Eine innere Ruhe ist bei den Heimbewohner(inne)n eingekehrt, die sich auf den gesamten Alltag positiv auswirkt" (Frank 2003, S. 28). Mit einem guten, atmosphärisch gestalteten Essensangebot entsteht enormes Einsparpotenzial im therapeutischen, betreuerischen und pflegerischen Bereich (Frank 2003, S. 52). Alkoholiker haben das Essen wieder begonnen, zudem wird auch Alkohol ausgeschenkt.

**Trinkräume für Wohnungslose und Alkoholkranke**
Die Stadt Kiel hat zusammen mit der sozialen Einrichtung HEMPELS Trinkräume in zwei unterschiedlichen Stadtteilen eingerichtet, damit die zunehmende Anzahl bedürftiger Menschen, die sich tagsüber draußen auf den Straßen aufhalten, unabhängig davon, ob sie über eine kleine Wohnung verfügen können oder nicht, einen Treffpunkt für sich erhält. Öffentliche Plätze und Parkanlagen werden oft als Treffpunkte genutzt, damit man nicht allein in seiner Wohnung ist. Regelmäßige Folgen in Städten sind Beschwerden von Anwohner*innen und Gewerbetreibenden, die sich durch die viel frequentierten innerstädtischen Plätzen durch Szenetreffs belästigt fühlen. Frauen und Männer können sich dort an Werktagen in geschützten Räumen treffen und niedrigprozentigen, selbst mitgebrachten Alkohol konsumieren. Alkoholfreie Getränke können zum Selbstkostenpreis in den Trinkräumen erworben werden. Das Aufenthaltsangebot wird von der Szene sehr gut angenommen. Das Konzept der Trinkräume geht davon aus, dass eine Einrichtung nur von der angesprochenen Zielgruppe genutzt wird, wenn diese auch akzeptiert werden. In diesem Fall bedeutet dies, hohen Alkoholkonsum und daraus evtl. resultierendes Verhalten zu akzeptieren. „Der Trinkraum ist niedrigschwellig konzipiert. Ein Besuch setzt nicht zwingend voraus, zugleich auch sozialpädagogische Angebote annehmen zu müssen. Denn mit ordnungsrechtlichen und pädagogischen Maßnahmen allein lassen sich nach allen bisherigen Erfahrungen die auftretenden Probleme nicht lösen" (https://www.hempels-sh.de/projekte/trinkraeume.html, Zugriff: 01.08.2017). In der Vergangenheit zeigten sich wiederkehrend lediglich örtliche Szeneverlagerungen. Nach wie vor gibt es keine zielgruppengerechten Angebote (https://www.hempels-sh.de/projekte/trinkraeume.html, Zugriff: 01.08.2017).

**Lebensmitteltafeln als armutsmindernde Einrichtung im Sozialstaat**
1993 wurde in Deutschland die erste Tafeleinrichtung gegründet, die inzwischen unter dem Dach des Bundesverbandes Deutsche Tafel e. V. mittlerweile über

900 Einrichtungen vereint. In diesen Einrichtungen findet eine Lebensmittelumverteilung zugunsten Bedürftiger statt. Zu viel produzierte Lebensmittel, die nicht mehr verkauft werden können oder dürfen, werden an die Tafeln gespendet. Die Abholung der Lebensmittel bei den Spendern und die Verteilung der Lebensmittel an die Bedürftigen erfolgt durch Tafelmitarbeiter*innen. Die Arbeit bei den Tafeln erfolgt fast ausnahmslos durch ehrenamtliches Engagement. Regelmäßig werden über 1,5 Mio. bedürftige Personen mit Lebensmitteln unterstützt (Bundesverband Deutsche Tafel e. V. 2016). Mit dem Abbau des Sozialstaates zugunsten des workfare state erhöhte sich das Armutsrisiko seit 2005 (Einführung von Hartz-IV: Arbeitslosengeld II oder Grundsicherung für erwerbsfähige Hilfsbedürftige) und die Anzahl der Tafeln ebenfalls (Selke 2011, S. 17).

Ernährungsarmut kann in materielle und soziale Ernährungsarmut unterschieden werden. Materielle Ernährungsarmut bezieht sich auf fehlenden Zugang zu Lebensmitteln aus finanziellen Gründen. Darunter kann auch die Verwendung von Lebensmitteln verstanden werden, die nicht mehr verwendbar sind oder ohnehin als ungenießbar eingeschätzt werden. Unter sozialer Ernährungsarmut sind Einschränkungen des Soziallebens in Verbindung mit fehlenden Nahrungsmitteln zu festlichen Anlässen verbunden, z. B. besondere Lebensabschnitte, Einschulungen, Konfirmationen, Geburtstage oder Silberhochzeiten. Zu den Folgen sozialer Ernährungsarmut zählen soziale Ausgrenzung, eingeschränkte Kommunikation, seltenes Beisammensein und Beeinträchtigungen von Genuss und Spaß (von Normann 2009, S. 87). Die SGB-II Regelsätze für Ernährung (siehe Tab. 4.5) zeigen die wenigen Geldmittel, die für eine ausgewogene Ernährung für Menschen zugrunde gelegt werden.

Erwachsenen stehen pro Tag insgesamt 4,50 EUR für ihre Mahlzeiten zur Verfügung, Kindern bis 13 Jahren 2,57 EUR und bei Kindern ab 14 Jahren werden 3,42 EUR pro Tag zugrunde gelegt. Diese festgelegten Beträge gehen aus dem Regelsatz/Regelbedarf von Arbeitslosengeld II mit einem Regelsatz/Regelbedarf von 315 EUR hervor und 135 EUR (37 %) für Nahrungsmittel. Inzwischen ist der Eck-Regelsatz/-Regelbedarf für ALG-II auf 409 EUR erhöht worden, doch mit 35 % (145,20 EUR) für Nahrungsmittel und alkoholfreie Getränke

**Tab. 4.5**  SGB-II Regelsätze für Ernährung

| Tagessatz | 4,50 EUR | 3,42 EUR | 2,57 EUR |
|---|---|---|---|
| Verteilung des Betrags auf fünf Mahlzeiten/Tag | 3 × 1,12<br>2 × 0,57 | 3 × 0,85<br>2 × 0,42 | 3 × 0,64<br>2 × 0,32 |
| Verteilung des Betrags auf drei Mahlzeiten/Tag | 3 × 1,50 | 3 × 0,86 | 3 × 0,86 |

(Quelle: von Normann 2009, S. 91)

bleibt der Anteil in etwa gleich (http://www.hartziv.org/regelbedarf.html, Zugriff: 21.08.2017). Mit einem Betrag von 4,50 EUR 2009 und der Erhöhung von 30 Cent mehr pro Tag 2017 die gesamte Ernährung finanzieren zu müssen, je nach eigenem Rhythmus 3 bis 5 Mahlzeiten, erscheint utopisch. Mit dem Anspruch auf eine gesunde oder vielleicht sogar nachhaltige, ökologisch bewusste oder regional-saisonale Ernährung werden 145,20 EUR nicht ausreichen. Bereits der Kauf von ausreichend Obst und Gemüse wird zur Herausforderung. Diese hohen Ansprüche an die Ernährung verfolgt der Eck-Regelsatz ohnehin nicht. Es geht, wenn davon überhaupt zu sprechen ist, um eine Mindestsicherung. Mit den wenigen Mitteln, mit denen Menschen in Armutslagen pro Monat auskommen müssen, wird die Expansion der Tafeln seit 2005 (Einführungsjahr der Arbeitslosengeld II Regelungen bzw. Hartz IV Gesetzgebung) nachvollziehbar. Zu den armutsgefährdeten Gruppen und damit auch zu möglichen Tafelnutzer*innen zählen Erwerbslose, Alleinerziehende, ausländische Mitbürger*innen und Menschen mit Migrationshintergrund, Menschen mit geringem Qualifikationsniveau und Familien mit drei bzw. mehr Kindern (Schneider et al. 2016, S. 23). In der Zukunft wird auch die Gruppe der älteren Menschen, darunter vor allem die älteren Frauen, zu den armutsgefährdeten Gruppen zu zählen sein. Die Quote der Altersarmut nahm innerhalb von 10 Jahren um 46 % zu und das Ende ist nicht absehbar (2014: 15,6 % im Gegensatz zu 2005: 10,7 %) (Schneider et al. 2016, S. 25).

Die Paritätische Forschungsstelle hat einen Regelbedarf von mindestens 491 EUR berechnet, damit umfassende Teilhabe am gesellschaftlichen Leben für Leistungsbezieher*innen möglich wird und langfristig keine Bedarfslücken auftreten (Butterwegge 2015, S. 9; Selke 2013, S. 170). Die Bedarfslücken entstehen, wenn z. B. ein Haushaltsgerät kaputt geht oder ein Fahrrad geklaut wird. Die Leistungsempfänger*innen versuchen über Einsparungen an anderen Stellen, wie z. B. Lebensmitteln, die sie sich zu ihrem täglichen Mehrbedarf ohnehin schon von den Tafeln holen, noch stärker bei den Tafeln nachzufragen (Selke 2013, S. 170). Die entstandene Lücke durch den Abbau des Sozialstaates und viel zu geringe Regelsätze für die ausreichende monatliche Versorgung von Armutslagen, vergrößerte die Tafeln entweder vor Ort oder durch Neugründungen von Tafeln an neuen Standorten. Die Expansion der Tafeln kann mit staatlich hervorgebrachten Armutslagen durch den Abbau des Wohlfahrtsstaates in direkte Verbindung gebracht werden (Selke 2009, 2011; Lorenz 2009).

Die Tafeln beziehen ihre Lebensmittel von Lebensmittelproduzenten, Großmärkten, Supermärkten oder Hotels. Die Lebensmittel sind einwandfrei und können jedoch nicht mehr im Wirtschaftskreisverlauf verkauft werden. Dazu zählen Nahrungsmittel aus Überproduktionen, gelagerte mit nahendem Verfallsdatum, Saisonartikel, falsch verpackte und/oder leicht beschädigte Waren. Die Tafeln sammeln diese

Lebensmittel ein und möchten damit den Ausgleich schaffen zwischen überschüssiger Nahrung und sozial benachteiligten Menschen. Die Lebensmittelproduzenten bzw. -verkäufer übernehmen mit der Spende an die Tafel soziale Verantwortung, die Umwelt wird durch entfallende Entsorgungskosten geschont und bedürftige Menschen werden unterstützt. Der Bundesverband der Tafeln versteht seine Lebensmittelunterstützung als Zusatzversorgung für Menschen im Arbeitslosengeld I oder II-Bezug, Sozialhilfebezieher\*innen, Menschen mit geringer Rente oder Alleinerziehende. Die jeweilige Tafel stellt die Berechtigung für Lebensmittel von der Tafel sicher über einen Nachweis der Bedürftigkeit, wie z. B. den Gehaltsnachweis oder einen Bescheid. Entsprechend der acht Tafelgrundsätze soll jedem Menschen geholfen werden, unabhängig von der Vorlage eines Nachweises der Bedürftigkeit (Bundesverband Deutsche Tafel e. V. 2016).

Ungefähr 60.000 Menschen engagieren sich für die Tafel, der Großteil besteht aus ehrenamtlichen Helfer\*innen, einige Vollzeitkräfte werden aus Spenden bezahlt. Nach wie vor steigt die Menge der gespendeten Lebensmittel, doch sie könnte größer sein angesichts der Nachfrage nach Spenden (Bundesverband Deutsche Tafeln e. V. 2016). Zusätzlich zu der Nahrungsmittelausgabe gibt es auch inzwischen Tafeln, die darüber hinaus weitere Dienstleistungsangebote anbieten, die im Zusammenhang mit den Lebensmitteln stehen, wie z. B. Kochkurse, Tafelgarten, Mittagstisch, Kaffee und Kuchen, Kochen mit Kindern, Kindertafel und Nachmittagsbetreuung, Schülerfrühstück sowie auch sozialpädagogische Zusatzangebote (Görtemaker 2011, S. 139). Die Tafeln stehen seit einigen Jahren zunehmend in der Kritik, da nicht absehbar ist, ob sie jemals überflüssig werden. Sie haben sich als Mittler in einer Gesellschaft eingebracht, die Überfluss produziert und will es den Bedürftigen zukommen lassen, so lange, bis entweder der Überfluss beseitigt ist oder die Bedürftigkeit der Menschen. Stattdessen gibt es über 900 Tafeln deutschlandweit, die inzwischen weitere Dienstleistungsangebote rund um das Essen anbieten und denen bescheinigt wird, ihre weiteren zusätzlichen Angebote seien auch sinnvoll sind und würden gebraucht. Die Tafeln müssten explizit einfordern, irgendwann mal überflüssig zu werden, weil Überproduktionen von der Wirtschaft einerseits und Armutslagen vom Sozialstaat andererseits abgebaut werden sollten. Diese Entwicklung scheint jedoch nicht gewünscht und eher das Gegenteil ist der Fall. Wenn zusätzlich in die Überlegungen miteinbezogen wird, dass vor allem ehrenamtliche Helfer\*innen darüber entscheiden, wer bedürftig ist und wer evtl. einen Kochkurs nötig hat oder für wen die Kindertafel richtig wäre, stellen sich aus der Perspektive Sozialer Arbeit Fragen nach der Professionalität und den Kriterien, nach denen die Freiwilligen vor Ort entscheiden, wer etwas zugestanden bekommt und wer nicht. In den Tafeln liegen unter der Oberfläche mehr sozialpolitisch ungeklärte Fragen als in den guten Absichten oberflächlich sichtbar wird.

## 4.7 Essen im Strafvollzug als Prestigeprojekt oder Gewähren des Ernährungsminimums?! – Handlungsfeld: „Hilfen für Straffällige"

2007 hat die Mutter von Tim Mälzer, bekannter TV-Koch, mit Häftlingen der Hamburger Strafvollzugsanstalt Hamburg/Fuhlsbüttel („Santa Fu" genannt) das Kochbuch „Huhn in Handschellen – Das Knast-Kochbuch" herausgebracht. Die Herausgeberinnen sind Christa Mälzer und die Justizbehörde Freie und Hansestadt Hamburg. Die Initiative begann, nachdem Christa Mälzer einen Einblick in das Hamburger Gefängnis bekam und erstaunt darüber war, mit welch großer Leidenschaft und Fantasie dort gekocht wird. Im Hamburger Gefängnis sitzen Menschen aus vielen Kulturen ein und sie bekommen die Gelegenheit, Rezepte auszutauschen, Neue zu entwickeln und mit Zutaten zu improvisieren, die gerade erreichbar für sie sind. Das Buch ist im Gefängnis selbst entstanden. Die Rezepte wurden bei Mitgefangenen gesammelt und gemeinsam mit Christa Mälzer ausgewählt. Die Illustrationen sind ebenfalls von einem Häftling geschaffen worden. Das Buch wirbt damit, dass die Gerichte auch in Freiheit Spaß machen werden und ein Teil des Erlöses geht zur Unterstützung von Verbrechensopfern an den WEISSEN RING e. V. (Verlagstext www.edition-temmen.de 2007, Zugriff: 19.08.2017).

Das ist bei weitem nicht das einzige Kochbuch, das im Zusammenhang mit Strafvollzugsanstalten in den letzten Jahren entstanden ist. Die Strafvollzugsanstalt Kiel hat ebenfalls ein Kochbuch mit Rezepten ihrer Strafgefangenen herausgebracht und wirbt damit gleichzeitig für die hohe Qualität, die die Mensen bzw. die Lehr-Lernküchen in den schleswig-holsteinischen Strafvollzugsanstalten haben. Diese Großküche kocht auch wiederkehrend für das Ministerium in Schleswig-Holstein, wenn wichtige Empfänge oder Essen gegeben werden. Von Bedeutung erscheinen dabei mehrere Aspekte. Die Großküchen in Strafvollzugsanstalten versorgen einerseits die Strafgefangenen und die Bediensteten. Oft sind Lehrküchen in den Strafvollzugsanstalten integriert, die zum Koch ausbilden und insbesondere für die Bediensteten kochen (z. B. Justizvollzugsanstalt Berlin-Tegel, Jugendanstalt Hameln). In der Großküche der Justizvollzugsanstalt Neumünster werden 8 Ausbildungsplätze mit dem Facharbeiterbrief zum Koch für Inhaftierte angeboten. Die zubereiteten Gerichte werden im Lehrküchenrestaurant den Bediensteten und Gästen angeboten. Die Kabinettsmitglieder des Schleswig-Holsteinischen Landtags werden einmal pro Monat durch die Lehrküche verpflegt. Die Lehrküche tritt damit nach außen und wirbt für die Qualität der Ausbildung bzw. des durch Inhaftierte zubereiteten Essens. Die Lehrküche wird für die Justizvollzugsanstalt zum Prestigeobjekt mit einem hohen Anspruch an die Qualität des Essen und der Ausbildung (Radetzki et al. 2015).

Neben den Kochbüchern, die als Besonderheit Verbindungen zwischen drinnen und draußen herstellen, vielleicht sogar als Resozialisierungsprojekte angelegt sind, ist kaum etwas bekannt über das Essen bzw. Essenssituationen in Strafvollzugsanstalten. Über die Qualität des täglichen Essens, die Berücksichtigung religiöser Regeln, die Essenssituationen der Strafgefangenen, ob allein auf der Zelle oder ob gemeinsam das Essen eingenommen wird, ist nichts bekannt. Ob das Essen nur zur Aufnahme von Nährwerten degeneriert oder ob es den Tag strukturiert für Strafgefangene, bleibt unbekannt. Ein Gefangener beschreibt 1974 das Essen als Gliederung seines Tages. „Der Tag ist eingeteilt in den Rhythmus, den die interne Besatzungsmacht diktiert. Der ist eingeteilt in Frühstücksfraß, Mittagsfraß, Abendbrotfraß" (Zahl, zit. nach Kreiler 1983, S. 235 nach: Thoms 2002, S. 61). Thoms zitiert eine weitere Stimme von 1903: „man wacht hier nur dreimal täglich aus einem traumhaften Dusel auf – wenn das Essen kommt" (Leuss 1903 nach: Thoms 2002, S. 61). Ein Strafgefangener aus dem Jahr 1996 formuliert „Überhaupt Essen. Für gewöhnlich sitzt du allein in deiner Zelle und schiebst es stoisch in dich rein. Essen verkommt auf Dauer zu einem reinen Zweck, dem sogar deine Manieren zum Opfer fallen" (Stetter in: Eschbaumer 1996 nach: Thoms 2002, S. 62). Die Verpflegungssituation in Gefängnissen nimmt in autobiografischen Zeugnissen ehemaliger Strafgefangener großen Raum ein, wiederkehrend wird über Monotonie, Ekel, mangelnde Nahrhaftigkeit und Hunger geklagt und zwar übergreifend in der Historie. Dabei könnte man denken, dass die Gefangenen seit Beginn der 1950er Jahre eigentlich nichts mehr zu beklagen haben, denn seitdem wurde die Ernährung völlig aus den inhaltlich-programmatischen Konzeptionen des Strafvollzugs gelöst. Aufgrund der Anhebung des allgemeinen Lebensstandards und des Ernährungsniveaus, der Pädagogisierung und Psychologisierung der Haft konnte auf Ernährung als Bestandteil der Strafe zunehmend verzichtet werden (Thoms 2002, S. 46).

In allen anderen Phasen der Entwicklung des Strafvollzugs wurde die Ernährung in die Bestrafung einbezogen. „Die Sträflingskost sollte Teil der Bestrafung selbst sein. Daher hängt die Gestaltung der Gefängniskost ganz wesentlich von den Vorstellungen über Sinn und Zweck der Freiheitsstrafe ab. Änderte sich die Strafkonzeption musste sich auch die Rolle und die Gestaltung der Ernährung wandeln" (Thoms 2002, S. 45). Jeder Mensch kennt die Redewendung bei „Wasser und Brot" und sie gilt bis heute als Synonym für Gefangenschaft überhaupt (Thoms 2002, S. 45). Die Disziplinierung der Gefangenen schloss zu Zeiten des Merkantilismus an den Bibelspruch von Paulus an, „wer nicht arbeitet, soll auch nicht essen" (2. Thess. 3,10) und brachte die Rechtfertigung für die körperliche Disziplinierung über die Speiseregulative (Thoms 2002, S. 47). Gleichzeitig waren die Strafanstalten durchgängig zu Sparsamkeit gezwungen, sodass die

Speisepläne in der Geschichte wiederkehrend minimale Speisenpaletten hatten, die oft nicht reichten, um die Gefangenen am Leben zu halten. Hohe Sterblichkeit der Gefangenen und aufkommende Fragen nach dem Verhältnis des Nahrungsminimums in Gefängnissen im Vergleich zu den untersten sozialen Schichten führte zu der Einstellung, die Nahrung der Gefangenen dürfte nicht besser sein als die der Tagelöhner. Doch das löste Ende des 19. Jahrhunderts ein weiteres Dilemma aus. „Verpflege man die Gefangenen schlechter als die unter dem Existenzminimum lebenden unteren Klassen draußen, stieg erfahrungsgemäß die Sterblichkeit" (Thoms 2002, S. 51). Mit der Ernährung in Gefängnissen wurde über lange Zeit versucht, die Widersprüche zwischen dem physiologisch Notwendigen, kriminalpolitisch Wünschenswerten und dem ökonomisch Vertretbaren auf Kosten des Überlebens der Gefangenen auszubalancieren (Thoms 2002, S. 51).

Thoms resümiert, dass die Essenssituation im Knast als bedrückend erlebt wird, wenn jeder Gefangene alleine in seiner Zelle essen muss. Die Hälfte eines Kochkurses im Gefängnis in Bruchsal in den 1990er Jahren hielt das Essen allein auf der Zelle für unwürdig, monoton, frustrierend und einsam und 87 % der Kursteilnehmer schätzten vor allem die Gemeinsamkeit, die sich entwickelnde Gesprächs- und Kommunikationskultur (Eschbaumer 1996 nach: Thoms 2002). Vor allem in Grenzsituationen kommt der Befriedigung von Grundbedürfnissen tragende Bedeutung zu und bietet Möglichkeiten für die Resozialisierung. In der Vorstellung von Thoms gehören dazu gepflegte Essensatmosphären, in der die Gefangenen Gemeinschaft erleben und ihnen zugleich alltagspraktische Qualifikationen mit auf den Weg gegeben werden (Thoms 2002, S. 63).

## 4.8  Gemeinwesenarbeit und das Mehrgenerationenhaus als Beispiele für das Handlungsfeld: „Zentrale übergreifende und sonstige Aufgaben"

Im Handlungsfeld „Zentrale übergreifende und sonstige Aufgaben" werden auch die lebensalterübergreifenden Dienstleistungsangebote, wie z. B. Nachbarschaftshäuser, Bürgerzentren oder andere gemeinwesenarbeitsbezogene Einrichtungen verortet. Zwei Beispiele liegen dafür vor, in denen das Essen zu einem festen Bestandteil gehört.

### Gemeinwesenarbeit

Am Beispiel eines jährlich stattfindenden Suppenfestes in einem Stadtteil, der als soziales Problemgebiet gilt, weil sehr viele Menschen in problematischen

Lebenslagen dort leben, wird die Bedeutung von Miteinander-leben-können verdeutlicht. Armut, hohe Erwerbslosigkeit und Menschen aus 80 verschiedenen Herkunftsländern leben gemeinsam in dem Stadtteil, in dem Gemeinwesenarbeit bereits seit den 1970er Jahren zum festen Bestandteil gehört und einen hohen Stellenwert hat. Dabei kommt dem Suppenfest eine erhebliche Bedeutung zu. 25 Köch*innen bereiten ihre Suppe zu und die Gäste erwerben für 2,50 EUR ein Informationsheft zu den Suppen, eine Suppenschüssel und einen Löffel. Die Gäste können nun an jedem Stand eine Suppe probieren; es gibt unterschiedlichste Geschmackserlebnisse, Geschichten zu den Suppen, den Zutaten, der Tradition in der Familie oder dem jeweiligen Herkunftsland der Suppe. Das Suppenfest zeigt die Vielfalt der Herkunftsländer der Bewohner*innen und die Menschen können anhand des Kochens etwas von sich und ihrem Können zeigen. Darauf wird in diesem Beispiel in der Gemeinwesenarbeit hoher Wert gelegt.

Beim Essen und Kochen in der Gemeinwesenarbeit dreht es sich um das Erlernen und Beherzigen von Kulturtechniken und Regeln, die Entwicklung von Konzentrationsfähigkeiten, die Wertschätzung typisch weiblicher Tätigkeiten, die Vermittlung der Notwendigkeit der Selbsttätigkeit bei der Erfüllung täglicher Pflichten. Nicht zuletzt geht es auch um den Genuss, das Kochen und Essen werden als Alltagskultur des Genießens betrachtet und inszeniert (Meineke und Gorol 2009, S. 102). „Die gemeinsame Zubereitung und der Verzehr von Speisen sind in unterschiedlichen Varianten vom Arbeitslosenfrühstück bis zu Sponsorenessen Tradition in der Gemeinwesenarbeit am Richtsberg" (Meineke und Gorol 2009, S. 103). Beim Essen kommen die Menschen sehr schnell, niedrigschwellig und auf Augenhöhe miteinander ins Gespräch. Deshalb wird dem gemeinsamen Essen in unterschiedlichen Konstellationen in der Gemeinwesenarbeit in diesem Stadtteil hohe Bedeutung beigemessen.

**Mehrgenerationenhäuser und ihr Essensangebot**

Mehrgenerationenhäuser stellen eine relativ neue Einrichtungsform dar und haben erst seit 2007 begonnen, sich zu etablieren. Ausgehend von einer Landesinitiative des Ministeriums für Soziales, Frauen, Familie und Gesundheit in Niedersachsen und inzwischen als Aktionsprogramm „Mehrgenerationenhäuser" des Bundesministeriums für Frauen, Senioren, Familie und Jugend sind zuerst in Niedersachsen Mehrgenerationenhäuser entstanden, die inzwischen als bundesweites Modellprojekt in jedem Bundesland aus bereits bestehenden Einrichtungen, wie z. B. Seniorenkreisen oder Familienbildungsstätten umgebildet wurden. Sie gestalten eine ganz unterschiedliche Vielfalt an Angeboten, entweder nur für junge Menschen bzw. deren Eltern oder nur alte Menschen oder für Jung und Alt gemeinsam. Die Ziele dieser mehrgenerativen Angebote verlaufen wesentlich über die Bedingungen des sozialen Raums, also über die Erweiterung und Institutionalisierung bereits vorhandener Angebote und Initiativen. Die Einrichtungen sind aus demografischer Notwendigkeit heraus entstanden, müssten jedoch viel mehr inhaltlich, reflektierend und offensiver von Sozialer Arbeit begleitet werden als dies bisher geschieht. Mit den Mehrgenerationenhäusern lassen sich Mehrdimensionalität und Verhältnismäßigkeit zwischen nachwachsenden Generationen und der alternden Generation thematisieren sowie die Chancen, Möglichkeiten und Notwendigkeiten Sozialer Arbeit, in diesem Bereich zukünftig viel stärker aktiv zu werden.

Sie wollen für jedes Lebensalter Lösungen für soziale Situationen anbieten und möchten unterschiedliche Generationen miteinander verbinden. Aufgrund ihres ungewöhnlichen Konzepts, alle Generationen vor dem Hintergrund der romantisierenden Vorstellung von Großfamilie zusammenzubringen, entstanden unterschiedliche Ansatzpunkte. Die „Offenen Räume" gelten als Angebot, das Begegnungen für Menschen jeden Alters ermöglicht. Mit den „Offenen Räumen" werden Voraussetzungen für weiterführende gemeinsame Aktivitäten und verbindlichere Zusammenhalte der Generationen geschaffen, Angebote werden bereitgestellt, die sich für die Generationenbegegnung eignen und den Austausch anregen. Bei gemeinsamen Essen kommt es zu dem höchsten Anteil (87 %) an Begegnung der unterschiedlichen Generationen und offene Begegnungen bzw. Treffpunkte erreichen 79 % (Reinecke et al. 2012, S. 19). Darüber hinaus bieten Feste regelmäßig Gelegenheiten zum zwanglosen niedrigschwelligen Treffen und um miteinander in Kontakt zu kommen. Begegnungen unterschiedlicher Generationen finden vor allem beim regelmäßigen Essen oder bei Festen statt.

Diese niedrigschwelligen Begegnungen bilden Ausgangspunkte für gemeinsame, verbindlichere Aktivitäten. Mehrgenerationenhäuser setzen gemeinsame Essgelegenheiten als pädagogisches Mittel ein, um Orte der Begegnung zu schaffen. Regelmäßige Mittagstische laden ebenfalls dazu ein, neue Essensgemeinschaften im Stadtteil zu bilden und so gleichermaßen zu unverbindlichen sozialen Kontakten wie auch notwendiger Versorgung beizutragen.

## 4.9    Essen im Erziehungs- und Bildungsalltag erforschen und lehren im Handlungsfeld: Ausbildung, Lehre und Forschung, Fort- und Weiterbildung

Im Handlungsfeld zur Ausbildung, Lehre und Forschung sowie Fort- und Weiterbildung geht es vor allem um Forschungserfordernisse, die von Täubig herausgearbeitet wurden und zu denen in verschiedenen Handlungsfeldern bereits Wissen,

Erkenntnisse oder Diskurslinien vorliegen. Diese wurden in den vorherigen Teil-kapiteln mal eher beispielhaft, mal intensiver ausgeführt, je nachdem, welcher Erkenntnisstand vorliegt. Für dieses Handlungsfeld ist vor allem relevant, Wis-sen über Forschungen hervorzubringen und gleichzeitig wieder zurückfließen zu lassen in alle relevanten Bereiche des Handlungsfeldes: In die Ausbildung sozi-aler Berufe an Berufsfachschulen, Fachschulen und Akademien, in die Lehre an Hochschulen für angewandte Wissenschaften, Universitäten und Dualen Hoch-schulen sowie Fort- und Weiterbildungen sozialer Berufe.

Täubig hat ein Forschungsprogramm formuliert, dass sich aus mehreren Schwerpunkten zusammensetzt. Essensforschung sollte Perspektiven sozialer Ungleichheit in ihrer Verschränkung mit lebensweltlicher Diversität bearbeiten und die Übermacht ernährungswissenschaftlich-medizinischer Sichtweisen auf das Essen im Erziehungs- und Bildungsalltag kritisch hinterfragen. Darüber hin-aus geht es um deutliche Konturierung, Essen als komplexes Ganzes in Erziehung und Bildung zu beforschen und danach zu fragen, „als was ‚Essen' überhaupt untersucht wird bzw. werden kann" (Täubig 2016, S. 212). Zeit und Raum stel-len sich als zu beforschende Dimensionen dar, gleichzeitig wird die Mahlzeit am Tisch intensiver zu beforschen sein. Essensforschung kann als Verschränkung von Kindheits- und Jugendforschung, Körperforschung sowie Organisationsforschung gerahmt werden (Täubig 2016, S. 212).

**Essen und soziale Ungleichheit**
Menschen essen nach den Differenzlinien sozialer Ungleichheit Verschiedenes und entlang der Ungleichheits- bzw. Diversitätsdimensionen sollten Forschun-gen erfolgen, die Wissen bzw. Diskurslinien hervorbringen und explizit machen, wo das Essen bzw. der von jedem Menschen in der Sozialisation erworbene Geschmack (Vorlieben oder Abneigungen gegenüber bestimmten Nahrungsmit-teln, Tischsitten etc.) wie an die Zugehörigkeit sozialer Gruppen gebunden ist. „Für die Differenzlinie des Geschlechts ist bekannt, dass sich Frauen und Män-ner verschieden ernähren" (Täubig 2016, S. 213). Weiblichkeit und Männlich-keit wird auch über das Essen hergestellt. Geschlechtsunterschiede stechen im Jugendalter besonders an der Ungleichverteilung von Essstörungen zwischen Mädchen und Jungen hervor. Ungleichheit besteht vor allem auch in der Vertei-lung der Verantwortung für die Essensproduktion. Die Frauen sind nach wie vor die Essensbereithalterinnen und die Verantwortlichen, wenn es um Ernährungser-ziehung in der Familie geht. Schichtspezifische Unterschiede des Essens lassen sich vor allem mit Hinweis auf Bourdieu (1984) verdeutlichen. Luxus- oder Not-wendigkeitsgeschmack werden ausgeprägt je nach schichtspezifischer Herkunft und alltäglich gelebt. „Zugehörigkeiten zu ethnischen Gruppen werden über die

Esskultur und häufig die Betonung der anderen Esskultur beschrieben" (Täubig 2016, S. 213). Kinder lernen vor allem erst einmal in ihren Familien die eigene Esskultur kennen, Speisen und Formen des Essens, die sich von allen anderen aufgrund des familiären Hintergrundes stark voneinander unterscheiden können. Die familiären Essensüberzeugungen weisen in ihrer spezifischen Lebenswelt Eigen-Sinn auf, der erst zur sozialen Ungleichheit wird, wenn die lebensweltlichen Überzeugungen auf akademisierte bürgerliche Bildungsansprüche und -bewertungen trifft und an diesen gemessen wird (Grundmann et al. 2010, S. 55 nach: Täubig 2016, S. 214). Fragen von Ungleichheit und Diversity beim Essen müssen intensiver in öffentlichen Bildungseinrichtungen beforscht werden, da bisher kaum Erkenntnisse vorliegen (Täubig 2016, S. 212–214).

**„Dicke" Kinder und Jugendliche als pädagogische Aufgabe**
Hohes Körpergewicht bei Kindern und Jugendlichen ist als das Phänomen zu benennen, bei dem Erziehung und Bildung in Bezug auf das Essen verantwortlich gemacht wird, es gefälligst zu lösen. Klassifizierungen von Menschen in dick oder dünn führt zu einer neuen Form sozialer Ungleichheit (Täubig 2016, S. 214). Die gesellschaftliche Bearbeitung des Dickseins wird im wesentlichen mit Erziehung und Bildung verbunden, denn die Bearbeitung von Abweichungen entlang der medizinisch bestimmten Körperideale gerinnt zur pädagogischen Aufgabenstellung. Erziehungs- und Bildungseinrichtungen können sich leicht auf vielfach vorhandene empirische Daten stützen, die rhetorisch massenmedial aufbereitet und politisch verwertet, Interventionen fordern, um die Gesundheit nachwachsender Generationen zu fördern. Gleichzeitig wird durch die Sichtbarkeit von Kindern und Jugendlichen mit hohem Körpergewicht das Problem scheinbar augenfällig. „Denn das an Kindern und Jugendlichen gewiss gewordene gesamtgesellschaftliche Problem des Übergewichts findet in der Erziehungszugänglichkeit und -bedürftigkeit von Kindern und Jugendlichen seine Lösbarkeit" (Täubig 2016, S. 216). Dicksein wird stigmatisiert und lässt sich vor allem bei Kindern und Jugendlichen beeinflussen über die Erziehungs- und Bildungseinrichtungen, die sich sehr leicht zu Stigmatisierern machen lassen, wenn sie nicht reflektieren, ob ein Kind bzw. Jugendlicher mit hohem Körpergewicht nicht genauso richtig ist wie er es als dünnes Kind oder Jugendlicher auch wäre. Erziehungs- und Bildungseinrichtungen haben für sich zu klären, an welchen Stellen neue gesellschaftliche soziale Ungleichheiten aufgemacht werden und Täubig sieht eine aufgemacht am Problem der „dicken" nachwachsenden Generation und das selbstverständliche Befolgen medizinischer Paradigmas von Erziehungs- und Bildungseinrichtungen (Täubig 2016, S. 214–216).

**Essen erforschen**

Die Bestimmung des Untersuchungsgegenstands „Essen" steht unter dieser Überschrift an. Was gehört alles zum Essen? Wann ist Essen essen? Das Alltagsverständnis von Essen als Nahrung stößt aus Sicht Täubigs schnell an Grenzen, wenn es darum geht zu beurteilen, ob ein Kind, das sein Essen wieder ausspuckt, wohl isst. Ein weiteres Beispiel: Unberührtes Essen, in der Schulmensa zurückgegeben – Essen oder nicht? „Solche Essensverweigerungen, aber auch Formen der Zwangsernährung scheinen besser eingefangen mit Begriffen wie Essenspraktiken und Praktiken des Feedings, das sie die (freiwillige) Nahrungsaufnahme nicht zur Bedingung machen. Es kann so auch offen bleiben, bis zu welchem Teil des Körpers Nahrung gelangen muss, um als gegessen zu gelten" (Täubig 2016, S. 217). Fragen nach dem Essen befördern gleichzeitig differenziertere Fragen nach den für Menschen relevanten gesellschaftlich-kulturellen Wertvorstellungen von Nahrungsmitteln. Deutlich wird, Essen ist als Untersuchungsgegenstand auszudifferenzieren über die konkrete Nahrung und körperliche Nahrungsaufnahme hinaus. Mit dem Essen verbunden werden können soziale Dimensionen, wie z. B. die Kommunikation oder die Zeiten und Orte, an denen Essenssituationen stattfinden. Diese Dimensionen stellen weitere erkenntnisrelevante Forschungsschwerpunkte dar (Täubig 2016, S. 217–218).

**Zeit und Raum als Dimensionen des Essens**

Das Verständnis von Raum und Zeit hat in den Sozialwissenschaften Verständnis von Raum und Zeit als sozial konstituierte Phänomene hervorgebracht, die sich durch Relationierungen von Lebewesen, Dingen und Orten (Löw 2001) bzw. Geschehnisabläufen (Elias 1988) kennzeichnen lassen. Gleichzeitig ist die räumliche und zeitliche Dimension von Nahrungsmittelproduktion aufgrund der Nahrungsmitteltechnologie nahezu unabhängig von zeitlichen und räumlichen Dimensionen, wie z. B. Bodenqualität, Klima oder Jahreszeiten. Der soziale Raum und Zeit der Nahrungsaufnahmesituation sowie die Standardisierung stehen im Vordergrund der Betrachtungen. Als zeitliche Dimension lässt sich die Mahl-Zeit (die auch eine räumliche Dimension hat, immer noch überwiegend am Tisch stattfindend) ausmachen, die zunehmend in unterschiedlichen Zeitquantitäten und damit zugeschriebenen Qualitäten stattfinden kann: slow oder fast. Alltag lässt sich von Wochenende oder Festtagen unterscheiden und damit sind neue Dimensionen des Essens zu einer bestimmten Zeit verbunden.

> Die Zeitverwendung auf Essen ist auch kulturell geprägt. Mahlzeiten kommen sowohl als familiäre Zeitpolitiken als auch als reglementierende Ordnung von Organisationen zum Tragen. Die vorgegebene Essenszeit in öffentlichen Erziehungseinrichtungen,

wie Kindertagesstätten und Schulen, spiegelt die gesellschaftliche Entwicklung einer beschleunigten Moderne wider und wird als fremdbestimmtes Zeitregiment beschrieben (Täubig 2016, S. 219).

Der Tisch ist der Ort, an dem überwiegend Essen räumlich beforscht wird. Am Tisch erschöpfen sich selbstverständlich nicht die räumlichen Bezüge des Essens. Essensorte, wie z. B. die Kita, Schule oder Uni-Mensa unterscheiden sich deutlich voneinander. Die raumbezogenen Perspektiven eröffnen Aussagen über die vorherrschenden spezifischen sozialen Ordnungen. Bell und Valentines (2006) nehmen für den Zusammenhang von Ort, Essen und Identität Sortierungen vor, die beim Körper als kleinsten Ort des Essens beginnt, weitergeführt wird zur Schule, zum Arbeitsplatz, zur Stadt, zur Region, zur Nation und weiter zur Welt. Damit entsteht die Möglichkeit, das eigene Essen in seinen unterschiedlichen räumlichen Bezügen zu sehen und einzuordnen (Täubig 2016, S. 218–220).

**Von der Mahl-Zeit zur Verzehrsituation**
Die Mahlzeit vervielfältigt sich, sie findet nicht mehr nur in familiären Zusammenhängen um einen Tisch herum statt. Allein vor dem Computer oder Fernseher, gemeinsam mit anderen Menschen in Kantinen oder Mensen, an Imbissen oder im Fast-Food-Restaurant werden ebenfalls Mahlzeiten eingenommen und zunehmend geraten sie als Verzehrsituationen auch stärker in den Mittelpunkt der Betrachtung. Familiäre Kühlschrankkultur gilt längst als Alltag und unverbindliches Snacken unterwegs gehört zur Esskultur von Jugendlichen und ihren Peergroups. „Den Mahlzeitenfokus in Richtung aller Verzehrsituationen zu erweitern, verspricht bisherige Leerstellen zum Essen in Erziehungs- und Bildungsalltag zu füllen" (Täubig 2016, S. 221). Täubig sieht noch längst nicht alle Verzehrsituationen im Erziehungs- und Bildungsalltag erfasst. Die Fragen nach dem Wo und Wann Verzehrsituationen stattfinden, erweitern den Blick auf alle Möglichkeiten des Verzehrens und nicht nur die, die bisher als Mahl-Zeit im Fokus standen. Sie eröffnen auch den Blick auf die Verzehrsituationen, die ausgelassen werden z. B. das Frühstück von Kindern oder das Mittagessen in der Schulverpflegung. Damit treten Fragen auf, wo und wie Kinder sich verpflegen und Nahrung zu sich nehmen (Täubig 2016, S. 220–222).

**Essensforschung als Kindheits- und Jugendforschung UND Körperforschung**
Der Körper findet bisher nur wenig Beachtung, obwohl aus Täubigs Sicht der „body turn" in den Sozialwissenschaften stattgefunden hat (Täubig 2016, S. 222) und bereits längst hätte stärker bearbeitet werden können für die Kindheits- und Jugendforschung. Zentrale Entwicklungsaufgabe des Jugendalters ist „den Körper

bewohnen zu lernen" (Täubig 2016, S. 222). Die zu geringe Thematisierung wird auch für die Kindheitsforschung kritisiert. „Wenn Erziehung auch Erziehung zum Essen und Erziehung des Körpers ist, ist es nur logisch, in der Erforschung des Essens im Erziehungs- und Bildungsalltag, die Körper von Kindern als Identitätsmedium sowie (Re-)Produzenten der Gesellschaft zu berücksichtigen" (Täubig 2016, S. 223). Lediglich im Bereich pathologischen Ess- und Trinkverhaltens wird der Zusammenhang von Essen, Körper und Identität z. B. beim Rauschtrinken als jugendkulturelle Praxis im Zusammenhang von Selbstinszenierungen aufgemacht. Darüber hinaus findet der Körper im Zusammenhang mit Essen keinen Ort der Betrachtung und Reflexion. Damit werden jedoch vielfältige Potenziale zur Erkenntnis verschenkt, um weitere Dimensionen sozialer Ungleichheit sichtbar machen zu können wie auch die stigmatisierenden Betrachtungsweisen von hohem Körpergewicht. Die den Körpern eingeschriebene gesellschaftliche Ungleichheit aus der Unsichtbarkeit zu holen und an den unterschiedlichen Stellen zu reflektierbar zu machen, steht als Programm in Bezug auf Körper und Essen an (Täubig 2016, S. 222–224).

**Essensforschung als Organisationsforschung**
Gesellschaftliche Ungleichheit wird durch Organisationen vermittelt und in ihnen reproduziert. Alltäglich findet die Organisation von Essen für Kinder und Jugendlichen in Organisationen der Erziehung und Bildung statt. Essensforschung als Organisationsforschung bedeutet, die Herstellung der Essenssituationen als Möglichkeit zu sehen, Organisationen zu betrachten. Dabei kann sowohl der Schwerpunkt auf Essen wie auch auf der Organisation liegen. Bisher wird jedoch weniger in diese Richtung geblickt, wenn die Beforschung von Organisationen im Vordergrund steht. Mit der zunehmenden Übernahme bzw. Ausbau außerhäusiger Verzehrsituationen für Kinder und Jugendliche, wahrscheinlich sogar für alle Lebensalter, werden alle möglichen Organisationen mit der Bereitstellung von Essen beschäftigt sein und die Organisationen herausfordern. Im Bereich der Kinder und Jugendlichen werden wiederkehrend Fragen zu Ernährungserziehung und –bildung auftauchen oder Fragen, die mit dem Verhältnis von Familie-Mahlzeit-Organisation-Mahlzeit verbunden sind und bisher unklar sind. Organisationen werden sich mit Essensfragen unter Umständen komplett neu ausrichten müssen in ihrer Organisation und dazugehörigen pädagogischen Leitbildern (Täubig 2016, S. 224 f.).

> Ausgehend von den analytischen Dimensionen der Zeit und des Raumes wurden die Verzehrsituation, ein Verständnis von Kindheits- und Jugendforschung als Körperforschung sowie Erkenntnisinteressen der Organisationsforschung hergeleitet,

um das Essen im Erziehungs- und Bildungsalltag zu untersuchen. Neben den direkt angesprochenen Turns der Sozialwissenschaften – dem spatial, temporal und body turn – unterlegt der practical turn die Prämissen. All diese Drehungen und Wendungen antworten auf den komplexen Gegenstand (Täubig 2016, S. 227).

Bisher werden vor allem qualitative Forschungsdesigns mit Schwerpunkten im Bereich Ethnografie für die Untersuchung von Essen in der Kindheits- und Jugendforschung durchgeführt, während quantitative Designs vor allem von den Ökotrophologen im Hinblick auf Gesundheitsfragen angewendet wurden. Die stärkere Verknüpfung kindheits- und jugendforschungsbezogener Fragestellungen mit größeren Samples, quantitativ angelegt und aussagekräftig im Hinblick auf Essenspraktiken sieht Täubig als zukunftsweisend (Täubig 2016, S. 226).

**Zusammenfassung**

Die Beispiele, Erkenntnisse, das bisherige Wissen und die dargestellten Diskurslinien entlang der von Amthor beschriebenen Handlungsfelder zeigen die Bandbreite und Vielfalt des Essens in der Sozialen Arbeit. Die Behauptung, es gäbe kein sozialpädagogisches Handlungsfeld, in dem nicht irgendein Nahrungsmittel angeboten, verzehrt, vielleicht gemeinsam eingekauft und zubereitet oder sogar auch mal abgelehnt wird, selbst hergestellt und verkauft wird, kann unterstrichen werden. In jedem sozialpädagogischen Handlungsfeld findet irgendwas, überwiegend auch irgendwas sozialpädagogisch Bedeutsames, mit Essen statt. Die gezeigten Beispiele und Erkenntnisse ließen sich noch weiterführen, denn mit dem Beginn des Suchens nach dem Thema Essen in den einzelnen Handlungsfeldern, lassen sich weitere Beispiele finden. Doch relativ allein bleibt jede*r mit der Einordnung in den sozialpädagogischen Zusammenhang. Weder in der wissenschaftlichen noch in der praktischen Auseinandersetzung wurden bisher viele Worte verloren, obwohl das Essen gleichzeitig im Höchstmaß sozialpädagogisch aufgeladen werden kann. Wünschenswert ist, dazu noch mehr Ideen zu entwickeln, um weniger dominant ökotrophologischen Forderungen nach gesundem Essen folgen zu müssen. Essen gehört in den Mittelpunkt der Betrachtung mit der Vielfalt und Komplexität sozialpädagogischer Möglichkeiten. Diese liegen auf der Basis bisheriger Erkenntnisse darin, z. B. danach zu fragen, was Essen aus sozialpädagogischer Perspektive sein könnte, wie Tischgesellschaften in den unterschiedlichen Einrichtungsformen angelegt sein sollten, hierarchisierend oder egalisierend?! Dazu gehört auch die Reflexion darüber, welche Erfahrungen Kinder und Jugendliche beim Essen machen können sollen, welche (ess-)kulturellen dazu gehören, über welche Einschätzungen jede*r Sozialarbeiter*in bezüglich bestimmter Sitten und Gebräuche verfügt und welches soziale Verhaltens am Tisch jede\*r mitbringen sollte. Welche Rituale und welche Tischgespräche sind sozialpädagogisch vertretbar, wenn die am Tisch sitzenden Menschen aus unterschiedlichen Schichten, Milieus oder Kulturen kommen? All diese Fragen benötigen endlich mehr sichtbare reflektierende sozialpädagogische Zugänge und daraus folgende Realisierungen.

**Fragen zur Wiederholung**

1. Zu welchen Handlungsfeldern gibt es aus Ihrer Sicht in der Sozialen Arbeit bereits brauchbare Erkenntnisse zu Essens- und Ernährungsfragen, um sich professionell und disziplinär mit bedeutenden Fragen befassen zu können?
2. Überlegen Sie, welche professionell zu gestaltenden und unbedingt zu reflektierenden Aspekte in Ihr Lieblingshandlungsfeld Sozialer Arbeit gehören?
3. Welche Forschungsfragen finden Sie auf Basis bisheriger Erkenntnisse relevant zum Essen entweder in den unterschiedlichen Einrichtungen oder den übergreifenden Handlungsfeldern?

## Literatur

### Literatur zur Vertiefung

Täubig, Vicky. 2016. *Essen im Erziehungs- und Bildungsalltag*. Weinheim und Basel: Beltz Juventa.
Biedermann, Markus und A. Hoffmann. 2005. *Der Heimkoch: Esskultur im Heim*. Hannover: Vincentz Network.
Thoms, Ulrike. 2002. „Eingeschlossen/Ausgeschlossen". Die Ernährung in Gefängnissen vom 18. bis 20. Jahrhundert. In *Ernährung in Grenzsituationen*. Hrsg. U. Spiekermann und G.U. Schönberger. 45–69. Berlin: Springer Verlag.

### Literaturverzeichnis

Adio-Zimmermann, Nora, M. Behnisch und L. Rose. 2016. Ethnografische Befunde zum Essensalltag in der Heimerziehung. In *Essen im Erziehungs- und Bildungsalltag*. Hrsg. V. Täubig. 190–212. Weinheim/Basel: Beltz Juventa.
Alagöz, Safak, M. Behnisch und A. Ungar. 2017. Essenssituationen in der Jugendhilfe aus Sicht junger Flüchtlinge. *Migration und Soziale Arbeit*, Ausgabe 02: 160–167.
Alexy, Ute, K. Clausen und M. Kersting. 2011. Schulmahlzeiten nach optimiX: Wo haben Schulen Unterstützungsbedarf? In *Mahlzeiten. Alte Last oder neue Lust?* Hrsg. G. Schönberger G., B. Methfessel. 121–131. Wiesbaden: VS Verlag für Sozialwissenschaften.

Amthor, Ralf-Christian. 2012. *Einführung in die Berufsgeschichte der Sozialen Arbeit*. Weinheim/Basel: Beltz Juventa.

Arens-Azevedo, Ulrike, U. Schillmöller und Bundesministerium für Ernährung und Landwirtschaft. 2014. Bundeskongress Schulverpflegung 2014. Qualität der Schulverpflegung – Bundesweite Erhebung. Ergebnispräsentation. Kongressband. www.bundeskongress-schulverpflegung.de. Zugriff: 10.11.2014.

Arens-Azevedo, Ulrike, U. Pfannes, E. Tecklenburg und Bertelsmann Stiftung. 2014. Is(s)t KiTa gut? – Studie. KiTa-Verpflegung in Deutschland: Status quo und Handlungsbedarfe. www.bertelsmann-stiftung.de/de/publikationen/publikation/did/isst-kita-gut/. Gütersloh. Zugriff: 09.02.2015.

Arens-Azevedo, Ulrike. 2010. Schulverpflegung – eine einmalige Chance, Esskultur und Ernährungsverhalten nachhaltig zu prägen. In *Nestle Studie. So is(s)t Schule. Chancen für das lernende Esszimmer*. Hrsg. Nestle Deutschland AG. 19–28. Frankfurt a. M.: Eigenverlag.

Arens-Azevedo, Ulrike und H. Laberenz. 2008. *Bundesweite Strukturanalyse. Schulverpflegung im Auftrag der CMA*. Hamburg: Abschlussbericht.

Bartsch, Silke, M. Büning-Fesel, I. Heindl, A. Lambeck, P. Lührmann, A. Oepping, C. Rademacher und S. Schulz-Greve. 2013. Ernährungsbildung – Standort und Perspektiven. *Ernährungs-Umschau*, 60. Jg., Heft 2: 84–95.

Bau, Anne-Madeleine. 2002. *Ernährungsverhalten von 3–6jährigen Kindern verschiedener Ethnien im Quartier Soldiner Strasse*, Berlin-Wedding. Magisterarbeit. Technische Universität Berlin.

Bayerisches Staatsministerium für Arbeit und Sozialordnung, Familie und Frauen. 2012. *Der bayerische Bildungs- und Erziehungsplan für Kinder in Tageseinrichtungen bis zur Einschulung*. Berlin: Cornelsen, 5. erweiterte Aufl.

Behnisch, Michael. 2010. Wenn Klienten Fachkräfte bewirten. *Sozial Extra* 3/4: 42–45.

Behnisch, Michael und M. Winkler. Hrsg. 2009. *Soziale Arbeit und Naturwissenschaft. Einflüsse, Diskurse und Perspektiven*. München: Ernst Reinhardt.

Behörde für Arbeit, Soziales, Familie und Integration. 2012. *Hamburger Bildungsempfehlungen für die Bildung und Erziehung von Kindern in Tageseinrichtungen*. 2. überarbeitete Aufl.

Bell, D. und G. Valentine. 2006. *Consuming geographies. We are what we eat*. Nachdruck. London und New York: Routledge.

Biedermann, Markus und A. Hoffmann. 2005. *Der Heimkoch: Esskultur im Heim*. Hannover: Vincentz Network.

Brinks, Sabrina und St. Reckhaus. 2016. Bedarfsgerechte Angebote für unbegleitete minderjährige Flüchtlinge. Dokumentation des kleinen Fachgesprächs. Institut für Sozialpädagogische Forschung Mainz gGmbH (ISM). www.servicestelle-umf.de. Zugriff 20.05.2017.

Bundesjugendkuratorium (BJK) 2013. Migration unter der Lupe. Der ambivalente Umgang mit einem gesellschaftlichen Thema in der Kinder- und Jugendhilfe. www.bundesjugendkuratorium.de. Zugriff: 15.12.2016.

Bundesjugendkuratorium (BJK). 2016a. Kinder und Jugendliche auf der Flucht: Junge Menschen mit Ziel. Stellungnahme. www.bundesjugendkuratorium.de. Januar 2016, Zugriff: 15.12.2016.

Bundesjugendkuratorium (BJK). 2016b. Kinder- und Jugendhilfeleistungen nach Maß: Junge Geflüchtete haben den gleichen Anspruch wie alle jungen Menschen. Zwischenruf. www.bundesjugendkuratorium.de. August 2016, Zugriff: 15.12.2016.

Bundesverband Deutsche Tafeln e.V. 2016. Die Tafeln – Eine der größten sozialen Bewegungen unserer Zeit. http://www.tafel.de/die-tafeln.html Berlin. Zugriff 23.08.2017.

Butterwegge, Christoph. 2015. *Hartz IV und die Folgen. Auf dem Weg in eine andere Republik?* 2. Aufl. Weinheim/Basel: Beltz Juventa.

Cvitkovich-Steiner, Helga. 2009. Wenn Speisen reisen. In: Ernährung heute. *Aktuelle Informationen für Meinungsbildner in Ernährungsberatung, -erziehung und -wissenschaft.* 2/2009. Wien: 7–9.

Deinet, Ulrich. 2009. Essen im Ganztag als Kooperationsthema von Jugendarbeit und Schule. In *„Erst kommt das Fressen, …!" Über Essen und Kochen in der Sozialen Arbeit.* Hrsg. L. Rose und B. Sturzenhecker. 121–141. Wiesbaden: VS Verlag für Sozialwissenschaften.

Deutsche Gesellschaft für Ernährung. 2007. *Qualitätsstandards für die Schulverpflegung.* Bonn: Eigenpublikation.

Ehrenstein, Claudia. 2014. Zu viel Fleisch und zu wenig Gemüse im Schulessen. *Die Welt.* http://www.welt.de/politik/deutschland/article134683030/zu-viel-Fl. Zugriff: 26.11.2014.

Ellrott, Thomas. 2017. Perspektiven der schulischen Ernährungsbildung. In *Essen und Ernährung. Herausforderungen für Schule und Bildung.* Hrsg. St. Wittkowske, M. Polster und M. Klatte. 163–175. Bad Heilbrunn: Klinkhardt.

Elsen, van Thomas. 2013. Das Forschungsprojekt Soziale Landwirtschaft auf Biohöfen in Deutschland. In *Boden unter den Füßen. Grüne Sozialarbeit – Soziale Landwirtschaft – Social Farming.* Hrsg. A. Limbrunner und Th. van Elsen. 42–50. Weinheim: Beltz Juventa.

Eschbaumer, C. 1996. *Esskultur im Alltag. Ein Vergleich mit der Esskultur im Gefängnis als didaktisch-methodischer Zugang zur Reflexion des Alltagslebens im HTW-Unterricht.* Wissenschaftliche Hausarbeit im Rahmen der Ersten Staatsprüfung für das Lehramt an Realschulen, (Ms.), Heidelberg.

Evers, Adalbert und K. Hämel. 2010. *Essensangebote an Schulen. Unterschiedliche Konzepte, unterschiedliche Akzeptanz?* Hans-Böckler Stiftung. Arbeitspapier 192. Düsseldorf: Eigenpublikation.

Frank, Anton. 2003. Gutes Essensangebot ist Teil professioneller Sozialarbeit. Bedeutung der Befriedigung einfacher Bedürfnisse am Beispiel „Wohnungslosenhilfe". *Wohnungslos: Aktuelles aus Theorie und Praxis zur Armut und Wohnungslosigkeit,* Heft 2/2003, S. 51–52.

Freie Hansestadt Bremen/Die Senatorin für Soziales, Kinder, Jugend und Frauen. 2012. *Rahmenplan für Bildung und Erziehung im Elementarbereich.* Frühkindliche Bildung in Bremen. Bremen.

Giesenkamp, Johanna-Elisabeth und E. Leicht-Eckard. 2015. Religionsadäquate (Schul-) Verpflegung. *HuW* 2/2015.

Giesenkamp, Johanna-Elisabeth, E. Leicht-Eckardtund und T. Nachtwey. Hrsg. 2013. *Inklusion durch Schulverpflegung. Wie die Berücksichtigung religiöser und ernährungsspezifischer Aspekte zur sozialen Inklusion im schulischen Alltag beitragen kann. Interreligiöse Perspektiven.* Berlin: LIT Verlag.

Görtemaker, Heike. 2011. Ausweitung der Tafelidee, Projekte, Zusatzleistungen und Sozialarbeit bei Tafeln im Wandel. In *Transformation der Tafeln in Deutschland,* Hrsg. S. Selke, K. Maar, 138–150. Wiesbaden: VS Verlag für Sozialwissenschaften.

Günder, Richard. 2015. *Praxis und Methoden der Heimerziehung. Entwicklungen, Veränderungen und Perspektiven der stationären Erziehungshilfe.* Freiburg im Breisgau: Lambertus.

Hantelmann, Ute, C. Michehl, S. Schwartau und K. Riemann-Lorenz. 2012. *Essen auf Rädern – neuer Qualitätsstandard erst in Einzelfällen erreicht. Ergebnisbericht.* Verbraucherzentrale Hamburg: Hamburg.

Hauenschild, Annette. 2006. Ernährungsberatung und -therapie im Alter. *Der Gynäkologe.* Volume 36, Issue 5: 362–366.

Heseker, Helmut. 2005. Kurzfassung Modellprojekt „Reform der Ernährungs- und Verbraucherbildung in Schulen. Paderborn.

Hessisches Ministerium für Soziales und Integration/Hessisches Kultusministerium. 2014. *Bildung von Anfang an Bildungs- und Erziehungsplan für Kinder von 0 bis 10 Jahren in Hessen.* 6. Erweiterte Aufl.

Höhl, Karolin, N. Schmitt und G. Schönberger. 2009. *Unsere Ernährung heute und morgen. Eine Stellungnahme.* Heidelberg: Dr. Rainer Wild-Stiftung.

Homfeldt, Hans Günther. 2016. Essen/Trinken und Ernähren – (sozial-)pädagogische Miniaturen zu einer gesundheitsbezogenen sozialen Bildung. In *Essen im Erziehungs- und Bildungsalltag.* Hrsg. Vicky Täubig, 31–52. Weinheim und Basel: Beltz Juventa.

Holtappels, Heinz Günther, E. Klieme, Th. Rauschenbach und L. Stecher. Hrsg. 2008. *Ganztagsschule in Deutschland. Ergebnisse der Ausgangserhebung der „Studie zur Entwicklung von Ganztagsschulen" (StEG).* 2. Aufl. Weinheim: Beltz Juventa.

Institut für Sozialpädagogische Forschung Mainz gGmbH (ISM). 2016. Gelingender Alltag und gute Perspektiven für junge Flüchtlinge. Dokumentation der Beteiligungswerkstatt. http://www.servicestelle-umf.de. Zugriff 20.05.2017.

Jensen, Dierk. 2012. Gutes Essen. Ein Garant für Gesundheit. *Sozialmagazin,* Jahrgang 37, Heft 4: 37–39.

Karg, Georg. Hrsg. 1999. Ökotrophologie – Wissenschaft für die Menschen. Frankfurt a. M.: Lang.

Klug-Duran, Fresia. 2009. Essen als Alltagskulisse. Kasuistik der Sozialpädagogischen Familienhilfe. In *„Erst kommt das Fressen, …!" Über Essen und Kochen in der Sozialen Arbeit.* Hrsg. L. Rose und B. Sturzenhecker. 85–99. Wiesbaden: VS Verlag für Sozialwissenschaften.

Kultusministerkonferenz. 2013. Verbraucherbildung an Schulen. Beschluss der Kultusministerkonferenz vom 12.09.2013. Hrsg. *Sekretariat der ständigen Konferenz der Kultusminister der Länder in der Bundesrepublik Deutschland IIA.*

Kofahl, Daniel. 2015. Kulturelle und religiöse Einflüsse auf (und durch) die Ernährungskultur von türkeistämmigen Migranten. *ErnährungsUmschau* 9/2015, Interview. Wiesbaden: 530–532.

Kreiler, K. 1983. *Sie machen uns langsam tot. Zeugnisse politischer Gefangener in Deutschland 1780–1980.* Darmstadt: Luchterhand.

Kullmann, Kirsten. 2009. Pizza oder Suppe? Verhandlungen zum Essen im Jugendhaus. In *„Erst kommt das Fressen, …" Über Kochen und Essen in der Sozialen Arbeit.* Hrsg. L. Rose und B. Sturzenhecker. 177–191. Wiesbaden: VS Verlag für Sozialwissenschaften.

Kuhn, Birgit. 2012. Schüler kochen für Schüler am Luisengymnasium München. Interview mit StD Horst Rückert, Betreuer des Projektes „Pädagogisches Kochen." In: http://www.muenchen-querbeet.de/politik-gesellschaft-trends/schueler-kochen-fuer-schueler-luisengymnasium-paedagogisches-kochen-ernaehrung-schueler., Zugriff: 22.08.2017.

Kutscher, Nadia und L.-M. Kreß. 2015. Internet ist gleich mit Essen. Empirische Studie zur Nutzung digitaler Medien durch unbegleitete minderjährige Flüchtlinge. http://www.images.dkhw.de. Zugriff 20.05.2017.

Lauff, Werner und H. G. Homfeldt. 1979. *Erziehungsfeld Ferienlager. Pädagogik als Praxis und Theorie.* München: Juventa.

LBS-Kinderbarometer. 2009. *Wir sagen euch mal was. Stimmungen, Trends und Meinungen von Kindern aus Deutschland.* Bundesgeschäftsstelle der Landesbausparkassen. Berlin.

Lechleitner, Monika. 2013. Adipositas im Alter. *Zeitschrift für Gerontologie und Geriatrie.* Volume 46, Issue 5. 398–402. Wiesbaden.

Leuss, H. 1903. *Aus dem Zuchthause. Verbrecher und Strafrechtspflege.* Berlin: Räde.

Limbrunner, Alfons. 2013. Boden unter den Füßen. Wie sich Sozialarbeit und Landbau verbündeten und wie daraus ein zukunftsfähiger Arbeits-, Lebens- und Kulturimpuls entstehen könnte. In Boden unter den Füßen. Grüne Sozialarbeit – Soziale Landwirtschaft – Social Farming. Hrsg. A. Limbrunner und Th. van Elsen. 18–33. Weinheim: Juventa.

Limbrunner, Alfons und Th. van Elsen. Hrsg. 2013. *Boden unter den Füßen. Grüne Sozialarbeit – Soziale Landwirtschaft – Social Farming.* Weinheim: Juventa.

Lorenz, Stephan. 2009. Die Tafeln zwischen Konsumismus und „Überflüssigkeit". Zur Perspektive einer Soziologie des Überflusses. In *Tafeln in Deutschland. Aspekte einer sozialen Bewegung zwischen Nahrungsmittelumverteilung und Armutsintervention.* Hrsg. St. Selke. Wiesbaden: VS Verlag für Sozialwissenschaften.

Lülfs, F. und A. Spiller. 2006. *Kunden(un-)zufriedenheit in der Schulverpflegung: Ergebnisse einer vergleichenden Schülerbefragung.* Göttingen.

Meineke, Christian und C. Gorol. 2009. Das Suppenfest als multikulturelles Ereignis der Gemeinwesenarbeit. In *„Erst kommt das Fressen, …!" Über Essen und Kochen in der Sozialen Arbeit.* Hrsg. L. Rose und B. Sturzenhecker. 99–109. Wiesbaden: VS Verlag für Sozialwissenschaften.

Mensink, G.B.M., C. Kleiser und A. Richter. 2007. *Lebensmittelverzehr bei Kindern und Jugendlichen in Deutschland. Ergebnisse des Kinder- und Jugendgesundheitssurveys (KiGGS).* Robert-Koch-Institut, Berlin.

Ministerium für Bildung, Kultur und Wissenschaft. 2006. *Bildungsprogramm für saarländische Kindergärten.* Berlin/Weimar: das netz.

Ministerium für Soziales, Gesundheit, Familie und Gleichstellung des Landes Schleswig-Holstein. 2012. *Erfolgreich starten. Leitlinien zum Bildungsauftrag von Kindertageseinrichtungen.* 5. Aufl. Kiel.

Ministerium für Familie, Kinder, Jugend, Kultur und Sport des Landes Nordrhein-Westfalen. 2011. *Mehr Chancen durch Bildung von Anfang an. Grundsätze zur Bildungsförderung für Kinder von 0 bis 10 Jahren in Kindertageseinrichtungen und Schulen im Primarbereich.*

Ministerium für Kultus, Jugend und Sport. 2009. *Orientierungsplan für Bildung und Erziehung in baden-württembergischen Kindergärten und weiteren Kindertageseinrichtungen.* Stuttgart.

Ministerium für Bildung, Jugend und Sport. 2002. *Grundsätze elementarer Bildung in Einrichtungen der Kindertagesbetreuung im Land Brandenburg.* Potsdam.

Ministerium für Frauen, Bildung und Jugend. 2004. *Bildungs- und Erziehungsempfehlungen für Kindertagesstätten in Rheinland-Pfalz.* Mainz.

Ministerium für Bildung, Wissenschaft und Kultur Mecklenburg-Vorpommern. 2011. *Die Bildungskonzeption für 0- bis 10-jährige Kinder in Mecklenburg-Vorpommern zur Arbeit in Kindertageseinrichtungen und Kindertagespflege.* Schwerin.

Ministerium für Arbeit und Soziales des Landes Sachsen-Anhalt. 2013. *Bildungsprogramm für Kindertageseinrichtungen in Sachsen-Anhalt Bildung: elementar – Bildung von Anfang an Fortschreibung 2013.* Berlin/Weimar: das netz.

Niedersächsisches Kultusministerium. 2005. *Orientierungsplan für Bildung und Erziehung im Elementarbereich niedersächsischer Tageseinrichtungen für Kinder.* Hannover.

Normann, von Konstantin. 2009. Ernährungsarmut und „Tafelarbeit" in Deutschland. Distributionspolitische Hintergründe und nonprofit-basierte Lösungsstrategien. In *Tafeln in Deutschland. Aspekte einer sozialen Bewegung zwischen Nahrungsmittelumverteilung und Armutsintervention.* Wiesbaden: VS Verlag für Sozialwissenschaften.

Nowacki, Katja. Hrsg. 2014. *Die Neuaufnahme in der stationären Heimerziehung.* Freiburg im Breisgau: Lambertus.

Otto, Hans-Uwe und Th. Coelen. Hrsg. 2008. *Grundbegriffe Ganztagsbildung. Das Handbuch.* Wiesbaden: VS Verlag für Sozialwissenschaften.

Paulus, P. 2008. *Referenzrahmen schulischer Gesundheitsförderung. Gesundheitsförderung im Kontext der Schulqualität. Handreichung mit Indikatorenlisten und Toolbox.* Download auf www.bzga.de.

Radetzki, Yvonne, Braubach, M. und Ohrt, H. 2015. Kochen wie im Knast. *Hempels. Das Straßenmagazin für Schleswig-Holstein.* Ausgabe 2015.

Reckhaus, Stephanie und M. Moos. 2016. Übergangsgestaltung und Unterstützungsoptionen für unbegleitete minderjährige Flüchtlinge. Wissenswertes für die Kinder- und Jugendhilfe. Institut für Sozialpädagogische Forschung Mainz gGmbH (ISM). Produkt der Servicestelle unbegleitete minderjährige Flüchtlinge. http://www.servicestelle-umf.de. Zugriff 20.05.2017.

Reichert, Christoph. 2013. Grüne Sozialarbeit mit psychisch beeinträchtigten Menschen. Die WAB Kosbach. In *Boden unter den Füßen. Grüne Sozialarbeit – Soziale Landwirtschaft – Social Farming.* Hrsg. A. Limbrunner und Th. van Elsen. 50–56. Weinheim: Juventa.

Reinecke, Meike, M. Staats, M., N. Jablonski und A.I. Henkel. 2012. Mehrgenerationenarbeit – Lokale Infrastruktur für alle Generationen: Ergebnisse aus dem Aktionsprogramm Mehrgenerationenhäuser. *Deutsches Zentrum für Altersfragen. Informationsdienst Altersfragen,* Heft 3/2012: 17–25.

Rose, Lotte. 2012. Essen in der Schule. Kritische Anfragen und Entwicklungsperspektiven für eine sozialpädagogische Aneignung des Verpflegungsthemas. *Soziale Passagen,* Heft 2/2012: 231–246.

Rose, Lotte. 2010. Hauptsache gesund. In: *Sozial Extra: Essen und Soziale Arbeit.* Heft 3/4, 2010: 50–53.

Rose, Lotte, R. Seehaus und K. Schneider. 2016. Sozialisierungen am Mittagstisch. Ethnografische Anmerkungen zum Essen in der Schule. In *Essen – Bildung und Konsum. Pädagogisch-anthropologische Perspektiven.* Hrsg. B. Althans und J. Bilstein. Wiesbaden: VS Verlag für Sozialwissenschaften.

Rose, Lotte und K. Schäfer. 2009. Mittagessen in der Schule. Ethnographische Notizen zur Ordnung der Mahlzeit. In *„Erst kommt das Fressen, …!" Über Essen und Kochen in der Sozialen Arbeit.* Hrsg. L. Rose und B. Sturzenhecker. 21–47. Wiesbaden: VS Verlag für Sozialwissenschaften.

Rose, Lotte und B. Sturzenhecker. Hrsg. 2009. *„Erst kommt das Fressen, …!". Über Essen und Kochen in der Sozialen Arbeit.* Wiesbaden: VS Verlag für Sozialwissenschaften.

Ruch, Peter. 2010. *Weiterbildungskonzept Pädagogischer Koch/Köchin.*

Sächsisches Staatsministerium für Kultus. 2006. *Der sächsische Bildungsplan. Ein Leitfaden für pädagogische Fachkräfte in Krippen, Kindergärten und Horten sowie Kindertagespflege.* Berlin/Weimar: das netz.

Schmechtig, Nelly und C. Hähne. 2009. Ernährungsverhalten und Gesundheit Jugendlicher –
Befunde der deutschen Studie „Health Behaviour in School-aged Children." In *Erst
kommt das Fressen, …!" Über Essen und Kochen in der Sozialen Arbeit.* Hrsg. L. Rose
und B. Sturzenhecker. 295–305. Wiesbaden: VS Verlag für Sozialwissenschaften.

Schmidt, Christian. 2016. „Macht Dampf – Für gutes Essen in Kita und Schule." Presseer-
klärung des Bundesernährungsminister Christian Schmidt. Presserklärung Nr. 18 vom
26. Januar 2016. Bundesministerium für Ernährung und Landwirtschaft. pressestelle@
bmel.bund.de/www.bmel.de. Zugriff: 22.08.17.

Schmidt, Christian. 2015. Ernährungsbildung muss an die Schulen. Bundesminister Christian Schmidt unterstützt mit kostenlosen Materialien. Presserklärung Nr. 203 vom 6.
November 2015. pressestelle@bmel.bund.de/www.bmel.de. Zugriff: 22.08.17.

Schmidt, Christian. 2015. „Wir brauchen ein Schulfach zur Ernährungsbildung". Bundesminister Christian Schmidt unterstützt mit kostenlosen Materialien. Presserklärung Nr. 187
vom 29. September 2015. pressestelle@bmel.bund.de/www.bmel.de. Zugriff: 22.08.17.

Schneider, Ulrich. 2016. Vorwort. In *Zeit zu handeln. Bericht zur Armutsentwicklung in
Deutschland 2016.* Hrsg. Der Paritätische Gesamtverband. Berlin.

Schönberger, Gesa. 2011. Mahlzeiten neu denken. In *Mahlzeiten. Alte Last oder neue Lust?*
Hrsg. G. Schönberger und B. Methfessel. 39–52. Wiesbaden: VS Verlag für Sozialwissenschaften.

Schönberger, Gesa. 2000. Die Zukunft der Ernährungswissenschaft. Berlin: Springer.

Schreiber, Brigitte und J. M. Hackl. 2010. Untersuchung über die Esskultur in Alters- und
Pflegeheimen in Vorarlberg (Österreich). *ProCare.* Volume 12, Issue 10. Wiesbaden: 9–14.

Schulz, Marc. 2016. Essen im Kindergarten. In *Essen im Erziehungs- und Bildungsalltag.*
Hrsg. Vicky Täubig, 132–151. Weinheim und Basel: Beltz Juventa.

Schulz, Marc. 2010. Bildung während des Essens? *Sozial Extra: Essen und Soziale Arbeit.*
Heft 3/4: 38–41.

Schütz, Anna. 2016. Das Mittagessen in der Ganztagsschule- eine schultheoretische Auseinandersetzung mit dem Setting. In *Essen im Erziehungs- und Bildungsalltag.* Hrsg.
Vicky Täubig, 169–190. Weinheim und Basel: Beltz Juventa.

Schütz, Anna. 2015. Schulkultur und Tischgemeinschaft – Eine Studie zur sozialen Situation
des Mittagessens an Ganztagsschulen. Wiesbaden: Springer VS.

Seehaus, Rhea und T. Gillenberg. 2016. Gesundes Schulessen – zwischen Diskurs und täglicher Praxis. In *Essen im Erziehungs- und Bildungsalltag.* Hrsg. Vicky Täubig, 151–169.
Weinheim und Basel: Beltz Juventa.

Selke, Stephan. 2013. *Schamland. Die Armut mitten unter uns.* Berlin: Econ Ullstein.

Selke, Stephan. 2011. Tafeln und Gesellschaft. Soziologische Analyse eines polymorphen
Phänomens. In *Tafeln in Deutschland. Aspekte einer sozialen Bewegung zwischen Nah-
rungsmittelumverteilung und Armutsintervention.* Hrsg. St. Selke. 2. durchgesehene
Aufl. Wiesbaden: VS Verlag für Sozialwissenschaften.

Selke, Stephan. 2009. Tafeln und Gesellschaft. Soziologische Analyse eines polymorphen
Phänomens. In *Tafeln in Deutschland. Aspekte einer sozialen Bewegung zwischen Nahrungsmittelumverteilung und Armutsintervention.* Hrsg. St. Selke. Wiesbaden: VS Verlag für Sozialwissenschaften.

Senatsverwaltung für Bildung, Jugend und Sport, Berlin. 2004. *Das Berliner Bildungsprogramm für die Bildung, Erziehung und Betreuung von Kindern in Tageseinrichtungen
bis zu ihrem Schuleintritt.* Berlin/Weimar: das netz.

Stecher, Ludwig, C. Allemann-Ghionda, W. Helsper und E. Klieme, E. 2009. Ganztägige Bildung und Betreuung. *Zeitschrift für Pädagogik.* 55. Jahrgang 2009, 54. Beiheft. Weinheim/Basel: Beltz Verlag.

Sting, Stephan. 2009. Gesundheitsprävention und Gesundheitsförderung im Kindes- und Jugendalter. Sozialer Arbeit als Erfüllungsgehilfin der Gesundheitswissenschaften? In *Soziale Arbeit und Naturwissenschaft. Einflüsse, Diskurse und Perspektiven.* Hrsg. M. Behnisch und M. Winkler. 86–106. München: Ernst Reinhardt.

Strube, Helga. 2006. Es ist nie zu spät – Ernährung im Alter. *Bundesgesundheitsblatt – Gesundheitsforschung – Gesundheitsschutz.* Volume 49, Issue 6. Wiesbaden: 547–557.

Sturzenhecker, Benedikt. 2009. Das Frühstück der Mütter – Elternbildung mit benachteiligten Müttern in Hamburger Eltern-Kind-Zentren. .“ In *„Erst kommt das Fressen, …!“ Über Essen und Kochen in der Sozialen Arbeit.* Hrsg. L. Rose und B. Sturzenhecker. 59–77. Wiesbaden: VS Verlag für Sozialwissenschaften.

Täubig, Vicky. 2016. *Essen im Erziehungs- und Bildungsalltag.* Weinheim und Basel: Beltz Juventa.

Techniker Krankenkasse. 2013. *Iss was, Deutschland? TK-Studie zum Ernährungsverhalten der Menschen in Deutschland.*

Thoms, Ulrike. 2002. „Eingeschlossen/Ausgeschlossen“. Die Ernährung in Gefängnissen vom 18. bis 20. Jahrhundert. In *Ernährung in Grenzsituationen.* Hrsg. U. Spiekermann und G.U. Schönberger. 45–69. Berlin: Springer Verlag.

Thüringer Ministerium für Bildung, Wissenschaft und Kultur. 2010. *Thüringer Bildungsplan für Kinder bis 10 Jahre.* Berlin/Weimar: das netz.

Verbraucherzentrale.de. 2017. Essen auf Rädern: Auswahlkriterien für einen mobilen Menüdienst. Stand: 30.05.2017, https://www.verbraucherzentrale.de/kriterien-essen-auf-raedern. Zugriff: 22.08.2017.

Wittkowske, Steffen, M. Polster und M. Klatte. Hrsg. 2017. Essen und Ernährung. Herausforderungen für Schule und Bildung. Bad Heilbrunn: Klinkhardt.

Winkler, Michael. ohne Jahrgang. Theorie und Praxis revisited. Oder: Sozialpädagogik als Handwerk betrachtet. 307–322.

Wintzer, Jenny. 2013. Die Lebens- und Arbeitsgemeinschaft Weide-Harbek. In Boden unter den Füßen. Grüne Sozialarbeit – Soziale Landwirtschaft – Social Farming. Hrsg. A. Limbrunner und Th. van Elsen. 56–64. Weinheim: Juventa.

Zierer, Esther. 2010. Kochen als Schule des Lebens. Kindergärten und Schulen. *Rhw-Praxis 4/2010*: 44–49.

## Internetquellen

http://www.hartziv.org/regelbedarf.html
https://www.verbraucherzentrale.de/kriterien-essen-auf-raedern
http://www.loewe-stiftung.de/betreuung.html
http://www.dge.de/ernaehrungspraxis/vollwertige-ernaehrung/ernaehrungskreis/
http://www.servicestelle-umf.de
http://www.muenchen-querbeet.de/politik-gesellschaft-trends/schueler-kochen-fuer-schueler-luisengymnasium-paedagogisches-kochen-ernaehrung-schueler

https://www.hempels-sh.de/projekte/trinkraeume.html
http://www.welt.de/politik/deutschland/article134683030/zu-viel-Fl
http://www.images.dkhw.de
http://www.edition-temmen.de
https://www.bertelsmann-stiftung.de/de/presse/pressemitteilungen/pressemitteilung/pid/
zu-viel-fleisch-zu-wenig-obst-und-gemuese-zum-mittagessen-kita-kinder-bekom-
men-keine-ausgewogene-e/

# Zuständigkeiten, Zeiten und Orte für die Ernährungserziehung und -sozialisation: Die Mutter, der Tisch und die Mahlzeit

**5**

▶ Kinder können im Lauf ihrer Entwicklung, wenn sie unterstützt werden von den Eltern oder Erzieher\*innen, für sich selber herausfinden, was ihnen schmeckt oder nicht schmeckt, wann sie satt sind, zu welchen Zeiten und an welchen Orten sie am liebsten essen. Die Entscheidung wird dem Nachwuchs jedoch oft kaum selbst überlassen. Ernährungserziehung und -sozialisation setzt vom ersten Tag der Geburt an ein, z. B. wenn die Eltern entschieden haben, ob ihr Kind gestillt werden oder lieber von Beginn an Fertigbabynahrung bekommen soll. Wenn das Kind beginnt, feste Nahrung zu sich nehmen zu können, treffen die Eltern die Entscheidung, ob es vegetarisch, vegan oder fleischessend aufwachsen soll. Die Kinder entscheiden überwiegend erst am Tisch, bei der gemeinsamen Mahlzeit mit der Familie, ob sie offen für ein neues angebotenes Nahrungsmittel sind oder lieber bei bisher Bekanntem bleiben wollen. Die Hauptverantwortung liegt nach wie vor bei der Mutter, wenn es um die Ernährung der Familie geht. Die Familie ernährt sich traditionell am Tisch bei gemeinsamen Mahlzeiten, die im Tages- und Wochenverlauf aufgrund abweichender Zeitpläne von Mutter, Vater und Kindern wiederkehrend infrage stehen. Deshalb müssen sie aktiv und regelmäßig neu geplant werden. Gemeinsame Mahlzeiten gelten konstant als die wesentliche Möglichkeit, sich als Familie zu erleben, zu verstehen und subjektive Überzeugungen von Familie aktiv im alltäglichen Leben herzustellen. Der ursprüngliche Sinn der Nahrungsaufnahme gerät dabei zunehmend zur Nebensache, während sich die Kommunikation bei den gemeinsamen Mahlzeiten stark in den Vordergrund drängt und an Bedeutung für das Selbstverständnis der Familie gewinnt.

© Springer Fachmedien Wiesbaden GmbH, ein Teil von Springer Nature 2018
C. Meyer, *Essen und Soziale Arbeit*, Basiswissen Soziale Arbeit 8,
https://doi.org/10.1007/978-3-658-20291-0_5

## 5.1  Ernährung als Ausgangspunkt von Erziehung und Sozialisation – Ernährungsbiografien beginnen mit der Geburt

In Enkulturations- und Sozialisationsprozessen werden Bedeutungen und Wertigkeiten des Essens vermittelt, z. B. die individuelle Ausgestaltung des Essens oder der Umgang mit Lebensmitteln. Ernährungsgewohnheiten und Esskultur werden in generationenübergreifenden Beziehungen geprägt. Wechselwirkungen und Wirkungsrichtungen sind jedoch nicht eindeutig oder direkt verfolgbar, vor allem, da auch noch weitere gesellschaftliche Größen Einfluss nehmen. Familie gilt als der Ort, in der Kultur gelebt und weitergegeben wird und in der sie sich als Mikrokosmos auf eine genealogische Abfolge von Generationen stützt. Der Wert der Familie im Prozess der Tradierung von Kultur wird kontrovers diskutiert und in diesem Zusammenhang wird betont, Familie erst einmal als bedeutsamen, jedoch nicht als den einzigen gesellschaftlichen Ort der Weitergabe zu betrachten. Doch an kaum einem gesellschaftlichen Ort wird der Prozess der Weitergabe von Kultur so augen- und sinnfällig wie in familiären Zusammenhängen. „Eltern leben die kulturellen Muster einer Gesellschaft vor, die nachgeborenen Kinder leben sie nach und modifizieren sie dabei" (Stecher und Zinnecker 2007, S. 389). Beziehungen zwischen Eltern und ihren Kindern lassen sich als intergenerative Transferbeziehungen bezeichnen, in denen Austausche materieller Güter und (Dienst)-leistungen sowie immaterieller Dinge, wie z. B. der Austausch persönlicher Befindlichkeiten, vorgenommen werden. Die Transferleistungen werden innerhalb des spezifischen Eltern-Kind-Kommunikationsverhältnisses realisiert, in dem gemeinsam geteilte Nahwelten und Alltäglichkeiten sowie gemeinsam geteilte Vergangenheit und Zukunft stattfinden (Stecher und Zinnecker 2007, S. 389). „Grundlage der Beziehungen sind dabei die relativ dauerhaften Handlungs- und Orientierungsmuster der Kinder und ihrer Eltern" (Stecher und Zinnecker 2007, S. 389). Zwischen den Generationen wird die Weitergabe von Kultur ausgehandelt und diese Praktiken erfolgen nicht nur innerfamiliär. Vielmehr kommen sie überall dort vor, wo sich unterschiedliche Generationen im Alltag begegnen.

In unserem kulturellen Kreis wird das Ernährungsverhalten innerhalb der Familie geformt, vor allem durch die Person, die die Kinder hauptsächlich im Alltag versorgt.

Die Verantwortung für Einkaufen und Kochen hat meist die Mutter und sie liegt auch heute nach wie vor hauptsächlich im Zuständigkeitsbereich von Frauen. In Haushalten mit Kindern entscheidet vorwiegend die Mutter darüber, was wann gegessen wird und welche Lebensmittel der Familie zur Verfügung stehen.

Dies wiederum ist stark geprägt von internen Faktoren wie Präferenzen der Kinder, dem Wissen, den Überzeugungen, der Kochkompetenz, den Aversionen oder auch der verfügbaren Zeit der Mutter. Aber auch externe Faktoren wie das Einkommen, die Verfügbarkeit von Lebensmitteln und die Ausstattung mit elektrischen Küchengeräten spielen eine Rolle. Traditionell erfolgt während der Zeit zu Hause ein Wissenstransfer der Kochkenntnisse von den Müttern auf die Kinder, meist auf die Töchter (Brombach et al. 2014, S. 12).

Der Einfluss der Eltern auf das Ernährungsverhalten der Kinder hängt dabei direkt von der Anzahl gemeinsam eingenommener Mahlzeiten ab.

Essen und der Umgang mit Lebensmitteln sind darüber hinaus abhängig von gesellschaftlichen Rahmenbedingungen und Regeln, Entwicklungen und historischen Ereignissen, die das Ernährungsverhalten prägen bzw. bestimmen. Die kulturell-historische Zeit, in die jemand hineingeboren wird und damit verbunden zeithistorische, technische und technologische Entwicklungen sowie politisch-wirtschaftliche Rahmenbedingungen und nicht zuletzt Lebensmittel und Zubereitungsarten, die in einem bestimmten historischen Zeitfenster auf dem Markt sind bzw. als ‚neu' auf den Markt kommen, haben einen (lebenslangen) Einfluss auf die Esskultur (Brombach et al. 2014, S. 12).

---

**Beispiel**

Für heute ältere Menschen war die Kindheit in der Kriegs- bzw. Nachkriegszeit mit der damit verbundenen Hunger- und Notküche prägend. „Die Verfügbarkeit und das Angebot von Lebensmitteln waren in der Kindheit der Großeltern erheblich kleiner als bei ihren Kindern und insbesondere ihren Enkeln. Dies kann auch im Zusammenhang mit Ereignissen auf politischer Ebene, wie z. B. dem Zweiten Weltkrieg, nachvollzogen werden. In Krisenzeiten verändert sich die Verfügbarkeit wie auch das Angebot von Lebensmitteln, wodurch insgesamt die Ernährungsweise der Bevölkerung beeinflusst wird" (Brombach et al. 2014, S. 18). In der deutschen Esskultur sieht Peter gleichzeitig ein wenig protestantisch-pietistische Essensverachtung wie auch militaristisch-adlige Überheblichkeit, die gutes Essen als spießbürgerlich-unsportlich abtat. Das Klima zwang zum Konservieren und deshalb ist nahezu jeder Mensch hauptsächlich mit eingewecktem anstatt frischem Gemüse aufgewachsen (Peter 2009, S. 8). Nach der Hunger- und Notküche erlebten die gegenwärtig Älteren eine Zeit des Überflusses, die unter dem Begriff ‚Fresswelle' zum Schlagwort wurde und das Jahrzehnt nach der Einführung der D-Mark 1948 charakterisiert.

Die Fresswelle war von einem massiven Anstieg der Kalorienversorgung gekennzeichnet und die Nachfrage nach Nahrungsmitteln verschob sich.

„Grobgemüse, etwa Kohl, ging im Preis ebenso zurück wie Fischkonserven und Frühkartoffeln, weil das Angebot die Nachfrage nun überstieg. Jetzt standen die Lebensmittel in der Käufergunst oben, denen eine höhere kulturelle Wertigkeit zugesprochen wurde und die den Geschmackidealen entsprachen: Sahne, Butter, Alkoholika und vor allem Fleisch" (Hirschfelder 2005, S. 242 ff.). Viele Jahre waren die meisten Waren rationiert worden und nun folgte eine Vielfalt des Angebots. Vor allem die quantitativen Dimensionen zeigen die Ausmaße der Fresswelle deutlich. Der Pro-Kopf-Verbrauch an Schweinefleisch im Jahr nahm in der Bundesrepublik zwischen 1950 und 1960 von 19 auf fast 30 kg zu. Der Verbrauch an Eiern stieg von 7,4 auf 13,1 kg und der Verbrauch von Geflügel verdreifachte sich. „Mit der Fresswelle gingen schließlich auch eine Rauch- und eine Trinkwelle einher. Der jährliche Zigarettenverbrauch pro Kopf stieg von 498 auf 1619 Stück. Zudem rauchten nun immer mehr Frauen. Und anstatt 37 Liter pro Kopf und Jahr, wie noch 1950, tranken die Menschen in der Bundesrepublik 1960 bereits jeweils 120 Liter Bier" (Hirschfelder 2005, S. 242 ff.). Die Verbrauchssteigerungen in den 50er Jahren des 20. Jahrhunderts waren enorm und hatten vorerst keine Auswirkungen auf viele andere Bereiche der Nahrungskultur.

Erst die 60er Jahre des 20. Jahrhunderts brachten intensive Veränderungen der Esskultur. Der Wirtschaftsaufschwung wurde zum Kennzeichen. In der Bundesrepublik markiert das Inkrafttreten des Atomgesetzes am 01.01.1960 die Öffnung des Wegs in eine fast hemmungslose Fortschrittsgläubigkeit. Damit begannen Technisierungen das tägliche Leben zu durchdringen. In die Küchen kamen Kühlschrank und Küchenmaschine. Fertiggerichte waren auf dem Vormarsch und viele traditionelle Muster galten als altmodisch. Damit setzten sich neue Lebensmittel, Zubereitungsarten und Kühlmethoden durch. Tischkulturelle Gewohnheiten blieben vorerst unverändert, wie z. B. die Kommunikation bei der Mahlzeit und die Tischordnung (Hirschfelder 2005, S. 244 ff.). „Lediglich die stärkere Verbreitung des Fernsehapparates hatte in den 60er Jahren zu zunächst leichten Modifikationen geführt. Erst zögerlich, bald aber immer mehr löste das Fernsehen die Tischordnung auf und wurde gewissermaßen zum Haupt des Tisches. Auf den Fernseher richteten sich die Blicke und er beeinflusste die Gespräche. Mit der Zeit gelang es dem Fernseher, die gewachsene Tischkultur maßgeblich zu modifizieren oder gar zu zerstören" (Hirschfelder 2005, S. 250). Der Fernseher als Essensbegleiter wird wiederkehrend für Übergewicht und Einsamkeit verantwortlich gemacht (Kaufmann 2006).

Ältere Menschen (abhängig vom Geburtsjahr) können also erst Hungerzeiten als Kinder und Jugendliche erlebt haben sowie die darauf folgende Fresswelle der 1950er Jahre als junge Erwachsene, oder sie erlebten den Hunger nicht mehr so bewusst, wenn sie erst Mitte bzw. Ende der 40er Jahre geboren wurden und wuchsen mit selbstverständlicher Maßlosigkeit auf. Die gegenwärtig älteren Menschen konnten sich weder dem Hunger noch der beschriebenen Maßlosigkeit entziehen. Ihre jeweilige Versorgungslage erschien ihnen als selbstverständlich.

Erlernte Muster aus der Kindheit in Bezug auf Ernährung und Esskultur werden über die Kindheit hinaus durch weitere soziale, gesellschaftliche, religiöse oder kulturelle Erfahrungen geprägt. Bei Entscheidungen für das eine oder andere Nahrungsmittel wird von jeder eher auf den vertrauten Geschmack gesetzt oder das bereits bekannte Nahrungsmittel gewählt und weniger z. B. nach gesundheitlichen Aspekten entschieden. „Die frühen Erfahrungen eines Kleinkindes mit dem Essen prägen die Essgewohnheiten ein Leben lang. Erwachsene lernen immer noch weiter, das grundlegende Ess-‚Programm‘ ist jedoch vorhanden. Es lässt sich nur durch bewusste Anstrengung ändern, wie die langjährigen Erfahrungen in der Ernährungsberatung zeigen. Essen wird also in der Kindheit sowohl durch als auch beim Essen gelernt" (Schmidt 2011, S. 55). Das können auch Verhaltensmuster sein, wie z. B. das Sammeln und Verstecken von Essen älterer Menschen, um genügend Essen im Haus zu haben und eventuellen Nahrungsnotständen vorzubeugen. Dieses Verhalten wird mit der Mangelerfahrung in der Kriegs- und Nachkriegszeit begründet (Schreiber und Hackl 2010, S. 10). Essen kann als materieller Träger gemeinsamer Erinnerungen, gemachter Erfahrungen und Erlebnissen betrachtet werden, die von Generationen zur gleichen Zeit gemacht wurden, für ihren weiteren Lebensweg prägend waren und gleichzeitig auch zwischen Generationen ausgetauscht und weitergegeben werden (Brombach et al. 2014, S. 12).

### 5.1.1  Die Mutter und der Säugling – Die Mutter als Erste in der Verantwortung für die Ernährungsbiografie des Kindes

Die Primärsozialisation (die Phase der Sozialisation im Säuglings- und Kindesalter) findet fast ausschließlich in der Familie in face-to-face-Bindungen statt. Zunehmend werden jedoch auch Kindertageseinrichtungen, wie z. B. Krippen, oder Tagesmütter miteinbezogen aufgrund des quantitativen Zuwachses der außerhäusigen Kleinkindbetreuungen. Die Familie bzw. Personen, die die familiäre Erziehung übernehmen, vermitteln dem Kind aus ihrer Perspektive Werte, Normen und gesellschaftliche Erwartungen. Die Position der Familie im sozialen Raum wirkt sich deutlich aus, sodass die soziale Herkunft ebenfalls stark auf die

Persönlichkeitsentwicklung Einfluss nimmt (Reitmeier 2013, S. 129). Die Erfahrungen mit Essen gelten für die Primärsozialisation als besonders herausragend, da sie als entscheidend für die Charakterentwicklung, psychische Gesundheit und das Bindungsvermögen eingeschätzt werden. „Nahrungsaufnahme und sexuelle, orale Lust gehen eine Verbindung ein, die es ermöglicht Essen, lustvoll, genießend zu erleben: ‚Die primäre Aneignung wird durch die sekundäre Aneignung des Genießens überformt' (Prahl und Setzwein 1999, S. 146)" (Reitmeier 2013, S. 135). Der Mund gilt von Beginn an als Organ der Nahrungsaufnahme und des sexuellen Lustgewinns (Reitmeier 2013, S. 135). Doch Nahrung ist im Leben des Kindes am wichtigsten, viel wichtiger als Sexualität (Neill 1969, S. 176–180). Außerdem lässt sich das Bedürfnis nach Nahrung nur begrenzt aufschieben. Menschen verfügen grundsätzlich über eine angeborene Hunger-Sättigungs-Regulation. Die Selbstregulation der Energieaufnahme funktioniert vor allem bei Säuglingen am besten. Mit zunehmenden Einflüssen von außen nimmt sie ab. „Ist beim Säugling noch das innere Hungersignal der einzige Auslöser für die Nahrungsaufnahme (primäre Bedürfnisse), treten im Laufe der Sozialisation viele zusätzliche Reize aus der Umwelt hinzu: zunächst der gute Geschmack, dann sehr schnell auch soziale Reize (sekundäre Bedürfnisse)" (Schmidt 2011, S. 59). Die innere Regulation wird durch zu viel (elterliche) Kontrolle gestört, da die eigenen Reize durch Außenreize ersetzt werden. Die Kinder lernen, die Autorität der Eltern über ihr eigenes inneres Empfinden zu stellen. Mit dem Wissen über die kontraproduktiven Wirkungen, könnten Eltern loslassen und ihr Kind einfach essen lassen (Schmidt 2011, S. 59).

Neill verurteilt auf der Basis seiner Erfahrungen Eingriffe Erwachsener in die Nahrungsbedürfnisse der Kinder scharf, da das Kind langfristige Beeinträchtigungen davon tragen kann.

Der Totalitarismus nahm seinen Anfang im Kinderzimmer und er beginnt noch immer dort. Der erste Eingriff in die Natur des Kindes ist Despotismus. Dieser ist immer eine Frage der Ernährung. Es fängt damit an, dass man das Neugeborene zwingt, zu bestimmten Zeiten zu essen und zu fasten. (…) Die Selbstbestimmung sollte bei der Geburt beginnen; mit dem allerersten Säugen. Jeder Säugling hat das Geburtsrecht, gestillt zu werden, wenn er mag. (…) Wenn ein Kind um vier Uhr vor Hunger weint, aber nicht genährt wird, bevor der Zeitplan es anzeigt, dann wird es einer dummen, grausamen und lebensfeindlichen Disziplin unterworfen, die seinem körperlichen und geistigen Wachstum unendlichen Schaden zufügt. Das Baby muss gestillt werden, wenn es gestillt werden will. (…) Auf einen entscheidenden Grundsatz soll bei jeder Kindererziehung hingewiesen werden: Der Säugling darf sich nicht müde schreien. Seine Bedürfnisse müssen jedes Mal befriedigt werden. (…) Die Mutter sollte mit spontaner Liebe reagieren und nicht nach irgendeiner armseligen Vorschrift aus einem Buch (Neill 1969, S. 176–180).

Neill schildert ein Erlebnis, wo der Mutter im Entbindungsheim ihr Kind auf Anweisung des Arztes von der Brust weggezogen wurde, da die vorgesehene Zeit zum Stillen bereits vorüber war. Die natürlichen Triebe des Säuglings werden mit diesem Verhalten unterbunden und es sei das wirksamste Mittel, um Problemkinder heranzuziehen. Für Neill erscheint es unglaublich, dass unwissende Ärzte und Eltern mit ihren absurden Vorstellungen von Führung und Formung Freude und Selbstentwicklung beim Kind zerstören. „Sie sind die Urheber der universalen Krankheit der Menschheit, sowohl der psychischen wie der somatischen. Später setzen Schule und Kirche den Abrichtungsprozess fort, der gegen Freude und Freiheit gerichtet ist" (Neill 1969, S. 176–180). Kinder entwickeln, wenn sie gelassen werden, ihren eigenen Zeitplan mit ihrer Fähigkeit zur Selbstbestimmung. Daumenlutschen in der späteren Kindheit, schätzt Neill als deutlichste Folge der Ernährung nach Zeitplan. „Das Kind lutscht aus zwei Gründen: aus Hunger nach Nahrung und wegen der sinnlichen Freude am Saugen. Wenn ein Kind Nahrung erhält, steigt die orale Lust an und wird befriedigt, bevor der Hunger gestillt wird. Wenn nun das Baby weinen und warten muss, weil die Uhr sagt, dass es noch nicht hungrig ist, dann werden Hunger und sinnliche Lust aufgestaut" (Neill 1969, S. 176–180).

Freud und Burlingham erklären aus psychoanalytischer Perspektive den engen Zusammenhang der Einstellung des Kindes zum Essen mit der Einstellung zu seiner Mutter. Die Beziehung des Kindes zur Nahrung beginnt vor seinen menschlichen Beziehungen. Die ersten Lusterlebnisse hat der Säugling nur bei der Nahrungsaufnahme, die seinen Hungerreiz beschwichtigt, unabhängig vom Stillen oder Flaschenernährung. Alle anderen Reize aus der Außenwelt werden als Störung empfunden im Gegensatz zu seiner bisher reizlosen Umgebung. Licht, Lärm und Temperaturwechsel erscheinen ihm unlustvoll und anstrengend. Durch den warmen Milchstrom werden jedoch lustvolle Empfindungen im Mund hervorgerufen. Mit der ständigen Wiederholung dieser Lusterlebnisse lernt das Kind nach und nach dieses Stück Außenwelt als lustbetont einzuschätzen. Der Säugling stellt eine positive Beziehung zur Nahrung (Milch) her und dehnt sie allmählich auf die Person aus, die ihm Nahrung zuführt. Die Vorliebe für die Nahrung wird die Grundlage für die Liebe zur Mutter (Freud und Burlingham 1982, S. 75–79). Die Einstellung des ersten Lebensjahres hat, trotz weiterer folgender Entwicklungen, Auswirkungen auf die Esslust oder -unlust des Kindes. „Das Kind verhält sich zu dem von der Mutter gereichten Essen ebenso, wie es sich zur Person der Mutter verhält; das heißt, alle Störungen der Mutterbeziehung verwandeln sich leicht in Essstörungen. Die Beobachtung schlecht essender Kinder lässt erkennen, wie unerfüllte Ansprüche an die Mutter sich in Gier nach Essen verwandeln können, Eigensinn gegen die Mutter in Nahrungsverweigerung, Ärger gegen die

Mutter in Kritik des Essens, Verachtung des Essens etc." (Freud und Burlingham 1982, S. 75–79).

Bei der Einstellung des Kindes zur Nahrung, der Entwicklung seiner Essgewohnheiten und Essschwierigkeiten hat die Familie starken Einfluss. Kinder, deren Mütter wenig besorgt sind um das Essverhalten ihrer Kinder, gelten als gute Esser. Diese Kinder zeigen sich interessiert am Essen, freuen sich über viele Speisen, haben weniger Abneigungen und weniger Essschwierigkeiten. Gier und Überessen fallen Freud und Burlingham häufiger als abnorme Essreaktionen auf und weniger Appetitlosigkeit und Nahrungsverweigerung. Sie erklären diese Erscheinung mit der Neigung von Müttern, ihre Kinder mit Essen zu „verwöhnen". Die Mütter legen zu viel Wert auf das Essen des Kindes oder sind überängstlich, wenn das Kind vorübergehend weniger Appetit zeigt und sie stellen zu hohe Ansprüche an seine Nahrungsaufnahme. Die Kinder entwickeln als Reaktion auf die Einstellung der Mütter Abneigungen gegen bestimmte Speisen oder verweigern die Nahrungsaufnahme. Essschwierigkeiten treten seltener auf, wenn die Mütter weniger gewissenhaft sind und sich mit der Ernährung des Kindes keine Mühe geben. „Je weniger sich die Mutter um das Essen des Kindes kümmert, desto besser scheint das Kind zu essen" (Freud und Burlingham 1982, S. 75–79). Wenn Mütter über das Säuglingsalter hinaus an den Gewohnheiten der Säuglingspflege festhalten und z. B. das Kind füttern, wenn es bereits selbst essen könnte oder es drängen, der Mutter „zuliebe" zu essen oder Nahrungsverweigerung als persönlich werten, wird aus Sicht Burlingham und Freud die infantile Einstellung des Kindes wiederkehrend neu bestärkt. Dadurch bleiben Mutter und Kind an die alte Situation fixiert und das Kind wächst nicht über die Situation hinaus. Im Verhalten des Kindes äußert es sich, in dem das Kind sich zur Mutter so verhält, wie es das auch zum Essen macht.

Verständige Mütter andererseits passen ihr Verhalten den sich entwickelnden Fähigkeiten des Kindes an und schalten ihre eigene Person mehr und mehr aus, je besser das Kind imstande ist, sich selber Nahrung zuzuführen. Wo das Essen auf diese Weise zu einer unpersönlichen und objektiven Angelegenheit wird, gelingt es dem Kind besser, neue, seinem Alter entsprechende Einstellungen auszubilden: nämlich sein Essen oder Nichtessen nach dem Stand seines Hungers zu regulieren, nicht nach dem Stand seiner Gefühle für die Mutter. Für das Unbewusste des Kindes bleibt die alte Identität zwischen Nahrung und Mutter dauernd erhalten und macht sich in Zeiten von Gefühlskonflikten, seelischen Störungen etc. in charakteristischen neurotischen Essschwierigkeiten, Nahrungsverweigerungen, nervösen Magenstörungen etc. bemerkbar. (…) Kinder sind gute Esser, soweit ihre Einstellung zum Essen nicht durch Gefühlskonflikte kompliziert wird (Freud und Burlingham 1982, S. 75–79).

Die Esslust des Kindes ist darüber hinaus verschiedenen sekundären Gefahren ausgesetzt. Wenn Mahlzeiten zu strengen Regeln und Vorschriften unterliegen oder langes Warten auf die einzelnen Gänge und damit verbundenes Stillsitzen trüben die Freude am Essen schnell ein. Schwer erträgliche Forderungen sind für das Kleinkind das Einhalten von ‚Essmanieren‘, wie z. B. der vorzeitige Gebrauch des Löffels oder der Zwang, alles zu essen oder alles aufzuessen. Die Mahlzeiten werden dann zur Qual. Esslust wird hingegen gefördert, wenn sich das Kind frei und aktiv benehmen, innerhalb bestimmter Grenzen seine Speisen selbst wählen und die Nahrungsmenge selbst bestimmen kann. Wenn ‚Essmanieren‘ nicht vorzeitig erzwungen werden, wirken sie sich nicht störend auf die Esslust aus. Vielmehr können sie sich aufgrund der wachsenden Geschicklichkeit, Selbsttätigkeit und Selbstständigkeit des Kindes allmählich entwickeln (Freud und Burlingham 1982, S. 75–79).

▶ **Manieren** ‚Manieren‘ bedeutet Umgangsformen. Synonyme Begriffe sind „Anstand, Art, Auftreten, Benehmen, Betragen, Erziehung, Gebaren, Kinderstube, Schliff, Sitten, Umgangsformen, Verhalten; (umgangssprachlich) Benimm" (https://www.duden.de/rechtschreibung/Manieren, Zugriff: 22.10.2017).

Der Begriff ‚Manieren‘ hört sich überholt, altmodisch und nach strenger Erziehung an, lässt sich jedoch gegenwärtig in Fachbüchern, im Internet und in Unterhaltungen als gängig genutzt und für alle als nachvollziehbarer Begriff finden. Vor allem in der Erziehung der Kinder am Tisch wird ‚Manieren‘ nach wie vor gebraucht und wie das folgende Beispiel zeigt, in der Erziehung verstanden als das notwendige Lernen und Einhalten bestimmter Grundregeln am Tisch, damit gemeinsame Mahlzeiten angenehm verlaufen und allen Spaß machen können.

---

**Beispiel**

Die Website „Vaterfreuden.de" gibt Erziehungstipps und stellt die Mahlzeiten in den Vordergrund als Möglichkeit des Zusammenseins.

Die täglichen Mahlzeiten sind eine gute Möglichkeit des Beisammenseins und der Kommunikation. Richtig Spaß macht das aber nur, wenn alle am Tisch bestimmte Grundregeln einhalten. Tischmanieren können schon Kleinkinder lernen. Hier gilt, je früher, desto besser, denn ist das gute Benehmen am Essenstisch ausreichend trainiert, geht es den Kleinen in Fleisch und Blut über. Allerdings ist es wichtig, die Sache spielerisch und ohne Druck anzugehen. In den ersten drei Lebensjahren kann man von Kindern nur begrenzt gute Manieren erwarten. Ab dann allerdings sollte folgendes selbstverständlich sein:

- Vor dem Essen Hände waschen
- Mit Besteck essen
- Nicht schmatzen oder schlürfen
- Aufrecht sitzen
- Zügig essen und trinken, aber auch nicht hetzen
- Nicht mit dem Essen spielen.

Am einfachsten lernen Kinder diese Regeln durch das Vorbild der Eltern und durch liebevolle Hinweise auf das richtige Verhalten am Essenstisch. Spielerisch lernen Kinder am besten. So kann man zum Beispiel:

- Einen Preis für das Familienmitglied vergeben, das am wenigsten Flecken auf der Tischdecke hinterlässt (Welchen Nachtisch gibt es morgen?)
- Exotische Tage einführen – es werden Stäbchen benutzt und alle achten darauf, besonders ordentlich zu essen.
- Das Kind darf die Eltern ermahnen, wenn sie sich nicht an die Regeln am Essenstisch halten.

Wichtig ist auch hier: Zeigen Sie Geduld, aber bleiben Sie auch konsequent. Denn die Einhaltung der Tischregeln ist ein langer Prozess, der den Kindern anfangs ein großes Maß an Disziplin abverlangt (http://www.vaterfreuden.de/tipps/erziehungstipp/tischmanieren, Zugriff: 22.10.2017).

Die Umgangsformen am Tisch haben in den letzten Jahren einen großen Wandel erfahren und werden im folgenden Verlauf für die Erziehung bei Tisch und gemeinsame Mahlzeiten wiederkehrend aufgegriffen.

Bei Neill, vor allem jedoch auch bei Freud und Burlingham, steht das Verhalten der Mütter gegenüber ihrem Nachwuchs im Vordergrund, denn die Mütter sind diejenigen, die vom ersten Tag des Kindes an mit der Verantwortung für die Ernährung betraut sind. Diese Verantwortung wird ihnen nicht zuletzt aufgrund ihrer körperlichen Fähigkeit zum Säugen des Kindes zugeschrieben.

Auf den ersten Blick scheint das mütterliche Stillen bis in unser 21. Jahrhundert hinein die natürlichste Ernährungsweise für das Neugeborene zu sein; so natürlich, dass man darüber gar nicht eigens sprechen oder gar schreiben müsste. Der Schein trügt, denn beinahe mit dem ersten Blick in das Feld, wird deutlich, wie hart umkämpft dieses Feld innerhalb der frühestkindlichen Pflege und Erziehung zu sein scheint. Religion, Politik, Medizin, Psychologie, Pädagogik, Werbe- und Ernährungsindustrie liefern sich über die Vor- und Nachteile des Stillens Wortgefechte, wie sie heftiger kaum sein könnten. Die unterschiedlichen Auffassungen über das Stillen spiegeln jeweils ein gesellschaftlich-kulturelles Bild der Frau als Mutter (Seichter 2014, S. 9).

Da die Mutter dazu in der Lage ist, scheint sie auch diejenige zu sein, die die einzig richtige Ernährung bereitstellt. „Seit 2500 Jahren heißt es kanonisch immer wieder: Aufgrund der biologischen Möglichkeit des Stillens hat die Muttermilch als die einzig richtige und beste Ernährung für den Säugling zu gelten. Die Natur wollte und will es so" (Seichter 2014, S. 9). In der Epoche der Aufklärung schreckten Moralisten und Ärzte nicht davor zurück, Mütter als „Rabenmütter" zu verurteilen, wenn sie ihre Kinder nicht selber stillten und das Stillen entweder der Amme überließen oder ihr Kind unter Zuhilfenahme eines Saugfläschchens ernährten. Obwohl mit der Emanzipation der Frau viele Unabhängigkeiten entstanden sind, halten Stigmatisierungen und Stereotypisierungen bis in die Gegenwart an, wenn Frauen nicht stillen (Seichter 2014, S. 9). „Vor allem die Politik und ihre Stillinitiativen, die Entwicklungspsychologie und ihre verkappten Bindungstheorien, aber auch die Ernährungswissenschaften, welche alle einen engen Zusammenhang zwischen Stillen, Babyfreundlichkeit, Sicherheit und Nähe oder sogar der frühkindlichen Intelligenzentwicklung annehmen, tun das Ihre, um den Müttern die Entscheidung für oder gegen das Stillen nicht selbstständig zu überlassen" (Seichter 2014, S. 9).

Die Muttermilch wird als die beste Nahrung für das Kind hochgehalten, da sie das Kind angeblich gegen unterschiedlichste Krankheiten mit Abwehrstoffe wappnet. Weitere Vorteile liegen angeblich in der optimalen Abstimmung des Energie- und Nährstoffbedarfs für den Säugling. Ein weiteres Argument liegt in der ständigen Verfügbarkeit der Muttermilch, die problemlos, ausreichend sowie keimfrei zur Verfügung steht. Darüber hinaus erscheint das Stillen als praktisch in der Handhabung und vor allem auch noch kostenfrei. Diese Annahmen gelten z. T. als überholt oder als zu einseitige Betrachtung (Seichter 2014, S. 10). Seichter sieht darin die überall offenbar Programm gewordene Verherrlichung des Stillens. Damit ist auch ein starkes Druckmittel für Mütter bzw. gegen die freie Entscheidung der Mütter entstanden (Seichter 2014, S. 10). Nachteile, die mit dem Stillen verbunden sein könnten, wie z. B. die ständige Gefahr von Brust- bzw. Brustwarzenentzündungen inklusive eventuell wiederkehrender Milchstauungen, das Erschweren des beruflichen Wiedereinstiegs durch die ständige Verfügbarkeit der Mutter oder das Außenvorbleiben des Vaters werden als Gründe für das Nicht-Stillen nur wenig bis gar nicht akzeptiert. Negative Gefühle, die mit dem Stillen zum Ausdruck kommen könnten und die für junge Mütter relevant sein könnten, wie z. B. der Still-Burnout (die Mutter wird nicht mehr gesehen, da nur noch Milch und Busen im Vordergrund stehen) oder psychischer Stillterror, der zu Versagensängsten bei der Mutter führen kann, werden nicht oder kaum thematisiert (Seichter 2014, S. 164). In einer aktuell veröffentlichten ethnografischen Untersuchung zum Stillen als mütterliche Aufgabe verweisen Rose et al. auf die

Momente geschlechtlicher Responsibilisierungen, die sich in Handlungen, Repräsentationen, Diskursen und Gefühlen zum Thema Muttermilchernährung zeigen lassen. Diese gehen mit Ein- und Ausschlüssen für Frauen als Mütter einher. „Das Stillen zeigt sich in der Praxis als problemanfälliger Lerngegenstand, der ein Arsenal an Hilfen und Problemlösungstechniken aktiviert, die den Mutterkörper reduzieren, fragmentieren und funktionalisieren sowie gleichzeitig als unersetzbar für das kindliche Gedeihen exponieren" (Rose et al. 2017, S. 46).

Das Motto ‚breast is best' scheint stabil verankert als Alltagswissen und sowohl Mütter- und Elternratgeber wie auch staatliche Programme propagieren dieses seit langer Zeit. Flaschennahrung hingegen kommt nicht als legitime gleichwertige Alternative in Betracht (Rose et al. 2017, S. 47). Erziehungsratgeber und Broschüren rund um die kindliche Pflege und Aufzucht stecken zwar voller Empfehlungen und Anweisungen über das mütterliche Stillen, sie bleiben jedoch in Bezug auf die Informationen zu anderen Ernährungsmöglichkeiten eher rar. Künstliche Ersatznahrungsprodukte aus ernährungschemischer Perspektive reichen jedoch inzwischen ganz nah an das Vorbild der Muttermilch heran. Diese Informationen bleiben sehr versteckt und sind nicht selbstverständlich weit öffentlich verbreitet. Nur eine gezielte Suche führt dahin (Seichter 2014, S. 10). Die Muttermilch überzeugt zwar in ihrer Zusammensetzung gegenüber den künstlichen Produkten hinsichtlich ihrer Schutzstoffe für das kindliche Immunsystem. Doch die Menge der in der Muttermilch enthaltenen Schadstoffe und deren negative Auswirkungen auf das kindliche Immunsystem sind bis in die Gegenwart nicht völlig geklärt.

> Die Muttermilch ist nicht unbesehen der gesündere Nahrungssaft. Neben diesem medizinischen Argument ist noch ein weiteres sehr fraglich. Genauso wie das Stillen keine Bindungs- bzw. sogar Liebesgarantie zwischen Mutter und Kind darstellt, genauso wenig macht eine Flaschenernährung jene unmöglich. So wie eine Mutter lieblos und aus reiner Pflicht ihr Kind ohne emotionale Anteilnahme stillen kann, so liebevoll und mit ganzer Zuwendung kann eine Mutter (und auch ein Vater!) dem Säugling das Fläschchen geben. Das Medium allein, also Brust oder Flasche, sagt erdenklich wenig über die Liebe und Verantwortung der Eltern zu ihrem Neugeborenen aus. Das kann nicht deutlich genug gesagt werden, denn nicht selten versuchen Stillratgeber einen kausalen Zusammenhang zwischen Brust und Liebe herzustellen und das Fläschchen als ein Symbol von Lieblosigkeit anzuprangern (Seichter 2014, S. 162).

Bis zur Mitte des 20. Jahrhunderts wurden die enorm hohen Säuglings- und Sterblichkeitsraten zurückgeführt auf das Fehlen bzw. auf die ungenügende Zusammensetzung der künstlichen Ernährung für Säuglinge. Zugleich erschien Muttermilch über Jahrtausende hinweg die für den Säugling beste und zugleich am leichtesten zugängliche Nahrung zu sein (Seichter 2014, S. 161).

Die theologischen, medizinischen, politischen und pädagogischen Aufwertungen der Mutterrolle im Allgemeinen und des mütterlichen Stillen im Besonderen müssen – neben dem Kampf gegen die hohe Säuglings- und Kindersterblichkeit – in diesem Lichte auch als ein folgenreicher (gesellschaftlicher) Nebeneffekt der Notwendigkeit der Nahrungsdeckung betrachtet werden. In allen Epochen ging es in erster Linie um den Erhalt der nächsten gesunden und starken Generation (Seichter 2014, S. 161).

Seichter arbeitet heraus, dass das Stillen erst seit Mitte des 20. Jahrhunderts mehr durch moralische als durch pragmatische Gründe, wie die 2500 Jahre zuvor, geprägt wird. Als bedeutende Erkenntnis hat zu gelten, dass in der Gegenwart kein Säugling mehr stirbt aufgrund der Fütterung mit künstlichen Ersatznahrungsprodukten (Seichter 2014, S. 161).

Beachtenswert bleibt, dass Debatten um das weibliche Stillen wiederkehrend von religiösen, politischen, ökonomischen und anderen (Macht-)Interessen überlagert wurden, z. B. in der Epoche der Aufklärung durch moralpädagogische Doktrinen oder im 20. bzw. 21. Jahrhundert belagert von feministischen Ideologien. Mit all den Interessen und verbreiteten Ideen zum Stillen werden jeweils auch Bilder der Frau und Mutter konstituiert (Seichter 2014, S. 11).

Das Stillen wird mit der Priorisierung der Muttermilchernährung zunehmend von öffentlichen Institutionen zum Lern-, Bildungs- und Beratungsgegenstand gemacht. 2003 hat die Weltgesundheitsorganisation mit der „weltweiten Strategie zur Ernährung von Säuglingen und Kleinkindern" das Stillen als bevorzugte Form der Säuglingsernährung ausgerufen und gleichzeitig als Lernerfordernis formuliert. Darin sehen Rose et al. die symptomatische Paradoxie des Stillnormativs. Einerseits wird dem Stillen ‚Natürlichkeit' unterstellt und andererseits erfordert das Stillen Wissen und Kompetenzen zu diversen Instanzen, Techniken und Qualifizierungen. Die Säuglingsernährung gerät damit zunehmend stärker in den Fokus normativer, öffentlicher und professioneller Zugriffe. Unter der Prämisse hegemonialer Gesundheitsnormen wird das Stillen von unterschiedlichen Akteurinnen und Akteuren aus dem Privaten zum Perfektionieren geholt (Rose et al. 2017, S. 47). In Tab. 5.1 haben Rose et al. in ihrer ethnografischen Untersuchung mögliche Probleme beim Stillen zusammengestellt, für die es professionelle Techniken und Maßnahmen gibt, die Mütter lernen können für problemloses Stillen. Die professionellen Angebote stellen ein „großes Spektrum an Problemlösungstechniken für die verunsicherten, sich sorgenden und belasteten Mütter bereit" (Rose et al. 2017, S. 50).

In den ethnografischen Beobachtungen der klinischen Stillberatungspraxis erscheint das Stillen als höchst voraussetzungsvolle (Mutterschafts-)Praxis, die nicht natürlich von selbst läuft. Während jedoch für die Brusternährung differenziertes

**Tab. 5.1**  Stillprobleme und Behandlungstechniken

| Problem | Ziel | Techniken/Maßnahmen |
|---|---|---|
| Trinkprobleme des Babys | Aktivierung des Babys | Baby wecken, bewegen, ausziehen, wickeln |
| | Animation des Babys zum Trinken | Manuelles Öffnen und Reizen des Babymundes, Ansprechen, Anfeuern, Ermuntern, Locken |
| | Optimierung des Babykörpers | Manuelle Positionierung des Baby-körpers an der Brust, manuelles Nach-helfen beim Griff des Babymundes an die Brustwarze |
| | Optimierung des Mutterkörpers | Anleitung der Mutter zur geeigneten Positionierung des eigenen Körpers und zum Halten des Babys, korrigie-rende Eingriffe am Körper, vor allem an der Brust, Benutzen von Brusthüt-chen |
| | Nähr-Kompensation | Flaschennahrung, Finger-Feeding, Verfüttern abgepumpter Muttermilch |
| ‚Milchgabe-probleme' der Mutter | Anregung der Milchproduktion | Erhöhte Flüssigkeitszufuhr, Kräu-tertees mit stimulierender Wirkung, Abpumpen von Milch, Entspannung der Mutter |
| | Kontrolle der Milchmenge | Stillprobe (Wiegen des Babys vor und nach dem Stillen), Messen der abgepumpten Milchmenge |
| | Anregung des Milchflusses | Psychische Entspannung und Stressre-duktion, Wärme, Schütteln der Brüste, Milch manuell ausdrücken |
| | Optimierung der Körper- und Brusthaltung | Manuelle Korrektur der Körperhal-tung, Halten, (Aus-)Drücken, Formen der Brust, Einführen der Brust in den Babymund, Stillkissen |
| Stillschmerzen | Aus- und Durchhalten des Schmerzes | Übergehen des Schmerzes, Bagatelli-sieren, Zuspruch, Ermutigungsparolen |
| | Schmerzentlastung | Aufklärung zu brustschonenden Still-haltungen, Einsatz von schonenden Melktechniken (Brusthütchen, elektri-sche Milchpumpe), Medikamente |

Quelle: Rose et al. (2017, S. 50)

Wissen und eine Vielzahl an Unterstützungen bereitgestellt werden, existiert diese Unterstützung nicht im Hinblick auf Flaschenernährung. Damit wird die Ernährungsform Stillen ideell-normativ über der Flaschenernährung platziert (Rose et al. 2017, S. 56). Das Stillen wird auf der diskursiven Ebene kontinuierlich zur natürlichen Sache erklärt, während es in der Praxis der Stillberatung zur anspruchsvollen Kulturtechnik gemacht wird. Als Kulturtechnik kann keine Mutter von sich aus Stillen, sie hat es erst zu erlernen mit Unterstützung technischer Utensilien und vorhandener Beratungshilfen (Rose et al. 2017, S. 57). „Dieses Normativ findet seine Resonanz im mütterlichen Verhalten. Auch wenn das Stillen erkennbar schmerzt, äußern die wenigsten der betroffenen Mütter den Wunsch, die Stillernährung zu beenden, zu unterbrechen und Flaschennahrung einzusetzen. Vielmehr sind sie bereit, erhebliche Anstrengungen auf sich zu nehmen, um weiterhin zu stillen" (Rose et al. 2017, S. 55). Für das Wohlergehen des Babys wird die Mutter als unersetzlich und einzigartig für das Wohlergehen des Babys positioniert, die darüber hinaus eigene Interessen zu vernachlässigen hat zugunsten des Babys. Allerdings gibt es (bisher) keine Position für den Vater (Rose et al. 2017, S. 59) weder im komplexen Kontext rund um das Stillen wie auch in der darauf folgenden Ernährungsphase „Beikost" des Kleinkindes (Pape 2017).

„Es ist nicht zu leugnen, dass wir das Stillen mit allen Säugetieren gemeinsam haben. Aber genauso richtig ist, dass wir als einzige Exemplare dieser Gattung über die Form der Ernährung unseres Nachwuchses frei und selbstbestimmt entscheiden können" (Seichter 2014, S. 165). Diese freie und selbstbestimmte Entscheidung fühlt jedoch kaum eine werdende Mutter, da sie sich eher in die Rolle des Ideals der stillenden Mutter gemeinsam in Einheit mit ihrem Säugling sieht. Je nachdem, wie sehr sich eine Mutter unter Zugzwang sieht und dem Ideal des Stillens gerecht werden möchte, wird sie ihre eigenen Bedürfnissen zurückstellen oder gar nicht für sich klar kriegen. Ihre eigene Überzeugung in Bezug auf das Stillen ihres Babys wird sich jedoch auf die Beziehung auswirken und das Stillen selbst beeinflussen. Wenn die Mutter sich nicht frei dazu entscheiden kann aufgrund des gesellschaftlichen Drucks von außen, ihr Baby zu stillen oder nicht, wird sich das auf die Beziehung auswirken. Die individuellen und gesellschaftlichen Rahmenbedingungen des Stillens haben jedoch Einfluss auf die Durchführung des Stillens.

Die Verantwortung der Mutter für die gelingende Essbiografie ihres Kindes vom ersten Tag der Geburt an hat, auch in Auseinandersetzung mit den starken Überzeugungen bezüglich der Rolle der Mutter bei Freud, Burlingham oder Neill, Eingang gefunden in die Erkenntnisse der Ernährungssozialisation. „Säuglinge, die von einer stabilen Persönlichkeit, zuverlässig, regelmäßig und zärtlich genährt werden und welchen man Zeit schenkt, um auf ihre individuellen Bedürfnisse bei der Nahrungsaufnahme einzugehen, dürften Essen und Nahrungsaufnahme lustvoll und genießend erleben und können im Erwachsenenalter Essen immer noch als genussbringende, positive Angelegenheit erfahren" (Reitmeier 2013, S. 136). Kinder, deren Bedürfnisse aus ihrer Sicht nicht befriedigend erfüllt werden, werden wahrscheinlich später keine so hohe Genussfähigkeit beim Essen erreichen. Wenn Kinder die Nahrung schlecht aufnehmen, entweder wahrnehmbar an dem sich wiederholenden Übergeben oder insgesamt nur wenig Nahrung auf einmal aufnehmen können, wird das Stillen bzw. Füttern sehr viel Zeit in Anspruch nehmen, bis das Bedürfnis der ausreichenden Nahrungsaufnahme erfüllt ist. Mütter, die über wenig Zeit oder Geduld verfügen oder vielleicht psychisch nicht sehr stabil sind, geben dem Säugling nicht genug Möglichkeit, ausreichend Nahrung zu bekommen. Wenn das Stillen lieblos und zu zwingend erfolgt, erscheint die Nahrungsaufnahme dem Säugling nicht als lustvolle Befriedigung. Die ersten Wochen und Monate gelten jedoch als grundlegend bedeutend für das Verhältnis zu Nahrung und Essen des erwachsenen Menschen (Reitmeier 2013, S. 136). Aus ernährungswissenschaftlicher Perspektive wird auch die Erziehung als erster großer Einfluss auf das Essverhalten eingeschätzt. Zu Beginn des Lebens bestimmt zwar fast ausschließlich das physiologische Bedürfnis nach Nahrung das Essverhalten. Doch Geschmacksvorlieben werden bereits mit dem Stillen anerzogen. Dabei könnte Erziehung beinahe mit Ernährung synonym verwendet werden. „Bei Neugeborenen bestimmen nicht ökonomische oder soziale Überlegungen das Essverhalten. Allein die Grundbedürfnisse Hunger und Sättigung gilt es zu befriedigen. (…) Je süßer ein Baby in den ersten Lebensmonaten ernährt wird, umso höher ist seine Akzeptanz für Süßes im Kindes- und Erwachsenenalter. (…) Der Grundstein für die Gier nach stark zuckerhaltigen Lebensmitteln wird oft bereits in den ersten Lebensmonaten gelegt" (Fehrmann 2009, S. 24). Gleichzeitig lassen sich bei Säuglingen Geschmacksvorlieben bzw. Abneigungen erkennen, die wohl eine Art angeborenen Überlebensmechanismus darstellen. Deutlicher Widerwille gegen Bitterstoffe lässt sich bereits im Säuglingsalter feststellen. Die Aversion ist wahrscheinlich genetisch bedingt, um Menschen vor giftigen und ungenießbaren Stoffen zu schützen. Säuglinge reagieren auf süße Substanzen dagegen ausgesprochen positiv. Die angeborene Vorliebe lässt sich aus der Evolution des Menschen erklären, da Kohlenhydrate eine sichere und schnelle Energiequelle darstellen und lebensnotwendig sind für den gesunden Organismus. Muttermilch schmeckt süß und animiert den Säugling allein durch den Geschmack zum Trinken. Durch den Gesichtsausdruck signalisieren Säuglinge, wie gerne sie Süßes mögen. Über die angeborenen Schutzmechanismen hinaus werden die Geschmacksvorlieben jedoch hauptsächlich anerzogen (Fehrmann 2009, S. 24 f.). Säuglingen wird ab einem bestimmten Zeitpunkt ihrer Entwicklung neben dem Stillen oder der Flaschennahrung feste Nahrung angeboten. In der Hauptsache sind wieder die Mütter die Verantwortlichen, wenn nicht andere Regelungen der Betreuung von den Eltern vorgesehen sind oder das Kleinkind ab dem 8. Monat in einer Krippe oder von einer Tagesmutter versorgt wird. Mit dem Beginn fester Nahrung werden eher auch andere Personen zuständig für die Betreuung und Versorgung des Kindes. Gleichzeitig stellt die feste Nahrung Weichen für eine neue Phase in der Ernährungserziehung.

## 5.1.2   Erkenntnisse zur Kleinkinder-Ernährungserziehung: Unterstützung bei der Entwicklung des Eigensinns als Ziel gesunder Entwicklung!?

Ausgehend von der Erkenntnis, dass Menschen zu den Omnivoren zu zählen sind und als solche, insbesondere in der Kindheit, lernen können, alles zu essen, was ihnen ihr Umfeld als genießbar anbietet (Schmidt 2011, S. 56), eröffnet sich ihnen eine unendliche Fülle an zur Verfügung stehenden Nahrungsmitteln.

▶ **Menschen als Omnivore** Omnivore bedeutet Allesfresser und sie sind tierische Organismen, die sich sowohl von Fleisch als auch von pflanzlicher Kost ernähren und ein weitgehend unspezialisiertes Nahrungsspektrum aufweisen. Der Begriff Omnivore bezieht sich auf keine systematische Gruppe, vielmehr wird der vorherrschende Ernährungstyp einer Spezies beschrieben. Zu den Omnivoren gehören z. B. Schweine, Bären, Rotfüchse, Ratten, Rabenvögel, zahlreiche Kleinvögel, Schaben und andere Tiere. Biologisch gesehen gehört auch der Mensch, der sich als Jäger und Sammler entwickelt hat, zu dieser Gruppe (http://www.spektrum.de/lexikon/ernaehrung/omnivoren/6543, Zugriff: 16.10.2017). Omnivoren können in allen ökologischen Zonen leben. Menschen zählen zwar zu den Allesfressern, obwohl sie als einzige unter den Allesfressern über ihr Ernährungsverhalten Begrenzungen vornehmen, z. B. über sozio-kulturelle Gründe, die bestimmte Lebensmittel zum Tabu erklären können. Durch freiwilligen bzw. unfreiwilligen Verzicht durch Vorlieben oder Abneigungen, über Unverträglichkeiten oder aus ethisch-moralischen bzw. umweltbezogenen Gründen wird auf Fleisch oder andere Lebensmittel verzichtet (http://ernaehrungsdenkwerkstatt.de/keller/kartei/allesfresser-omnivore/, Zugriff: 16.10.2017).

Wenn Kinder dem Säuglingsalter entwachsen sind, kommen sie als Kleinkinder zunehmend mit fester Nahrung jenseits der Muttermilch in Kontakt und sind besonders in der Zeit, in der sie gerade Sitzen gelernt haben und die Erfahrung machen, an den Mahlzeiten teilzunehmen, „ganz wild darauf, von Mutters Teller mitzuessen" (Fehrmann 2009, S. 26). Die Kleinkinder kommen mit den Lebensmitteln ihrer Umwelt, vor allem der familiären, in Kontakt und die bewusste Ernährungserziehung beginnt. Dabei gilt, was die Familie täglich isst, wird auch dem Kind schmecken. Wenn Vater, Mutter und Geschwister z. B. täglich Kartoffeln essen, wird das Kind sie ganz selbstverständlich auch mögen. Das sogenannte „Kontaktlernen" ist für die ersten Essenserfahrungen von hoher Bedeutung. „Besonders kleine Kinder kopieren in der Regel einfach das Verhalten der Erwachsenen bzw. ihrer Umwelt. Ernährungserziehung verläuft in den meisten Fällen ungeplant und spontan. Was Mutter und Vater vorleben, besser gesagt voressen, machen Kinder nach. Kleinkinder sind jedoch besonders offen für jegliche Nahrungsmittel, sie scheuen sich nicht, Sand, Regenwürmer oder anderes für Erwachsene tabuisierte Nahrungsmittel, auszuprobieren" (Fehrmann 2009, S. 26).

Die Kultur, von der Menschen umgeben sind, gibt vor, was als essbar gilt (z. B. Hundefleisch, Hühnerfüße oder Schimmelkäse), wie es sich zubereiten lässt (entweder als Sushi oder Backfisch) und in welchem Zusammenhang es verzehrt wird (z. B. Hühnersuppe oder Brötchen zum Frühstück). Kinder lernen nicht, zu essen, was sie mögen. Vielmehr lernen sie zu mögen, was sie essen. Dieser Vorgang wird „mere exposure effect" genannt (Schmidt 2011, S. 56). Durch häufige Wiederholung entsteht Vertrautheit und Gewöhnung an das Lebensmittel. Der „mere exposure effect" bedeutet Lernen durch Gewohnheitsübung. Die gewohnten Speisen werden gerne gegessen und nicht hinterfragt (Fehrmann 2009, S. 26). Mit dem „mere exposure effect" können sich Kinder an die ihnen vorgesetzten Speisen ihrer Kultur gewöhnen. Er wird auch als Anreiz für das Probieren vieler neuer Speisen genutzt. Erwachsene sollten ihn keinesfalls ausnutzen, um Kinder zum Probieren möglichst vieler Speisen zu nötigen (Schmidt 2011, S. 60). Kinder gewöhnen zwar sich an die Nahrung der Eltern und lernen sie zu mögen und dennoch gibt es auch individuelle Vorlieben, die auch durch den „mere exposure effect" nicht zu umgehen sind. Das bedeutet, über die Möglichkeiten des Effekts hinaus sensibel dafür zu sein, für welche Nahrungsmittel und Speisen ein Kind besondere Vorlieben entwickelt und für welche nicht. Besondere Vorlieben für ein Nahrungsmittel oder für ein bestimmtes Gericht entwickelt jeder Mensch und diese sind oft verknüpft mit besonders schönen Erlebnissen, wiederkehrend zu bestimmten Ereignissen, wie z. B. Geburtstagen oder mit Menschen, die einem das Gericht mehr als einmal gekocht haben.

Der weitaus größere und längere Teil der Primärsozialisation erfolgt aus sozialisationstheoretischer Perspektive über Prozesse der Habitualisierung. Dabei sind Gewöhnung und Übernahme von Denk- und Verhaltensmustern kennzeichnend für die Sozialisation und nicht Zwang und Anpassung. Die Position der Familie im gesellschaftlichen Hierarchiegefüge ist nicht zu unterschätzen, da sie den gesamten Lebensstil prägt. Die Kinder eignen sich die Lebenspraxis ihrer Eltern an und sie übernehmen durch Nachahmung die Praxisformen der Eltern. Mit der Geburt eines Kindes werden fortlaufend z. B. auch ungleiche soziale Verhältnisse reproduziert und verfestigt (Reitmeier 2013, S. 139). Kinder nehmen in Bezug auf die Ernährung die Vorlieben, Haltungen und Umgangsformen der Eltern gegenüber Lebensmitteln, Kochen und Formen des Genusses in sich auf. Über die grundlegenden Techniken und Praktiken der Nahrungszubereitung und Aufnahme, verinnerlichen Kinder auch bestimmte Körper und Geschlechtsbilder mitsamt ihren ernährungstechnischen Auswirkungen. Orte und Zeiten der Nahrungsaufnahme werden vom Kind ebenso, wie die soziale, kulturelle und religiöse Bedeutung von Lebensmitteln gelernt. Lebensmittel können als Belohnung für erwünschtes Verhalten eingesetzt werden, wie z. B. Süßigkeiten oder der Entzug als Bestrafung.

Mit der Nahrungsaufnahme selber gehen viele Regeln bzw. ‚Manieren' einher, die die soziale Funktion des Essens verdeutlichen (Reitmeier 2013, S. 141). Die Stellung der Eltern innerhalb der Gesellschaft entscheidet über die Ausformung des Habitus bzw. Ernährungshabitus. Bourdieu unterscheidet den Luxus- und Notwendigkeitsgeschmack. Die Ausrichtung der beiden Geschmäcker entwickelt sich am Gegensatz von Form und Substanz. Der Notwendigkeitsgeschmack folgt dem Primat der Funktion und der Luxusgeschmack ist ausgerichtet auf die Form.

> Untere Schichten verfolgen die Moral des guten Lebens, man will es sich gut gehen lassen. Auf den Tisch kommen reichlich vorhandene Speisen wie Kartoffeln und Nudeln, der Eindruck von Fülle und Überfluss soll erweckt werden. Es ist ein ungezwungenes, freimütiges Essen, bei dem verschiedene Speisen oft gleichzeitig auf den Tisch kommen, ohne Rücksicht auf Förmlichkeiten. Das, was gegessen wird, soll vor allem schmecken und soll reichlich vorhanden sein, man möchte satt werden. Diesem freimütigen, ungezwungenen Essen stellen die höheren Schichten das formvollendete Essen entgegen. Die Funktion des Sattwerdens rückt in den Hintergrund. Die Qualität des Essens ist wichtiger als die davon aufgetragene Menge. Es gibt geregelte Abläufe, festgelegte Speisefolgen, am Tisch herrscht Sauberkeit und Ordnung. Die Etikette muss gewahrt werden, Körpergeräusche wie etwa Schmatzen sind tabu, man verhält sich zurückhaltend statt gierig und gibt sich distinguiert (Bourdieu 1982, S. 313 nach: Reitmeier 2013, S. 142).

Die Unterschiede sind durch verschiedene materielle Existenzbedingungen, Voraussetzungen und Anforderungen des Individuums über viele Generationen hinweg entstanden und werden weitergetragen über die Erziehung.

Gegenwärtig findet eine ambivalente Entwicklung bei Tischsitten und den Gepflogenheiten kultivierter Nahrungsaufnahme statt. Ernährungswissenschaftler*innen gehen gegenwärtig von einer gewissen Entformalisierung am Esstisch aus. ‚Manieren' bzw. Benimmregeln werden deutlich weiter gefasst und aufgelockert und am Tisch weniger rigide eingefordert. Dennoch zeigen Benimmkurse, die bereits auch für Kinder angeboten werden, kontinuierlich weiterbestehende Wertigkeiten der Etikette und Kultiviertheit über die Sozialisation im Elternhaus hinaus. ‚Manieren' bzw. Benimmregeln, wie z. B. Stillsitzen, nicht mit vollem Mund sprechen, das Benutzen von Messer und Gabel sowie eine ordentliche Körperhaltung beim Essen werden bei Tisch nach wie vor von den Kindern verlangt. Die Eltern ihrerseits sind bereits mit diesen Anforderungen bei Tisch konfrontiert worden. Mit der Langlebigkeit der guten Sitten, die unhinterfragt übernommen werden von Generation zu Generation, zeigt sich die starke Wirksamkeit von Internalisierung. Die Prozesse der Internalisierung erfolgen seltener freiwillig, in der Regel werden sie von den Kindern erzwungen und gelten als nicht diskutabel. „Die Eltern müssen ständig zwischen der Autonomie des Kindes und der Weitergabe ihrer Erziehungsprinzipien abwägen, die ihren konkreten Ausdruck allgemein in einer körperlichen Disziplin findet. Sie schwanken zwischen dem erholsamen Wunsch nach Laisser-Faire und dem Willen zur Erziehung, die über die Ausübung von Zwang erfolgt, der für ein Kind heute viel schwieriger zu akzeptieren ist als früher" (Kaufmann 2006, S. 126). Elias entlarvte die Ursachen bzw. Auslöser solch guter Sitten, die mit scheinbar rationalen Argumenten begründet werden, an vielen Beispielen. Das Entstehen der guten Sitten durch die Jahrhunderte hinweg sah er als Konsequenz vorrückender Scham- und Peinlichkeitsgrenzen. „Den Gebrauch einer Gabel etwa sieht er nicht in ihrer angeblichen hygienischen Funktion begründet, sondern darin, dass das Essen mit den Händen die Finger schmutzig macht und es in einem langsamen Prozess dazu kam, dass dieser Umstand mehr und mehr als peinlich empfunden wurde. Der Unterschied zwischen kultiviertem und unkultiviertem Verhalten bei Tisch ist für Elias das Peinlichkeitsgefühl. Was peinlich ist oder nicht, gibt die jeweils ältere Generation an die jüngere weiter (Elias 1993, S. 170 ff.)" (Reitmeier 2013, S. 155). Mit hoher Wahrscheinlichkeit lässt sich allein mit dem Verhalten bei einer gemeinsamen Mahlzeit herausfinden, welcher sozialen Herkunft die daran teilnehmenden Menschen sind. Bei kaum einer weiteren sozialen Gegebenheit gibt es so viele habitusbedingte Unterscheidungen wie sie beim gemeinsamen Essen vorgenommen und sichtbar werden.

**Die Bedeutung der Familie in der Ernährungserziehung und -sozialisation im Überblick**

Die Familie prägt mit der Ernährungserziehung und -sozialisation ein ganzes Bündel unterschiedlicher Perspektiven auf das Essen ihrer Kinder. Geschmack, Wertschätzung und Einstellungen gegenüber Essen einerseits wie auch die Alltagsgestaltung der Mahlzeiten oder das Vorleben durch Interaktionen bei Tisch andererseits, verdeutlichen die Bandbreite und Komplexität des Wissens und der Kompetenzen, die bei Eltern vorausgesetzt werden müssen, um ihre Vorbildfunktion einnehmen zu können.

Die familiären Gegebenheiten werden zum Beispiel beeinflusst durch

- die Geschmackspräferenzen der Eltern: Eltern als Pförtner des Lebensmittelkonsums – es wird vorwiegend gekauft und zubereitet, was den Eltern schmeckt.
- die Wertschätzung des Essens: verwendete(r) Zeit/Aufwand, gemeinsame Rituale, Atmosphäre, Kochfertigkeit etc.
- Einstellung gegenüber Speisen durch Eltern: Bevorzugung des Gesundheits- oder Genussaspekts, der traditionellen oder modernen Küche, Tendenz zu Öko-, Qualitäts- oder Billigprodukten etc.
- die Alltagsorganisation der Mahlzeiten: Wann wird wie oft und wie gegessen, wer isst wann und wie mit?
- die familiäre Interpretation von Tischregeln: „Manieren" versus „Wertevermittlung" (bürgerliche Benimmregeln vs. Reflexion darüber, was mit bestimmten Regeln bezweckt wird)
- die Vorbildwirkung der Eltern durch ihr eigenes Verhalten
- Interaktionen bei Tisch (Schmidt 2011, S. 57).

Kinder beginnen, sich über die Gewöhnung, Habitualisierung und Nachahmung hinaus mit den Einstellungen und Vorlieben der Eltern zu identifizieren. Mit der Identifikation übernehmen sie auch die Einstellungen, Vorlieben und emotionalen Verbindungen der Bezugspersonen zur Ernährung, Lebensmittel, Kochen und Essen. Identifikationsprozesse erfolgen unreflektiert und entziehen sich erst einmal der bewussten Entscheidung der Kinder. „Ohne es zu wissen, werden sie sich mit den elterlichen Einstellungen identifizieren und deren Affinität oder Distanz zu Küche, Herd und Lebensmitteln teilen. Der Grad der

emotionalen Nähe zu Fragen des Ernährungskomplexes wird weitergegeben"
(Reitmeier 2013, S. 137). Mit den wachsenden außerfamiliären Beziehungen zu
anderen Kindern und Jugendlichen, elternähnlichen Autoritätspersonen, Freunden von gleichem und anderem Geschlecht finden die Kindheitserfahrungen
im Familienverband Anwendung und Erweiterung. Die Einstellungen bleiben
jedoch häufig in der Richtung, die in der Kindheit und frühen Jugend erfahren
wurden. Mit den Erkenntnissen um die hohe Wirkmächtigkeit der Eltern und
erweiterten Herkunftsfamilie für die Ausprägung von Ernährungsüberzeugungen und -gewohnheiten gewinnen das Hinterfragen sinnvoller nachvollziehbarer
‚Manieren' bzw. Umgangsformen einerseits und den zu fördernden Ernährungsgewohnheiten andererseits an Bedeutung.

Körperliche Gesundheit und hochwertige Nahrungsmittel stehen für den überwiegenden Anteil an Ernährungserzieher*innen jeweilig im Vordergrund für die
Entwicklung von Kindern. Benton hat 10 Erziehungsratschläge zur Förderung
gesunder Ernährungsgewohnheiten zusammengeführt, in denen die Möglichkeit zur Herausbildung autonomen Essverhaltens angelegt ist. Die Erziehungsratschläge können als Ausgangspunkt für die Entwicklung eines gesunden
Eigensinns des Kindes in Bezug auf die Herausbildung der eigenen Ernährungsgewohnheiten betrachtet werden. Das Kind erlebt Essenssituationen als solche
und nicht in Verbindung mit anderen erzieherischen Maßnahmen, zu denen es
Essen als Belohnung oder Bestrafung erlebt. Essen als Essen zu betrachten und
sich der Wichtigkeit für die alltägliche Lebensqualität bewusst zu werden, führt
dazu, dass Kinder autonome Entscheidungen treffen lernen.

**9 Erziehungsratschläge für die Herausbildung gesunder Ernährungs-
gewohnheiten nach Benton**

Benton formuliert 9 Erziehungsratschläge zur Förderung gesunder Ernährungsgewohnheiten bei Kindern.

1. „Die emotionale Komponente beim Essen ist zentral. Essenszeiten sollten für das Kind nicht mit negativen Themen (z.B. Bestrafung) belegt
   werden. Bestrafen Sie ihr Kind auch nicht, wenn es nicht essen möchte.
2. Geschwister, Freunde und Eltern können von Kindern als Vorbilder zur
   Entdeckung neuer Speisen anerkannt werden.
3. Bieten Sie Ihrem Kind Nahrungsmittel verschiedenster Geschmacks-
   richtung und Konsistenz an.

4. Wiederholtes Anbieten von Speisen, welche das Kind anfänglich ablehnt, kann helfen, den Widerwillen gegenüber diesen Speisen zu überwinden.

5. Damit ihr Kind frühzeitig lernt, eine dem Energiebedarf gerechte Ernährung zu erlernen, sollte eine breite Auswahl an Nahrungsmitteln mit geringem Nährwert zur Auswahl gestellt werden.

6. Beschränkter Zugang zu Nahrungsmitteln steigert die Vorliebe für diese Nahrungsmittel eher als dass sie abnimmt.

7. Wenn das Kind gezwungen wird, ein bestimmtes Nahrungsmittel zu essen, wird dieses weniger gemocht. Neophobische Reaktionen sind normal und sollten nicht sanktioniert werden.

8. Ermutigen Sie ihr Kind auf Sättigungsgefühle zu hören und erlauben Sie ihnen, selbst zu bestimmten wie viel sie essen wollen. Wenn Sie wollen, dass der Teller aufgegessen wird, dann erlauben Sie dem Kind die Menge auf dem Teller selbst zu bestimmen oder geben Sie kleine Portionen, bis das Kind satt ist.

9. Eltern sollten darauf achten, dass energiereiche Nahrungsmittel nicht als Belohnung oder Leckerei benützt werden" (Benton 2004, S. 866 nach Reitmeier 2013, S. 153).

Die Gesundheit der Ernährung steht bei Benton im Vordergrund seiner Erziehungsratschläge, doch vielleicht geht es vielmehr um den Erwerb autonomer Entscheidungen, zu denen das Kind frühzeitig befähigt werden sollte. Damit wird Kindern ermöglicht, selbstständig und selbstbestimmt die eigenen Vorlieben für Essen zu entdecken und zu entwickeln. Dahinter liegt die Annahme, dass Kinder weniger anfällig für Essstörungen werden, wenn sie die Möglichkeit bekommen, selbst zu bestimmen, was sie essen wollen aus der Vielfalt der angebotenen Nahrungsmittel und gleichzeitig ein Gespür für ihre Sättigung entwickeln können und sie auch ernst nehmen.

Als weitere Möglichkeit zum Erlernen von Autonomie in der frühen Kindheit unter elterlicher Kontrolle führt Kaufmann die Verwaltung von kleinen, scheinbar bedeutungslosen Räumen an, wie z. B. einer Bonbonschublade, Keks- oder Getränkevorräten im eigenen Zimmer. Sie gelten als winziges Bruchstück der Ernährungspraxis in einem Territorium, über das das Kind offiziell die Verantwortung übertragen bekommen hat. Die Bonbonschublade gilt als „Behälter des Vergnügens" und das Kind lernt, dass es sich selbst Regeln geben kann. Die gewährte

Freiheit, sich etwas daraus zu nehmen, darf nicht gegen bestimmte Regeln verstoßen, die die Eltern festgelegt haben. Mit zunehmendem Heranwachsen wird dem Kind mit einer größeren materiellen Basis mehr Autonomie eröffnet, z. B. Essen im eigenen Zimmer, Snacks mit Freunden beim Anschauen eines Films am Computer. Kaufmann sieht den eigenen Kühlschrank im Zimmer als das absolute zu erreichende Symbol der Autonomie in der Jugend. „Die (noch nicht sehr zahlreichen) Jugendlichen, die ein solches Gerät im Zimmer haben, spüren, dass es nicht nur bequem ist, einen solchen Einrichtungsgegenstand zu besitzen, sondern dass er ihnen auch das Gefühl gibt, am Ende der Kindheit angelangt zu sein. Aufgrund der durch materielle Tatsachen gekennzeichneten Einführung eines selbst verwalteten Territoriums, das einige Ernährungspraktiken umfasst" (Kaufmann 2006, S. 163). Selbstverständlich liegen vor diesen Erweiterungen individueller Zonen und Zeiten Aushandlungen mit den Eltern. Sie werden oft erst nach langen, zermürbenden Kämpfen erlangt (Kaufmann 2006, S. 164). Kinder sind individuell sehr verschieden und somit sind standardisierte Empfehlungen zur Ernährungserziehung unter der Überschrift „gesunde Ernährung" für eine lebenslange gesunde Lebensführung bezüglich der Ernährung vor allem individuell zu entscheiden. Gleichzeitig benötigt jede*r Wissen rund um das Essen, um Entscheidungen für die individuell angemessene Ernährungserziehung und -sozialisation treffen zu können. Ernährungserziehung und -sozialisation findet vor allem in familiären Zusammenhängen statt. Neben der Mutter als hauptverantwortliche Person in der Zeit nach der Geburt erweitert sich der Kreis der Personen, sobald das Kleinkind mit am Tisch sitzen kann. Die Familie, ihr Tisch und daran stattfindende gemeinsame Mahlzeiten bekommen zunehmend größere Bedeutung für das Essen.

## 5.2    Der Beitrag der Familie – am Tisch zur gemeinsamen Mahlzeit, zunehmend mehr ins Gespräch vertieft – Essen findet auch statt!

Die gemeinsame Mahlzeit hat einen hohen Stellenwert in fast ausnahmslos jeder Familie. Grundsätzlich essen Familien jedoch gegenwärtig seltener zusammen als in vergangenen Zeiten (Schmidt 2011, S. 55). In den Familien- und Haushaltswissenschaften wird Familie als dynamisches System verstanden, das nicht als naturgegeben vorausgesetzt werden kann. Vielmehr bedarf es gemeinsamer familialer Praktiken, um Familie zu leben und Familie zu sein (Schier und Jurczyk 2007). Das Konzept der Familie als Herstellungsleistung mit spezifischem sinnstiftenden Familienkontext, die für jede Familie anders sein kann, wird als „Doing Family" bezeichnet (Jurczyk et al. 2009 nach Bauer 2016, S. 52).

Im familialen Essalltag findet ein großes Bündel an Praktiken des Doing Family statt. Familienmitglieder leben nicht nur zusammen, sie wirtschaften und wohnen auch zusammen, sie bilden einen Haushalt, der als Ort alltäglicher Lebensführung gilt. „Aus haushaltwissenschaftlicher Sicht ist Familie als Einheit zu definieren, deren Leistung hauptsächlich in Versorgungsleistungen besteht, die auf die Bedürfnisbefriedigung der Haushaltsmitglieder sowie das Schaffen einer ‚Kultur des Zusammenlebens' zielen" (Bauer 2016, S. 53). Die Familienwissenschaften weisen auf Veränderungen innerhalb der Merkmale von Familie hin, vor allem hinsichtlich der sich wandelnden Geschlechter- und Generationenverhältnisse. Für die Realisierung einer familialen Kultur des Zusammenlebens haben Familien zunehmend komplexer werdenden Bedürfnisaushandlungen zu bewältigen. „Familie ist so als anspruchsvolle Gestaltungsleistung der familialen Akteure zu verstehen, die durch gemeinsame Praktiken aufrechterhalten werden muss" (Schier und Jurczyk 2007 nach: Bauer 2016, S. 53). „Familie als Herstellungsleistung" beschreibt die Familie, die in der Folge von gesellschaftlichem Wandel und damit einhergehenden sinkenden Geburtraten, der Auflösung des Hausfrauenmodells und Pluralisierung familialer Lebensformen, selber durch tägliche Aktivität für ihr weiteres Bestehen zu sorgen hat. Die Mitglieder einer jeden Familie betreiben gegenwärtig hohen Aufwand, um Familie zu sein und zu bleiben. „Das Handeln von Familien sowie das, was Familien tun, um Familie zu sein, muss heute zunehmend geplant, austariert und hergestellt werden, um im straffen und restringierten Alltagsgeschehen einen Platz zu finden" (Bauer 2016, S. 53).

Die Familienwissenschaften deuten den Essalltag vor dem Hintergrund von Mahlzeiten, denn Familienmahlzeiten schaffen Gemeinschaft und leisten damit einen hohen Beitrag zur Konstitution von Familie (Bauer 2016, S. 55). Gemeinsame Mahlzeiten gehören unmittelbar zum Doing Family, da mit ihnen die Möglichkeit entsteht, Familienmitglieder über lange Zeit wiederkehrend möglichst vollständig zu versammeln. Familienmahlzeiten sind gekennzeichnet durch ihre hohe Regelmäßigkeit und der Vielzahl an Aspekten, die mit ihnen einhergehen, wie z. B. die Vermittlung des Gefühls von Familienzusammengehörigkeit und Gemeinschaft, Wohlbefinden, Fürsorge und Care sowie Bildungs- und Lernprozesse. Mahlzeiten laden dazu ein, Kinder in die Art des Denkens und Handelns einer kulturellen Gemeinschaft einzuführen. Darüber hinaus können sie zur Gesundheitserziehung beitragen (Bauer 2016, S. 56). Familien treffen vor dem Hintergrund ihrer kulturellen Prägung Entscheidungen bezüglich der Auswahl der Nahrungsmittel, Gerichte und Umgangsformen.

Wie und was wir heute essen ist kulturell geprägt; neben Nahrungsmitteln spielen Gefühle und Vorstellungen eine essenzielle Rolle. Normative Wertesysteme, Ernährungssitten und -gebräuche, Geschmack und die Definition des Essbaren sind der Kultur zuzuordnen. Esskulturen sind immer etwas Individuelles, einheitliche Esskulturen in Gesellschaften gibt es nicht. In einer Esskultur lassen sich nicht nur Essgewohnheiten, sondern auch gesellschaftliche Werte und Ordnungen erschließen (Bauer 2016, S. 56).

Fallanalysen mit insgesamt 48 Interviews zeigen die Beibehaltungsbemühungen der Familien des traditionellen Mahlzeitenmusters mit Frühstück, Mittag- und Abendessen an den Werktagen unabhängig vom sozialen Status. Der Ort, Zeitpunkt und die Mitglieder werktäglicher Mahlzeiten richten sich aus entlang der beruflichen und schulischen Zeitbindungen während des Tagesverlaufs (Köhler et al. 2011, S. 110). Mit Unterstützung von Zeitbudgetdaten lässt sich das zeitliche Mahlzeitenmuster analysieren, wenn ein Zusammenhang zwischen der durchschnittlichen Zeitverwendung für den Umfang der Erwerbstätigkeit und der Dauer der Mahlzeiteneinnahme angenommen und berechnet wird. „Im Durchschnitt bringen vollzeiterwerbstätige Mütter täglich eine Stunde und 38 Minuten für Essen und Trinken auf. Das ist deutlich weniger als bei den Teilzeiterwerbstätigen, die sich täglich eine Stunde und 45 Minuten Zeit für die Nahrungsaufnahme nehmen. Mit einer Stunde und 55 Minuten verwenden die nicht erwerbstätigen Mütter durchschnittlich 17 Minuten mehr Zeit für Essen und Trinken als die Vollzeiterwerbstätigen" (Köhler et al. 2011, S. 107). Deutliche Zusammenhänge zeigen sich zwischen dem Umfang der Erwerbstätigkeit und dem zeitlichen Einsatz für die Erledigung der täglich anfallenden Beköstigungsarbeiten. 85,7 % aller vollzeiterwerbstätigen Mütter wenden dafür täglich durchschnittlich eine Stunde und elf Minuten auf, 92,9 % der teilzeiterwerbstätigen kommen auf eine Stunde und 20 min. Nicht erwerbstätige Mütter verfügen mit einer Stunde und 41 min über die meiste Zeit für die Beköstigung (Köhler et al. 2011, S. 108).

Der Tagesverlauf und die dazu ermittelten Beteiligungsgrade für Essen und Trinken im Tagesverlauf zeigen die Beibehaltung des traditionellen Mahlzeitenmusters mit Frühstück, Mittag- und Abendessen in Familienhaushalten. Die Beköstigung gehört zu den zeitaufwendigsten Tätigkeiten im hauswirtschaftlichen Bereich, unabhängig von der Erwerbsbeteiligung der Mütter. Die Ausdifferenzierung der Beteiligung der Familienmitglieder zu den jeweiligen Mahlzeiten zeigt beim Frühstück, aufgrund unterschiedlicher Schul- und Berufsanfangszeiten, selten das Zusammenkommen aller Familienmitglieder. Das gemeinsame Frühstück gehört eher zum Wochenende bei den untersuchten Familien. Teilzeiterwerbstätige und selbstständige Mütter nehmen das Mittagessen als warme Mahlzeit gemeinsam mit ihren Kindern zu Hause ein. Vollzeiterwerbstätige Mütter hingegen regeln die eigene Versorgung und die ihrer Kinder individuell. Werktags ist das Abendessen in Familienhaushalten mit zwei erwerbstätigen Elternteilen die wichtigste gemeinsame Mahlzeit. Dementsprechend findet sie häufig als die einzige regelmäßige Mahlzeit mit der gesamten Familie statt. Die analysierten Mahlzeitenmuster der Wochenenden zeigen ebenfalls die hohe Bedeutung des familialen Mahlzeitenmusters. Köhler et al. betonen die Motivation für gemeinsame Mahlzeiten über die ernährungsphysiologische Bedeutung der einzelnen Familienmitglieder hinaus mit der sozial-kommunikativen. „Die Mahlzeiten sind häufig die einzige gemeinsam verbrachte Zeit der Familie im Alltagsgeschehen. Sie werden für geselliges Beisammensein, Gespräche und Austausch über die zurückliegenden und anstehenden Tagesereignisse genutzt. In diesem Zusammenhang wird ihre besondere Funktion für den familialen Zusammenhalt und für die Identität der Familie deutlich" (Köhler et al. 2011, S. 110 f.). Die gemeinsame Mahlzeit hat ihre Bedeutung nicht verloren, vielmehr wird sie mit weiteren Aufgaben im Doing Family betraut.

**Kurzer Abriss der Entwicklung gemeinsamer Familienmahlzeiten**

Die Familienmahlzeit geht historisch zurück auf die Zeit vor der Trennung von Arbeitsplatz und Haushalt. An den alltäglichen Mahlzeiten nahmen alle teil, die zusammen in einem Haus lebten und wirtschafteten – die Hausgemeinschaften. Mit der Trennung von Haushalt und Arbeitsplatz wurden allmählich und speziell im städtisch-bürgerlichen Milieu täglich gemeinsam eingenommene Mahlzeiten zum Symbol der engen Bindungen zwischen den Familienmitgliedern. Mahlzeiten wurden zum Symbol von Familie als Lebens- und Wirtschaftsgemeinschaft überhaupt. „Die Tafel wurde zu einem Ort stilisiert, an dem das Erwirtschaftete miteinander geteilt, und das Mahl zu einer Zeit, während das Zusammenleben praktisch erfahren wurde" (Barlösius 2011, S. 192). Im 19. Jahrhundert wurde die Mahlzeit in der bürgerlichen Gesellschaft zum „Sinnbild für die Familie als treibende Kraft der sozialen Ordnung" (Kaufmann 2006, S. 99 nach: Barlösius 2011, S. 192). Die Familie erschuf sich unter dem Druck der Gesellschaft und legte sich ihre Ordnung fest über die Mahlzeiten. Deshalb kann die gemeinsame Familienmahlzeit inzwischen als Bollwerk gegen die Auflösung der Familie beschworen werden (Kaufmann 2006, S. 102 nach: Barlösius 2011, S. 192). Familienmahlzeiten werden mit gelungener familiärer und sozialer Integration gleichgesetzt. Wenn zu Hause nur selten oder gar keine gemeinsamen Mahlzeiten stattfinden, wird dieser Umstand gedeutet als familiale Desintegration (Barlösius 2011, S. 192).

Wenn ein lautes ‚Kommt essen' durch das Haus ertönt, wissen alle, dass nun ihr persönlicher Rhythmus von einer Zeit mit der Familie unterbrochen wird, die sich ‚auf
dem unsicheren Nachen einer harmonischen Mahlzeit (Muxel 1996, S. 66) abspielt.
Im Kreis der Familie essen ist nicht harmlos, man kommt nicht ungeschoren
davon, denn ‚beim Essen konstruiert sich die ganze Persönlichkeit' (Riviere 1995,
S. 191), konkretisiert wird sie in einem Netz unterschiedlichster Werte entnommen
(Pezeu-Massabuau 1983), sozial wird sie durch die kollektive Ordnung hergestellt,
in der sie verankert ist. Im Gegenzug ist sie aufgrund dieser Verankerung an der
Produktion der häuslichen Realität beteiligt. Die Mahlzeit, ein liebevoller Augen-
blick der ‚näheren Versammlung' (Muxel 1996, S. 63), institutionalisiert zudem
die Gruppe, in dem sie die Anordnung der Personen und Gegenstände strukturiert
(Douglas 1979). Sie ist ein Architekt des Familienlebens' (Sjögren 1986, S. 54),
der jeden Tag von neuem etwas über den Platz und die Rolle jedes Einzelnen aus-
sagt. ‚Der Tisch verleiht dem Familienleben auf gewisse Weise Form' (Muxel 1996,
S. 64). Eine besonders klare Form einst, als die Tischmanieren eine regelmäßige,
strenge, präzise Disziplin abverlangten (Kaufmann 2006, S. 105).

Familien von heute versuchen die Regeln zu lockern und nicht mehr so eng
zu nehmen und dennoch werden viele der seit dem 19. Jahrhundert geltenden Konventionen beibehalten und weiter gegeben. Dennoch stellt sich
beim Erlernen der Tischregeln von Generation zu Generation die Frage,
vor allem da das Erlernen nicht ohne ein Minimum an Zwang möglich
erscheint, welche Regeln aufrechterhalten und welche vielleicht besser
abgeschafft gehören (Kaufmann 2006, S. 105). Kaufmann bezeichnet die
Tischmanieren auch als „Disziplin der Gesten", die mit der Vorstellung
verknüpft war, die Institution Familie mit der gemeinsamen Mahlzeit ins
Leben zu rufen. Inzwischen haben sich parallel dazu familiäre Lebensweisen entwickelt, die weniger durch verbindliche Rahmen definiert sind. Formen haben sich gewandelt und vervielfältigt und dennoch bleibt das Ideal
einer Konstruktion der Familie durch die Mahlzeit intakt. Anstatt strenger
Disziplin wird am Tisch etwas anderes angestrebt: Kommunikation. Das
miteinander reden gilt als Beweis für eine lebendige Familie (Kaufmann
2006, S. 145).

Auf Basis einer ethnografischen Untersuchung hat Audehm die Vergemeinschaf-
tung von Familien betrachtet und ihre Untersuchung auf Familienrituale bezogen.
In der Analyse konkretisierte sie sich zunehmend auf die pädagogische Praxis der
Tischrituale. Darüber hinaus wurde zusehends der Zusammenhang von Erzie-
hung und Autorität am Beispiel der Familienmahlzeiten sichtbar (Audehm 2016,
S. 73). Familienmahlzeiten sind gegenwärtig gekennzeichnet durch kaum noch

geltende strenge kanonische Formen, dogmatische Setzungen, stereotype Handlungsabfolgen oder rigide Handlungsvorschriften. „Sie sind mehr oder weniger ritualisierte und zunächst profane, in den normalen Alltag eingebundene, gemeinsame Handlungen" (Audehm 2016, S. 75). Familien unternehmen große Anstrengungen, um gemeinsame Mahlzeiten aufrecht zu erhalten, obwohl es oft nicht zweckmäßig erscheint aufgrund unterschiedlicher institutioneller Einbindungen der einzelnen Familienmitglieder mit damit einhergehenden zeitlich unterschiedlichen Rhythmen und Tagesverläufen. Die Teilnahme wird damit zur bindenden Verpflichtung. Mahlzeiten im Allgemeinen erzeugen sozialen Zusammenhalt, wenn sich z. B. die Familien des Brautpaars beim Hochzeitsmahl traditionell einander sozial verpflichten oder sich beim Weihnachtsessen Familien symbolisch ihrer Gemeinsamkeit, Geschichte und Traditionen versichern. „Mahlzeiten sind körperliche Aufführungen, die eine größtmögliche leibliche Differenz in eine kollektiv geteilte Gemeinsamkeit transformieren" (Audehm 2016, S. 75). Dadurch weisen Mahlzeiten hohe Regulierungsfähigkeit und -notwendigkeit auf. Gemeinsame Mahlzeiten eignen sich insbesondere zur Ästhetisierung und Stilisierung. Sie besitzen damit hohes Ritualisierungspotenzial. Die Familienmahlzeit kann in ihrer Bedeutung über die routinierte und sättigende Angelegenheit hinaus zum Tischritual werden, wenn sie als sich stetig wiederholende, regelmäßige und nicht allein zweckmäßige Handlungsabfolge betrachtet wird (Audehm 2016, S. 75).

**Familienmahlzeiten als Rituale und Rituale bei Tisch**
In jeder Familie bilden sich Regeln der Kommunikation bei Tisch heraus. Diese Regeln gelten nur für die Mahlzeiten und kennzeichnen damit eine besondere Familiensituation. „Das Besondere der Mahlzeiten gegenüber anderen Familiensituationen ist ihre ausgeprägte Regelhaftigkeit. Die Regeln werden bei Tisch stets reformuliert und auf diese Weise wird der Zusammenhalt der Familie unterstrichen. (…) Audehm qualifiziert deshalb die Mahlzeit als ‚Familienritual', dass seine besondere Zeit, seinen besonderen Ort, seine spezifischen Anordnungen und Gesprächsthemen sowie seine eigene Disziplin hat" (Barlösius 2011, S. 196). Rituale gelten als körperliche Aufführungen, die an und mit den Körpern der Teilnehmenden arbeiten. In den von Audehm untersuchten Familien haben sich Tischrituale als wichtigstes Alltagsritual herausgestellt im Prozess der alltäglichen Erzeugung von Gemeinsamkeit und Zugehörigkeit. Das szenische Arrangement rahmt die verbale und nonverbale Kommunikation über Problematiken des familiären Alltags. Die Kommunikation erweist sich als normative Inszenierung, da sie die

Normen und Regeln der Familie darstellt und begründet. Die gemeinsame Mahlzeit geht deshalb über Gewohnheit oder Routine der einzelnen Familien hinaus. Sie erfüllt den Zweck der individuellen Nahrungsaufnahme, die jedoch auffallend stark im Hintergrund steht. Vielmehr geht es bei der gemeinsamen Mahlzeit um die symbolische Darstellung der gewohnten Ordnung der Familie und weniger um die routinierte Speisung der Familie (Audehm 2016, S. 87). Das gemeinsame Essen gehört zu den wichtigsten Alltagsritualen und dabei scheint sich zunächst eine profane, sich wiederholende Handlung zu vollziehen. „Transportiert die Mahlzeit aber Werte, die eine Familie als Gemeinschaft auszeichnen, wird aus ihr mehr als eine routinierte und sättigende Speisung der Familienmitglieder. Sie erfüllt dann die Funktion des symbolischen Ausdrucks und damit die Hauptfunktion von Ritualen (Douglas 1986, S. 58)" (Audehm 2011, S. 95). Bei Tisch ist nicht jedes Verhalten erlaubt, bestimmte Gesprächsthemen bleiben ausgegrenzt und Konflikte werden eher unterbunden. „In diesem Sinne kann die Familienmahlzeit unverzichtbar und unantastbar, notwendig und heilig werden. Tischrituale stellen die Familie als Einheit dar" (Audehm 2016, S. 75). Das familiale Tischritual kennt jedoch weder typische Merkmale heiliger Handlungen, wie z. B. andächtiges Schweigen, tiefe Kniefälle oder überschwängliche Dankbarkeitsbezeugungen noch besonders starre oder festgelegte Handlungsvorgaben. Da Familien große Anstrengungen unternehmen, um im Familienalltag gemeinsame Mahlzeiten durchzuführen, wird die Teilnahme am Ritual häufig zur bindenden Verpflichtung. Die Familienmahlzeit kann unverzichtbar und notwendig sein, wenn sie die symbolische Einheit und Werte der Familie ausdrückt. Diese gelten daraufhin als unantastbar und heilig. Die rituellen Interaktionen hängen ganz wesentlich von der pädagogischen Generationendifferenz ab, dass sich als hierarchisches Autoritätsgefälle zeigt und erzieherisch wirkt. Für Audehm stellt sich die Frage, was diese magische Wirkung des familialen Tischrituals ausmacht, damit aus einer Gruppe verschiedener Personen symbolisch eine Einheit wird (Audehm 2011, S. 95).

Mit ihren Tischritualen schaffen sich die untersuchten Familien einen abgegrenzten Sozialraum zur Festigung ihres kollektiven Zusammenhalts. Das Tischritual stellt die Familie als Einheit in Differenzen dar, da sowohl die familiale Solidarität als auch ein asymmetrisches und hierarchisches Autoritätsgefüge aufrechterhalten werden. Die rituelle Aufführung transportiert zudem diffuse Werte wie Nähe und Intimität, Zuwendung und Zugehörigkeit. Die rituellen Handlungsvollzüge sind dabei von drei Differenzen geprägt. Als charakteristisch zeigt sich als erstes die symbolische Inszenierung der pädagogischen Generationendifferenz, als zweites die hauptsächlich mimetische Aufführung der Geschlechterdifferenz, wobei die Aufführung der Geschlechterdifferenz an die Darstellung der Generationendifferenz gekoppelt ist. Die dritte Differenz bezieht sich auf die Verkörperung der sozialen Schichtzugehörigkeit, die jedoch nicht als Differenz aufgeführt wird (Audehm 2016, S. 87). Das gesamte szenische Repertoire der Familienmahlzeit wurde in die ethnografische Analyse einbezogen, wie verbale und nonverbale Interaktionen, materielle und sinnliche Aspekte sowie symbolische Spuren der Requisiten und Artefakte, um die Familien zeigen zu können mit ihren rituellen Interaktionen, die das pädagogische Generationenverhältnis ausgestalten. Familien prägen spezifische, rituelle Erziehungsstile aus, in denen Anerkennungsbeziehungen und Autoritätsstrukturen die Tischrituale prägen (Audehm 2016, S. 77). Durch Audehms Erkenntnisse wird die Bedeutung gemeinsamer Mahlzeiten in Familien für das Doing Family herausgehoben und ausdifferenziert in ihren Einzelbestandteile für die Ernährungserziehung und -sozialisation der nachwachsenden Generationen.

Audehms konkrete Erkenntnisse des Elternverhaltens bei der gemeinsamen Mahlzeit zeigen vor allem, dass während des Essens lediglich auf bestehende Regeln und Absprachen hingewiesen wird. Konflikte und Verhandlungen mit ihren Kindern werden von Eltern jedoch vermieden (Audehm 2007, S. 206). Sie werden auf die Zeit außerhalb der gemeinsamen Mahlzeiten verlegt, um den in den Mahlzeiten transportierten sozialen Sinn nicht zu gefährden (Barlösius 2011, S. 196). In den Tischritualen der untersuchten Familien zeigen sich ihre Werte-, Beziehungs- und Gefühlshaushalte. Dabei stehen eher ihr Sinn im Vordergrund und weniger ihre Zweckmäßigkeit. Gemeinsame Mahlzeiten beschränken Ernährung nicht auf die Funktionalität der Nahrungsaufnahme. „Es geht nicht so sehr darum, satt zu werden oder Tischsitten einzuhalten, sondern eher um die Aufführung eines verbindlichen, sittlichen Verhaltens voreinander. Insofern besitzt das Essen bei Tisch eine eigene Ethik. Gesunde Ernährung bedeutet daher nicht, nur die richtige Auswahl, Zubereitung und Präsentation der Speisen, sondern schließt die Achtung ethischer Bedürfnisse der einzelnen Familienmitglieder wie gegenseitigen Respekt, Teilhabe und Verantwortung ein" (Audehm 2011, S. 103).

Die Anerkennung der untersuchten Tischrituale ist bei den einzelnen Beteiligten keineswegs unumstritten. Tischrituale sind wiederkehrend bei Tisch zu erzeugen und sie müssen glaubwürdig in Szene gesetzt werden, da ihre Anwendung sich keineswegs in Harmonie vollzieht. „Die untersuchten Tischrituale erweisen sich als pädagogische Handlungsfelder, in deren Rahmen sich soziale Erfahrungen machen lassen. Sie besitzen ein gewisses widerständiges, gesellschaftliches Potential. So können die Familienmitglieder bei Tisch andere Neigungen entwickeln als sich beständig am Gewinner-/Verlierer-Maßstab, am Konkurrenzdenken und an Verwertungslogiken zu orientieren" (Audehm 2011, S. 103).

Jede Familie kann für sich andere Rituale auswählen und wiederkehrend bei den Mahlzeiten zur Anwendung bringen. Damit stellt sich jede Familie als besondere soziale Gruppe dar mit sich von anderen Familien unterscheidbaren Ritualen, dennoch bleiben die die Familie auch prägenden sozial-strukturellen Unterschiede bestehen. Diese lassen sich nicht aus ihren rituellen Handlungen ausgrenzen.

Damit sind zum Beispiel hinsichtlich sozialer Herkunft, Geschlecht (Gender) oder Sorgerecht Grenzziehungen zwischen den Familienmitgliedern denkbar, die wiederum einen wesentlichen Einfluss auf Bedeutung und Funktion der Tischrituale haben. Für den Erfolg pädagogischer Maßnahmen sind solche Identitätszuweisungen kaum zu umgehen. Sie sind allerdings für die symbolische Aufführung der Familie als Gemeinschaft riskant, wenn man etwa an das Konfliktpotenzial von Schuldzuweisungen oder Aufgabenverteilungen denkt. Insofern lässt sich der Bedeutungsgehalt der Tischrituale entlang der verschiedenen Grenzziehungen und Identitätszuweisungen zwischen den Familienmitgliedern rekonstruieren. Gleichzeitig stellt sich die Frage, wie die Differenzen, die den Erfahrungsraum Familie prägen, bei Tisch aufgeführt und bearbeitet werden. Die Beschreibung dieses Prozesses verdeutlicht, wie sich die Familie, als symbolische Einheit hervorbringt (Audehm 2011, S. 99).

In Bezug auf Geschlechterdifferenzen zeigt sich vor allem die Verkörperung im Verhalten und weniger die symbolische Darstellung bei Tisch. Bei Tisch erfolgen keine über die Namensgebung hinausgehenden Identitätszuweisungen nach Geschlecht. Die Ergebnisse zeigen, dass die Arbeitswelt der höchsten Gemeinschaftsvertreter aus den Tischgesprächen fast vollständig ausgegrenzt bleibt und damit die Tischrituale teilweise Trennungen zwischen Arbeits- und Familienwelt vornehmen. Keine Trennung erfolgt allerdings zwischen Schul- und Familienwelt. „Das pädagogische Handeln der Eltern ist darauf ausgerichtet, ein den Normen der Schulwelt entsprechendes Verhalten herzustellen. Hier verkörpert sich die soziale Schichtzugehörigkeit der Familien. Zum einen legen sie hohen Wert auf Sprachkompetenz. Darüber hinaus betrachten sie Bildung als Leistung, die an schulischen Erfolgen gemessen wird und für die jeder individuell verantwortlich ist" (Audehm 2011, S. 101 f.). Die traditionelle elterliche Autorität überwiegt in den untersuchten Tischritualen; sie scheint gewohnt und selbstverständlich. Wem es gelingt, in seinem oder ihrem Verhalten die Familienwerte angemessen zu verkörpern und den Grundregeln der Rituale zu folgen, erlangt in der Familie pädagogische Autorität. Dennoch bleiben die Eltern auf die entsprechende Anerkennung durch die Kinder der familialen Gemeinschaft angewiesen. Die Kinder können selbst zeitweise zu Repräsentanten der familialen Gemeinschaft werden. Bei Tisch können die Kinder lernen, Autorität zu behaupten, Legitimierungsstrategien ihrer Eltern zu durchschauen und Kriterien für glaubwürdiges Verhalten zu entwickeln. Tischrituale erzeugen den verbindlichen Zusammenhang zwischen individueller Autonomie und kollektiven Haltungen und Werten. Die Besonderheit in den gemeinsamen Mahlzeiten liegt in der Möglichkeit, die dort gemachte soziale Erfahrung auf andere Praxisfelder des Lebens zu übertragen. Bei einem der wichtigsten Alltagsrituale in Familien können Kinder u. a. die Kompetenz erwerben, Kritikfähigkeit gegenüber Autoritäten außerhalb der Familie zu entwickeln (Audehm 2011, S. 101 f.).

In den 1970er Jahren befürchteten Ernährungswissenschaftler (DGE 1976), dass sich die Mahlzeitengemeinschaften in Familien auflösen würden. Die Verteil- und Ernährungsversorgungsfunktion wurde jedoch lediglich zurückgedrängt zugunsten der Kommunikationsfunktion in den Familien. Jugendliche nehmen an den Essen überwiegend freiwillig teil, da die gemeinsamen Zeiten als Ort der Familienkommunikation geschätzt werden. Gleichzeitig erscheinen mit dem Stellenwert gemeinsamer Mahlzeiten Ansatzpunkte, Heranwachsende an der Gestaltung aktiv zu beteiligen und damit ihre Autonomie zu stärken (Bartsch 2011, S. 91). Kaufmann betont einerseits den Wunsch nach dem Idealbild von inniger Verbundenheit in Familien und andererseits vergrößert sich die Individualisierung auf Ebene konkreter Praktiken (z. B. eigener Geschmack, eigene Lebensrhythmen und Orte für sich allein).

> Der Zusammenprall der beiden sozialen Logiken kann daher immer weniger verschleiert werden. Er zeigt sich besonders zugespitzt bei den Kindern. Sollen die Eltern ihre Erziehungsprinzipien an sie weitergeben und darauf bestehen (regelmäßige Essenszeiten, Tischmanieren, gemeinsame Mahlzeiten, abwechslungsreiche, gesunde Ernährung) oder aber die Wünsche ihrer Kinder respektieren (zwischendurch etwas naschen, Süßigkeiten, vor dem Fernseher essen)? Es gibt auf diese Frage keine gute Antwort mehr, die in einen Rahmen allgemein anerkannter Werte eingebettet wäre. (…)Es heißt auch, sie als Persönlichkeiten anzuerkennen, die inzwischen ebenfalls das Recht auf ein gewisses Maß an Autonomie haben. (…) Und die am festesten Überzeugten müssen trotz allem der Autonomie Grenzen setzen, ein Minimum an kollektiven Prinzipien durchsetzen (Kaufmann 2006, S. 157).

Mahlzeiten zielen gegenwärtig besonders in drei Richtungen: das Kind im Mittelpunkt, die Schaffung neuer Rituale und vor allem das Gespräch in der Familie. Innerhalb weniger Jahrzehnte hat sich die Stellung des Kindes im Vergleich zum alten disziplinarischen Modell sehr verändert. Kinder bekamen einfachere Gerichte und kleinere Portionen, sie durften nicht sprechen, wenn man sie vorher nicht ausdrücklich dazu aufgefordert hatte. Kinder wurden als Tischgenossen zweiten Ranges behandelt und sie litten sicher mehr als die Erwachsenen unter der Strenge, die allen auferlegt war. Die Situation hat sich jedoch umgedreht: Das Kind steht nun im Mittelpunkt. Das Kind hat nicht die Herrschaft im Familienleben übernommen, vielmehr lernt es seine Autonomie herzustellen. „Unbestritten ist es aber zum Dreh- und Angelpunkt des Gesprächs bei Mahlzeiten geworden. Die Eltern sind darauf bedacht, dass es von sich erzählt, und zu diesem Zweck fragen sie es eventuell aus. Es kann die ganze Gruppe zu einer noch deutlicheren Aufweichung der Disziplin oder zu einem regressiven Essverhalten verleiten" (Kaufmann 2006, S. 124 f.). Miteinander reden bei gemeinsamen Mahlzeit gilt als Beweis für eine lebende Familie, die dem Ideal der Konstruktion der Familie durch Mahlzeiten treu bleibt und strenge Disziplin durch Kommunikation ersetzt hat (Kaufmann 2006, S. 145).

Die Ergebnisse der vorgestellten empirischen Studien zeigen die kontinuierlich hohe Bedeutung der gemeinsamen Mahlzeiten in Familien und die Bemühungen darum, trotz unterschiedlicher Alltage der einzelnen Familienmitglieder. Dennoch hat sie sich verändert und neue Bedeutungen bekommen. „Allerdings hat die Institution der Mahlzeit sich verändert: Ihr Ablauf ist weniger formalisiert, ihr Umfang wurde reduziert, die Reglementierung der Verhaltensweisen hat abgenommen. Aufgewertet wurde dagegen der ‚soziale Sinn' der Mahlzeit: das Erleben von Gemeinschaft. Insbesondere das Tischgespräch, die familiale Kommunikation nennen Familien als ihnen besonders wichtig bei der Mahlzeit" (Barlösius 2011, S. 194). Die in die Institution der Mahlzeit eingelassene soziale Sinnhaftigkeit hat sich nicht geändert. Gemeinschaft und Zugehörigkeit werden nach wie vor gefördert und symbolisiert, doch sie werden weniger erlebbar durch das Teilen der Nahrung. Vielmehr werden sie durch das gemeinsame Gespräch erfahren. Beim Essen zeigt sich ebenso, was generell für moderne Gegenwartsgesellschaften gilt. „Sozialität wird zunehmend kommunikativ hergestellt" (Barlösius 2011, S. 194). Gespräche bei Tisch wurden von den Sozial- und Erziehungswissenschaften über lange Zeit als Bildungs- und Erziehungsgespräch eingeschätzt. Sie folgten damit dem bürgerlichen Modell der Familienmahlzeit (Teuteberg 1985). Mit dieser Betrachtungsweise wurden alle Gesprächsinhalte jenseits der Erziehung außen vor gelassen und die Bedeutung der Familienmahlzeit für die Familie als soziale Institution unterschätzt. Durch den Wandel des elterlichen Umgangs mit ihren Kindern wurde deutlich, welchen „sozialen Sinn" Gespräche bei Tisch für die Familie haben. Keppler geht davon aus, dass die Unterhaltung bei Tisch „Familiensinn" hervorbringt. Beim gemeinsamen Essen werden differenzierte Fragen nach der Identität familiärer Gemeinschaften gestellt (Keppler 1994, S. 14). Die täglichen Mahlzeiten bringen die gemeinsam von den Familienmitgliedern entwickelten Fertigkeiten hervor, ihre Erfahrungen weiterzugeben und ihre Konflikte zu regeln. Die Besonderheit liegt darin, trotz Unterschieden und gegensätzlichen Meinungen keinen Streit entstehen zu lassen (Keppler 1994, S. 27 nach: Barlösius 2011, S. 195). Familienmitglieder sind bei der Wahl des Gesprächsthemas darauf bedacht, Themen zu besprechen, die für alle interessant sind und für wenige Kontroversen sorgen. Ernsthafte Kontroversen können belebend sein, während der offene Streit den Zusammenhalt der Tischgemeinschaft bis zur Gefahr der abrupten Auflösung bedrohen kann (Keppler 1994, S. 271). Die Tischgemeinschaft der Familie wäre jedoch nicht ernsthaft in Gefahr für alle Zeiten oder auf längere Dauer. Tischgespräche haben die Funktion über gemeinsame Gespräche Erinnerungen und Erzählungen aufzubauen. Für den Zusammenhalt der Familie erscheint jedoch bedeutender, eine besondere Erinnerungspraxis entstehen zu lassen. Die Geschichten selbst stehen überwiegend nicht im Vordergrund, vielmehr geht es darum, wie eine Familie sich erinnert, wie sie Gespräche aufrechterhält und wie sie mit Konflikten und Streitigkeiten umgeht. Die Regeln sind das Entscheidende. Eine Tischgemeinschaft wird über die gemeinsam verbrachte Zeit und die Formen, über alles Mögliche zu reden, zur Gemeinschaft (Keppler 1994, S. 273: nach Barlösius 2011, S. 195).

Bei gemeinsamen Mahlzeiten können auch die Vorfahren anwesend sein, indem Erinnerungen gemeinsam geteilt werden. „Wo das Gruppengedächtnis, die kommunizierte Erinnerung, aktiv ist, kann die Ahnenreihe freilich nicht allzu lang sein. Im unmittelbaren Austausch der Erfahrungen und Erzählungen leuchtet die Gemeinschaftserinnerung zwischen den Generationen einen Zeitkegel von etwa 80 bis höchstens 100 Jahren aus, die Erinnerungsgrenze bildet das biblische Säkulum" (Hartmann 2006, S. 149). Vor allem festliche Mahlzeiten bieten die Rahmung für kollektive Erinnerung und kollektives Gedenken, sowohl in Tischreden werden regelmäßig die zeitlich oder räumlich Abwesenden symbolisch mit eingeschlossen. Die Tischgespräche öffnen häufig Türen in die Vergangenheit, wenn sich auf lang zurückliegende Feste und Mahlzeiten bezogen wird.

> Sie lassen die Zeiten wieder lebendig werden, in denen die Alten noch am Leben waren. Beim Essen redet man immer wieder mit Leidenschaft über ein anderes Essen und vor allem auch über die Menschen, die damals mit dabei waren. Doch mit dem Reden und Erzählen allein ist es nicht getan: Hinzu kommt die Erinnerung, die

sich den Gegenständen wie eine Imprägnierung anverwandelt hat, etwa einem sil-
bernen Serviettenring, einem abgewetzten Kochlöffel, einem altmodischen Weinglas
oder Essbesteck usw. (Hartmann 2006, S. 149).

Im kulinarischen Akt repräsentierte Erinnerungen erscheinen durchweg affektiv
aufgeladen und über starke atmosphärische Gehalte zu verfügen. Die Erinnerung
an visuelle, akustische und taktile Empfindungen gelingt sehr gut und scheint zu
synästhetischen Gesamteindrücken zu verschmelzen. „Geschmackserinnerungen
sind gleichzeitig Bild-, Klang-, Raum- und Körpererinnerungen. Die Wiederkehr und Auferstehung der Vergangenheit bleibt also nicht auf den oralsinnlichen
Empfindungskanal beschränkt" (Hartmann 2006, S. 150).

Die Übermittlung bestimmten Wissens und kulturell notwendiger Kompetenzen, die gesellschaftlich über Erinnerungskonstruktionen weitergegeben bzw.
gebildet und entsprechend gegenwärtigen Anforderungen angepasst werden, konstituieren sich vor allem in kleineren Zusammenhängen. Keppler untersuchte in
Familien auch die Prozesse der Weitergabe und ihr Ausgangspunkt bildete folgende Überlegung. Für Familien gilt in einem begrenzteren Rahmen, was für
Kulturen in einem sehr viel umfassenderen Rahmen stattfindet. „Ohne eine kontinuierliche Praxis der Erinnerung an die eigene Vergangenheit könnten Familien
keine verlässliche Form ihrer eigenen Gegenwart sichern. Diese Prozeduren der
kommunikativen Erinnerung vollziehen sich als Akte der Selbstthematisierung
der Familie als Familie" (Keppler 2001, S. 138). Im Rückgriff auf Halbwachs'
Bezeichnung eines „Familiengedächtnisses" wird davon ausgegangen, jede Familie besitze ihre von ihr allein zu bewahrenden Erinnerungen und ihre Geheim-
nisse, die sie nur ihren Mitgliedern offenbart. Diese Erinnerungen können
gleichzeitig als Modelle, Beispiel und Lehrstücke des Lebens betrachtet werden.
Es drückt sich die allgemeine Haltung der Gruppe aus und es wird nicht nur nicht
die eigene Vergangenheit reproduziert, sondern zugleich die Wesensart der Familie repräsentiert und ebenso deren Eigenschaften und Schwächen (Halbwachs
1985, S. 210 nach: Keppler 2001, S. 138).

Familien nutzen Formen kommunikativer Vergemeinschaftung und darin
besonders bedeutsam die erinnernde Rede, so die Erkenntnis. In der erinnern-
den Rede wird das hervorgebracht, was gegenwärtig im familiären Leben aus
der Vergangenheit des Lebens zählt und Vergangenheit entsteht, in dem über sie
gesprochen wird. „In Gesprächen, im mündlichen Austausch von Erfahrungen, in
Rückbezügen auf Ereignisse, die jeder auf seine Weise erlebt hat, bildet sich jener
gemeinsame Bezugshorizont, den wir Vergangenheit nennen. Durch gemeinsamen
Austausch bauen sich verschiedene Gruppengedächtnisse auf – das Gedächtnis

der Familie ebenso wie das einer Schulklasse, der Kriegsjahrgänge, das Gedächtnis der Vertriebenen, der Exilanten" (Keppler 2001, S. 142). Im voranschreitenden
Leben der Generationen werden fortwährend neue Vergangenheiten produziert,
die anstelle überholter Vergangenheiten rücken. Keppler beschreibt diesen Prozess
mit den Worten „Erinnerungen und Vergessen greifen ineinander". Gleichzeitig
sorgt generationenübergreifende Kommunikation dafür, über die Zeit festgehal-
tene Erinnerungen entstehen zu lassen und sie zu konservieren, um das Selbstverständnis und ihrem Handeln Orientierung zu geben (Keppler 2001, S. 241).
Wineburg verdeutlicht die Vielfältigkeit (historischen) Erinnerns und der Quellen
im alltäglichen Erleben. Amerikanische Kinder seien unter keinen Umständen von
Vergangenheit unbeeinflusst, denn nachdem sie eine Dekade lang Thanksgivings
und Martin-Luther-King-Days gefeiert hätten, sind sie zweifellos Experten für
amerikanische Kultur und Geschichte (Wineburg 2001, S. 185). Die Konstruktion
kulturell bedeutsamer Erinnerungen und Kompetenzen erfolgt über die Kommunikation, die Menschen bzw. unterschiedliche Gruppen generationsübergreifend
vollziehen.

Nach Halbwachs wird jeweilig nicht nur ein bestimmtes Ereignis aus dem
Familienleben erinnert, vielmehr werden gleichzeitig auch auf die Urteile zurück-
gegriffen und traditionellen Ideen, die in der Familie vorherrschen und den
Familiengeist bestimmen. „Der Gedächtnisrahmen der Familie besteht mehr aus
Vorstellungen, denn aus Gesichtern und Bildern; Vorstellungen von Personen und
Vorstellungen von Tatsachen, die in diesem Sinne einzigartig und historisch sind,
die im übrigen aber alle Kennzeichen eines Denkens besitzen, das einer ganzen
Gruppe und selbst mehreren gemeinsam ist" (Halbwachs 1985, S. 241). Bisher
ist nicht vollkommen geklärt, wie sich das kollektive Gedächtnis bildet, erhält
und verlängert bzw. wie die Einheit dieser drei Vorgänge des Bildens, Erhaltens
und Verlängerns als sozialer Prozess zustande kommt. So untersucht Keppler vor
allem die Prozeduren der Übermittlung, die ein Erinnern möglich machen und
fragt, welche Mittel und soziale Praktiken die Mitglieder einer Gemeinschaft
haben, um ihre Vorstellung von Vergangenheit zu vermitteln und zu bewahren.
Sie zeigt, alle Mittel und Praktiken sind kommunikativ oder mit kommunikativen
Praktiken verbunden (Keppler 2001, S. 145).

Erst im kommunikativen Austausch erhalten die Fakten und Bilder ihre Relevanz und Prägekraft, damit werden Erinnerungen in Familie durch Gespräche am
Leben erhalten, tradiert und geformt. Es existiert keine Ordnung, so die bedeutsame Erkenntnis, in der Familien ihre Geschichte begehen und keine chronologi-
sche Folge, sondern vielmehr eine Ordnung der Aktualisierung. Die gemeinsame
Vergegenwärtigung widmet sich nachrangig der Vergangenheit, vielmehr steht
ein Vorgang der Bestätigung der Einstellung zu wichtigen Angelegenheiten des

Lebens, die sich in der Familie über die Zeiten hinweg durchgehalten hat, im Vordergrund. Eine Familie verfügt jedoch nie über ihre „gesamte" oder „vollständige" Vergangenheit, sie ist beschränkt auf das sichere Wissen über die Vergangenheit und Gegenwart, die sie in Form der Erzählbarkeit dialogischer Geschichten präsent hat (Keppler 2001, S. 156).

Zwei Grundformen erinnernder Kommunikation werden bei Keppler unterschieden. Die eine Grundform bezieht sich auf die Vergangenheitsrekonstruktionen, die „en passant" (Keppler 2001) erfolgen. Dazu gehören Rekonstruktionen unterschiedlicher Ausprägung, die z. B. bei Tischgesprächen stattfinden. „Dabei handelt es sich um Erinnerungssequenzen, die nicht eigens das Thema einer Unterhaltung sind, sondern einer anderen gesprächsförmigen Aktivität (zunächst) untergeordnet bleiben, also zum Beispiel im Verlauf einer Diskussion zu belehrenden oder illustrierenden Zwecken eingesetzt werden. Je nach Gesprächskontext können sie sich jedoch auch verselbständigen und zum Hauptthema werden" (Keppler 2001, S. 146). Die andere Grundform familiärer Vergangenheitsrekonstruktionen findet im Rahmen familiärer Veranstaltungen statt, die als solche der Wiederbelebung einer länger zurückliegenden oder jüngeren Vergangenheit dient, z. B. bei Geburtstagen, Verwandtenbesuchen, Familienfeiern, Familientreffen oder bei Dia-Abenden. Während „En-passant"-Rekonstruktionen eher die Aufgabe haben, ein Bewusstsein der gemeinsamen oder gemeinsam als relevant erachteten Geschichte zu erwecken oder wachzuhalten, widmet sich die zweite Grundform eher in Form längerer Erinnerungssequenzen der deutenden und wertenden Ausgestaltung vergangener Gegenwarten. Die wiederkehrend von früher erzählenden Geschichten stellen eine für die Gemeinschaft ganz wesentliche identitätsstiftende Funktion dar. Familien schaffen sich einen Gesprächsrahmen, in dem das Dasein als Familie zum hauptsächlichen Thema ausgewählt wird (Keppler 2001, S. 147).

Familien thematisieren Vergangenheit zu unterschiedlichsten Anlässen und dabei ist die gemeinsame Praxis des conversational remembering (Middleton und Edwards 1991) als etwas völlig Selbstverständliches zu betrachten, die keines Vorsatzes und keines festgelegten Ausgangs bedarf. Das Thema kann beliebig gewechselt oder abgebrochen werden. Jeweilige historische Ereignisse werden nicht vom Akteur selber ins Gespräch gebracht, sondern häufig eher von den Angehörigen der Nachfolgegeneration, die etwas nachfragen. Welzer bezeichnet die Aufforderung zum Erzählen als auf den ersten Blick paradox, da die Geschichten bereits ausgetauscht wurden und nicht zum ersten Mal thematisiert werden. „Damit ergeht eine auf den ersten Blick paradoxe Aufforderung an den historischen Akteur: Er möge doch erzählen, was seine Zuhörer schon kennen"

(Welzer 2001, S. 162). Darüber hinaus müssen die Erinnerungen der nachfragenden Angehörigen nicht einmal richtig sein und gelten dennoch als Erzählaufforderung für den historischen Akteur. „Dass dessen Erinnerung an die Erinnerungen des Vaters zum Thema (…) falsch ist, stellt weder ein Erzählhindernis dar noch ist es untypisch für ‚jene Geschichten, die man als Kind von seinen Eltern oft erzählt bekommen hat und bei denen man, gerade, weil sie einem immer wieder von den Erwachsenen erzählt wurden, nie so ganz genau hingehört hat' (Keppler 1994)" (Welzer 2001, S. 162). Familiengedächtnisse basieren zusammengefasst nicht auf der Einheitlichkeit des Inventars seiner Geschichten, sondern auf der Einheitlichkeit und Wiederholung der Praxis des Erinnerns sowie auf der Fiktion einer kanonisierten Familiengeschichte. „Ihre synthetisierende Funktion wird immer aufs Neue realisiert, allerdings nur so lange, wie es gut geht: denn bekanntlich funktionieren Familien keineswegs immer als Kommunikations- und Erinnerungsgemeinschaften und häufig zerbrechen sie ja auch, mit der Folge, dass die Vergegenwärtigung einer gemeinsam geteilten Vergangenheit unmöglich wird" (Welzer 2001, S. 164). Bedeutsam wird die vorliegenden Erkenntnisse, die sich insbesondere auf Familien beziehen und im Rahmen von generationenübergreifenden Familienkonstellationen erhoben und ausgewertet wurden, im Hinblick auf die Tischgemeinschaften von Familien und als notwendiges Doing Family während des Essens bzw. ihrer gemeinsamer Mahlzeiten als notwendig einzuordnen.

Am Tisch bei der gemeinsamen Mahlzeit versammelt, findet also eine Vielzahl an offensichtlichen und weniger sichtbaren Erziehungs- und Sozialisationsprozessen statt, die für Kinder über die Nahrungsversorgung weit hinausgehen. Dennoch bleiben sie an die Mahlzeitensituation geknüpft und wird vielleicht erst durch sie ermöglicht. Gleichzeitig ist auch an keinem anderen Ort so augenfällig, dass Kinder mit zunehmendem Alter autonomer werden. Das Essen bietet sichtbare Gelegenheiten. Wenn Kinder flügge werden und ihre familiären Tischgemeinschaften überlebt haben und ihren aktiven Teil zur Familiengemeinschaft beigetragen haben, haben sie bereits viele Jahre des autonomer werden hinter sich gebracht, vor allem auch in schizophrenen Situationen. „Die Eltern müssen ständig zwischen der Autonomie des Kindes und der Weitergabe ihrer Erziehungsprinzipien abwägen, die ihren konkreten Ausdruck allgemein in einer körperlichen Disziplin findet" (Kaufmann 2006, S. 126). Bonbonschublade, Keks- oder Getränkevorräte im eigenen Zimmer und vielleicht in der Jugend ein eigener Kühlschrank als das absolute Symbol der Autonomie und zugleich mit dem Gefühl verbunden, am Ende der Kindheit angelangt zu sein. Der Kühlschrank im eigenen Zimmer gilt als vergegenständlichte Kennzeichnung eines selbst verwalteten Territoriums inklusive eigener Ernährungspraktiken (Kaufmann 2006, S. 163). Diese Erweiterungen der Autonomie des Kindes bzw. Jugendlichen durch individuelle Zonen und Zeiten sind auszuhandeln und keineswegs Selbstverständlichkeiten, oft inklusive langer und zermürbender Kämpfe (Kaufmann 2006, S. 164). Mit der allmählichen Erweiterung der Autonomie wird dem Nachwuchs die Anerkennung als Persönlichkeiten zugestanden. Individuelle Mahlzeiten können eher geduldet werden, wenn sie die gemeinsamen Familienmahlzeiten nicht torpedieren und etwa zur gleichen Zeit stattfinden sollen.

> Familien neigen dazu, ein doppeltes System einzuführen, das die beiden Ernährungsdynamiken voneinander abschirmt, um eine Kontaminierung der familiären Mahlzeiten durch die Individualisierung zu vermeiden. Sie erkennen das Recht auf Autonomie unter der Bedingung an, dass die Kinder sich der kollektiven Disziplin beugen, wenn sie daran teilnehmen können. Sie müssen daher vorher sagen, wenn sie nicht da sind, pünktlich zum Essen kommen, wenn sie da sind (während sie in ihrem zweiten Ernährungsleben sehr viel freier in ihrer Zeitgestaltung sind), ein Minimum an Tischmanieren respektieren (während es ihnen ihrer zweiten Welt Spaß macht, sie zu unterlaufen) und essen, was auf den Tisch kommt (während ihre selbst gewählten Nahrungsmittel ganz andere sind) (Kaufmann 2006, S. 165).

Jugendliche lernen, ihren Drang nach mehr Autonomie mit den Wünschen der Eltern nach gemeinsamen Mahlzeiten in Einklang zu bringen und sich für ihre Wünsche stark zu machen. Widersprüche und navigieren durch schizophrene Situationen inklusive, obwohl „für die Jugendlichen nicht unbedingt ein Widerspruch, denn das Ernährungsleben mit den Eltern ist zwar lästig, birgt jedoch auch einen Zauber. Die Mahlzeiten sind zwar streng, aber sie erfüllen auch, geben Geborgenheit und man kann sich dabei von der Ungewissheit der Jugend erholen (Kaufmann 2006, S. 165). Kaufmann bringt das Ende der Autonomie im Familienhaushalt und den Übergang in den ersten eigenen Haushalt auf den Punkt als zügellose Anarchie. Wirkliche Autonomie beginnt mit der eigenen Wohnung, in der erst einmal alle Regeln abgeschafft werden. „Auf niemanden muss Rücksicht genommen werden, die Uhrzeiten sind egal, man kann tun und lassen, was man will und schließlich isst man, wann und was man will. Was zählt ist, worauf man Lust hat und was gerade da ist, welche Gelegenheiten sich bieten. Was vor allem zu einer Hinwendung zu Fertiggerichten führt" (Kaufmann 2006, S. 166). Junge Menschen halten es für überholt, Zeit in Hausarbeit und Kochen zu investieren. Gegessen wird auch nicht mehr am Tisch, sondern alles wird für gut befunden, wenn es nur niedriger, weicher, beweglicher erscheint. „Der individuelle Esser hat sich radikal von der lästigen Disziplin der Mahlzeiten und der mühsamen Arbeit des Kochens befreit" (Kaufmann 2006, S. 166). Das Nullniveau der Essenszubereitung wird erreicht, wenn junge Menschen vorzugsweise nur noch kalte und fertige Nahrungsmittel naschen. Das Niveau steigt an, wenn ein Mikrowellenherd in die erste eigene Wohnung kommt, denn dann wird das Erhitzen von Fertignahrung wieder Trend. Am Anschluss an die Erhitzungsphase, wird die Zubereitung einfacher Gerichte in Angriff genommen, wie z. B. Nudeln oder gebratenes Steak. Mit der schnellen Zubereitung und einfachen technischen Handgriffen sowie der kontinuierlichen Wiederholung der Gerichte, versucht sich der autonom lebende junge Mensch vielleicht an einer Verfeinerung seiner Gerichte. Es wird ausprobiert und durch das Hinzufügen diverser Zutaten, bisweilen ungewöhnlicher, beginnt auf dem Höhepunkt der Dekonstruktion der Mahlzeiten eine ganz andere Logik der Ernährung zutage zu treten (Kaufmann 2006, S. 168). Die eigene Ernährungsweise entdecken und vor dem Hintergrund der erfahrenen Ernährungserziehung und -sozialisation in die selbstständige, selbstbestimmte und unabhängige Lebensführung einzutreten und sich ausprobieren, bedeutet entscheidende Schritte in die weitere Ausgestaltung der eigenen Ernährungsbiografie. Diese ist nicht frei von gemachten Erfahrungen in der Kindheit und Jugend, von der familiären Tischgemeinschaft, die auch jeweilig mitbestimmt wird von der sozialen Herkunft, den Geschlechter- und Generationendimensionen sowie auch zeithistorischen Bedingtheiten, die die Ernährungsweisen prägen. Die gegenwärtig heranwachsenden Menschen werden sich täglich zwischen einer Vielzahl an Ernährungsweisen entscheiden müssen und damit über Ernährung viel mehr als je zuvor, die Entwicklung der Gesellschaft, ihren Grenzen und Möglichkeiten in ökologischer Hinsicht bestimmen. Familienmahlzeiten in der Zukunft werden stärker als je zuvor mit ökologisch vertretbaren Entscheidungen, die zu den bisher komplexen aktiven Herstellungsleistungen von Familie noch dazu kommen, konfrontiert werden.

### Zusammenfassung

Ernährungsbiografien werden mit dem ersten Lebenstag begonnen. Die familiale Ernährungsversorgung zwischen privatem und öffentlichem Raum stellt dabei eine komplexe Herstellungsleistung aller Familienmitglieder dar. Vor allem jedoch stehen die Mütter in der Zuständigkeit und in der Verantwortung für die Ernährung entweder beim Stillen, der frühkindlichen Nahrungsversorgung oder in Bezug auf die gemeinsamen Mahlzeiten der Familien bei Tisch. Ernährung in Familien bedeutet die Gestaltung alltagskultureller Aktivitäten, die täglich abhängig von den gegebenen Ressourcen, Werthaltungen und Lebenslagen gestaltet werden. In die Mahlzeiten sind generationen-, geschlechter- und zeithistorisch bedingte Dimensionen eingewoben, die die Mitglieder einer Familie zu einer Gemeinschaft über ihre Rituale werden lassen können. Die täglich wiederkehrende Handlungsroutine bindet viel Zeit, physische Energie und ein erhebliches

Maß an intellektuellem Potenzial. Gleichzeitig erfordert die Ernährungsversorgung der Familie die stetige Anpassung an neue, ungeplante Alltagsereignisse. Die Erkenntnisse zur Ernährungserziehung und -sozialisation für Soziale Arbeit bestehen darin, sich über die unterschiedlichen Dimensionen bewusst zu werden in reflexiv professionellen Perspektiven, um Kindern und Jugendlichen entweder in ihren Familien oder darüber hinaus in sozialen, bildenden und erziehenden Einrichtungen Tischgesellschaften oder Mahlgemeinschaften zu eröffnen. Gleichzeitig fördern sie Kinder und Jugendliche in ihren Autonomiebestrebungen um die Entwicklung und Entfaltung ihrer kulinarischen Lebensführung.

**Fragen zur Wiederholung**

1. Welche Bedeutung wird der Mutter zugeschrieben für die Ernährungserziehung der Kinder?
2. Versuchen Sie, die Bedeutung der gemeinsamen Mahlzeit als Ritual zu erklären!
3. Bei Familienmahlzeiten wird Familie aktiv hergestellt und reproduziert. Setzen Sie sich mit dieser Idee auseinander.

## Literatur

### Literatur zur Vertiefung

Audehm, Kathrin. 2016. Tischrituale in Familien. In *Essen im Erziehungs- und Bildungsalltag*. Hrsg. Vicky Täubig, 73–91. Weinheim und Basel: Beltz Juventa.
Reitmeier, Simon. 2013. *Warum wir mögen, was wir essen. Eine Studie zur Sozialisation der Ernährung*. Bielefeld: Transcript.
Seichter, Sabine. 2014. *Erziehung an der Mutterbrust. Eine kritische Kulturgeschichte des Stillens*. Weinheim/Basel: Beltz Juventa.

### Literaturverzeichnis

Audehm, Kathrin. 2011. Erziehung und familiale Autorität bei Tisch. In *Mahlzeiten. Alte Last oder neue Lust?* Hrsg. Gesa Schönberber und Barbara Methfessel, 95–105. Wiesbaden: VS Verlag für Sozialwissenschaften.
Audehm, Kathrin. 2007. *Erziehung bei Tisch. Zur sozialen Magie eines Familienrituals*. Bielefeld: Transcript.
Barlösius, Eva. 2011. *Soziologie des Essens. Eine sozial- und kulturwissenschaftliche Einführung in die Ernährungsforschung. Grundlagentexte Soziologie*. 2., völlig überarbeitete und erweiterte Auflage. Weinheim: Beltz/Juventa.

Bartsch, Silke. 2011. Familienmahlzeiten aus Sicht der Jugendlichen. In *Mahlzeiten. Alte Last oder neue Lust?* Hrsg. Gesa Schönberber und Barbara Methfessel, 79–95. Wiesbaden: VS Verlag für Sozialwissenschaften.

Bauer, Maike. 2016. Familien sind, wie sie essen: Doing Family und Essalltag in Deutschland und Frankreich. In *Essen im Erziehungs- und Bildungsalltag.* Hrsg. Vicky Täubig, 52–73. Weinheim und Basel: Beltz Juventa.

Benton, David. 2004. Role of parents in the determination of the food preferences of children and the development of obesity. *International journey of Obesity* 28 (7): 858–869.

Bourdieu, Pierre. 1982. *Die feinen Unterschiede. Kritik der gesellschaftlichen Urteilskraft.* Frankfurt a. M.: Suhrkamp.

Brombach, Christine, D. Haefeli, S. Bartsch und G. Winkler. 2014. Ernährungsmuster im Verlauf von drei Generationen: Gibt es inter- und intraindividuelle Unterschiede? In *Internationaler Arbeitskreis für Kulturforschung des Essens. Mitteilungen 2014,* S.H. 21: 12–22.

Deutsche Gesellschaft für Ernährungswissenschaften. 1976. *Ernährungsbericht 1976.* Frankfurt a. M.

Douglas, Mary. 1986. *Ritual, Tabu und Körpersymbolik. Sozialanthropologische Studien in Industriegesellschaft und Stammeskultur.* Frankfurt a. M.: Suhrkamp.

Douglas, Mary. 1979. Les structures du culinaire. *Communications 31.*

Elias, Norbert. 1993. *Über den Prozess der Zivilisation. Soziogenetische und psychogenetische Untersuchungen.* Erster Band – Wandlungen des Verhaltens in den weltlichen Oberschichten des Abendlandes. 18. Aufl. Frankfurt a. M.: Suhrkamp.

Fehrmann, Susanne. 2009. *Die Psyche isst mit. Wie sich Ernährung und Seele beeinflussen.* München: Knaur Taschenbuch.

Freud, Anna und D. Burlingham. 1982 (1949). *Heimatlose Kinder. Zur Anwendung psychoanalytischen Wissens auf die Kindererziehung.* Frankfurt a. M.: Fischer Taschenbuch Verlag.

Halbwachs, Maurice. 1985 (1925). *Das Gedächtnis und seine sozialen Bedingungen.* Berlin und Neuwied.

Hartmann, Andreas. 2006. Der Esser, sein Kosmos und seine Ahnen. Kulinarische Tableaus von Herkunft und Wiederkehr. In *Essen und Trinken in der Moderne.* Hrsg. Ruth-E. Mohrmann. 147–159. Münster: Lit Verlag.

Hirschfelder, Gunther. 2005. *Europäische Esskultur. Geschichte der Ernährung von der Steinzeit bis heute.* Frankfurt a. M.

Jurzcyk, Karin, B. Keddi, A. Lange und C. Zerle. 2009. Zur Herstellung von Familie. *DJI-Bulletin,* H. 88, Bulletin Plus: I–VIII.

Kaufmann, Jean-Claude. 2006. *Kochende Leidenschaft. Soziologie vom Kochen und Essen.* Konstanz: UVK Verlagsgesellschaft mbh.

Keppler, Angela. 2001. Soziale Formen individuellen Erinnerns. In *Das soziale Gedächtnis. Geschichte, Erinnerung, Tradierung.* Hrsg. Harald Welzer, 137–159. Hamburg.

Keppler, Angela. 1994. *Tischgespräche. Über Formen kommunikativer Vergemeinschaftung am Beispiel der Konversation in Familien.* Frankfurt a. M.: Suhrkamp.

Köhler, Jacqueline, U. Zander, A. Möser, U. Meier-Gräwe und I.-U. Leonhäuser. 2011. Essalltag von Familien erwerbstätiger Mütter. In *Mahlzeiten. Alte Last oder neue Lust?* Hrsg. Gesa Schönberber und Barbara Methfessel, 105–121. Wiesbaden: VS Verlag für Sozialwissenschaften.

Middleton, David und D. Edwards. Hrsg. 1991. *Collective Remembering*. London.

Muxel, Alfredo. 1996. *Individu et memoire familiale*. Paris.

Neill, Alexander. 1969. *Theorie und Praxis der antiautoritären Erziehung. Das Beispiel Summerhill*. Reinbek: Rowohlt.

Pape, Judith. 2017. Beikost als komplizierte Angelegenheit. Erwartete Risiken bei der Umstellung auf feste Kost und daran gebundene Verantwortlichkeiten beim Elternpaar. *Soziologie Magazin*. 1/2017: 35–55.

Peter, Peter. 2009. *Kulturgeschichte der deutschen Küche*. München.

Pezeu-Massabuau, Jacques. 1983. *La Maison, espace social*. Paris.

Prahl, Hans-Werner und M. Setzwein. 1999. *Soziologie der Ernährung*. Opladen: Leske + Budrich.

Riviere, Claude. 1995. *Les rites profanes*. Paris.

Rose, Lotte, R. Seehaus und E. Tolasch. 2017. Stillen als mütterliche Aufgabe. Ethnografische Einblicke in die Praxis der Stillberatung auf einer Geburtshilfestation. *Gender*, Heft 2/2017: 46–61.

Schier, Michaela und K. Jurczyk. 2007. „Familie als Herstellungsleistung" in Zeiten der Entgrenzung. *Aus Politik und Zeitgeschichte*, Heft 34: 10–17.

Schmidt, Sabine. 2011. Wie Kinder beim Essen essen lernen. In *Mahlzeiten. Alte Last oder neue Lust?* Hrsg. Gesa Schönberger und Barbara Methfessel, 55–71. Wiesbaden: VS Verlag für Sozialwissenschaften.

Schreiber, Brigitte und J. M. Hackl. 2010. Untersuchung über die Esskultur in Alters- und Pflegeheimen in Vorarlberg (Österreich). *ProCare. Volume 12, Issue 10*. Wiesbaden: 9–14.

Sjögren, A. 1986. Le Repas comme architecte de la vie familiale. *Dialogue 93*.

Stecher, Ludwig und J. Zinnecker. 2007. Kulturelle Transferbeziehungen. In *Handbuch Familie*. Hrsg. J. Ecarius, 389–405. Wiesbaden: VS Verlag für Sozialwissenschaften.

Teuteberg, Hans-Jürgen. 1985. *Der Wandel der häuslichen Tischgemeinschaft und Aufgaben einer Haushalts- und Ernährungserziehung*. Leicester: Tuckwell Press.

Welzer, Harald. 2001. Das gemeinsame Verfertigen von Vergangenheit im Gespräch. In *Das soziale Gedächtnis. Geschichte, Erinnerung, Tradierung*. Hrsg. Harald Welzer, 160–178. Hamburg.

Wineburg, Sam. 2001. Sinn machen: Wie Erinnerung zwischen den Generationen gebildet wird. In *Das soziale Gedächtnis. Geschichte, Erinnerung, Tradierung*. Hrsg. Harald Welzer, 179–204. Hamburg.

## Internetquellen

http://www.spektrum.de/lexikon/ernaehrung/omnivoren/6543, Zugriff: 16.10.2017.

http://ernaehrungsdenkwerkstatt.de/keller/kartei/allesfresser-omnivore/, Zugriff: 16.10.2017.

https://www.duden.de/rechtschreibung/Manieren, Zugriff: 22.10.2017.

http://www.vaterfreuden.de/tipps/erziehungstipp/tischmanieren, Zugriff: 22.10.2017.

# Individualisierte Entscheidungen zu Ernährungsweisen in Wechselwirkung zu gesellschaftlichen Entwicklungen

**6**

▶ Die Individualisierung des Essens bedeutet Wunsch- und Wahlmöglichkeit mit der Herausforderung, sich für Ernährungsweisen nicht nur entscheiden zu können, vielmehr auch zu müssen, jenseits der eigenen Erziehung und Sozialisation. Diese Anforderungen kennzeichnen vor allem die Essbiografie der jüngeren Generationen. Über die familiären und zunehmend institutionellen Prägungen in der Kinder- und Jugendphase hinaus, tauchen im Alltag der Menschen vielfältige Anforderungen auf. Mit jedem Einkauf werden Entscheidungen mit großen Konsequenzen getroffen, z. B. für die eigene Gesundheit, die Umwelt oder das Tierwohl. Selbstverständlich kommt es dabei auf die erworbenen Einstellungen an, Nahrungsmittel für z. B. gesund oder ungesund, für umweltschonend oder -schädlich zu halten. Die Überzeugungen tragen den*die individuelle*n Esser*in durch den Einkaufsladen und entscheiden über den Einkauf und Ernährung mit. Sie werden in überaus machtvollen Diskursen gebildet, die in der Gesellschaft über Werbung, Aufklärung oder andere Instanzen verbreitet werden und gespeist werden aus Erkenntnissen, basierend auf wissenschaftlichen Erkenntnissen, wirtschaftlichen Erfordernissen und/oder politischen Entscheidungen. Ernährungsweisen, gesellschaftliche Entwicklungen und ihre Konsequenzen für die Ernährung und Esskultur werden vorgestellt, weil sie als bedeutend für die Auseinandersetzung in der Sozialen Arbeit eingeschätzt werden können.

© Springer Fachmedien Wiesbaden GmbH, ein Teil von Springer Nature 2018
C. Meyer, *Essen und Soziale Arbeit,* Basiswissen Soziale Arbeit 8,
https://doi.org/10.1007/978-3-658-20291-0_6

## 6.1    Individualisierung des Essens bei gleichzeitig wachsenden Angeboten im Bereich Gemeinschaftsverpflegung

In den letzten Jahrzehnten hat sich das Essen zunehmend individualisiert und damit hat über lange Zeit während es verlässliches Wissen seine Endlichkeit erreicht. Diese Entwicklung lässt sich insbesondere an Mahlzeiten und der Vervielfältigung von Ernährungsweisen zeigen. Über lange Zeiten durch Tradition gestützte festliche Mahlzeiten, wie z. B. der Leichenschmaus oder Hochzeitsessen werden inzwischen kreativ verändert. Wiegelmann hat 1967 mit seinem Buch über Alltags- und Festspeisen die Traditionen der ersten Hälfte des letzten Jahrhunderts erstmals zusammengeführt (Wiegelmann 2006). Da schien die „Ess-Welt" noch in Ordnung und jede*r Teilnehmer*in eines Leichenschmauses oder einer Hochzeit wusste, was ihn oder sie beim Essen erwartet: Was es an Speisen geben würde, wie gemeinsam gegessen und vor allem auch was in welcher Reihenfolge auf den Tisch käme. „Das Essen, sein Wie, Wann, Wo und auch Woher hat immer auch soziale und kulturelle Situationen markiert" (Köstlin 2006, S. 19).

Alltägliche Mahlzeiten waren in früheren Zeiten ebenfalls festgelegt, doch inzwischen lassen sich bei kaum einer Mahlzeit ‚früher' geltende Regeln ausmachen. Köstlin demonstriert es am Beispiel des Frühstücks, über das ein wildes Durcheinander gekommen zu sein scheint. „Das Frühstück schließlich ist, informell und meist privat in der Küche eingenommen, zur Chaosmahlzeit geworden. Jede und jeder darf essen und trinken, was er oder sie will: Müsli, viele Brotsorten, Käse, Marmelade, Eier, Tee, Kaffee, Honigmilch oder Kakao werden dann meist auch noch aus der eigenen Tasse getrunken" (Köstlin 2006, S. 10). Die in den Lebenswelten der Menschen über lange Zeiten eingelebten Routinen haben ihre Selbstverständlichkeit verloren. Die Konsequenzen daraus sind, dass über nahezu alles im Alltag entschieden werden muss, nachdem es besprochen, ausgehandelt und evtl. wiederkehrend neu verhandelt wurde. Diese Erkenntnis hat insbesondere auch für das Essen zu gelten (Köstlin 2006, S. 9).

> ▶  **Tipp**  Versuchen Sie herauszufinden, wie das Frühstück in unterschiedlichen Epochen und Schichten geregelt war. Wer nahm welche Nahrungsmittel zu sich, wie war der Tisch arrangiert und welche Regeln wurden befolgt?

Die Haltungen gegenüber der Nahrung ändern sich beständig und das Essen wird zunehmend ausdrücklicher mit verschiedenen Mustern unterschiedlicher Lebensstile verknüpft. Essen wird zum Ausdruck der Person, während sich gleichzeitig auch noch die Erziehung und Sozialisation in Familie und Gesellschaft weiter unbewusst wirksam zeigt (Köstlin 2006, S. 11). In der Moderne sind die Menschen verantwortlich für sich selbst geworden, „sie haben die Wahl, und diese Wahlmöglichkeit – sie wird manchmal auch als Wahlnotstand empfunden – fordert ihnen nicht nur auf zu großen Speisekarten Entscheidungen ab" (Köstlin 2006, S. 19). Mit Individualisierungsprozessen eröffnet sich zudem die Möglichkeit, die jeweiligen Esspartner*innen je nach Situation und Bedürfnis selbst aussuchen zu können (Rützler und Reiter 2011, S. 83), über die Nahrung erkannt zu werden und andere zu erkennen. Die Ernährungsweise kann als Kürzel für Identität betrachtet werden. „In diesen kulinarischen Kürzeln funktionieren Klischees gut und stellen sicher, dass sich Erkennen und Erkanntwerden sofort ergibt" (Köstlin 2006, S. 13). Lebensstile und mit ihnen verbundene Ernährungsweisen werden über legitimierende Geschichten gerechtfertigt, da nichts mehr selbstverständlich ist. „Die Geschichten werden für andere nachvollziehbar erzählt, denn ohne die Verständnisebene gelingen Erkennen und Erkanntwerden als Grundvoraussetzungen von Identität nicht" (Köstlin 2006, S. 2).

Die Haltungen zum Essen ändern sich darüber hinaus vor allem auch in Bezug auf den Körper. Mit der notwendig gewordenen kreativen Dauerbearbeitung der eigenen Individualität, erfährt der kulinarische Konsum vor allem im Hinblick auf die Verbindung der Körperkulte mit einer als „richtig" postulierten Ernährung hohe symbolische Deutungskraft (Köstlin 2006, S. 19). Esspräferenzen im Hinblick auf den eigenen Körper werden in der Moderne zunehmend mit weiteren Feldern sonstiger Vorlieben, z. B. Musik oder Wohnen verbunden „und Identität deutlich auf die Individualität des eigenen Körpers zentriert, der damit Residualkategorie der Autonomie des Individuums in der Moderne erscheint. Der eigene Körper, dieser letzte Ort, an dem das Individuum sich ausdrücken kann, wird nach außen getragen. Er wird – auch durch Essen – neu geformt, wird zum Vorzeigestück, der in ihm realisierte Lifestyle zur kulturellen Ausdrucksform" (Köstlin 2006, S. 15). Essen selbst wird zum Ausdruck persönlicher Einstellungen des Lebensstils genutzt und sowohl Präferenzen wie auch Tabus werden zunehmend mehr in Bekenntnisse eingebaut. Mit der Entscheidung z. B. für vegetarisches oder veganes Essen wird das Ernährungsverhalten mit Lebensstilen verbunden, die jedoch weit über die Ernährung und Körperbewusstheit hinausreichen. „Was man isst, gehört zum Ausdruck der Persönlichkeit und verästelt sich in alle Lebensbereiche, kann sich mit Vorlieben beim Wohnen und Kleiden, bei der Lektüre und natürlich auch beim Umgang mit dem eigenen Körper decken" (Köstlin 2006, S. 14). In der Zukunft wird eine große Spannbreite entstehen, von der Abdeckung ernährungsphysiologischer Grundbedürfnisse, über bewusstes Snacken bis zu „echtem Investment" in den eigenen Körper (Gahmann 2011, S. 286).

Werte und Identität leiten Konsumentscheidungen an. Dabei gilt der Konsum als Teil aktiver Gestaltung des jeweiligen Lebensentwurfs und weniger als lediglich notwendiger Aspekt der Alltagsbewältigung. Bewusstseinsbildung, Lebenssinn und Selbstverwirklichung gewinnen beim Essen an Bedeutung und zunehmend weniger die bloße Versorgung mit günstigen Waren zur Aufrechterhaltung eines mittelmäßigen Wohlstands (Rützler und Reiter 2011, S. 85).

> Essen kann heute hochsymbolischer Bestandteil der Persönlichkeit werden. Man kann es sich – vor dem Hintergrund dieser Überlegungen und dieses Deutungsmusters – als eine Art Soul-Food einverleiben, als Zeichen des Regionalen, jener Lokalidentität, als Teil des Selbst. Die ausdrückliche und medial gestützte Einbettung des Essens in Lebensstile gehört zur Moderne (Köstlin 2006, S. 2).

Für die kulturellen Wandlungen und ihre Nahrungserfordernisse zeigt sich die Lebensmittelindustrie hochsensibel. „Bio-Essen für Gesundheitsbewusste, kalorienarme Nahrung für Figurbesessene und Schlankheitsfanatiker, grünes Essen für Vegetarier, Energy-Nahrung für Leistungssportler und speziell für Singles und Senioren portionierte Mahlzeiten" (Köstlin 2006, S. 12). Der Wandel bei den Food-Trends, die die Esskultur in den letzten Jahren bereits mitgeprägt haben, wie z. B. von Fast Food zu Slow Food, von New-Fusion-Food bis Local Food, von Convenience Cooking bis Health-, Mood-, Sensual- und Functional Food entsprechen gesellschaftlichen Entwicklungsprozessen. Dazu zählen auch Trends, die Lösungen für allgemeine bis höchst spezifische Ernährungsprobleme oder Esskontexte bieten bzw. versprechen. Damit sind vielfältige unterschiedliche Produkte und Services hervorgebracht worden (Rützler und Reiter 2011, S. 84). Neben diesen Foodtrends, die einander schnell abwechseln, setzen sich vegetarische und vegane Ernährungsweisen zunehmend stärker und lang anhaltender durch. Sie haben mitunter einflussreichere Auswirkungen als bisher angenommen auf unterschiedliche Bereiche der Gesellschaft.

> Es ist nicht mehr selbstverständlich, sondern nur noch fragmentiert verbindlich, was richtig und falsch, gut und böse ist. Menschen haben gelernt, den Esser von Fleisch derart zu verachten, dass in Deutschland selbst Metzgereien, die Biologisch-Alternatives anboten, zerstört worden sind. Es kommt vor, dass der Verzicht auf Fleisch in Kontaktanzeigen, ähnlich wie das Nichtrauchen, zur Bedingung eines Treffens gemacht wird (Köstlin 2006, S. 19).

Ess-Präferenzen bzw. bewusst ausgewählte Ernährungsweisen sind gegenwärtig deutlich als Ausdruck der Persönlichkeit zu verstehen und werden bewusst eingesetzt.

**Die Vielfalt der Ernährungsweisen**

Die Verbreitung verschiedener Ernährungsweisen in Deutschland zeigen die Vielfalt und die langsam weiter zunehmende Vervielfältigung neuer Ernährungsweisen. 10 % ernähren sich vegetarisch, 4/5 davon sind Frauen. Vegetarier*innen verzichten auf Fleisch. Sie lassen sich differenzieren in Vegetarier*innen, die fleischlos leben, jedoch Fisch essen: diese werden Pescarier*in genannt. Vegetarier*innen, die Ausnahme machen und manchmal Fleisch essen, heißen Flexitarier*in. Veganer*innen verzichten auf alle Produkte vom Tier. Sie nehmen weder Fleisch noch Käse oder Milch, Butter oder Eier oder Honig zu sich. Kleidung aus Wolle, Leder und Kosmetika mit tierischen Substanzen werden ebenfalls vermieden (Heinrich-Böll-Stiftung 2017, S. 12).

Inzwischen gibt es auch eine vegane Ernährungspyramide, die vegan lebenden Menschen dabei unterstützen will, eine gesundheitsfördernde vegane Ernährungsweise in der alltäglichen Lebenspraxis zu realisieren. Als besonders empfehlenswerte Lebensmittel stehen Wasser, Gemüse, Obst und Vollkornprodukte ganz unten in der Pyramide und werden zum häufigen Verzehr empfohlen. Süßigkeiten, Snacks und Alkohol gelten als ernährungsphysiologisch weniger wertvolle Lebensmittel und bilden die Spitze der Pyramide. Sie sollten sparsam verwendet oder weggelassen werden. Zum Verzehr empfohlene Lebensmittelgruppen für Veganer*innen unterscheiden folgende Mengen für eine gesunde vegane Ernährung: 1) Wasser (1,5 L pro Tag): Wasser und andere alkoholfreie, kalorienarme Getränke sind zu bevorzugen. 2) Gemüse (mindestens 400 g bzw. 3 Portionen pro Tag): Frisches Gemüse, einschließlich unerhitzter Frischkost sowie Säfte stellen wichtige Quellen dar für Vitamine, Mineralstoffe, sekundäre Pflanzenstoffe und Ballaststoffe. 3) Obst (mindestens 250 g bzw. 2 Portionen pro Tag): Frisches Obst, zu ergänzen durch Trockenfrüchte und Säfte sind ebenfalls ausgezeichnete Quellen für viele Vitamine, Mineralstoffe, sekundäre Pflanzenstoffe und Ballaststoffe. 4) Getreide und Kartoffeln (3 Portionen pro Tag): Die bedeutendste Eiweißquelle für vegetarisch-vegan lebende Menschen sind Getreide. Vollkorngetreide liefert komplexe Kohlenhydrate, Ballaststoffe und sekundäre Pflanzenstoffe und stellt außerdem eine wesentliche Quelle dar für Vitamine (vor allem B-Vitamine) und Mineralstoffe (z. B. Eisen, Zink, Magnesium). Kartoffeln liefern unter anderem Vitamin C, Kalium und Magnesium (https://vebu.de/fitness-gesundheit/ernaehrungspyramide/vegane-ernaehrungspyramide/, Zugriff: 10.11.2017). Die vegane Ernährungsweise wird zunehmend populärer und seit 1994 gibt es jährlich einen Weltvegantag. Der 1. November wird genutzt, um die vegane Ernährungsweise weiter zu verbreiten. Inzwischen beteiligen sich u. a. Kantinen, Mensen oder andere große Gemeinschaftsverpfleger daran, in dem an diesem Tag vegane Gerichte gekocht und angeboten werden. Gleichzeitig wird vielleicht auch mit ausgelegten Rezeptflyern, die zum Nachkochen für zu Hause ausliegen, zum Ausprobieren motiviert (Taste-VeganWeek des Studentenwerks Osnabrück mit Rezeptheft zum Nachkochen zu Hause – Flyer Studentenwerk Osnabrück 2017).

Daneben gehören religiöse Speisegebote zu den ältesten Ernährungsweisen und unterstreichen damit Zugehörigkeit und Identität. Menschen, die aus religiösen Gründen auf Lebensmittel, z. B. auf Fleisch verzichten, drücken damit nicht nur die Achtung für z. B. die Schöpfung aus. Sie teilen ihre Überzeugungen mit anderen Menschen und grenzen sich darüber von den Werten anderer ab. Speiseregeln lassen sich auch als Aufmerksamkeitstrainer verstehen, die alltäglich daran erinnern, achtsam zu essen und sich Gedanken über die Ernährung machen zu können. Religiöse Speiseregeln haben mit Genuss und Verzicht zu tun, sie unterscheiden All- und Festtage. Darüber hinaus wird für den Umgang mit Lebewesen, die als Nahrung dienen, sensibilisiert.

Das Gebot, fühlenden Wesen nicht zu schaden, wird von den Buddhisten sehr ernst genommen. Sie verzichten weitgehend auf Fleisch. Kühe sind im hinduistischen Glauben heilige Tiere, in denen 330 Millionen Gottheiten wohnen. Das Verletzen oder gar Töten eines Rindes wird streng bestraft. Bei Muslimen kommt kein Schwein auf den Tisch. Es gibt eine besondere Art, die Tiere zu töten, die man essen will. Das Fleisch gilt dann als halal, was ‚geeignet zum Verzehr‘ und ‚rein‘ meint. Streng gläubige Christen essen freitags kein Fleisch, sondern Fisch. Und sie halten eine 40-tägige Fastenzeit vor Ostern ein. Religiöse Juden trennen Milch und Fleisch. Sie essen nur Säugetiere mit gespaltenem Huf, die wiederkäuen. Die Tiere müssen ausbluten, nachdem sie geschlachtet wurden – koscheres Fleisch gilt deshalb als halal (Heinrich-Böll-Stiftung 2017, S. 16, 17).

Religiöse Speiseregeln gehören zwar zu den ältesten Ernährungsweisen, die sich jedoch auch nicht als unveränderbar erweisen. Dieses lässt sich historisch an der Abnahme der Festtage im Christentum zeigen.

Die Slow Food Bewegung als weitere, erst in jüngerer Vergangenheit entstandene Ernährungsweise, wurde in Italien gegründet und hat sich inzwischen weltweit verbreitet. Sie setzen sich für unterschiedliche Ziele ein, vor allem erst einmal für den Zugang zu Nahrung für jeden Menschen. Gleichzeitig geht es um den Erhalt der Umwelt, das Wohlergehen der Konsument*innen sowie der Produzent*innen. In Deutschland zählt die Slow Food Bewegung derzeit rund 14.000 Mitglieder in etwa 85 lokalen Gruppen und wurde 1992 gegründet als eingetragener Verein. Ausgehend von der Erkenntnis, dass das Essen untrennbar verknüpft ist mit Politik, Wirtschaft, Gesellschaft, Kultur, Wissen, Landwirtschaft, Gesundheit und Umwelt, sollte Nahrung weltweit bei politischen Entscheidungen mehr Bedeutung zukommen. Slow Food führt selber Kampagnen durch, wie z. B. „Meine Landwirtschaft" und „Ocean 2012". Slow Food will den Dialog zwischen Entscheidungsträgern aus Politik und Wirtschaft fördern und aktiv beitragen zur gesellschaftlichen Entwicklung in der Agrar-, Fischerei-, Ernährungs-, Umwelt- und Verbraucherpolitik. Der Zugang zu gutem, sauberen und fairem Essen stellt für die Slow Food Bewegung ein Grundrecht der Menschen dar.

„Slow Food

- ist eine weltweite Vereinigung von bewussten Genießern und mündigen Konsumenten, die es sich zur Aufgabe gemacht haben, die Kultur des Essens und Trinkens zu pflegen und lebendig zu halten.
- fördert eine verantwortliche Landwirtschaft und Fischerei, eine artgerechte Viehzucht, das traditionelle Lebensmittelhandwerk und die Bewahrung der regionalen Geschmacksvielfalt.
- bringt Produzenten, Händler und Verbraucher miteinander in Kontakt, vermittelt Wissen über die Qualität von Nahrungsmitteln und macht so den Ernährungsmarkt transparent.
- ist eine Non-Profit-Organisation" (http://www.slowfood.de/wirueberuns/ slow_food_deutschland/der_verein/, Zugriff: 15.11.2017).

Der Anteil junger Mitglieder steigt in Deutschland kontinuierlich an und im Slow Food Youth Network sorgen z. B. Schnippeldiskos, Student*innenküchen oder Universitätsgärten für Aufmerksamkeit. „Durch diese Art des kulinarischen Ungehorsams machen sie auf die Missstände unserer Wegwerfgesellschaft aufmerksam und haben dabei Spaß am gemeinschaftlichen Kochen" (http://www.slowfood.de/wirueberuns/slow_food_deutschland/der_verein/, Zugriff: 15.11.2017).

Slow Food organisiert lokal, national und international Märkte, Messen und Events, um Produzenten, Händler und Verbraucher miteinander in Kontakt zu bringen. „Der Markt des Guten Geschmacks", die jährliche Slow Food Messe findet seit 2007 statt und alle Aussteller*innen teilen die Slow Food Philosophie von guten, sauberen und fairen Lebensmitteln

(http://www.slowfood.de/wirueberuns/slow_food_deutschland/der_verein/,
Zugriff: 15.11.2017).

Die Bewegung des Slow Food wird auch Antwort des „alten Europa" auf
die Attacken des Fast Foods aus der „neuen Welt" interpretiert. Das Symbol
der Slow Food Bewegung ist die Schnecke und sie besteht auf dem Sich-
Zeit-Lassen als ausdrückliche Langsamkeit. Sie kann als Gegenentwurf
dem Tempo und der Beschleunigung entgegengestellt und als luxuriöses
Prinzip erhoben werden. Zeithaben als autonomes Verfügen über sein Zeitbudget wird bei Slow Food zur Voraussetzung (Köstlin 2006, S. 16). Köstlin
kritisiert die Slow Food Bewegung als vor allem männliche Gemeinschaft,
die sich vom Planen über den Einkauf regionaler Produkte auf dem Markt
bis zur Zubereitung in der perfekt ausgestatteten Küche und anschließend
beim gemeinsamen, lange währenden Essen am großen dunklen Holztisch
treffen und ihr Essen zelebrieren. „Wenn Frauen (allein!) so verführen, hat
das keinen Namen. Es ist gewöhnlich, ist Alltag, über den man nicht redet"
(Köstlin 2006, S. 16). Derzeit liegt noch die Hauptverantwortung für die alltägliche Essensversorgung in der Familie bei den Frauen, während die Männer das Neue, Besondere, Nichtalltägliche und Sichtbare als ihre Spezialität
zelebrieren. „Es ist ihr Abenteuerspielplatz, der Küche heißt" (Köstlin 2006,
S. 18) und gegen den sich auch Fischer bereits in den 1970ern vehement
bei seinen Überlegungen zur Kollektivküche wendet. Kochkunst kann nicht
reine Männersache sein, während den Frauen lange nur die tägliche Drecks-
arbeit blieb und immer noch bleibt (Fischer 1978, S. 12).

Ernährungsweisen, -trends, -stile oder -bewegungen werden als Auswirkungen
eingeschätzt, die vor langer Zeit mit der Industrialisierung und dem damit verbundenen Wertewandel in Bezug auf häusliche bzw. innerfamiliäre Ernährung
begonnen wurde und sich fortsetzt durch z. B. die Emanzipation der Frau und
ihrer zunehmenden Beteiligung am Arbeitsmarkt. Beide Entwicklungen haben
die Trennung von Familie und Arbeit stark beeinflusst. Mahlzeiten finden nicht
mehr unbedingt in der eigenen Häuslichkeit zubereitet und gekocht von der für
zuständig erklärten Hausfrau statt. Vielmehr müssen Menschen die Gestaltung
ihrer Ernährung in den verschiedenen Lebensphasen selbst gestalten und verantworten. In den einzelnen Lebensphasen probieren sie alternative Lebensstile
aus und diese wirken sich auch massiv auf das individuelle Ernährungsverhalten
aus. „Nicht mehr einmal angenommene Essstile prägen unser Leben, sondern
wechselnde, den unterschiedlichen Lebensphasen angepasste bzw. entsprechende

Ernährungsweisen, die auch anderen wichtigen Einflussfaktoren unterliegen und mit je verschiedenen Foodtrends korrelieren" (Rützler und Reiter 2011, S. 82). Im Lebensverlauf wählen Menschen je nach Lebenslage und Lebensphase die für sie zu der Zeit passende Ernährungsweise aus.

**Beispiel**

Eine Frau, Ende 40, war seit ihrem 16. Lebensjahr Vegetariern aus Überzeugung, dem Tierwohl nicht länger schaden zu wollen durch Verzehr von Fleisch. Zu Beginn, in den 1980er Jahren, war das gar nicht so einfach, sich in der Familie und auch in der Außer-Haus-Verpflegung fleischlos zu ernähren. Kaum jemand war offen für diese Ernährungsweise und es gab kaum entsprechende Nahrungsangebote in der Gesellschaft. Mit der zunehmenden Verbreitung seit den 1990er Jahren wurde die gesellschaftliche Akzeptanz für fleischlose Ernährung größer und die Angebotspalette nahm zu sowohl bei den Rezepten wie auch bei vegetarischen Gerichten in der Außer-Haus-Verpflegung. Mit Ende 30 wurde bei ihr eine Vielzahl an Lebensmittelunverträglichkeiten festgestellt, die dazu führten, dass sie ihre fleischlose Ernährung aufgeben musste. Denn eine der wenigen verbliebenen, für sie verträglichen Nahrungsmittel war vor allem Fleisch. Mit zunehmendem Alter könnte es aufgrund altersspezifischer Einschränkungen durch z. B. Mundtrockenheit oder Zahnerkrankungen zu erneuten Umstellungen in Bezug auf die Nahrungsmittel und die dazu gehörigen Gerichte kommen.

**Beispiel**

Ein junges Pärchen, beide Ende 20, wohnt seit ca. 2 Jahren zusammen, beide sind voll berufstätig und in der Woche kochen sie nie. Das Frühstück findet gemeinsam statt, das Mittagessen als Hauptmahlzeit nimmt jeder für sich in der firmeneigenen Kantine ein. Das Abendbrot findet einzeln statt, weil sie zu unterschiedlichen Zeiten von der Arbeit kommen. Jeder macht sich etwas, wenn er Hunger hat oder hat schon auf dem Weg nach Hause unterwegs etwas gegessen. An den Wochenenden nehmen sie alle Mahlzeiten gemeinsam ein. Freitagsabends bestellen sie immer eine Pizza, samstags beim Chinesen, wenn sie nicht zum gemeinsamen Essen mit Freunden in einer Kneipe verabredet sind. Sonntags bestellen oft noch mal oder die Küche bleibt kalt. Vor einem Jahr haben sie Nachwuchs bekommen, die Frau blieb das erste halbe Jahr komplett zu Hause und hat seitdem jeden Tag gekocht für sich und ihren Partner. Jede Mahlzeit wird gemeinsam an einem Tisch eingenommen. Mit dem Wiedereinstieg in den Beruf auf eine halbe Stelle und dem Übergang des Kindes in die Kinderkrippe ändert sich die Versorgung innerhalb der Familie abermals. Alle essen mittags woanders (Kantine, Kinderkrippe), aber es findet täglich das Frühstück und Abendbrot gemeinsam statt. Die Frau bereitet es jeweilig zu. An den Wochenenden wird jede Mahlzeit gemeinsam eingenommen, nachdem sie vorher selbst zubereitet wurde abwechselnd von der Frau oder dem Mann.

Mit den unterschiedlichen Ernährungsweisen je nach Lebensphase ist gleichzeitig hybrides Ernährungsverhalten verbunden. Das gilt sowohl für das Einkaufs- wie für das Essverhalten. „Unterwegs gibt's den Burger, zu Hause unter der Woche das Fertiggericht, am Wochenende wird aufwändig gekocht – häufig mit Freunden. (…) Man kann hier vom Typus des ‚Multioptionalen' sprechen" (Gahmann 2011, S. 289). Die Küche bleibt als Ort und Produktionsstätte werktags oft ungenutzt trotz ihrer gegenwärtig überwiegend großzügigen räumlichen und umfangreichen technischen Ausstattung. In der Zukunft werden, vor allem in urbanen Zusammenhängen, Ideen aufkommen, auf Küchen in Wohnungen zu verzichten, da sie vielfach den am wenigsten genutzten Funktionsraum darstellen. Küchen könnten reduziert werden auf eine Mikrowelle. Vielleicht gilt dies auch nur für Wohnungen in bestimmten Lebensphasen (z. B. als Single oder berufstätiges junges Paar), in denen das Essen überwiegend außer Haus stattfindet oder bestelltes Essen lediglich aufgewärmt werden muss (Löwenstein 2011, S. 297). Ideen, Wohnungen ohne Küchen zu bauen, erscheinen gegenwärtig noch als relativ revolutionäre Angelegenheit. Mit der abnehmenden Tendenz zum selber kochen, wird die Küche jedoch als Raum in der Stadt zum Kostenfaktor und irgendwann infrage gestellt werden (Gahmann 2011). In der Nestlé Zukunftsstudie wird die kleinere Küche ebenfalls vorhergesagt. Im Alltag werden sich kleine Versorgungsküchen in den Städten durchsetzen. Die Küchen in den Wohnungen werden je nach Lebenslage, vor allem in Ein-Personen-Haushalten, tendenziell zunehmend kleiner werden. Der weiterhin knappe und teure Wohnraum in den Großstädten wird diese Entwicklung hervorbringen und beschleunigen. Die reduzierte Versorgungsküche stellt eine Küche der Zukunft dar (https://www.nestle.de/zukunftsstudie/10-trends-der-ernaehrung-der-zukunft, Zugriff: 25.11.2017). Der Trend zur weiteren Differenzierung und Individualisierung setzt sich insgesamt fort. Damit wird auch die Metamorphose des Kochens weitergehen und für manche Berufstätige eher zu einem Luxus, der mit Freunden als Event zelebriert wird. Die Bedeutung des Kochens in der Lebenswelt verändert sich bereits seit längerem (Gahmann 2011, S. 294).

Weiteren gesellschaftlichen Entwicklungen wird großer Einfluss auf das Essen in der Zukunft vorhergesagt. Treiber dieser Veränderung sind in Deutschland der weiter wachsende Anteil berufstätiger Frauen, die zunehmende soziale Diffe-renzierung, die unterschiedliche Entwicklung des Wohlstands, die Zunahme der Single-Haushalte, die Alterung der Gesellschaft sowie die wachsende Heterogeni-tät der Bevölkerung mit wachsenden Anteilen von Menschen mit Migrationshin-tergrund. Damit lösen sich feste Rollenmuster, Gewohnheiten und Tagesabläufe auf und Lebensstile individualisieren sich. Der Zuwachs der Mobilität hält weiter an und die Fülle an Optionen und Angeboten vervielfältigt sich ebenfalls nach wie vor. Ernährungsverhalten, -angebote und -bedürfnisse folgen diesen Trends und gelten sogar als Ausdruck dieses Wandels. Starke Nachfragen nach Conveni-ence, Regionalität, individuellen Ernährungsprogrammen und vor allem Gesund-heit verstärken diesen Eindruck (Gahmann 2011, S. 286). Zu den genannten Trends, die das Ernährungssystem bisher radikal dynamisierten, würden Rützler und Reiter um die Megatrends Stadt, Globalisierung, (Down-)Ageing, Wissensge-sellschaft sowie Gesundheit erweitern (Rützler und Reiter 2011, S. 79).

Die genannten Veränderungen hatten bereits erheblichen Einfluss auf die Lebenslagen und Lebensphasen, sie werden weiterhin die Esskultur erheblich beeinflussen und neue Ernährungsweisen oder -erfordernisse werden vorherge-sagt. Konkretere Vorstellungen werden für Familienmahlzeiten und das Entstehen neuer Essensgemeinschaften entwickelt. Familien stellen zukünftig eine Minder-heit innerhalb der Haushalte dar. Familienmahlzeiten gelten jedoch nicht nur des-wegen als besonders schützenswert, sondern insbesondere wegen ihrer Bedeutung für die Sozialisation und Enkulturation von Kindern und Jugendlichen sowie den Zusammenhalt von Familien (siehe Kap. 5). Der Zubereitungsaufwand für Mahl-zeiten nach traditionell-bürgerlicher Vorstellung (Mahlzeit als Tischgemeinschaft erleben, nachdem zuvor Nahrung eingekauft und selbst zubereitet wurde) lohnt sich jedoch mit sinkender Haushaltsgröße zunehmend weniger, wenn in Haushal-ten allein oder zu zweit gegessen wird. Neben dem Zeitaufwand sind auch der relativ erhöhte Lebensmitteleinsatz, Energieverbrauch und Schadstoffeintrag in die Umwelt zu rechtfertigen (Wiegmann et al. 2005).

Familien stellen längst nicht mehr die dominante Form des Privathaushalts dar. Vor-ausberechnungen bis 2020 gehen davon aus, dass die Ein-Personen-Haushalte in Deutschland auf 41 % (16,5 Millionen) und die Zwei-Personen-Haushalte auf 36 % (14,7 Millionen) anwachsen, bei insgesamt etwa 40 Millionen Haushalten. Für die großen Städte werden sogar über 50 % Ein- und etwa 30 % Zwei-Personen-Haus-halte prognostiziert. Die Drei- und Mehr-Personen-Haushalte werden hingegen auf jeweils 12 % zurückgehen. Der Trend zu kleineren Haushalten liegt in der weiter steigenden Lebenserwartung bei gleichbleibender eher geringer Geburtenrate, Part-nerschaften mit separater Haushaltsführung und steigender beruflicher Mobilität. Diese Entwicklungen wirken sich auf die Versorgungsstrukturen aus und damit auf die Mahlzeiten (Schönberger 2011, S. 41).

In den Haushalten sind die Stellen der Versorger*innen vielfach vakant. Entlang traditioneller Vorstellungen werden sie zukünftig sowieso auch nicht wiederbesetzt. Unter den geschilderten Voraussetzungen wird eine Mahlzeitenversorgung nach traditionell bürgerlich-familiärem Modell als Idealform zukünftig nicht mehr durchzuführen sein. Dort, wo diese Stellen derzeit (noch von Frauen) noch besetzt sind, findet Versorgung durch Mahlzeiten statt, die den traditionellen Vorstellungen nahe kommt.

Mahlzeiten im Privathaushalt müssen sich zukünftig vor allem einfach zubereiten lassen und schnell gehen. Dies gilt auch für die meisten zukünftigen Rentner*innenhaushalte. Die heute Berufstätigen werden ihren Ernährungsstil aufgrund ihrer Gewohnheiten und Einstellungen sowie mangels Übung im Umgang mit Lebensmitteln wahrscheinlich auch im Rentenalter beibehalten. (Halb-)Fertigprodukte, Essen außer Haus in Restaurants, Mensen, Imbissen und anderen Privathaushalten wird weiter ansteigen. Deshalb lohnt es sich, ganz neue Versorgungsformen zu entwickeln und zu erproben. Diese sollten wirksamer mit den alltäglichen Erfordernissen der Haushalte verknüpft sein, ihnen entgegenkommen und im Alltag entlasten. Mehr Angebote im Bereich der Gemeinschaftsverpflegung und andere, neue kreative Versorgungsmöglichkeiten im öffentlichen Raum sollten entstehen (Schönberger 2011, S. 48). In der Nestlé Zukunftsstudie werden solche Ideen ebenfalls hervorgehoben. Gegenüber kleiner werdenden Küchen in Großstadtwohnungen steht der Wunsch nach Essen als Gemeinschaftserlebnis. Befürworter*innen des gemeinschaftlichen Essens gehen davon aus, dass 2030 Menschen auf große, gut ausgestattete Küchen in der Nachbarschaft zurückgreifen, um in Gemeinschaft gemeinsam zu kochen und zu essen (https://www.nestle.de/zukunftsstudie/10-trends-der-ernaehrung-der-zukunft, Zugriff: 25.11.2017). Essen in Gemeinschaften findet traditionell seit den 1980er Jahren regelmäßig in bestimmten Szenen statt, wie sich am Beispiel der Volxküchen zeigen lässt.

---

**Beispiel**

In der linksalternativen Szene werden ein bis mehrmals regelmäßig wöchentlich stattfindende Gruppenkochen „Volxküche" (VoKü), „Bevölkerungsküche" (BeVoKü) oder „Küche für alle" (Küfa) genannt. Das Essen wird zum Selbstkostenpreis oder darunter ausgegeben. „Volxküche" leitet sich ab von der historisch bedeutsam gewordenen Volksküche. Volxküchen sind überwiegend in kollektiven bzw. selbstverwalteten Einrichtungen, wie z. B. Kneipen, Infoläden, Jugendzentren oder autonomen Zentren mit politisch linkem Selbstverständnis zu finden. Mindestens ein vegetarisches Essen wird angeboten, häufig gibt es ausschließlich vegane Speisen. Die gegenwärtig geprägte Volxküche stammt aus der Hausbesetzer-Szene der frühen 1980er Jahre. Die Schreibweise Volxküche lässt sich durch die antinationalistische Haltung erklären. „Volk" wird als soziale Konstruktion mit negativen Folgen angesehen und als „ausgrenzend" abgelehnt. Gleichzeitig stellt der Begriff zugleich eine spaßhaft-eigenwillige Ausdrucksweise der anarchistischen bzw. autonomen Szene dar. In jüngerer Vergangenheit verbreitet sich alternativ der Begriff „KüfA" (Küche für Alle). Die Lebensmittel für die Gerichte stammen zum Teil vom „Containern". Mit „Containern" wird das Sammeln weggeworfener Lebensmittel aus den Abfallcontainern von Supermärkten bezeichnet (https://onic.eu/kalender/volxkuechen-berlin/, Zugriff: 19.11.2017). Volxküchen können einen politischen Anspruch erheben, wenn auf die Verschwendung von Lebensmitteln in der kapitalistischen Gesellschaft, trotz akuter Not bei einigen Gesellschaftsschichten hingewiesen wird, alternative Wege der Ernährung aufgezeigt oder Protestaktionen unterstützt werden. Volxküchen verstehen sich vor allem auf Veranstaltungen explizit als Mitmachküche und werden als Mobile Volxküchen auf linken, linksautonomen und alternativen Aktionen, Protesten oder Veranstaltungen, als Unterstützung für die Aktivist*innen gesehen und für die Essensversorgung zuständig (http://www.solidarische-oekonomie.de/index.php/formen-und-beispiele/projekte-hierzulande/lebensmittel-&-konsum/111-volxskuechen-kurz-vokue-und-kochkollektive, Zugriff: 19.11.2017).

Neue alternative Koch- und Essgemeinschaften werden als notwendige Versorgungsformen eingeschätzt, die als haushaltsunterstützende Dienstleistungen auf Gemeindeebene gefordert und auch innerhalb ohnehin geforderter neuer Wohnformen und Nachbarschaftskonzepte etabliert werden sollten. Essensversorgungen außer Haus zielen bisher vorwiegend auf Kinder und deren Familien ab und werden weniger für andere Lebenslagen und Lebensphasen gedacht. Im Rahmen neuer Außer-Haus-Verpflegungen (AHV) werden regelmäßige Essensgemeinschaften entstehen, die auch auf die Verkleinerung von Haushalten reagieren, wie z. B. Single-Haushalte, Paare und älter werdende Menschen. Generell gilt: Je kleiner der Haushalt, desto wichtiger werden Verlässlichkeiten, ebenso wie ein soziales Netz, Solidarität und Hilfsbereitschaft (Schönberger 2011, S. 48 f.). Ältere Menschen gelten dabei als die bedeutende Zielgruppe der Zukunft, „doch die Produkte sind darauf einzustellen, z. B. bei der Verpackungsgestaltung, Energiedichte im Verhältnis zum Nährwert, bei einer stärkeren Würzung, weil sich das Geschmacksempfinden verändert oder bei der Frage von Schluckbeschwerden" (Gahmann 2011, S. 289).

Die Außer-Haus-Verpflegung wird mit der Vergesellschaftung der Ernährung insgesamt einen Aufschwung erleben, da sie die tendenziell von Familie frei werdende Ernährungssozialisation übernehmen wird. Im Bereich der Schulverpflegung und Altenheime wird mit anwachsenden Essenszahlen gerechnet. Gleichzeitig könnten sie auch größeren Bedeutungszuwachs bei neuen Essensgemeinschaften im Sozialraum erfahren. Dabei wird Caterern mit zentralisierter systemgastronomischer Ausrichtung steigende Bedeutung zugeschrieben. Außerdem wird in den Schulen das Thema Ernährungskompetenz in den Vordergrund drängen sowie das Selbstverständnis für Nachhaltigkeit intensiver berücksichtigt werden (Rückert-John et al. 2011, S. 46). Den AHV-Akteur*innen kommt damit gleichzeitig größere Verantwortung zu. Sie werden mit neuen Aufgaben im gesellschaftlichen Kontext konfrontiert und dazu aufgefordert, „den Gast in einem umfassenden Sinn verantwortungsvoll zu bedienen" (Rückert-John et al. 2011, S. 53). Für die Ernährung außer Haus ist der Markt im vergangenen Jahrzehnt stetig gewachsen. Aktuell werden rund 28 % aller Lebensmittelausgaben für die Außer-Haus-Verpflegung getätigt. Die AHV untergliedert sich in Individualverpflegung, wie z. B. Restaurants, Imbisse oder Systemgastronomie und Gemeinschaftsverpflegung, wie z. B. Kantinen in Krankenhäusern, Altenheimen sowie Hochschulmensen. Alle Esshandlungen außerhalb der eigenen Wohnung werden als AHV bezeichnet, in der kein von zu Hause mitgebrachtes Nahrungsmittel bzw. Getränk verzehrt wird (Rückert-John et al. 2011, S. 44).

Mit dem prognostizierten Zuwachs der Außer-Haus-Verpflegung steigt die Verantwortung der Anbieter*innen für hohe Qualitätsstandards im Bereich gesunder und wohlschmeckender Mahlzeiten. Dazu gehört auch, sich mehr mit Nachhaltigkeit durch den gesamten Produktionsprozess auseinanderzusetzen. „Die AHV muss nachhaltig werden, um sich den zukünftigen Aufgaben stellen zu können, die aus der Vergesellschaftung der Ernährung erfolgen. Nicht ein modischer Trend oder Forderungen der Politik zwingen die AHV-Akteure dazu, sondern die Verantwortung als kulinarische Sozialisations- und Bildungsinstanz, von der sie sich nicht freimachen können. Um dieser gerecht zu werden, müssen sie zunächst Anforderungen an sich und ihre Umwelt, vor allem an die Lieferanten und Gäste, formulieren" (Rückert-John et al. 2011, S. 54). Nachhaltigkeit steht dabei als Selbstanforderung und zugleich als Anforderung an die Lieferant*innen und Gäste. Daraus folgt die Auseinandersetzung mit der gesamten Wertschöpfungskette, von der landwirtschaftlichen Erzeugung bis zum Teller des Gastes. Damit verbunden ist die Natürlichkeit des Essens, die mit Verweisen auf Tradition, Handwerk, Saisonalität oder Regionalität konkrete Form erhält (Rückert-John et al. 2011, S. 54).

Die Ernährungswirtschaft hat sich dem Thema Nachhaltigkeit verstärkt angenommen und insbesondere im Lebensmitteleinzelhandel lässt sich eine Implementierung von Nachhaltigkeit auf verschiedenen Ebenen feststellen, wie z. B. bei Produktionsverfahren, Produkten, energieeffizienten Geräten, Gebäuden und Prozessen (insbesondere Logistik). Damit ist eine Profilierungsmöglichkeit für die Unternehmen entstanden, die von Kritikern als Greenwashing eingeschätzt wird (Staud 2009). In Bezug auf die AHV zeigte eine Studie 2008, dass für die Hälfte der Verantwortlichen die regionale Herkunft der Produkte Bedeutung hat, ein Drittel bevorzugte nachhaltige Produktion und ein Viertel sprach sich für Bio-Produkte aus. Eine weitere Studie hebt bei der Einführung von Produkten die beiden Schwerpunkte Aspekte Gesundheit und Nachhaltigkeit hervor, die für über zwei Drittel der Entscheider*innen ausschlaggebend sind.

Diese Themen werden häufig mit Frische im Salat-, Obst- und Gemüsebereich vor allem beim Einsatz von Bio-Produkten genannt. In der Gemeinschaftsverpflegung finden diese Themen Anschluss an die Themen Regionalität und Saisonalität. In der Gemeinschaftsverpflegung ist die CO2 Bilanz ein zusätzliches Nachhaltigkeitskriterium, welches sich in einer Zertifizierung und dem Ausweis CO2-neutraler Speisenangebote zeigt (Rückert-John 2011, S. 45).

Das Anforderungsprofil an das Essen hat sich insgesamt deutlich verschoben, weder darf es zu sehr sättigen noch dick machen. „Vielmehr soll es ausgezeichnet schmecken, gesund sein, bezahlbar bleiben und sowohl ökologisch als auch global und sozial verträglich produziert werden" (Ploeger et al. 2011, S. 15). Wahrscheinlich werden angesichts der hochdynamischen Entwicklung in allen Bereichen und vor allem auch im Bereich Esskultur, die Anforderungen demnächst wieder andere sein. Ploeger et al. fragen sich vor diesem Hintergrund, ob Menschen in der Zukunft besser und mit mehr Bewusstsein essen werden Gleichzeitig fragen sie sich, wie lange die Zeit des ausreichenden und günstigen Essens in Deutschland anhalten wird und ob es die Weltgemeinschaft schafft, über die aktuellen mitteleuropäischen Probleme hinaus, globale Zusammenhänge und Konfliktfelder beim Essen und Trinken zu berücksichtigen (Ploeger et al. 2011, S. 15). Mit dem genannten Anforderungsprofil und den gestellten Fragen werden zwei Themenkomplexe aufgemacht, um die es sich gegenwärtig im Zusammenhang mit Essen wiederkehrend dreht und zwar sowohl in individualisierender, gesellschaftlicher und damit auch täglich wiederkehrend in sozialpädagogischer Perspektive. In den Diskursen um Individualisierung der Ernährung und den Vorhersagen um zukünftige Ernährungsweisen fällt wiederkehrend die Betonung zweier Bereiche insbesondere auf. Gesundheit und zunehmend deutlicher auch Nachhaltigkeit werden stark mit Essen verknüpft und bestimmen über die Diskurse den alltäglichen Lebenszusammenhang. Deshalb werden im folgenden Verlauf Schwerpunkte in diesen beiden Bereichen gesetzt, um mit der Auseinandersetzung Positionierungen im Bereich Nachhaltigkeit und Gesundheit im Zusammenhang mit Essen aus der Perspektive Sozialer Arbeit vornehmen zu können.

## 6.2   Nachhaltigkeitserfordernisse und Gesundheitsüberzeugungen als Leitfiguren für Ernährungsweisen

Nachhaltigkeit und Gesundheit stehen inzwischen als unübersehbare Leitfiguren bei jeder Essensfrage mit im Raum, müssen eventuell in Familien oder anderen Essgesellschaften verhandelt und mit jedem Einkauf und jeder Nahrungszubereitung entschieden werden. Dabei ist kaum einem*r Konsumenten*in klar und vor allem zu wenig transparent, welches Nahrungsmittel welchen Nachhaltigkeitsanspruch erfüllt und sich tatsächlich in aller Konsequenz weder regional noch global negativ auf die Umwelt oder auf die Lebensqualität der Menschen auswirkt, wo dieses Nahrungsmittel produziert wird. Der Gesundheitsbegriff kommt ebenfalls so vielseitig und komplex daher, dass der Anspruch sich gesund ernähren zu wollen, Entscheidungen für ein Nahrungsmittel oder dagegen für Nutzer*innen im Alltag als Herausforderung nahezu uneinlösbar erscheint. Deshalb werden diesen beiden Aspekte insbesondere berücksichtigt, um die damit verbundene Komplexität für die Essgestaltung in der Sozialen Arbeit zu verdeutlichen. Jede Einrichtung Sozialer Arbeit wird sich entweder bereits schon lange, gegenwärtig oder in naher Zukunft mit Nachhaltigkeits- und Gesundheitsfragen bei der Ernährung ihrer Adressat*innen befassen und versuchen, Entscheidungen entlang nachhaltigkeits- oder/und gesundheitsbewusster Kriterien treffen.

### 6.2.1   Nachhaltigkeit und ihre Bedeutung für tägliche Essensentscheidungen – Weltrettung und Weltgesellschaft ernähren!

Aufbauend auf den Ideen der Brundtland-Kommission der Vereinten Nationen (1987) wird „nachhaltige Entwicklung" verstanden als die Befriedigung der Bedürfnisse heutiger Generationen, ohne die Möglichkeiten künftiger Generationen zu gefährden, ihre eigenen Bedürfnisse befriedigen zu können. Grundlage dafür bildet der Schutz der globalen Umwelt, unter der Voraussetzung, schonend mit natürlichen Ressourcen umzugehen sowie Leben und Arbeiten mit der Natur einzurichten und nicht gegen sie. Neben der ökologischen Dimension nachhaltiger Entwicklung gilt es zudem, die sozialen, kulturellen, ökonomischen und politischen Perspektiven nachhaltiger Entwicklung mitzudenken. Alle fünf Nachhaltigkeitsdimensionen sollten Berücksichtigung finden, um der Komplexität nachhaltiger Entwicklungen gerecht zu werden. Die Gesellschaft hat geeignete Rahmenbedingungen zu schaffen, um entlang der 17 Sustainable Development Goals (SDGs) der Vereinten Nationen nachhaltige Entwicklung zu stärken und zu realisieren. In der Agenda 2030 für nachhaltige Entwicklung wurden Grundlagen für die Förderung weltweiten wirtschaftlichen Fortschritts gelegt, der im Einklang mit sozialer Gerechtigkeit und im Rahmen der ökologischen Grenzen der Erde steht. Im September 2015 wurde sie von allen Mitgliedsstaaten verabschiedet und zuvor mit breiter Beteiligung der Zivilgesellschaft in aller Welt entwickelt. Alle haben sich verpflichtet, ihren Beitrag zu leisten.

In den 17 Zielen werden erstmals drei Dimensionen der Nachhaltigkeit (Soziale, Umwelt, Wirtschaft) berücksichtigt (siehe Tab. 6.1). Fünf Kernbotschaften als handlungsleitende Prinzipien wurden ihnen vorangestellt: Mensch, Planet, Wohlstand, Frieden und Partnerschaft (5 Ps: People, Planet, Prosperity, Peace, Partnership). Damit wird ein neues globales Wohlstandsverständnis in die Welt gebracht, das hinausreicht über die bisher verengte Betrachtung von Pro-Kopf-Einkommen. Volkswirtschaften sollen umgestaltet werden zugunsten nachhaltiger Entwicklung, z. B. durch verantwortungsvolle Konsum- und Produktionsmuster sowie saubere, erschwingliche Energie. Klimapolitik, nachhaltige Entwicklung und Armutsbekämpfung werden untrennbar miteinander verbunden. Deutschland betrachtet die Agenda 2030 als Kompass für alle Politikfelder. Eine neue Kultur der Nachhaltigkeit soll geschaffen werden, in der Staat, Wirtschaft und Gesellschaft zu einem Wandel beitragen (http://www.bmz.de/de/ministerium/ziele/2030_agenda/index.html, Zugriff: 05.11.2017).

Insgesamt können alle 17 Ziele direkt mit Essen in Verbindung gebracht werden. Bei knapp der Hälfte der Ziele steht Essen im Vordergrund oder wird sogar direkt angesprochen, vor allem, wenn es um die Produktion, den Zugang, die gerechte Verteilung und dem verantwortungsvollen Umgang mit Ressourcen zur Nahrungsherstellung geht. Alle auf der Welt lebenden Menschen werden einbezogen in die Zielsetzungen einer nachhaltigen Entwicklung, die für alle Menschen lebenswerte Sozialräume schaffen soll.

**Tab. 6.1** 17 Ziele für eine nachhaltige Entwicklung

17 Ziele

| | |
|---|---|
| 1. Keine Armut (no poverty) | Armut in jeder Form und überall beenden |
| 2. Kein Hunger (Zero Hunger) | Den Hunger beenden, Ernährungssicherheit und eine bessere Ernährung erreichen und eine nachhaltige Landwirtschaft fördern |
| 3. Gesundheit und Wohlergehen (Good Health and Well-Being) | Ein gesundes Leben für alle Menschen jeden Alters gewährleisten und ihr Wohlergehen fördern |
| 4. Hochwertige Bildung (Quality Education) | Inklusive, gerechte und hochwertige Bildung gewährleisten und Möglichkeiten des lebenslangen Lernens für alle fördern |
| 5. Geschlechtergleichheit (Gender Equality) | Geschlechtergerechtigkeit und Selbstbestimmung für alle Frauen und Mädchen erreichen |
| 6. Sauberes Wasser und Sanitär-einrichtungen (Clean Water and Sanitation) | Verfügbarkeit und nachhaltige Bewirtschaftung von Wasser und Sanitärversorgung für alle gewährleisten |
| 7. Bezahlbare und saubere Energie (Affordable and Clean Energy) | Zugang zu bezahlbarer, verlässlicher, nachhaltiger und zeitgemäßer Energie für alle sichern |
| 8. Menschenwürdige Arbeit und Wirtschaftswachstum (Decent Work and Economic Growth) | Dauerhaftes, inklusives und nachhaltiges Wirt-schaftswachstum, produktive Vollbeschäftigung und menschenwürdige Arbeit für alle fördern |
| 9. Industrie, Innovation und Inf-rastruktur (Industry, Innovation and Infrastructure) | Eine belastbare Infrastruktur aufbauen, inklusive und nachhaltige Industrialisierung fördern und Innovati-onen unterstützen |
| 10. Weniger Ungleichheiten (Reduced Inequalities) | Ungleichheit innerhalb von und zwischen Staaten verringern |
| 11. Nachhaltige Städte und Gemeinden (Sustainable Cities and Communities) | Städte und Siedlungen inklusiv, sicher, widerstands-fähig und nachhaltig machen |
| 12. Nachhaltige/r Konsum und Produktion (Responsible Consumption and Production) | Für nachhaltige Konsum- und Produktionsmuster sorgen |
| 13. Maßnahmen zum Klimaschutz (Climate Action) | Umgehend Maßnahmen zur Bekämpfung des Klima-wandels und seiner Auswirkungen ergreifen |
| 14. Leben unter Wasser (Life below Water) | Ozeane, Meere und Meeresressourcen im Sinne einer nachhaltigen Entwicklung erhalten und nach-haltig nutzen |

(Fortsetzung)

**Tab. 6.1**   (Fortsetzung)

17 Ziele

| 15. Leben an Land (Life on Land) | Landökosysteme schützen, wiederherstellen und ihre nachhaltige Nutzung fördern, Wälder nachhaltig bewirtschaften, Wüstenbildung bekämpfen, Bodenverschlechterung stoppen und umkehren und den Biodiversitätsverlust stoppen |
|---|---|
| 16. Frieden, Gerechtigkeit und starke Institutionen (Peace, Justice and strong Institutions) | Friedliche und inklusive Gesellschaften im Sinne einer nachhaltigen Entwicklung fördern, allen Menschen Zugang zur Justiz ermöglichen und effektive, rechenschaftspflichtige und inklusive Institutionen auf allen Ebenen aufbauen |
| 17. Partnerschaften für die Ziele (Partnerships for the goals) | Umsetzungsmittel stärken und die globale Partnerschaft für nachhaltige Entwicklung wiederbeleben |

Quellen nach eigener Zusammenstellung: http://www.un.org/sustainabledevelopment, Zugriff: 03.11.2017/http://www.bmz.de/de/ministerium/ziele/2030_agenda/17_ziele/index.html, Zugriff: 05.11.2017

Das folgende Beispiel zeigt, wie die Klimaschutzziele in einem Spitzenverband der Freien Wohlfahrtspflege direkt in den Einrichtungen aktiv realisiert werden. Der Klima- und Ressourcenschutz gilt als wesentliche Aufgabe sowohl in den strukturellen Gegebenheiten als auch in der pädagogischen Arbeit.

**Beispiel**

Die Arbeiterwohlfahrt (AWO) sieht sich als Spitzenverband der Freien Wohlfahrtspflege und Trägerin von vielen tausend Einrichtungen und Diensten der Sozialen Arbeit in der Pflicht, aktiv zur Erreichung der vereinbarten Klimaschutzziele der Klimakonferenz in Paris (2015) beizutragen. In die tägliche Arbeitspraxis gehört der konsequente und systematische Klimaschutz, in dem $CO_2$-Emissionen erfasst und ausgewertet werden, Klimaschutzmaßnahmen festgelegt und realisiert werden sowie deren regelmäßige Evaluation und Aktualisierung stattfindet (Bundeskonferenz der AWO 2016, http://buko2016.awo. org/fileadmin/user_upload/konferenzen/buko2016/Beschluesse/Engagement_ und_Verband/Beschluss_2.8-01.pdf, Zugriff 05.12.2017). Die Initiative des Bundesverbandes der AWO verdeutlicht die Verbindung von Sozialem, Umwelt und Wirtschaft am Beispiel ihrer Kindertagesstätten und stationären Pflegeeinrichtungen. Mit dem Ziel der AWO, nachhaltiger werden zu wollen, wurde ein Instrument zur Erfassung und Evaluierung des $CO_2$-Fußabdrucks für ihre Kindertagesstätten und stationären Pflegeeinrichtungen entwickelt. In der ersten Projektrunde haben sich je 25 Kindertagesstätten und 25 Pflegeeinrichtungen aktiv beteiligt, 2017 bereits über 70 Kindertagesstätten. Die Ergebnisse zeigen vor allem auch die starke Verwobenheit des Essens in sozialen und pflegerischen Einrichtungen mit Nachhaltigkeitsfragen. Eine wesentliche Erkenntnis lautet, dass die Verpflegung mit Abstand den größten Anteil an den Gesamtemissionen von Kindertagesstätten und stationären Pflegeeinrichtungen ausmacht und zwar bis zu 50 %. Darüber hinaus gelten der Fleischanteil sowie der verwendete Anteil von Bio-Produkten im Bereich Verpflegung als maßgebliche Stellschrauben zur Senkung des $CO_2$-Fußabdrucks. In der Zukunft könnte es also darum gehen, den $CO_2$-Ausstoß in diesem Bereich zu senken durch z. B. weniger Verbrauch von Fleisch und einem höheren Verbrauch an Bio-Produkten. Der Bundesverband der Arbeiterwohlfahrt denkt über den Einsatz von Schulungs- und Beratungskonzepten zur klimafreundlichen Gestaltung und Umsetzung von Verpflegungskonzepten nach. Das Instrument soll die Einrichtungen unterstützen, in ihren Häusern Maßnahmen für den Klimaschutz zu identifizieren und zu verändern (Lembke 2017, S. 3, 7). Darüber hinaus hat sich die AWO vorgenommen, vor allem im Bereich der pädagogischen Arbeit der Kinder- und Jugendarbeit das Bewusstsein für Klima- und Ressourcenschutz sowie die globalen Auswirkungen aktueller Konsum- und Lebensstile zu schärfen. Dafür werden Konzepte und Methoden entwickelt. (Bundeskonferenz der AWO 2016, http://buko2016. awo.org/fileadmin/user_upload/konferenzen/buko2016/Beschluesse/Engagement_und_Verband/Beschluss_2.8-01.pdf, Zugriff 05.12.2017).

Wie voraussetzungsvoll die Verwirklichung der 17 Ziele ist, lässt sich an dem zweitgenannten Ziel „Kein Hunger" sehr gut zeigen. Derzeit leben 7 Mrd. Menschen auf der Welt. Weltweit wird bereits genug Essen erzeugt, um alle satt zu machen. Dennoch leidet fast jeder 7. Mensch täglich an Hunger, insgesamt sind es 800 Mio. Menschen. Dazu kommen weitere 2 Mrd. mangelernährte Menschen. Hunger bedeutet, wenn ein Mensch nicht genug zu essen hat, um sein Körpergewicht zu halten und seine Arbeit zu bewältigen. Mangelernährt heißt, dem Essen fehlen lebenswichtige Vitamine, Mineralstoffe oder Fettsäuren. Der Mensch bekommt zwar genügend Kalorien mit einem Sättigungsgefühl, wenn er jedoch täglich z. B. nur Reis zur Verfügung hat, wird diese Ernährung auf Dauer gefährlich, weil sie schwächt und anfällig für Krankheiten macht. Viele der hungernden bzw. mangelernährten Menschen sind zu arm, um sich Nahrungsmittel zu kaufen oder sie verfügen über kein Land für den Selbstanbau. Vom Hunger am stärksten betroffen sind Kinder, Frauen und Alte. Über 70 % aller Hungernden leben auf dem Land (Heinrich-Böll-Stiftung 2017, S. 56, 57). Die Tab. 6.2 gibt einen Überblick, wer in welchem Land wie viel Geld seines durchschnittlichen Einkommens für Nahrung ausgeben muss und wie ungleich verteilt über die Welt Nahrung zur Verfügung steht. Entsprechend viel seines Durchschnittseinkommens muss jeder Mensch in dem jeweiligen Land investieren, um sich und seine Familie satt zu bekommen.

**Tab. 6.2**  Wie viel Geld geben wir für Essen aus?

| Land | Ausgaben für Essen in Anteilen vom durchschnittlichen Einkommen in % |
|---|---|
| USA | 6,5 |
| Deutschland | 10,6 |
| Dänemark | 11,3 |
| Frankreich | 13,6 |
| Brasilien | 15,6 |
| Polen | 17,7 |
| Südafrika | 19,1 |
| Türkei | 21,6 |
| China | 25,5 |
| Rumänien | 28,0 |
| Indien | 29,0 |
| Indonesien | 33,1 |
| Guatemala | 40,4 |
| Aserbaidschan | 44,3 |
| Nigeria | 56,6 |
| Äthiopien | 58,6 |

Quelle: Heinrich-Böll-Stiftung (2017, S. 18)

In den USA werden nur 6,5 % des durchschnittlichen Einkommens für Nahrungsmittel ausgegeben, während Deutschland, Dänemark, Frankreich, Brasilien und Polen zwischen 10,6 % bis 17,7 % ihres durchschnittlichen Einkommens für Essen aufwenden. Südafrika, Türkei, China, Rumänien, Indien und Indonesien investieren zwischen 19,1 und 33,1 % ihres Einkommens in Nahrung. Über 40 % bis hin zu fast 60 % muss in Guatemala, Aserbaidschan, Nigeria und Äthiopien des durchschnittlichen Einkommens für Nahrung ausgegeben werden, um satt zu werden. Diese sehr großen Unterschiede verdeutlichen die Ungleichverteilung der Chancen und Möglichkeiten auf der Welt. Über die Qualität der Nahrung wird dabei allerdings noch keine Aussage getroffen. Für die Lebensqualität macht es große Unterschiede, ob fast 60 % des Einkommens für ausreichend Nahrung aufgewendet werden müssen oder ob jemand für seine Ernährung lediglich 10 % seines Einkommens ausgeben muss. Bei so hohen Ausgaben allein nur für Nahrung bleibt sehr wenig über für andere alltäglich anfallende Kosten, wie z. B. für Wohnen, Kleidung, Bildung oder Teilhabe an Gesellschaft.

Abgesehen davon, sieht Löwenstein für die Nahrungsherstellung allerdings in einer für die nachfolgenden Generationen verträglichen Weise keine andere Wahl, als ökologische Landwirtschaft zu betreiben, denn sehr bald könnte die Situation entstehen, dass auf der Welt nicht mehr genug Ressourcen zur Verfügung stehen, um überhaupt ausreichend Nahrung für die Weltbevölkerung zu erzeugen. Damit werden weitere Abhängigkeiten bezüglich der Nahrung und Nahrungsherstellung aufgemacht, nämlich die Frage nach der Qualität einerseits und den Begrenzungen durch die zur Verfügung stehenden Ressourcen andererseits. Unter ökologischer Landwirtschaft wird diejenige verstanden, die standortangepasst arbeitet, mit den von der Natur zur Verfügung gestellten Mitteln. Die ökologische Landwirtschaft kommt mit geringem Energie- und Kapitalinput aus, weil sie z. B. keine Agrarchemie und kein Gentechniksaatgut einsetzt (Löwenstein 2011, S. 299).

**Die Ziele der Ernährungsökologie**

Die Ernährungsökologie handelt als interdisziplinäres Wissenschaftsgebiet mit dem Ziel, die komplexen Beziehungen innerhalb des gesamten Ernährungssystems zu untersuchen und zu bewerten. Alle Teilbereiche von der landwirtschaftlichen Erzeugung der Lebensmittel über Verarbeitung, Verpackung, Transport und Handel bis zu Verzehr und Abfallentsorgung geraten in das Blickfeld. Dabei geht die Ernährungsökologie über die in der Ernährungswissenschaft herkömmliche Dimension Individuum bzw. Gesundheit hinaus. Die Dimensionen Umwelt, Wirtschaft und Gesellschaft werden gleichwertig einbezogen. „Ziel der Ernährungsökologie ist, wissenschaftlich fundierte Erkenntnisse über die vernetzten gesundheitlichen, ökologischen, ökonomischen und sozialen Bedingungen und Auswirkungen des Umgangs mit Lebensmitteln zu gewinnen. Dieses ermöglicht die Entwicklung von realisierbaren, nachhaltigen bzw. zukunftsorientierten Ernährungskonzepten und bietet die Basis für ein bewusstes Essverhalten" (Definition der Ernährungsökologie nach: v. Koerber, Männle, Leitzmann 2012 http://www.nachhaltigeernaehrung.de/Definition.36.0.html, Zugriff 20.11.2017).

Die Ernährungsökologie bezieht in ihre Überlegungen die folgenden vier verschiedenen Dimensionen ein:

- „ökologische Dimension, betrifft die globale Umwelt, d. h. die Verantwortung für den natürlichen Lebensraum
- ökonomische Dimension, die Ebene der Wirtschaft ist mit all diesen Prozessen eng verflochten

- soziale Dimension, bezieht die Gesellschaft, d. h. die Verantwortung für unsere Mitmenschen mit ein – und zwar weltweit
- gesundheitliche Dimension, bezieht sich auf jeden einzelnen Menschen, also auf die individuelle Ebene" (http://www.nachhaltigeernaehrung.de/ Dimensionen.37.0.html, Zugriff 20.11.2017).

Die Ernährungswissenschaft beziehe sich derzeit vielfach eher auf die gesundheitlichen Aspekte, während andere bedeutende Dimensionen zu wenig berücksichtigt werden.

Die Ernährungsempfehlungen beruhen weitestgehend auf ernährungsphysiologischen sowie hygienisch-toxikologischen Betrachtungen – im Sinne einer Gesundheitsprävention. Um aber Umweltschäden durch die Nahrungsversorgung zu vermeiden und auf Dauer eine ausreichende und gerechte Ernährungssituation für die gesamte Weltbevölkerung zu erreichen bzw. zu sichern, ist die Einbeziehung auch der ökologischen, ökonomischen und sozialen Bestimmungsgrößen unausweichlich (http://www. nachhaltigeernaehrung.de/Dimensionen.37.0.html, Zugriff 20.11.2017).

Ernährungsökologie versucht, die Dimensionen der Nachhaltigkeit mit denen der Gesundheit als ernährungswissenschaftlichen Schwerpunkt zu verknüpfen, zugunsten besserer Ernährung insgesamt.

Vor dem Hintergrund der wiederkehrenden, tief greifenden Krisen im gesamten Bereich der Nahrungserzeugung, -verarbeitung und -vermarktung seit dem BSE-Skandal versucht die Ernährungsökologie ganzheitlichere bzw. nachhaltigere Perspektiven in die Ernährungswissenschaft hineinzubringen, die zudem auf vernetzteres Wissen setzen. Ernährungsökologie will sich mit ihrem umfassenden Anspruch nahtlos in das gesellschaftliche Leitbild der „Nachhaltigkeit" einfügen. Dazu gehört die gleichberechtigte und integrierte Berücksichtigung der ökologischen, ökonomischen und sozialen Dimensionen, die die Ernährungsökologie für den Ernährungsbereich um die Einbeziehung der gesundheitlichen Dimension erweitert (http://www.nachhaltigeernaehrung.de/Dimensionen.37.0.html, Zugriff 20.11.2017). Die verschiedenen Betrachtungsebenen schließen sich nicht etwa gegenseitig aus, vielmehr tragen sie zu einer in sich schlüssigen Konzeption bei. Darüber hinaus hat die Ernährungsökologie Grundsätze für einen zukunftsfähigen Ernährungsstil konzipiert, die zur Lösung der ökologischen, ökonomischen, sozialen und gesundheitlichen Probleme gleichzeitig beitragen sollen. Die Grundsätze folgen in ihrer Anordnung der ökologischen Priorität und zeigen absteigend das Einsparpotenzial an Treibhausgasemissionen.

„Grundsätze für eine nachhaltige Ernährung

- Bevorzugung pflanzlicher Lebensmittel (überwiegend lakto-vegetabile Kost)
- Ökologisch erzeugte Lebensmittel
- Regionale und saisonale Erzeugnisse
- Bevorzugung gering verarbeiteter Lebensmittel
- Fair gehandelte Lebensmittel
- Ressourcenschonendes Haushalten
- Genussvolle und bekömmliche Speisen" (v. Koerber et al. 2012).

Menschen nehmen die komplexen Zusammenhänge allmählich bewusster zur Kenntnis und sie sollten versuchen, ihre Ernährungsgewohnheiten entsprechend folgender Anforderungen zu verändern: Ernährung sollte geschmacklich ansprechend, gesundheitlich wertvoll, ökologisch notwendig, sozial verträglich, kulturell erwünscht, ökonomisch machbar und praktisch durchführbar sein. Die Ernährungsökologie möchte ihre Erkenntnisse in die Praxis bringen und Veränderungen bewirken. Als praktische Realisierungsmöglichkeit wird die ernährungsökologisch orientierte Ernährungsweise der Vollwert-Ernährung der Gießener Konzeption empfohlen (http://www.nachhaltigeernaehrung.de/Grundsaetze.40.0.html, Zugriff: 20.11.2017).

Als weitere Konkretisierung für nachhaltige Entwicklungen im Bereich Nahrungsmittelproduktion sind eine Vielzahl an Gütesiegel entstanden, die etwas darüber aussagen, wie Lebensmittel erzeugt werden, was dabei für die Tiere getan und wie die Landwirtschaft betrieben wurde. „Bio ist gut für die Umwelt, steht aber nicht in jedem Fall für eine rundum verbesserte Tierhaltung. Das Neuland-Siegel bezieht sich explizit auf die Haltung der Tiere" (Heinrich-Böll-Stiftung 2017, S. 13). Staatliche Bio-Siegel der EU garantieren das Einhalten bestimmter Bio-Mindeststandards, auch bei der Tierhaltung.

Das routinemäßige Entfernen von Schwänzen und Hörnern ist verboten – und nur im Einzelfall zulässig. Zu mindestens 90 % wird Bio-Futter garantiert. Transportzeiten und -strecken der Tiere sind eher ungenau geregelt. Die Bio-Anbauverbände (z. B. Bioland oder Demeter) achten darauf, dass das Futter zu 100 % biologisch angebaut ist und nicht genetisch verändert wurde. Sie verfolgen auch konsequenter als die staatlichen Siegel eine artgemäße Tierhaltung (Heinrich-Böll-Stiftung 2017, S. 13).

Neuland vertritt die artgerechte Haltung am stärksten mit ganz strengen Auflagen. Die Tiere bekommen Stroh und kein Tier darf angebunden oder fixiert im Stall stehen.

Für Auslauf ins Freie ist das ganzjährig gesorgt. Obergrenzen für Herden sind festgelegt, die Schweine leben in Gruppen und behalten ihre Ringelschwänze, männliche Ferkel werden betäubt kastriert. Nur kranke Tiere dürfen vereinzelt mit Antibiotika behandelt werden. Die Kühe behalten ihre Hörner und die Legehennen im Stall bekommen Sitzstangen. Die Schlachtung im Akkord ist verboten. Transporte über 200 km und mehr als 4 Stunden sind nicht erlaubt. Jedoch ist das Futter der Tiere nicht bio, sondern wird konventionell erzeugt, wobei Soja aus Übersee oder genetisch veränderte Pflanzen nicht verfüttert werden (Heinrich-Böll-Stiftung 2017, S. 13).

Landwirtschaft hat sich inzwischen also ausdifferenziert in unterschiedlichen Graden entlang der Einschätzung von konventioneller zu ökologischer Landwirtschaft. Wenn von konventioneller Landwirtschaft die Rede ist, erfüllt der Landwirt die gesetzlichen Mindestauflagen, die zum Schutz der Tiere und Umwelt existieren. Bio oder ökologische Landwirtschaft werden betrieben, wenn ein Landwirt weitestgehend auf Pestizide verzichtet und sich mehr für das Tierwohl einsetzt (Heinrich-Böll-Stiftung 2017, S. 14). Weitere alternative Konzepte haben sich in den letzten Jahren entwickelt, die für die Landwirtschaft alternative Möglichkeiten zur konventionellen Landwirtschaft bieten und sich dem Sog agrarindustrieller Entwicklungen in der Landwirtschaft widersetzen wollen. Die Solidarische Landwirtschaft wird als eine Alternative zu vielen anderen vorgestellt.

**Die Solidarische Landwirtschaft als Strategie für verantwortungsvolle Landwirtschaft**

Die Solidarische Landwirtschaft sieht sich als Konzept der Zukunft für den Erhalt einer bäuerlichen, vielfältigen Landwirtschaft, die gesunde, frische Nahrungsmittel erzeugt und gleichzeitig die Natur- und Kulturlandschaft pflegt. Die Lebensmittel werden nicht über den Markt vertrieben, vielmehr fließen sie in einen transparenten Wirtschaftskreislauf, der von den Teilnehmer*innen mit organisiert und finanziert wird. Die Solidarische Landwirtschaft fördert und erhält bäuerliche und vielfältige Landwirtschaft mit regional produzierten Lebensmitteln, ohne sich selbst oder die Natur auszubeuten. Die Abhängigkeit herkömmlicher Landwirtschaft hängt ab von Subventionen und Markt- bzw. Weltmarktpreisen, auf die häufig kein Einfluss genommen werden kann und zu Überlastungen bzw. zur Aufgabe führt. Solidarische Landwirtschaft versteht sich als innovative Strategie für verantwortungsvolle Landwirtschaft, die existenzsichernd und nachhaltig wirtschaftet. Landwirtschaftliche Betriebe oder Gärtnereien schließen sich mit einer Gruppe privater Haushalte zusammen. Die Landwirt*innen und die Gruppe bilden eine Wirtschaftsgemeinschaft, die auf Grundlage der geschätzten Jahreskosten der landwirtschaftlichen Erzeugung, jährlich im Voraus einen festgesetzten (überwiegend monatlichen) Betrag an den Hof zahlt. Der*die Landwirt*in kann sich, unabhängig von Marktzwängen, der landwirtschaftlichen Praxis widmen, den Boden fruchtbar erhalten und bedürfnisorientiert wirtschaften. Die gesamte Ernte sowie weiterverarbeitete Erzeugnisse wie Brot, Käse etc., sofern der Solidarhof diese herstellt, wird an die Mitglieder weitergegeben. „Die Mitglieder erleben, wie ihre Ernährungsentscheidung die Kulturlandschaft gestaltet, soziales Miteinander, Naturschutz und (Arten-)Vielfalt ermöglicht und so eine zukunftsfähige Landwirtschaft stattfinden kann" (https://www.solidarische-landwirtschaft.org/das-konzept/, Zugriff: 21.11.2017). Derzeit sind im Netzwerk Solidarische Landwirtschaft 165 Mitglieder, die Solidarische Landwirtschaft deutschlandweit betreiben (https://www.solidarische-landwirtschaft.org/solawis-finden/liste/, Zugriff: 22.11.2017).

> ▶ **Tipp** Erkundigen Sie sich nach alternativen Angeboten in Ihrer Umgebung im Bereich ökologischer Landwirtschaft oder im Bereich Solidarischer Landwirtschaft. Diskutieren Sie mit Ihren Kommiliton*innen/ Kolleg*innen über die Einführung ökologisch hergestellter Nahrungsmittel in sozialen Einrichtungen.

Ein weiteres Beispiel im Bereich Landwirtschaft und insbesondere im Bereich Alternativen zur herkömmlichen Herstellung von Nahrungsmitteln lässt sich an Urban Farming bzw. Urban Gardening Projekten zeigen, die auch Inspiration für die Soziale Arbeit sein können. In jeder sozialen Einrichtung könnte, unabhängig von ihrem Standort, z. B. über ein Kräutergarten oder vielleicht sogar ein Küchengarten nachgedacht werden oder eine kleine Nutztierhaltung.

**Beispiel**

Urban Farming oder Urban Gardening gelten als weitere Trends im Bereich ökologischer Landbau, der nicht im ländlich geprägten Raum stattfindet. Vielmehr werden in (groß-)städtischen Räumen Möglichkeiten für die Nahrungsmittelerzeugung ausgelotet und ausprobiert. Klimaforscher*innen und auch Stadtplaner*innen rufen Urban Farming bereits zur Landwirtschaft der Zukunft aus. Stadtmenschen sollten ihre Nahrungsmittel vor Ort anbauen können und dadurch lange Transportwege sparen. Ingenieur\*innen und Umweltschützer\*innen arbeiten gleichermaßen an realisierbaren Visionen für die vertikale, urbane Farm. Wissenschaftler\*innen schätzen, dass ein Gebäude mit 30 Etagen in etwa 50.000 Menschen mit Obst, Gemüse, Eiern, Fisch und Hühnerfleisch versorgen könnte. Diese Idee wird im kleinen Stil bereits von Bürgerinitiativen in San Francisco und New York realisiert. Mitten in der Stadt in Hinterhöfen und Baulücken, auf Dachterrassen und Balkonen werden Obst und Gemüse angepflanzt. In den USA wurde 2008 erstmals mehr Gemüse- als Blumensaatgut verkauft. Eine vorbildgebende Anhängerin dieses Trends war Michelle Obama. Mit dem Einzug in das Weiße Haus in Washington, legte sie dort einen Gemüsegarten an und wurde darin öfter abgelichtet, wie sie Gartenarbeit verrichtete. Im neu angelegten Bio-Garten im Buckingham Palace hat Queen Elizabeth seltene Sorten wie die gelbe Johannisbeertomate „Sonnenbaby" und die französische Bohne „Blaue Königin" gepflanzt. Seit dem Zweiten Weltkrieg wächst zum ersten Mal wieder im Palastgarten Gemüse. In Deutschland zeigt sich der Trend mit einem Schrebergarten-Revival und die Neu-Kleingärtner\*innen bauen Gemüse für die Selbstversorgung an. Doch der Selbstversorger-Trend weitet sich auch auf die Tierhaltung aus. In den USA züchten Anhänger der Urban Chicken-Bewegung Hühner in Hinterhöfen. Der blog: www.cityfarmer. info verrät noch mehr über sie und ihre Lieblingszeitschrift lautet: Backyard Poultry („Hinterhof-Federvieh") (myself 2010).

Das Europäische Parlament (Amtsblatt der EU, C8 E/99) definiert eine gesunde Ernährungsweise als solche, die in Bezug auf den Nährwert, Lebensmittelsicherheit, ästhetisch-geschmackliche Eigenschaften sowie ihre ökologische Erzeugung optimiert ist. Mit dieser offiziellen Definition wird die Komplexität einer „gesunden Ernährungsweise" politisch formuliert und erkennt damit über das Verhalten der Esser\*innen hinaus die Verhältnisse an. „Dadurch rücken neben den schon immer betrachteten individuellen ernährungsphysiologischen Aspekten auch externe ökologische und soziale Effekte und Kriterien ins Rampenlicht" (Reisch und Gwozdz 2011, S. 326). Fragen der Nachhaltigkeit werden zunehmend mit Fragen der Gesundheit verknüpft und in wechselseitige Bedingungen gesetzt. Während Nachhaltigkeit in der Zukunft ausdifferenziert und stärker in den Mittelpunkt des Diskurses gehört, hat vor allem der Anspruch an Gesundheit in Verbindung mit Ernährung seit längerer Zeit Hochkonjunktur. Gesundheit wird z. B. als Verstärker für das Essen bzw. Nicht-Essen bestimmter Nahrungsmittel genutzt. Da Gesundheit leicht missbräuchlich verwendet werden kann in Essensfragen, die als Erziehungs- und Versorgungsfragen besonderer Verantwortung unterliegen, befasst sich das nächste Kapitel insbesondere mit Gesundheit im Zusammenhang mit Ernährung.

## 6.2.2  Die Bedeutung der Gesundheit: Ernährung als Optimierung oder das Befolgen physiologisch bestimmter Nährwerte

Der Begriff „Gesundheit" wird bis zu diesem Satz ungefähr 240 Mal im vorliegenden Lehrbuch verwendet und in Zusammenhänge mit Ernährung, Essen, Esskultur etc. gesetzt. Der Begriff „Nachhaltigkeit" wurde bisher „nur" ca. 100 Mal gebraucht, obwohl bereits das vorherige Kapitel einen Schwerpunkt im Hinblick auf Nachhaltigkeit gesetzt hat. Allein diese rein quantitative Betrachtung zeigt, wie selbstverständlich Gesundheit inzwischen mit Ernährungsfragen verknüpft wird oder als Ernährungsfrage schlechthin gilt. Der Zusammenhang von Gesundheit und Ernährung wird in diesem Kapitel explizit aufgemacht, um das Verständnis von Gesundheit als Gesundheitsförderung im Hinblick auf Ernährung in sozialpädagogischen Zusammenhängen zu erweitern und neu zu besetzen. „Gesundheit und Wohlbefinden gehören zusammen – so sieht es die Definition von Gesundheit der Weltgesundheitsorganisation vor (WHO 1946). Als subjektive Größe ist Wohlbefinden jedoch nicht normierbar" (Walther 2015, S. 196). Die meisten Strategien zur Förderung von gesundem Verhalten oder zur Prävention von Gesundheitsrisiken setzen bisher auf bestimmte Normen oder spezifisch formulierte Gesundheitsziele, z. B. wenn es um das zulässige Körpergewicht entlang des Body-Mass-Index geht oder um die Angabe bestimmter Mengen von Obst und Gemüse, die für eine gesunde Ernährung täglich zum Konsum empfohlen werden (Walther 2015, S. 196). Diese Initiativen und Empfehlungen vernachlässigen jedoch meistens die Abhängigkeit individueller Motive für gesundheitsbewusstes Handeln von Lebensumständen und individuellen Wertesystemen und Bedarfen. Mit der Ignoranz individuumsbezogener Aspekte entstehen oft ungewollte Nebeneffekte in Gesundheitsförderprojekten. Beschämungen oder Schuldzuweisungen sind die Folge, wenn z. B. Kinder wiederkehrend das „falsche" Nahrungsmittel in der täglichen Essensdose haben oder Eltern an die Grenze zur Überforderung geraten, wenn sie pädagogischen Ansprüchen nicht gerecht werden, vielleicht auch gar nicht in der Lage dazu sind, aufgrund mangelnden Verstehens oder knapper finanzieller Ressourcen. Möglich wären auch alternative Ernährungsweisen, von denen die Eltern überzeugt sind und die es zu akzeptieren gilt (Walther 2015, S. 196).

Die Bereiche „health" als eher naturwissenschaftliche Orientierung und „well-being" als sozial-kulturwissenschaftlich orientierte Perspektive werden nach wie vor zu stark getrennt, obwohl sie entlang der Definition World Health Organisation als ein Bereich anzusehen sind. Darüber hinaus sollten Mensch und

Gesellschaft durchgängig als dynamische Größen betrachtet werden. Mit diesem Ausgangspunkt sind Ernährung und Ernährungskommunikationen auf keinen Fall nur auf den Gesundheitsaspekt auszurichten und damit zu verengen. „Vielmehr ist eine ganzheitliche Betrachtung des Phänomens erforderlich. Dies bedeutet nicht nur die physiologischen, sondern auch kulturelle Aspekte sowie solche der Nachhaltigkeit mit einzubeziehen. Zukünftig wäre es ratsam, wenn Akteure aus allen Ernährungsbereichen – also Verbraucher, Industrie, Handel/Markt, Forschung, Medien – gemeinsam über den Essalltag der Zukunft diskutieren würden" (Palm et al. 2011, S. 419).

Kaufmann allerdings betont die Vielzahl der Stimmen im Diskurs um Ernährung, welche eher verwirren und weniger aufklären. Vor allem, weil viele wissenschaftliche Informationen, bevor sie überhaupt in den Diskurs geraten, von großen Institutionen mit besonderen Interessen und Ansichten gefiltert werden. Dazu gehören staatliche Gesundheitsbehörden, Verbraucherbewegungen, Nahrungsmittelindustrie usw. Andere gesellschaftliche Dynamiken machen Druck auf einzelne Gruppen, z. B. das den Frauen aufgezwungene Schlankheitsideal.

> Der arme Esser weiß nicht mehr, was für ihn gesund ist. Und schlimmer noch: Die Anbetung des heiligen Gesundheitsgottes, die ihn dazu verleitet, die Pampelmuse oder den Vollkornreis zu verehren, stellt nur eine der beiden Seiten seines Denkens dar: Je mehr Glaubensüberzeugungen es gibt, und je schneller sie einander ablösen, desto mehr verstärken sie die Reflexion der Individuen, die, ob sie es nun wollen oder nicht, dazu veranlasst werden, sich über ihre Richtungswechsel und die Instabilität ihrer Religionen Gedanken zu machen. Sie glauben, dass sie nur eine Einstellung ändern, sie auf der Grundlage einer interessanten Information verbessern. Aber indem sie dies tun, wenden sie sich von überkommenen Regeln ab und bauen ihre neuen Verhaltensweisen auf ein paar Informationen auf, die mit ihrem kritischen Denken in Zusammenhang stehen. Anders gesagt: Ihr Handeln ist auf Sand gebaut, auf dem Treibsand der Ideen. Das Stimmengewirr der Medien ist nichts im Vergleich zu der Destabilisierung, die von einer solchen Veränderung der Handlungsordnung verursacht wird (Kaufmann 2006, S. 29).

Vor diesem Hintergrund erscheint es unmöglich, sich all das erforderliche Wissen um Ernährung anzueignen und daraufhin die bestmögliche, möglichst gesunde Ernährungsweise auszuwählen. Mit jeder Entscheidung können bereits wieder neue Erkenntnisse in den Vordergrund treten, die die zuvor getroffene Entscheidung wieder infrage stellen. Die Deutsche Gesellschaft für Ernährungswissenschaft hat kürzlich ihre Ernährungsempfehlungen aktualisiert und versucht, sie an die aktuellsten wissenschaftlichen Erkenntnisse anzupassen.

**Beispiel**

1956 hat die Deutsche Gesellschaft für Ernährung (DGE) e. V. zum ersten Mal 10 Regeln aufgestellt, wie sich Verbraucher*innen ausgewogen und genussvoll im Alltag ernähren sollten. Auf Basis aktueller wissenschaftlicher Erkenntnisse hat die DGE die 10 Regeln angepasst und konkretisiert. Praktische Empfehlungen für eine optimale Lebensmittelauswahl wollen den Verbraucher*innen einfache Verhaltensregeln an die Hand geben. Ernährungsphysiologische, präventive und nachhaltige Kriterien wurden berücksichtigt. Die Empfehlungen lassen Platz für individuellen Spielraum und sollen nicht als starre Ge- oder Verbote verstanden werden.

Die aktualisierten 10 Regeln in Kurzform lauten:

- „Lebensmittelvielfalt genießen
- Gemüse und Obst – nimm ‚5 am Tag'
- Vollkorn wählen
- Mit tierischen Lebensmitteln die Auswahl ergänzen
- Gesundheitsfördernde Fette nutzen
- Zucker und Salz einsparen
- Am besten Wasser trinken
- Schonend zubereiten
- Achtsam essen und genießen
- Auf das Gewicht achten und in Bewegung bleiben" (http://www.dge.de/presse/pm/10-regeln-der-dge-aktualisiert/, Zugriff: 26.11.2017).

Die Empfehlungen der DGE gerieten in den letzten Jahrzehnten wiederkehrend aus unterschiedlichen Gründen in die Kritik und lösten bei jeder Aktualisierung vielfältige Diskussionen aus, ob die empfohlene Ernährungsweise gesund und vor allem, wie gesund sie denn nun wirklich sei.

▶ **Tipp** Versuchen Sie die Wechsel der 10 Regeln der DGE seit 1956 herauszufinden und verfolgen Sie die Veränderungen! Vollziehen Sie die Veränderungen anhand der jeweilig zeithistorisch bedingten aktuellsten ernährungswissenschaftlichen Erkenntnisse nach und schätzen Sie diese ein.

Die Nestlé Health Science AG und das Nestlé Institute of Health Science planen in der Zukunft die Reduzierung des Kaufmannschen Stimmengewirrs auf eine Stimme durch individualisierte und personalisierte Gesundheitsprodukte.

Auf Grundlage biomedizinischer Erkenntnisse werden die Möglichkeiten derzeit erforscht und entwickelt. Insbesondere zielen sie ab auf die Reduzierung von Zivilisationskrankheiten, wie z. B. Diabetes, Fettleibigkeit, Herz-Kreislauf-Beschwerden oder auf die Alterskrankheit Alzheimer. Neue Nahrungsmittel werden nicht nur als Prävention gegenüber Krankheiten eingeschätzt, vielmehr sollen sie auch heilen helfen (Gahmann 2011, S. 287). Die Erkenntnisse der Nestlé Zukunftsstudie erweitern diesen Trend bis zur Selbstoptimierung durch Ernährung. Menschen werden in der Zukunft stärker die Erwartung an ihre Ernährung haben, im Alltag ihre Leistungsfähigkeit zu steigern. 25 % der Befragten sahen eine Ernährung zur Selbstoptimierung in einer leistungsorientierten Gesellschaft als gut an durch Brain Food oder Detox-Pillen. Zudem wird sehr viel mehr auf die Verminderung persönlicher Krankheitsrisiken abgezielt, die durch technische Hilfsmittel, wie z. B. Apps oder Gesundheitsarmbänder scheinbar kontrollierbar werden, indem die eigene Gesundheit mittels Überwachung der eigenen Leistungsfähigkeit permanent eingeschätzt wird.

Damit wird sich die Individualisierung durch Personalisierung verstärken und weit über die Krankheitsprävention hinausreichen.

> In Zukunft wird es ein großes Angebot an Ernährungsprodukten geben, die individuell auf das eigene persönliche Gesundheitsprofil zugeschnitten sind. Neue Technologien und bessere Vernetzung werden den vermehrten Einsatz von Apps, den aktuellen Kenntnisstand über unsere Gesundheit und die Kombination mit unserem Essen möglich machen. So wird es Restaurants geben, die im Vorfeld ein Gesundheitsprofil eines Gasts erhalten und ein personalisiertes Menü zubereiten. Auch in Imbissen und Kantinen wird es so schnell und unkompliziert für jeden gesundes Essen geben (https://www.nestle.de/zukunftsstudie/10-trends-der-ernaehrung-der-zukunft, Zugriff: 25.11.2017).

Ernährung wird zunehmend ideologischer und vermutlich werden gesundheitliche Aspekte durchgängig noch dominanter werden und mehr Bedeutung bekommen. 53 % der Befragten wünschen sich hochwertige Fertigprodukte, die den Wünschen nach gesunder und qualitativ hochwertiger Ernährung entsprechen (https://www.nestle.de/zukunftsstudie/10-trends-der-ernaehrung-der-zukunft, Zugriff: 25.11.2017).

Der Diskurs um gesunde Ernährungsweisen konzentrierte sich über lange Zeiten dominant auf Fragen des physiologischen Nährwertes von Lebensmitteln, während Aspekte des Genusses nahezu vollständig vernachlässigt wurden. Gegenwärtig stehen große Anteile der Verbraucher*innen beim Essen noch auf eine Kombination aus Gesundheit, Geschmack, Wohlbefinden, Health und Wellbeing (Gahmann 2011, S. 288). Die Perspektive der Gesundheitsförderung hebt den Genuss mit seinem intensiven Sinn-Erleben Aspekte, wie z. B. Zeit, Erfahrung, Lust, Sinnlichkeit oder Gelegenheit in die Ernährung hervor. Mit der Betonung des Genusses werden Widerstandsressourcen mit positiven Wirkungen verbunden, die Wohlbefinden und Lebensqualität als elementare Bestandteile von Gesundheit stärken können. Genusserleben ist eingebettet in Erfahrungen der Lebenswelt und dieses drückt sich in Lebensstilen unterschiedlich aus mit einer Vielzahl an Bedeutungen. Gesundheitsförderung betont genussvolles Essen, da es die Lebensqualität und Zufriedenheit steigern kann und damit gesundheitsfördernd wirkt. Unabhängig davon, ob die Nahrungsmittel und die Art der Nahrungsaufnahme nach ernährungswissenschaftlicher Definition eher als ungesund eingestuft werden. Gesundheitsförderung hat ebenso erkannt, dass erzwungene Arten des Essens langfristig zu Unsicherheiten und Ablehnung führen kann (Walther 2015, S. 197).

In der akzeptierenden Gesundheitsförderung bestehen plurale Vorstellungen von Gesundheit und Wohlbefinden im Zusammenhang mit Genusserleben, die sich vor allem auch auf unterschiedliche Vorstellungen von Frauen und Männer bezüglich gesunden Essens beziehen oder Kinder- von Erwachsenenvorstellungen unterscheiden. Alte Menschen folgen ebenfalls anderen Gesundheitsüberzeugungen. „Gesund essen hat eine starke kulturelle und religiöse Bedeutung und in sozial gesicherten Verhältnissen haben andere Gesundheitsparameter Priorität als in armen Lebensverhältnissen" (Walther 2015, S. 196). Vorstellungen von Gesundheit sind eng verknüpft mit Schlankheitsidealen und allgegenwärtig selbstverständlich.

### Zunehmende Bedeutung der Fat Studies

Fat Studies gilt als Forschungsrichtung, die sich kritisch mit gesellschaftlichen Einstellungen gegenüber dem Körpergewicht und dem äußeren Erscheinungsbild auseinandersetzt. Fat Studies treten für eine Gleichbehandlung im Hinblick auf den Körperumfang für alle Menschen ein. Die Überwindung negativer Assoziationen, die Dicksein und dicken Menschen in der Gesellschaft anhaftet, wird mit den Fat Studies angestrebt. Gewicht wird, entsprechend der Körpergröße, auch als menschliches Merkmal mit vielfältigen Variationen innerhalb jeder Population betrachtet. Eine der ersten Aktivistinnen war Marilyn Wann und sie verwendete bereits die Bezeichnung „Fat Studies". Nach Wann widersetzt sich der Ansatz von Fat Studies nicht der schlichten Tatsache, anders als herkömmliche Sichtweisen, dass Menschen ein sehr unterschiedliches Körpergewicht haben. Davon ausgehend befassen sich Fat Studies damit, wie Menschen und Gesellschaften mit dieser Gegebenheit umgehen. Forscher*innen im Bereich Fat Studies fragen, warum Menschen unterdrückt werden, die dick sind und wer eigentlich von dieser Unterdrückung profitiert. Fat Studies ähneln akademischen Disziplinen, deren Augenmerk auf Ethnizität, Geschlecht oder Alter liegt (Rothblum 2017, S. 16).

Selbst vor Figuren aus Kinderbüchern macht der Schlankheitswahn nicht Halt und verordnet ihnen eine Diät, um weiterhin als Vorbild für die gegenwärtigen Kinder zu dienen, wenn man bei Pumuckl und Biene Maja überhaupt je von Vorbildern im Hinblick auf gesunde Ernährung sprechen konnte.

---

**Beispiel**

Der gegenwärtige Schlankheitswahn hat auch für Kinder beliebte Zeichentrickfiguren erfasst, die ihnen mit ihren Erscheinungen kein „schlechtes" Vorbild im Hinblick auf übermäßige Ernährung sein sollen. Ende August 2015 wurde in den Medien eine Woche heiß über den verschlankten Pumuckl diskutiert: „Der Schlankheitswahn macht offenbar auch nicht vor Kobolden halt. Für ein neues Pumuckl-Buch musste der kleine Kobold abspecken" (http://diepresse. com/home/bildung/erziehung/4801745/Pumuckl-wird-fur-neues-Buch-dunner Zugriff: 27.08.2015). Fans des Kinderbuchs „Pumuckl" liefen Sturm gegen sein dünneres Aussehen für eine neue Buchausgabe. Dieser nun 50 Jahre alte Held wurde als zu dick befunden und verschlankt. Pumuckl sollte für die Neuausgabe dynamischer gezeichnet werden und verlor seinen für ihn typischen Bauch. Fans beschwerten sich und er bekam ihn zurück. Pumuckl sollte eigentlich nicht unbedingt dünner werden, vielmehr war die Absicht, ihm einen „leicht modernen Touch" zu verpassen, um die neue Generation Kinder anzusprechen. Zeithistorisch bedingt bedeutet „modern" wohl „dünner". Pumuckl ist dabei kein Einzelschicksal, denn Biene Maja, eine weitere beliebte Figur aus einer Zeichentrickserie der 1980er Jahre wurde auch schon verschlankt.

Die Entstehung von Essstörungen ist mit dem Schlankheitswahn verbunden. Als Essstörungen gelten Adipositas, Bulimia nervosa, Anorexia nervosa und die ‚Binge-Eating'-Störung. Ihre Verbreitung hat insgesamt zugenommen.

Dies hängt damit zusammen, dass unsere Gesellschaft ein gezügeltes Essverhalten erwartet. Ist dieses erfolgreich, dann sind die Menschen schlank. Sollte es nicht erfolgreich sein, dann stellt sich die Unzufriedenheit mit dem eigenen Körper ein. Es wird in der Folge versucht, das Essverhalten verstärkt zu kontrollieren. Eventuell werden Diäten durchgeführt, und damit wird der Weg zu Essstörungen geebnet. Relativ gut belegt ist, dass sich Adipositas immer weiter ausbreitet und zwar weltweit. In den Industrieländern sind eher die sozial unteren Schichten betroffen. Zunehmender Überfluss in Verbindung mit der evolutionären Programmierung, möglichst viel zu essen, sowie die Technisierung der Umwelt, die zu Bewegungsarmut führt, sind die Motoren dieser Entwicklung (Klotter 2007, S. 146).

Die Soziale Gesundheitsarbeit spricht sich für genauere Überprüfungen aus, wenn es um angemessene Interventionen geht und tatsächliche Gesundheitsgefährdungen aufgrund bestimmter Ernährungsweisen vorliegen. Für eine umfassende Betrachtung und qualifizierte Entscheidung fehlen jedoch oftmals Forschungen und qualifiziertes Wissen. An dieser Stelle besteht Nachbesserungsbedarf (Walther 2015, S. 199). Das gilt vor allem für die Ernährungsweisen ärmerer Bevölkerungsteile, die bisher in sozialwissenschaftlichen Studien auf eher geringes Interesse stoßen (Sedelmeier 2011, S. 30; Lampert 2010, S. 26). In vielen gesellschaftlichen Diskursen wird Armut vorschnell in Verbindung mit „Ernährungsverwahrlosung" gebracht (Schorb 2009, S. 131), die zu Übergewicht, Fettleibigkeit und entsprechend erhöhten Prävalenzrisiken chronischer Krankheiten führen. „Oberflächlich betrachtet wird der armen Bevölkerung oftmals mangelndes Ernährungswissen, Ignoranz oder Bequemlichkeit unterstellt, die zu gesundheitsgefährdendem Ernährungsverhalten führen (Schorb 2009). Das wichtigste Argument für Ernährungsarmut – nämlich der Mangel an ausreichend finanziellen Ressourcen für eine bedarfsgerechte und gesundheitlich angemessene Versorgung mit Nahrungsmitteln – wird in diesen Diskussionen schlicht wegargumentiert" (Walther 2015, S. 201).

Der Diskurs dreht sich vor allem um mögliche Folgen ungesunder Ernährung und deren Krankheitsrisiken im Hinblick auf Übergewicht und Fettleibigkeit, während die Perspektiven von Mangel- und Unterernährung bzw. Störungen des Essverhaltens eher weniger im Zentrum der Betrachtung stehen. Negative Folgen der Gesundheitsgesellschaft mit ihren Normen und Anforderungen an Ernährungsweisen, häufig verbunden mit Vorstellungen von gesunden Körpern und deren Schönheitsidealen, die zu kosmetischen Operationen, Essstörungen sowie Ängsten führen, Ansprüchen und Forderungen der Gesellschaft nicht gerecht werden zu können. Dazu gehört auch die Entstehung des Krankheitsbildes der Orthorexie. Darunter ist die krankhafte Angst vor ungesundem Essen zu verstehen. „Die ‚falsche' Figur, das ‚falsche' Essen werden in der Selbst- aber auch gesellschaftlichen Fremdwahrnehmung zum Symbol des Scheiterns und bergen erhebliche Gesundheitsrisiken und Einschränkungen der Lebensqualität" (Walther 2015, S. 203). In der Folge geht es darum, gesundheitlichen Schädigungen vorzubeugen oder zu heilen. Gleichzeitig geht es um die Grenze der Akzeptanz aus Sicht der sozialen Gesundheitsarbeit, die einerseits Angebot bereithält für zielgruppenspezifische, sozialpädagogische und/oder therapeutischen Interventionen und andererseits verlangt, bestehende Normvorstellungen inklusive damit verbundener Empfehlungen und Forderungen zu hinterfragen und ggf. mit erweiterten wissenschaftlichen Erkenntnisse zu widerlegen (Walther 2015, S. 203).

Für akzeptierende gesundheitsbezogene Soziale Arbeit als Verbindung sozialpädagogisch und gesundheitswissenschaftlich-gesundheitsförderlich relevanter Kompetenzen erweist sich jedoch ebenso als zentrale Herausforderung das Erkennen, wann sich jemand mit welchem Ernährungsverhalten unmittelbar gesundheitsschädigend verhält mit welchen Folgen und entsprechend zu intervenieren. Gesundheitsverhalten ist täglich eingebettet in Lebensverhältnisse und dazugehörige gesellschaftliche Strukturen. Dabei können ungleich verteilte Lebenschancen oder gesellschaftliche Verhältnisse Menschen in der Verwirklichung ihres Grundrechts auf Gesundheit und damit in der Verwirklichung gesunder Lebensweisen behindern. Gesundes Essen hat viele Facetten und soziale Gesundheitsarbeit bzw. gesunde Sozialarbeit sollte Menschen befähigen, eigene Vorstellungen von gesundem Essen zu entwickeln, zu reflektieren und zu realisieren. „Gesundheitsfördernd ist, Spaß am Essen und Kochen zu wecken, am Ausprobieren und Experimentieren. Es geht darum, Lebensfreude und Genießen zu fördern, statt Leistungsdruck und schlechtes Gewissen zu vermitteln, Vielfalt anzuerkennen und zu schätzen, Möglichkeiten zu eröffnen und gerecht zu verteilen" (Walther 2015, S. 205). Da Geschmack auf Gewöhnung basiert und individuell unterschiedlich ausgeprägt ist, wird täglich neu auszuhandeln sein, was unter gesunder Ernährung zu verstehen ist und wie gesund jemand sich ernähren möchte. Gleichzeitig entstehen mit den Auseinandersetzungen Kompetenzen im Bereich gesundheitsförderlicher Ernährung und Kinder und Jugendliche werden sensibilisiert für ihren eigenen Ernährungsstil. Akzeptierende Gesundheitsförderung favorisiert strukturelle Lösungen durch Angebote, wie z. B. unentgeltliches Anbieten verschiedener Alternativen gesunder Lebensmittel zur Auswahl in Kindertageseinrichtungen, Schulen oder sozialpädagogischen Handlungsfeldern. Diese Angebote sind viel sinnvoller als individuumsbezogene Versuche, Gesundheitsverhalten positiv zu beeinflussen (Walther 2015, S. 200). Gesundheitsförderung in der Sozialen Arbeit als Soziale (Gesundheits-)Arbeit versteht sich als einzige Gesundheitsprofession, die im Spannungsfeld von Individuum, Lebenswelt und Politik handelt, indem sie Krankheit bzw. gesundheitsriskantes in Verhältnis zu Lebenslage und Lebensweise setzt und nicht im gestörten oder unwilligen Individuum verortet (Walther 2015, S. 204). Angesichts der weiter zunehmenden prognostizierten Individualisierung des Essens als mit personalisierten gesundheitsbezogenen Schwerpunktsetzungen wird es in der

Zukunft nicht leichter, umfassende gesellschaftliche Perspektiven auf Ernährungsweisen zu bekommen, die nicht stigmatisierend daherkommen. Das umfassende
Verständnis der Gesundheitswissenschaften bzw. der Gesundheitsförderung von
Gesundheit im allgemeinen und für diesen Zusammenhang explizit für das Essen
in Sozialer Arbeit hervorzuheben und als Erweiterung des eigenen professionellen
Verständnisses zu betrachten, wird notwendig sein, um sich gegen unhinterfragte
gesellschaftliche Normen und Bilder von Gesundheit zur Wehr setzen zu können.

### Zusammenfassung

Individualisierungsprozesse durchziehen die letzten Jahrzehnte des Essens
und für die Zukunft werden mehr Esser*innen in Gemeinschaftsverpflegungen
vorausgesagt, da einerseits Ganztagsangebote für Kinder und Jugendliche aus-
gebaut werden und andererseits über den demografischen Wandel mehr ältere
Menschen in teilstationären und stationären Einrichtungen mit Essen versorgt werden. Darüber hinaus werden neue Essgemeinschaften prognostiziert
im nahen Sozialraum für Alleinlebende bei gleichzeitig kleiner werdenden
Küchen in großstädtischen Zusammenhängen. Die Formen des Essens unterliegen einem intensiven Wandel und die Anforderungen an die Ernährungsweisen, die sich ebenfalls sehr ausdifferenziert haben in den letzten Jahren,
unterliegen bereits seit längerem, doch stetig lauter werdenden, Forderungen
nach Nachhaltigkeit und/oder Gesundheit. Diese beiden Diskurse sind noch
lange nicht erschöpft, im Gegenteil. Sie werden noch deutlicher hervortreten
und noch mehr miteinander verknüpft werden. Die Gesundheitsförderung als
Soziale Gesundheitsarbeit bietet Möglichkeiten zur Auseinandersetzung mit
Gesundheit, um das übliche Gesundheitsdiktat abzuwehren und dazu beizutragen, Gesundheit in sozialpädagogisch relevanter Weise bearbeiten zu können.
Im Bereich Nachhaltigkeit sind Projekte begonnen, doch intensive Auseinandersetzungen für die Soziale Arbeit im komplexen Zusammenspiel aller
genannten Dimensionen und Ziele stehen weitgehend aus.

### Fragen zur Wiederholung

1. Was wird unter Individualisierungsprozess beim Essen verstanden?
2. Welche Dimensionen der Nachhaltigkeit gibt es und welche Auswirkungen
   könnten diese auf Soziale Arbeit haben?
3. Könnte Ernährungsökologie sinnvoll sein, um die Ebenen der Nachhaltigkeit und
   Gesundheit in der Sozialen Arbeit gleichermaßen berücksichtigen zu können?
4. Was verstehen Sie unter gesunder Ernährung?

# Literatur

## Literatur zur Vertiefung

Köstlin, Konrad. 2006. Modern essen. Alltag, Abenteuer, Bekenntnis. Vom Abenteuer, entscheiden zu müssen. In *Essen und Trinken in der Moderne*. Ruth Mohrmann. 9–23. Münster: Lit Verlag.

Rückert-John, Jana, R. John und J. Niessen. 2011. Nachhaltige Ernährung außer Haus – der Essalltag von morgen. In *Die Zukunft auf dem Tisch. Analysen, Trend und Perspektiven der Ernährung von morgen*. Hrsg. A. Ploeger, G. Hirschfelder und G. Schönberger, 41–57. Wiesbaden: VS Verlag für Sozialwissenschaften.

Walther, Kerstin. 2015. Essen ist mehr als nur Nahrungsaufnahme. Gesunde Ernährung aus der Perspektive von sozialer Gesundheitsarbeit. In *Nachhaltige Ernährung lernen in verschiedenen Ernährungssituationen*. Hrsg. Johanna Schockemöhle und Margit Stein, 195–210. Bad Heilbrunn: Klinkhardt.

## Literaturverzeichnis

Brundtland-Kommission der United Nations 1987. Report of the World Commission on Environment and Development. Our Common Future. New York.

Fischer, Peter 1975/1978. *Schlaraffenland nimms in die Hand. Neues Kochbuch für Gesellschaften*. Berlin: Klaus Wagenbach.

Gahmann, Hartmut. 2011. Gegenwärtige Foodtrends und ihr Einfluss auf zukünftige Entwicklungen. Interview mit Hartmut Gahmann. In *Die Zukunft auf dem Tisch. Analysen, Trend und Perspektiven der Ernährung von morgen*. Hrsg. A. Ploeger, G. Hirschfelder und G. Schönberger, 285–297. Wiesbaden: VS Verlag für Sozialwissenschaften.

Heinrich-Böll-Stiftung. Hrsg. 2017. *Iss was?! Tiere, Fleisch & ich*. 3. Aufl. Berlin.

Kaufmann, Jean-Claude. 2006. *Kochende Leidenschaft. Soziologie vom Kochen und Essen*. Konstanz: UVK Verlagsgesellschaft mbh.

Klotter, Christoph. 2007. *Einführung Ernährungspsychologie*. München/Basel: Ernst Reinhardt.

Koerber von, Karl, T. Männle und C. Leitzmann. 2012. *Vollwert-Ernährung. Konzeption einer zeitgemäßen und nachhaltigen Ernährung*. Stuttgart: Haug.

Lampert, Thomas. 2010. Soziale Unterschiede in der Gesundheit und Lebenserwartung. Welche Bedeutung kommt der Ernährung und dem Lebensstil zu? In *Abgehängt und allein gelassen? Herausforderung Ernährungsarmut*. Hrsg. aid infodienst, 26–36. Bonn.

Lembke, Steffen. 2017. Co2-Fußabdruck für das Jahr 2014. Detailauswertung. AWO Wohn- und Pflegeheim. https://www.awo.org/klimaschutz-co2-fussabdruck-fuer-kitas-und-pflege-startet, Zugriff: 22.11.2017.

Löwenstein, Felix. 2011. Die Ernährung und die Zukunft der Landwirtschaft. Interview mit Felix Prinz zu Löwenstein, Vorstandsvorsitzender des Bundes Ökologischer Lebensmittel (BÖLW). In Die Zukunft auf dem Tisch. Analysen, Trend und Perspektiven der Ernährung von morgen. Hrsg. A. Ploeger, G. Hirschfelder und G. Schönberger, 297–305. Wiesbaden: VS Verlag für Sozialwissenschaften.

Palm, Anna, G. Hirschfelder und A. Ploeger. 2011. Der Essalltag von morgen: Chancen, Risiken, Gestaltungsräume. In *Die Zukunft auf dem Tisch. Analysen, Trend und Perspektiven der Ernährung von morgen.* Hrsg. A. Ploeger, G. Hirschfelder und G. Schönberger, 407–423. Wiesbaden: VS Verlag für Sozialwissenschaften.

Ploeger, Angelika, G. Hirschfelder und G. Schönberger. 2011. Die Zukunft auf dem Tisch. Analysen, Trends und Perspektiven der Ernährung von morgen: eine Einführung. In *Die Zukunft auf dem Tisch. Analysen, Trend und Perspektiven der Ernährung von morgen.* Hrsg. A. Ploeger, G. Hirschfelder und G. Schönberger, 15–21. Wiesbaden: VS Verlag für Sozialwissenschaften.

Reisch, Lucia und W. Gwozdz. 2011. Von der „Macht der Defaults" und vom „sanften Stupsen": Verhaltens-ökonomische Erkenntnisse als Impulse für eine effektive Ernährungspolitik. In *Die Zukunft auf dem Tisch. Analysen, Trend und Perspektiven der Ernährung von morgen.* Hrsg. A. Ploeger, G. Hirschfelder und G. Schönberger, 323–337. Wiesbaden: VS Verlag für Sozialwissenschaften.

Rothblum, Esther D. 2017. Fat Studies. In *Fat Studies in Deutschland. Hohes Körpergewicht zwischen Diskriminierung und Anerkennung.* Hrsg. Lotte Rose und Friedrich Schorb, 16–31. Weinheim: Beltz/Juventa.

Rützler, Hanni und W. Reiter. 2011. Vorwärts zum Ursprung. Gesellschaftliche Megatrends und ihre Auswirkungen auf eine Veränderung unserer Esskulturen. In *Die Zukunft auf dem Tisch. Analysen, Trend und Perspektiven der Ernährung von morgen.* Hrsg. A. Ploeger, G. Hirschfelder und G. Schönberger, 77–89. Wiesbaden: VS Verlag für Sozialwissenschaften.

Schönberger, Gesa. 2011. Mahlzeiten neu denken. In *Mahlzeiten. Alte Last oder neue Lust?* Hrsg. G. Schönberger und B. Methfessel. 39–52. Wiesbaden: VS Verlag für Sozialwissenschaften.

Schorb, Friedrich. 2009. *Dick, Doof und Arm? Die große Lüge vom Übergewicht und wer von ihr profitiert.* München: Knaur.

Sedelmeier, Timo. 2011. *Armut und Ernährung in Deutschland. Eine Untersuchung zur Rolle und Wirksamkeit der Tafeln bei der Lebensmittelausgabe an Bedürftige.* Freiburg i. Br.

Studentenwerk Osnabrück. 2017. Flyer zu TasteVeganWeek des Studentenwerks Osnabrück mit Rezeptheft zum Nachkochen zu Hause. Osnabrück.

Wiegmann, Kirsten, U. Eberle, U. R. Fritsche und K. Hünecke. 2005. *Datendokumentation zum Diskussionspapier Nr. 7 „Umweltauswirkungen von Ernährung – Stromstoffanalysen und Szenarien".* Darmstadt/Hamburg.

Wiegelmann, Günther. 2006. *Alltags- und Festspeisen in Mitteleuropa. Innovationen, Strukturen und Regionen vom späten Mittelalter bis zum 20. Jahrhundert* (Münsteraner Schriften zur Volkskunde/Europäischen Ethnologie 11). 2. Aufl. Münster.

# Internetquellen

https://www.nestle.de/zukunftsstudie/10-trends-der-ernaehrung-der-zukunft, Zugriff: 25.11.2017

https://vebu.de/fitness-gesundheit/ernaehrungspyramide/vegane-ernaehrungspyramide/, Zugriff: 10.11.2017

http://www.slowfood.de/wirueberuns/slow_food_deutschland/der_verein/, Zugriff: 15.11.2017

https://onic.eu/kalender/volkxkuechen-berlin/, Zugriff: 19.11.2017

http://www.solidarische-oekonomie.de/index.php/formen-und-beispiele/projekte-hier-zulande/lebensmittel-&-konsum/111-volxskuechen-kurz-vokue-und-kochkollektive, Zugriff: 19.11.2017

http://www.bmz.de/de/ministerium/ziele/2030_agenda/index.html, Zugriff: 05.11.2017

http://www.bmz.de/de/ministerium/ziele/2030_agenda/17_ziele/index.html, Zugriff: 05.11.2017

http://www.un.org/sustainabledevelopment, Zugriff: 03.11.2017

http://www.nachhaltigeernaehrung.de/Definition.36.0.html, Zugriff: 20.11.17

http://www.nachhaltigeernaehrung.de/Dimensionen.37.0.html, Zugriff 20.11.17

http://www.nachhaltigeernaehrung.de/Grundsaetze.40.0.html, Zugriff: 20.11.2017

https://www.solidarische-landwirtschaft.org/das-konzept/, Zugriff: 21.11.17

https://www.solidarische-landwirtschaft.org/solawis-finden/liste/, Zugriff: 22.11.2017

http://www.dge.de/presse/pm/10-regeln-der-dge-aktualisiert/, Zugriff: 26.11.17

http://diepresse.com/home/bildung/erziehung/4801745/Pumuckl-wird-fur-neues-Buch-dunner Zugriff: 27.08.2015

http://www.dge.de/presse/pm/10-regeln-der-dge-aktualisiert/, Zugriff: 26.11.17

http://buko2016.awo.org/fileadmin/user_upload/konferenzen/buko2016/Beschluesse/Engagement_und_Verband/Beschluss_2.8-01.pdf, Zugriff: 5.12.2017

# Soziale Arbeit und Essen – Für Essen in der Sozialen Arbeit disziplinär und professionell zuständig werden und bleiben!

**7**

▶ Die enge Verbindung von Sozialer Arbeit und Essen zeigt sich in jedem Kapitel, die in der Reihenfolge aufgebaut wurden mit der Absicht, Komplexität zu vermindern und miteinander Verwobenes zu entwirren und explizit zu machen. Die ausgewählten, bearbeiteten und vorgestellten Inhalte werden als grundlegende Themen für Auseinandersetzungen mit Essensfragen in der Sozialen Arbeit eingeschätzt. Dazu gehört, Essen im Wechselspiel zwischen Individuum und Gesellschaft zu sehen, Soziale Arbeit im Spannungsfeld von Versorgungsbewältigung und Gestaltungsaufgabe zu zeigen sowie die Bandbreite an Handlungsfeldern Sozialer Arbeit und ihre Aufgaben im Bereich Essen, zu beschreiben, zu analysieren und zu reflektieren als täglich mehrfach wiederkehrende Tätigkeit mit entsprechend hoher Verantwortung in diesem Bereich. Darüber hinaus gehört zu grundlegenden Erkenntnissen die Auseinandersetzung mit ernährungsbezogener Erziehung und Sozialisation. Der Zusammenhang von Ernährung und Erziehung weist auf bisher unsichtbar gebliebene Perspektiven hin, eröffnet Verstehen und gleichzeitig größere Spielräume in der Gestaltung dieser Prozesse. Die Vielfalt an Ernährungsweisen und die bestehende Dominanz von Gesundheit als Diktat der Gegenwart sowie Nachhaltigkeit als Aufgabe der Zukunft, wurden als hoch bedeutend für Essensfragen in der Sozialen Arbeit eingeschätzt. Soziale Arbeit wird gegenwärtig vor allem mit Gesundheitsnormen konfrontiert, während Nachhaltigkeit in all ihren Dimensionen in der täglichen Arbeit und sozialpädagogischen Diskursen intensiviert werden sollten durch alle Handlungsfelder.

© Springer Fachmedien Wiesbaden GmbH, ein Teil von Springer Nature 2018
C. Meyer, *Essen und Soziale Arbeit*, Basiswissen Soziale Arbeit 8,
https://doi.org/10.1007/978-3-658-20291-0_7

Zu Beginn dieses Lehrbuchs stand der Wunsch, gelesen werden zu wollen, auch unabhängig von der Reihenfolge. Jedes Kapitel versteht sich als aussagekräftig genug entlang der Themen, die als besonders interessant für die Leser*in erscheinen im Hinblick auf Essen und Soziale Arbeit. Dennoch eröffnet sich der Gesamtzusammenhang erst mit dem Lesen aller Kapitel, denn mit dem vorgelegten Lehrbuch wurde der Versuch unternommen, möglichst umfassend verschiedene Ebenen zu betrachten, die mit Sozialer Arbeit und Essen bereits seit langer Zeit verbunden sind. Sobald es Essen in Einrichtungen Sozialer Arbeit gibt, wird Soziale Arbeit zuständig und hat darüber zu entscheiden, wie dieses aus sozialpädagogischer Perspektive zu gestalten ist. Mit dem Essen eröffnet sich großer sozialpädagogischer Spielraum, den es auszufüllen gibt. Essen in Sozialer Arbeit stellt gegenwärtig nie mehr nur physiologisch notwendige Versorgung mit Nahrung dar, vielmehr gehört die reflektierende Ausgestaltung des Essens zur Aufgabe Sozialer Arbeit.

Die in der Einleitung beschriebene Vorstellung, das Lehrbuch wie ein Kochbuch zu verwenden, indem Rezepte in einem Kochbuch entweder als genaue Anleitungen verstanden werden oder lediglich als Inspiration für neue Variationen zu nutzen und somit zu neuen, vielleicht sogar besseren, genussvolleren oder geschmacklich verbesserten Erlebnissen zu kommen, erscheint als schöne Analogie zum langjährigen Diskurs in der Sozialen Arbeit, theoretische Überlegungen direkt in der Praxis verwerten zu wollen, aber nicht zu können, aufgrund mangelnder direkter Übertragbarkeit. Jede*r Leser*in sollte die Fülle an Erkenntnissen, Ideen, Wissen und Diskurslinien als Motivation für weitere disziplinäre und professionelle Auseinandersetzungen verstehen. Jede*r wird im Verlauf seines beruflichen Wegs viele Mahlzeiten gemeinsam mit anderen einnehmen, die als Kolleg*innen, Mitarbeiter*innen oder Adressat*innen bzw. Nutzer*innen mit ihm*ihr in dieser Essensituation stecken und an der vielleicht alle von der Entscheidung des gemeinsamen Essens an, die Auswahl des Gerichts, der Nahrungsmittel und der Ernährungsweise, des Einkaufs, der Zubereitung, des Geschirrs, der Servietten und des Abräumdiensts mitbestimmen wollen. Für gemeinsame Essen in sozialpädagogischen Zusammenhängen, unabhängig davon, ob theoretisch oder praktisch, werden zukünftig eine Vielzahl an Entscheidungen fällig, die in Praxis einmünden: Delegieren oder selber machen? Für die Theorie hat die Delegation die Konsequenz, dass weiterhin andere Disziplinen darüber bestimmen, was in der Sozialen Arbeit gegessen wird und die auch die Richtung vorgeben, nach welchen Normen und gesellschaftlichen Diktaten gegessen wird. Für die Praxis bedeutet Delegieren, dass weiterhin Essen von außerhalb angeliefert wird und kaum Selbstbestimmung darüber herrscht, welcher Ernährungsweise gefolgt wird. Selber machen heißt, intensiver disziplinär darüber nachdenken und den theoretischen

Diskurs zu Sozialer Arbeit und Essen ausweiten. Er wurde eben erst begonnen und mit den Prognosen für die Zukunft wird er notwendiger denn je.

Gleichzeitig ist der Diskurs über das Essen sehr alt. „Da der Mensch als Lebewesen ständig mit seiner körperlichen Regenerierung und folglich mit der alimentären Sorge um sich konfrontiert ist, erweist sich die Nahrungsaufnahme als eines der fundamentalsten Themen für ihn. Geschichte lässt sich somit auch als eine ‚Sozialgeschichte des Essens' verstehen (…)" (Kashiwagi-Wetzel 2017, S. 9). Diese Aussage kann auch für die Verwicklung der Sozialen Arbeit mit dem Essen gelten, wie die verschiedenen Ebenen der Betrachtung durch die Kapitel gezeigt haben. Dabei wurde ebenfalls durchgängig betont, wie wenig im Schwerpunkt durch die Geschichte der Sozialen Arbeit und im Hinblick auf aktuelle Diskurse Sozialer Arbeit zu Essen und der starken Verwobenheit von Essen und Sozialer Arbeit vorfindbar ist. In den letzten 10 Jahren tauchen mehr Publikationen auf als je zuvor, die erziehungswissenschaftliche und sozialpädagogische Perspektiven im Fokus haben. Daraus ist eine Arbeitsgruppe „Erziehungswissenschaft und Essen" (z. B. Anika Klein, Uni Tübingen; Lotte Rose, UAS Frankfurt; Rhea Seehaus, UAS Frankfurt; Sabine Seichter, Uni Salzburg; Marc Schulz, TH Köln; Friederike Schmidt, Uni Bielefeld; Anna Schütz, Uni Bremen; Vicky Täubig; Uni Siegen) entstanden, die gemeinsam den Diskurs in diesem Bereich vorantreiben will. Zu vielen Fragen gibt es noch Leerstellen, die beforscht werden können. Je deutlicher in der Zukunft Fragen zur Qualität des Essens, der Nachhaltigkeit oder Gesundheit in den Vordergrund rücken, desto offensichtlicher werden auch Ernährungsweisen in den Handlungsfeldern Sozialer Arbeit infrage stehen. Lemke fordert aus der Perspektive der Gastrosophie, sich „bewusst zur Normativität des Gegenstands zu verhalten" (Lemke 2007, S. 171), da bezüglich der Zukunft des Essens ökonomische Interessen, politisches Kalkül, weltanschauliche Wertungen und moralisch-ethische Standpunkte überhaupt nicht ausgeblendet werden können. Für die Zukunft des Essens wird für Erkenntnisprozesse über Faktenwissen hinaus Bewertungs-, Orientierungs- und Gestaltungswissen bedeutender werden (Rützler und Reiter 2011, S. 80).

Mit dem prognostizierten Zuwachs an Gemeinschaftsverpflegungen wird die Verantwortung Sozialer Arbeit weiter ansteigen, denn vor allem die Handlungsfelder Sozialer Arbeit werden davon betroffen sein. Soziale Arbeit wird mehr in die gesellschaftliche Verantwortung genommen, Essen mit all seinen Facetten z. B. zu Ernährungsweisen, Esskultur in Erziehungs- und Sozialisationsprozessen zu bewältigen und daraufhin Essenssituationen selber viel stärker als sozialpädagogische Prozesse zu bewerten. In der Zukunft wird es beim Essen weniger nur um Versorgungsbewältigung gehen können. Sollte die prognostizierte Zunahme von Individualisierungsprozessen durch Personalisierung eintreffen, während gleichzeitig mehr gemeinschaftliche Verpflegungsmöglichkeiten für alle Lebensalter notwendig werden, entstehen neue Spannungsfelder zwischen diesen Bereichen, die z. B. auf Fragen des personalisierten Essens in der Gemeinschaftsverpflegung abzielen.

Davon betroffen werden auch die Familienmahlzeiten sein. Insgesamt wird ihnen ein zunehmendes Verschwinden vorhergesagt, da vielfach die Stellen der Versorgerinnen vakant werden aufgrund der stetigen Zunahme der Frauenerwerbsquoten und dem schnelleren Wiedereinstieg nach Unterbrechungen für Familienzeiten (Erziehungs- oder Pflegezeiten). Familien nutzen gemeinsame Mahlzeiten für eine Vielzahl bedeutender Prozesse ihres familiären Zusammenhalts und doch wird es zunehmend schwieriger angesichts der unterschiedlichen Rhythmen der Mitglieder, sich als Familie zum Essen zu treffen. Familien werden ihre gemeinsamen Mahlzeiten nach wie vor gegen gesellschaftliche Vereinnahmung verteidigen und dennoch wird es schwieriger angesichts der prognostizierten Trends. Familienmahlzeiten sind insbesondere gesellschaftlichen Entwicklungen ausgesetzt, die das tägliche gemeinsame Essen bedrohen durch die verschiedenen Außer-Haus-Verpflegungsmöglichkeiten aller Familienangehörigen. Alle Lebensalter können sich an den Orten verpflegen, an denen sie die überwiegende Zeit des Tages verbringen: Arbeits-, Bildungs- und Betreuungsorte. Auf dem Weg dorthin oder von dort zurück liegen wieder viele Essgelegenheiten, in denen entweder eben mal schnell gegessen, etwas mitgenommen oder in denen auch Zeit verbracht werden kann, um etwas zu sich zu nehmen oder die als Treffpunkt für die eigene Peergroup gelten (z. B. MC Donalds für Jugendliche, zunehmend lassen sich auch Bäckereien mit kleinem Café als Treffpunkte für ältere Menschen beobachten). Orte und Zeiten, dazugehörige Ernährungsweisen in unterschiedlichen Lebensphasen und Lebensaltern entlang generationaler Ordnungen und zeithistorischer Bedingtheiten, können aus sozialpädagogischer Perspektive angeschaut und relevant werden für die Gestaltung der eigenen Dienstleistungsangebote in der Zukunft. Gleichzeitig ist Essen in allen Lebensaltern insbesondere mit Selbstständigkeit, Selbstbestimmung, Unabhängigkeit und vor allem in der Kindheit und Jugend mit Autonomiebestrebungen verbunden, die dazu führen sollen, irgendwann aus einer Vielfalt an Ernährungsweisen selbstverantwortlich entscheiden zu können. Mit jedem Essen werden Entscheidungen getroffen, die sich auf die Lebensumstände anderer Menschen auswirken und nicht nur auf das eigene Wohlbefinden beschränkt sind. Das bezieht sich nicht nur auf die globale Perspektive, denn mit dem Verantwortlich werden für andere Menschen z. B. in einer erziehenden, sozialen, versorgenden, pflegenden oder bildenden Institution werden Kompetenzen nötig, um Entscheidungen für viele Menschen zu treffen hinsichtlich ihres Wohlbefindens und ihrer Zugehörigkeit. Das macht das Essen in der Sozialen Arbeit zu der verantwortungsvollen Gestaltungsaufgabe schlechthin. Essen für viele Menschen in ihrem Alltag zu organisieren, bedeutet sehr direkt sozialpädagogisch zu wirken. Essen planen, vorbereiten, kochen, gemeinsam essen und alles täglich wiederkehrend von vorne, ist konkret und direkt. In der Auseinandersetzung mit dem Essen und der Mahlzeit als geselliger, vielleicht auch gemeinschaftlicher Runde, wird der Erfolg bzw. Misserfolg der sozialpädagogischen Arbeit sofort spürbar. Immer unter der Voraussetzung, dass Essen als Aufgabe der Sozialen Arbeit in den jeweiligen Arbeits- und Handlungsfeldern aus der bisher überwiegend unsichtbaren und selbstverständlichen Aufgabe stärker in das Zentrum reflektierender Betrachtung gerückt wird. Mit dem Sichtbar werden eröffnet sich ein Kaleidoskop an sozialpädagogisch zu gestaltenden Aufgaben in diesem Bereich, in dem auch die Grenzen sozialpädagogischer Gestaltung des Essens ständig zu reflektieren sind. Der folgende Tipp enthält eine Reihe an Kochbüchern, in denen insbesondere Rezepte, Ideen und Tipps entwickelt wurden für größere Gruppen, unabhängig davon, ob das Essen draußen stattfindet, in Ferienlagern oder große Feste mit vielen Menschen bekocht werden sollen.

▶ **Tipp** Stöbern Sie in den folgenden Kochbüchern und lassen sich inspirieren für Ihre Einrichtungen zu unterschiedlichen Gelegenheiten!

- Dill, Gisele. 2014. *Pfadfinderküche leicht gemacht: Gisl's Schlemmerspaß für jedermann.* Spurbuchverlag.
- Fischer-Rizzi, Susanne. 2010. *Wilde Küche. Das große Buch vom Kochen am offenen Feuer.* AT-Verlag.
- Frot, Ulrike. 2013. *Einfach kochen für Viele: 55 Rezepte, wenn Gäste mit großem Hunger kommen.* München: Christian
- Gmür-Stalder, Judith und K. Predieri, Hrsg. 2013. *Kochen für viele: Feine Rezepte und praktische Tipps für Lager, Schulen, Mittagstische, Kantinen, Feste und große Familien.* Werd Weber Verlag.
- Hannebambel Kneipen-Kollektiv 2011. *Das Volxküchen-Kochbuch: Rezepte für Gruppen.* Alibri.
- Kluge, Charlotte, E. Marquardt und N. Schüller 2000. *Fleischlose Kochrezepte für Pfadfinder, Gruppen und Vereine: Praktische Tips, Anregungen und viele Rezepte.* Spurbuchverlag
- Krieger, Katrin, P. Munderloh-Kristofory und P. Pott, Hrsg. 2002. *… und alle essen mit! Kochen auf Freizeitmaßnahmen.* Pfanneberg Verlag.
- Mehler, Christian. 2009. *Die Jugendleiter-Küche: Küchenbulle im Lager und auf Freizeiten.* Books on demand.
- Ries, Wolfgang. 2010. *Kochen 3 für Gruppen und Zeltlager (Basiswissen für draußen).* Stein (Conrad).

Mit dem Essen in der Sozialen Arbeit können viele verschiedene sozialpädagogische Zielsetzungen verbunden werden. Die Stärkung des Zusammenhangs von
Geschmack, Genuss und Körperlichkeit im sozialen Kontext könnte neu definiert
werden, denn jede Form von Gemeinschaftsverpflegung bedeutet Investition in
die Verbesserung der Lebensqualität der Menschen durch alle Lebensalter, wenn
mit dem Essen der Strauß an Möglichkeiten reflektiert wird. Mit den Zielen z. B.
kulinarischer Allgemeinbildung könnte Soziale Arbeit beim Essen Basiswissen
über Lebensmittel, Nahrungsqualität, Speisen und Mahlzeiten vermitteln, die
kommunikations- und kulturstiftende Bedeutung des Essens und Kochens könnte
die Rolle des*r Ko(ö)ch(s)*in aufwerten und das Erkennen des Zusammenhangs
von Essen und Kommunikation könnte ein besseres Verständnis für das Miteinander am Tisch eröffnen. Kulinarische Allgemeinbildung umfasst Bildung aus der
Natur- und Kulturwissenschaft, Kommunikation und Küche (Heindl et al. 2011,
S. 197). Ernährungs- und essbezogenes Lernen erstreckt sich über die gesamte
Lebensspanne, wobei dieses in den wenigsten Fällen innerhalb organisierter Lernarrangements stattfindet. Bisher werden die überwiegenden Kenntnisse in Form
informeller Lernarrangements erworben. „Indem die Handlung des Essens alltäglich realisiert wird und sich über die verschiedenen Lebensphasen hinweg hierfür
relevante Bedingungen, wie die eigene Lebenssituation oder verfügbare Wis-
sensbestände und dominierende Normen und Haltungen, verändern, ergeben sich
immer wieder Lerngelegenheiten im Sinne von Anlässen oder Erfordernissen die
eigenen Kenntnisse, Fähigkeiten und Einstellungen zu erweitern oder zu verändern" (Klein i.E., S. 1). Biografische Studien zeigen, wie Umbrüche im Lebens-
lauf und Statuspassagen sensible Phasen darstellen für Reflexionen im Bereich
der Ernährung und daraus resultierenden Veränderungen für die eigene Ernährung. Wesentliche Herausforderungen bestehen darin, im Lebensalltag bestehende
Anreize und bereits vollzogene informelle Lernprozesse zu identifizieren und
an diese anzuknüpfen, wenn es für Soziale Arbeit darum geht, Anlässe für neue
Erfahrungen im Bereich Essen zu ermöglichen (Klein i.E., S. 7).

In der Einleitung wurde betont, dass bei gemeinsamen Mahlzeiten Raum geboten würde für vieles, was nicht direkt zum Essen gehört und jedoch als sozialpädagogisch bedeutsam gedeutet wird. Beim Ausblick wird stärker auf die Vielzahl
unterschiedlichen Arten des Essens verwiesen, denen genauso viel Beachtung bei
der gemeinsamen Mahlzeit geboten werden sollte, damit die Bandbreite sinnlich
erfahrbarer Möglichkeiten des Essens erlebt werden kann, wie z. B. aufzehren,
beißen, dinieren, essen, fressen, füttern, frühstücken, futtern, genießen, happen,
hineinstopfen, knabbern, kauen, knacken, knaupern, knuppern, knuspern, kosten, labbern, lecken, löffeln, mästen, mümmeln, nagen, naschen, nudeln, sabbern,

schlabbern, schlappen, schlemmen, schlürfen schmausen, schmatzen, schwelgen, snacken, speisen, stopfen, sudeln, speien, tafeln, vertilgen und zechen. Die Aufzählung ließe sich noch erweitern.

Essen bietet Sozialer Arbeit täglich mehrmals niedrigschwellig Möglichkeiten, auf sehr direktem Weg über die Nahrung, Hemmschwellen abzubauen, Zugang zu ermöglichen und Adressat*innen erst einmal für sich zu öffnen. „Vor einigen Jahren sagte ein alterfahrener Praktiker der Politik, der mit mir Abscheu gegen Askese teilt, den denkwürdigen Satz: Ein Revolutionär, der nicht vögeln und nicht fressen kann, ist kein Revolutionär" (Fischer 1978, S. 30). Fischer gibt in seinem „Neuen Kochbuch für Gesellschaften, Kooperativen, Dichterkreise u. a. Menschenversammlungen" von 1978 diesen Satz weiter, anstatt großer theoretischer Schlachten über die Soziologie, Psychologie und Historie des Essens zu eröffnen (Er schrieb ja auch ein Kochbuch, mit neuem Anspruch an Gesellschaften). Essen in Sozialer Arbeit bedeutet „machen können, müssen, sollen und wollen" und sich dabei revolutionär fühlen zu können, wenn reflektierende Überlegungen den Zusammenhang von Sozialer Arbeit und Essen endlich einmal in einzelne bedeutungsvolle Stränge zerlegt haben, um sie daraufhin wieder zusammenzusetzen entlang sozialpädagogischer Perspektiven, die zu neuen Gerichten in der Essensversorgung in den Handlungsfeldern Sozialer Arbeit führen werden.

## Literatur

Fischer, Peter. 1975/1978. *Schlaraffenland nimms in die Hand. Neues Kochbuch für Gesellschaften.* Berlin: Klaus Wagenbach.

Heindl, Ines, B. Methfessel und K. Schlegel-Matthies. 2011. Ernährungssozialisation und -bildung und die Entstehung einer „kulinarischen Vernunft". In *Die Zukunft auf dem Tisch. Analysen, Trends und Perspektiven der Ernährung von morgen.* Hrsg. A. Ploeger, G. Hirschfelder und G. Schönberger. 187–203. Wiesbaden: VS Verlag für Sozialwissenschaften.

Kashiwagi-Wetzel, Kikuko. 2017. Vorwort. In *Theorien des Essens.* Hrsg. K. Kashiwagi-Wetzel und A.-R. Meyer. Hrsg. 2017, 9–15. Berlin: Suhrkamp.

Klein, Anika, i.E. Ernährungs- und essbezogenes Lernen im Alter. In *Alter(n), Lernen, Bildung, Theorien, Konzepte und Diskurse.* Hrsg. R. Schramek, C. Kricheldorff, B. Schmidt-Hertha und J. Steinfort-Diedenhofen. 1–8. Tübingen.

Lemke, Harald. 2007. Kritische Theorie der Esskultur. In *Kulturwissenschaften, Konzepte, Theorien, Autoren.* Hrsg. I. Därmann und C. Jamme, 169–190. München.

Rützler, Hanni und W. Reiter. 2011. Vorwärts zum Ursprung. Gesellschaftliche Megatrends und ihre Auswirkungen auf eine Veränderung unserer Esskulturen. In *Die Zukunft auf dem Tisch. Analysen, Trend und Perspektiven der Ernährung von morgen.* Hrsg. A. Ploeger, G. Hirschfelder und G. Schönberger, 77–89. Wiesbaden: VS Verlag für Sozialwissenschaften.

MIX
Papier aus verantwortungsvollen Quellen
Paper from responsible sources
FSC® C105338

If you have any concerns about our products,
you can contact us on
ProductSafety@springernature.com

In case Publisher is established outside the EU,
the EU authorized representative is:
Springer Nature Customer Service Center GmbH
Europaplatz 3, 69115 Heidelberg, Germany

Printed by Libri Plureos GmbH
in Hamburg, Germany